“十三五”全国高等院校人力资源管理系列规划教材

RECRUITMENT AND EMPLOYMENT

招聘与录用

葛玉辉◎主编　王泽平 蔡弘毅◎副主编

電子工業出版社
Publishing House of Electronics Industry
北京・BEIJING

未经许可，不得以任何方式复制或抄袭本书之部分或全部内容。
版权所有，侵权必究。

图书在版编目（CIP）数据

招聘与录用 / 葛玉辉主编. —北京：电子工业出版社，2020.7
ISBN 978-7-121-38482-0

Ⅰ. ①招… Ⅱ. ①葛… Ⅲ. ①人才－招聘－高等学校－教材 Ⅳ. ①C913.2

中国版本图书馆 CIP 数据核字(2020)第 028721 号

责任编辑：刘淑丽
印　　刷：北京七彩京通数码快印有限公司
装　　订：北京七彩京通数码快印有限公司
出版发行：电子工业出版社
　　　　　北京市海淀区万寿路 173 信箱　邮编 100036
开　　本：787×1092　1/16　印张：19.75　字数：445 千字
版　　次：2020 年 7 月第 1 版
印　　次：2022 年 12 月第 2 次印刷
定　　价：68.00 元

凡所购买电子工业出版社图书有缺损问题，请向购买书店调换。若书店售缺，请与本社发行部联系，联系及邮购电话：（010）88254888，88258888。
质量投诉请发邮件至 zlts@phei.com.cn，盗版侵权举报请发邮件至 dbqq@phei.com.cn。
本书咨询联系方式：（010）88254199，sjb@phei.com.cn。

“十三五”全国高等院校人力资源管理系列规划教材丛书编委会

编委会主任：葛玉辉

编委会成员：（按姓氏笔画排列）

王亚男　王传征　王泽平　王倩楠　毛双庆　刘　杨

宋　美　宋艳梅　张玉玲　陈佳怡　孟陈莉　赵晓青

胡汪红　郭亮亮　焦忆雷　蔡弘毅

丛书序言

互联网时代，“创新”已经成为社会发展的关键词，上至国家战略，下至组织发展规划，人们对“创新”有太多的解读与理解。VR 和 5G 技术的运用将引发新一轮的科技发展，组织的人力资源管理必将迎来新时代。面对新时代，人力资源管理必将再次升级。正在发生和即将发生的，包括 AI/VR 技术的引入，将给招聘、面试、培训等工作带来全新的体验。各类 App 将取代大多数绩效管理工具；大数据将改变组织人力资源战略决策模式；人们的需求和行为也在不断地改变。新时代背景下，人力资源管理工作面临着前所未有的机遇与挑战。这就需要我们在人力资源管理方面做出新的改变以顺应时代发展。本丛书将和你一起拥抱新时代，为人力资源管理的再升级打开一扇窗、推开一扇门。

一、丛书框架（本丛书共 10 本）

- 《人力资源管理》
- 《劳动经济学》
- 《工作分析》
- 《绩效管理》
- 《薪酬管理》
- 《人才测评》
- 《员工培训与开发》
- 《职业生涯规划》
- 《招聘与录用》
- 《人力资源战略与规划》

二、丛书特色

近年来，管理学界掀起了一阵国学之风，大多数经理人承受着极大的工作压力，时常接触古代圣贤、管理学大师的先进思想，也未尝不是一件好事。但在放下书本重新回到现实的管理生活中后，才发现“书走书的路，人走人的路”，所学的管理思想难以运用到日常的管理活动中去。

学术是实践的后台，丛书的作者一直想把自己在讲授“人力资源管理”课程中产生的许多心得体会、研究人力资源管理及相关领域时所得的思想和新观点，以及在做企业管理咨询和诊断等工作中所获得的成果融入书中，进而编写出一套体现理论的系统性与前沿性、理论与实践平衡、网络与教学互动的丛书来。呈现在读者面前的这套丛书就是在这样的背景下努力完成的结果。

（1）理论的系统性与前沿性。针对高等学校的教学要求，丛书在内容上力求涵盖人力资源管理的相关内容及主要活动，保持理论的系统性；同时，收集国内外人力资源管理的理论与技术的最新进展和作者多年来的研究成果，使丛书与其他同类书相比，更能体现人力资源管理与时俱进的特点。

（2）理论与实践平衡。强化人力资源管理与实际工作的紧密结合，体现理论与实践并重的特色。

（3）网络与教学互动。丛书有一个编者与读者的互联网互动平台，将丛书的最新理论成果、策划案例分析、图形、表格、工作文本等相关资料上传（http://www.boshizixun.cn），以形成有效的互动；同时，丛书会及时增加、更新相关资料，读者扫描丛书序言最后的二维码即可查看、领取，以实现丛书资源的共享。

三、丛书的作者（学术界+企业界）

丛书的作者既有来自高校管理学院的教授、博士，又有来自管理咨询公司的资深高级咨询师，更有来自企业的人力资源总监、高层管理者，这为丛书的理论与实践结合、学术与应用并重、操作与理念相互渗透提供了强有力的支撑。

丛书从调研、策划、构思、撰写到出版，前后历时两年半。丛书的出版，既是作者辛勤付出的成果体现，更是“产学研”团队合作的成果。衷心感谢团队成员付出的努力，以及电子工业出版社的编辑为丛书的出版给予的支持和帮助。

在丛书的编写过程中，我们参阅和借鉴了大量的相关书籍和论文，在此谨向相关的作者和专家表示最诚挚的谢意。限于编者的水平和经验，丛书难免存在不足之处，恳请读者予以批评指正。

丛书互动网站：http://www.boshizixun.cn

丛书主编邮箱：gyh118@126.com

扫码可查看、领取丛书共享资源

葛玉辉，管理学博士、教授、博士生导师

2019年9月于上海

丛书主编

葛玉辉，男，华中科技大学首届MBA学生、管理学博士、工商管理系主任、教授、博士生导师。劳动经济学、旅游管理硕士点带头人，国内著名的管理咨询专家、中国管理学网名师、上海交通大学海外教育学院特聘教授、复旦大学特聘教授、同济大学特聘教授、慧泉（中国）国际教育集团高级教练、人力资源管理精品课程的主讲教授、上海解放教育传媒·学网特聘教师，上海博示企业管理咨询公司首席顾问、技术总监。中国人力资源开发与管理委员会委员、上海人才学会理事、上海市系统工程学会会员、上海社会科学联合会会员、湖北省社会科学联合会会员、中国管理研究国际学会理事。

学术科研

出版《现代企业策划与创新》《现代人力资源管理与创新》《人力资本产权及其制度创新研究》《人力资源管理》《成功职场修炼》等30部专著；在《管理工程学报》《科学学与科学管理技术》等杂志上发表论文239篇，2000—2018年主持了企业策划与人力资源开发及管理研究等科技项目40余项。其中国家级项目4项，省部级6项，横向课题31项；主持的4项科研成果分别获得国家优秀成果二等奖、湖北省重大科技成果奖、湖北省科技进步三等奖。

管理实践

葛玉辉教授自1997年开始专向为企业提供培训与咨询服务，专注于提升企业战略、人力资源竞争力和营销管理能力。先后受渤海油田、江汉油田、吐哈油田、克拉玛依油田、荆州自来水公司、湖北水泥厂、甘肃丰源建安商贸有限公司、安徽石油销售公司、五凌柳州机械厂、东风汽车公司（上海）、泛亚汽车技术中心有限公司（上海）、东风悦达起亚汽车有限公司、华东石油销售公司、江苏油田、上海临空经济园区、上海海洋大学、上海完美教育集团、浙江诸暨组织部和人事局、杭州诺贝尔集团、安庆石油化工有限公司、温州市人事局、吴江市开发区人事局、安徽皖投公司、铜陵有色金属集团控股有限公司、马鞍山钢铁集团、上海电力公司、浙江电力公司、河北电力公司、四川省农商行、上海影视集团、上海医药集团、上海临空经济园区、中国人民银行上海总部、上海期货交易所、上海银行、上海建行、上海工商银行、黑龙江省农商行、上海市委党校、上海宣传系统人才交流中心、诺霸精密机械（上海）有限公司、浦东干部学院、国家税务总局、苏州税务局、国家科技部、上海电气集团、上海印包集团、上海申通地铁集团公司、中国电力投资集团公司、华能电力集团公司、复旦大学、上海交通大学、中国人民大学等大型国有企业、合资企业、民营企业、高等院校的邀请，做关于企业人才管理创新、人力资源管理、营销生产力、员工执行力、战略规划、文化整合方面的专题讲座、培训和科研工作，为企业创造了一定的经济和社会效益，同时塑造了良好的社会形象。

前言

企业的竞争说到底就是人才的竞争，每个企业都已经意识到拥有创造企业核心竞争力的人才对自己的重要意义，人员的招聘与录用无疑是企业成功的关键。招聘与录用工作是企业人力资源管理工作的一个基础性环节，是企业获取高素质人才的重要途径，招聘工作的质量直接关系到企业的生存和发展。随着市场经济的发展，一方面，社会待就业人员越来越多；另一方面，企业招聘到合适的人才的难度增大。因此，如何招聘到合适的人才对企业来说有着重要的意义，它是组织补充人力资源的基本途径，有助于创造组织的竞争优势，有利于组织形象的塑造和传播。然而做好招聘与录用管理工作并非易事，为企业人力资源管理工作者出谋划策、为招聘与录用管理工作爱好者编写一本实用的招聘与录用管理图书更不是一件容易的事情。如何让企业的人力资源管理从业者提高招聘与录用效率，招到合适的人才？如何让正在做招聘与录用管理研究的学者对招聘与录用管理实务有更新、更深入的认识？这正是我们在编写本书时一直思考的问题，因此，本书始终在朝深入地解决这些问题的方向努力，希望最终呈现在读者面前的书籍能够为大家带来一些启发和参考。

全书遵循“理论基础—设计操作—实施运用—模板工具”的思路，首先对需要研究的问题——“招聘与录用”进行概述，其次分析招聘与录用的原则及影响招聘的因素，再次介绍招聘与录用工作的前提（招聘工作分析、人力资源规划、招聘对象分析和招聘需求分析）、招聘计划与策略、招聘渠道及方法、人员甄选、录用决策、招聘与录用评估，最后提供了一些在实际的招聘与录用工作当中能够直接应用的表单类范本、流程类范本、测评类范本和制度类范例。

本书在编排上首先厘清了招聘与录用管理的一些相关概念，从招聘与录用的内涵入手，在此基础上分析招聘与录用管理存在的误区，以及招聘与录用的一般流程，为读者介绍了一个动态的招聘与录用管理形势和需要警惕的招聘与录用管理误区，从动态角度审视企业招聘与录用管理中出现的问题。其内容涵盖了招聘与录用管理相关概念的概述、一般流程、误区、原则、影响因素及实操性工具，既对招聘与录用进行了概括性的描述，把握了招聘与录用管理的发展，又突出了招聘与录用管理流程中的重要环节。每章开篇都设有“引导案例”，以帮助读者更直观地理解各章将要分析的内容。同时，每章最后均设置了“本章小结”“复习思考题”和“案例分析”，以帮助读者提高实际的招聘与录用管理操作技能，从而使本书具有较强的可操作性。

本书由葛玉辉、蔡弘毅和王泽平共同编写完成。

本书在编写过程中参考和引用了国内外学者的大量著作，限于篇幅，在这里没有一一注明，特此向各位专家学者表示感谢。同时，由于编者的理论知识和实际操作经验的局限，以及编写时间所限，书中难免存在错误和疏漏之处，恳请各位专家、学者、企业界人士和广大读者批评指正。谢谢！

编者

2020 年 2 月

目录

第 1 章 招聘与录用概述

学习目标

- 了解招聘与录用的目的与作用
- 掌握招聘与录用的定义
- 了解招聘与录用的战略
- 掌握招聘与录用的程序

关键术语

招聘与录用的定义；招聘与录用的战略；招聘与录用的程序

引导案例

100 年的招聘和甄选研究回顾

——基于《应用心理学》(*Journal of Applied Psychology*）的文献

一、招聘研究

1. 早期招聘研究

《应用心理学》中最早提到招聘的文献出现在期刊发行第一年的第四期和最后一期。这篇文献更多的是关于德国军人的甄选和招聘培训。在之后的50年时间里,《应用心理学》很少有关于招聘的文献。这很可能是因为第一次世界大战和第二次世界大战创造了一批技术工人,社会鼓励员工对雇主保持忠诚,因此甄选成了最基本的问题。

20 世纪 70 年代，商业和社会变化推动了专业化技能的产生，提高了员工流动率，业内主要关注招聘面试（如设计面试试题、吸引求职者）、影响求职者或面试官的因素，以及评估不同招聘方法和策略的有效性。

20世纪80年代的招聘研究在很大程度上延续了20世纪70年代的研究：招聘面试、招聘策略、现实工作预览，但也开始以新的方式探索招聘策略。例如，研究者开始研究招聘评价中的歧视问题和不同的招聘手段，如大学生实习。

20世纪90年代，信息技术的迅速发展及日益强盛的经济导致高素质人才的激烈竞争。这期间发表的招聘方面的研究文献反映了这些趋势，并且越来越专业化和精细化。例如，招聘效用分析包括更详细的招聘成本缩减结果，采用不同面试形式（如招聘、甄选），并且在很长一段时间内跟踪求职者信息获得的结果。

2. 当前招聘研究

关于招聘的研究还在继续探索不同的招聘策略对其员工受雇前后行为的影响，剧烈的商业和社会变化正在推动招聘研究采取新的方法，包括多样性的招聘目标、招聘技术的变革、雇主品牌的建立和招聘理论的发展。

第一，招聘和多样性。许多公司将多样性作为使命的一部分，所以其研究重点集中在通过招聘提高劳动力多样性方面。这项工作试图找出能增加吸引不同候选人的招聘策略和影响因素，其他研究与招聘的多样性和选择有关。例如，Newman 和 Lyon（2009）发现，多样性和合格的劳动力将减少后续招聘决策中的不利影响。这些研究共同表明，招聘信息多元化的影响是中等到小或有条件的中等，但即使是小影响也可能有助于增加求职者的多样性和减少不利影响。

第二，招聘实践和技术。随着科学技术的进步，传统的招聘方式不断升级，技术从根本上改变了传统的招聘。最明显的是互联网，如今社交媒体和“大数据”的其他来源，已经彻底改变了招聘的本质。几乎所有公司都使用互联网（如招聘网站）进行招聘，许多人使用某种形式的社交媒体，尽管社交媒体是否能增强招聘有效性仍有待研究。

第三，招聘和组织形象。一个比较新的招聘研究领域是求职者如何看待组织的就业品牌、声誉或形象。组织形象很重要，不仅因为它影响对求职者的吸引力和工作选择，而且因为它可能被用来从战略上区分本组织和竞争对手。例如，研究表明，招聘方法（特别是口碑）影响求职者的品牌资产认知，同时组织的品牌意识可以影响招聘过程和招聘实践结果。其他研究侧重于不同渠道的角色，即其用于沟通关于工作或公众对组织形象的认知及申请结果的信息。求职者的组织形象认知似乎高度稳定，因此可能在招聘中产生重要的影响。因此，企业需要通过更多的研究来解释营销、招聘和组织形象之间的关系。

第四，招聘理论。早期关于招聘的研究更多聚焦于“实践驱动”，后续的研究重点则转向“理论驱动”。尽管目前没有一个被广泛接受的招聘理论，但这一领域的研究受益于相关文献或理论的融合。一种理论方法是借助认知理论、心理学和社会认知，解释信息处理、态度形成和说服。例如，社会心理学理论已经被用来解释实习、招聘参观和招聘来源。

3. 招聘中研究与实践的鸿沟

现代商业中的经济和社会力量与以往几十年完全不同。全球化、互联网和移动技术、人口变化、经济不确定性及变化发生的速度给招聘带来了挑战。组织现在必须找到有效的招聘策略，以满足世界各地不同群体的需求。他们有不同的职业期望，也有不同层次和种类的技术。以这些挑战作为背景，我们确定了招聘中一些主要做法存在的问题。

第一，在许多情况下，我们需要识别候选人的来源。显而易见的是，企业必须越来越注重识别、创造、形成必要的人才池。比如，全球招聘正在变得越来越重要，因为求职者必要的资格并不是均匀分布的。与发展中国家相比，发达国家倾向于在劳动力中拥有较高比例的老员工，因为在发展中国家，只有很少人拥有先进的技能。在招聘过程中，企业也可能需要强调自己的竞争优势来吸引合适的人选。总之，未来的合作研究不仅要关注有效的招聘策略，还要努力关注确定哪些战略对何种类型的人选将是最有效的。

第二，组织往往很难保留那些评估候选人来源和方式有效性的数据。技术的发展、工作信息来源的多样性使得企业必须整体了解影响候选人的因素。因此，未来的研究将需要基于完整和准确的招聘数据活动，更广泛地考虑信息来源，将这些信息提供给候选人并确定哪些对于他们是有意义的。

第三，大部分招聘研究的重点在于一个特定的平台或网站的成效，而不是对促使其成为求职者的有用性或减损特征的考查。将来，研究人员将需要从研究具体的技术平台（如脸书）转向捕捉关键功能的框架平台。

第四，对于许多企业来说，技术和组织对速度和灵活性的需求造就了活跃的招聘过程，但这并未反映在现有的招聘研究中。未来的研究需要一个更实际的模型，为实践提供更多的指导。

第五，随着学术领域的日益专业化，学者对实践问题达成了共识。例如，在实践中，招聘和企业经营效益是密不可分的，由何人负责招聘及何时进行招聘在很大程度上受企业经营效益的影响。招聘研究需要同时考虑招聘效果和企业经营效益，它们是同一个人才方程的不同变量。

二、甄选研究

1. 早期甄选研究

1917—1940 年，大部分《应用心理学》文献研究的是能力测试在不同情景和不同职业下的使用。基于今天的标准，无论从样本量还是分析方法来看，这些都是非常简化的研究。但是，这些研究试图解决的都是重要的实际问题。后来的研究开始在这些简化研究的基础上增加预测指标的复杂性，并且发展效标的测量方法及拓展关于甄选和效度研究的主题。例如，Remmers（1934）发现学生在评估老师时会出现晕轮效应，Brandenburg（1925）关注人格测试在甄选中的应用，哈特曼（1933）则讨论了面谈作为教学和研究工具的价值。此外，数据分析方面的进步在这几十年发表的文献中也有所体现。

20 世纪 40—60 年代，其他形式的甄选测验相继出现，包括生物数据、情景测试、小组练习、领导力测试、评价中心等。关于效标领域的研究也在这 20 年中有所发展，包括营业额、工作场所中的事件和团队绩效等的测量及新测量工具，比如行为锚定等级评价法的开发。在这一时期的尾端（20 世纪 60 年代末），《应用心理学》中出现了使用多特质多方法的手段来研究建构效度的文献。Wernimont 和 Campbell（1968）的研究则对构建和选择预测指标的效标给予了很大关注。

2. 当前甄选研究

首先，当前效标的概念和测量的发展。近 30 年来，《应用心理学》越来越关注工作绩效的结构，以及除任务绩效之外的绩效的测量方法的使用和发展。Rosenbaum（1976）在预测员工偷窃方面做出了一些努力，将员工离职的性质分解为积极的和消极的，以及自愿的和非自愿的，使我们对早期员工离职问题的理解有了进步。在工作行为的积极方面，Smith、Organ 和 Near（1983）引入了“组织公民行为”这一概念。Pulakos、Arad、Donvan 和 Plamondon（2000）提出，员工适应不断变化的工作需求的能力是员工绩效的一个重要方面。Sackett、Zedeck 和 Fogli（1988）提出了典型绩效和最佳绩效之间的重要区别。

其次，当前预测指标的性质和测量的发展。预测指标结构的拓展及用来衡量它们的方法的发展，仍然是《应用心理学》中许多关于甄选的文献的主题。在所有甄选工具中，人格测验可能是在过去 25 年中最受欢迎的。Oh、Wang 和 Mount（2011）没有检验自评式大五人格测验的效度，而是用元分析的方法研究了旁观者评分的效度。结果发现，旁观者评分比起自我评分（范围从 0.05 到 0.22）具有更高的有效性（范围从 0.18 到 0.32）。Lievens 和 DeSoete（2011）描述了许多创新的甄选方法，包括通过各种各样的游戏来测量人格，这种甄选方式可以帮助组织改善形象，增加吸引力，并且在某些情况下提升甄选效度。

最后，收集适当的效度证据。人员甄选方面的研究者普遍较为关心效度——用来支持根据测试成绩对员工绩效进行归因的证据。早期甄选方面的研究几乎完全依赖于效标关联效度，即测试分数与所关注绩效结果之间的相关性。Sussman 和 Robertson（1986）描述和评估了效标关联效度研究的各种方式。Binning 和 Barett（1989）提供了一个整合各种效度证据观点的模型，这个模型经常被改编和讨论。当甄选方面的研究人员开始考虑多层次和跨层次关系时，这个模型将需要扩展和修改。在《应用心理学》杂志中已经有文献提出了关于什么构成了内容效度的问题。

3. 甄选中研究与实践的鸿沟

目前，商业（如全球化）、社会（如人口变迁、移民、价值观和工作期望）和技术（如移动设备）发生了巨大的变化。然而，甄选方面的研究落后于这些重大转变。

首先，我们需要继续寻找能够最小化子组差异，同时保持较高效度和成本效益的测验或项目类型。其次，减少被测者的作弊和伪装，提高各项测验尤其是人格测验和其他自评式测验的信度，仍然是从业者关注的重中之重。再次，提供与目标工作相关的测验工具，并且在测验中强调雇主品牌，让求职者参与测试过程可能比以往任何时候都更重要。最后，许多公司现在都在全球范围内进行招聘，但对全球性和国际性的人员甄选问题的研究仍然存在大片空白。

在这一领域，大数据可能带来机会和挑战。人们可以预见到，大型跨组织和跨国数据库可以用来评估甄选测验在各种情况下的效度和效用。人们还可以设想，大数据使得我们能够使用非传统预测指标（如来自社交媒体的信息、信用评分），随之而来的是预测指标与工作的相关性及个人隐私等问题。许多组织将寻求使用大数据做出甄选决定，而不管这样的过程是否符合应用心理学家期望的严格要求和美国法律制度的要求。因此，人员甄选方面的研究人员在研究中考虑这些方法的潜在利益和风险是至关重要的。

未经监督的互联网测验指的是在没有监督的情况下，考生在自己方便的位置进行测验。这种测验模式对于雇主和求职者都很方便，但是，它对防止作弊、测验安全及测验环境的标准化产生了很大的隐患。也许缓解这些问题的最常用方法是使用未经处理的测验成绩作为一个过滤器，并且通过一个有监考人员的考试来验证这些成绩，后面这些考试针对一些在未经处理的测验中满足一定标准的考生。更复杂的方法是使用计算机自适应测验作为初始过滤器，接着在监控环境下进行计算机自适应验证性测验。

人员甄选方面的研究起源于对个体差异的兴趣，所以我们主要关注个体层面所测量的变量之间关系的本质。但是企业的成功基于它们相对于竞争对手而言能够创造业绩优势的能力。Klein 和 Kozlowski（2000）将多层次研究引入了人员甄选领域，这对该领域有重要的意义：在个人层面观察到的效度可能不会推广到公司层面。事实上，对小组和团队的研究发现，个人知识、技能、本领和其他特征（Knowledge, Skill, Ability and Others, KSAO）与个人绩效之间的关系经常不同于一个小组的 KSAO 组成和团队绩效的关系。

三、总结

招聘和甄选领域的 100 多年的研究回答了一些问题，也留下了一些没有解决的难题，并且提出了很多新的问题。要将 100 多年的研究结论一一罗列是不可能的，然而，我们可以从文献中总结出来几个重要见解。

第一，招聘和甄选的研究都倾向于解决现实世界的问题。从业人员的关注点与研究人员的兴趣之间的差距，在招聘和甄选方面比起其他工业和组织心理学领域更小。然而仍然存在一个缺口，特别是在招聘领域，在这个领域中研究人员努力创造和证实有意义的理论对实践的作用常常是存疑的。另外，研究人员会深入研究招聘实践的效果，但等到这些研究结论发表时，所研究的实践可能已经过时了。

第二，招聘和甄选相关文献中的两个主题似乎是最重要的问题：个体能力和多样性。《应用心理学》中大多数关于招聘与甄选的研究都至少回答了以下三个问题之一：

如何确认谁拥有执行特定工作的 KSAO？在哪里能找到他们？如何识别不同背景的人？然而，近年来，全球化商业环境开始重点强调，无论种族、信仰、肤色、性别等因素如何不同，都要以 KSAO 为先决条件来组建一支有能力的劳动力队伍，从而保持竞争优势。

第三，招聘和甄选都可以从两个角度来看：求职者的角度和组织的角度。《应用心理学》的早期研究集中在公司如何找到拥有合适技能的人方面，后来求职者角度的研究探索了求职者对不同招聘和选择策略的反应。任何一种角度的研究都能解决问题，但是大多数研究人员，特别是当今的从业者都认识到了两者综合的重要性。

第四，技术在招聘和甄选及其他业务流程中扮演着越来越重要的角色。过去二三十年的大量研究关注了如何利用技术的力量来提高招聘和甄选过程的速度和灵活性，并且解决它所带来的问题（如未被监督的互联网测验和作弊的问题）。

（资料来源：Robert E. P., Neal S., Naney T. T., Solving the supreme problem：100 years of selection and recruitment.Journal of Applied Psychology，2017.102（3）：291-304.）

1.1 招聘与录用的内涵与地位

1.1.1 招聘与录用的内涵

人是企业之本，企业成功的决定性因素是人。古往今来，人与才被称为企业发展的两驾马车。在知识经济高度发达的今天，企业间的竞争越来越激烈，要想在这场竞争中取得最终的胜利，归根结底会落到人才的竞争。人力资本已经成为比物质资本更重要的资本，它是企业提高自己核心竞争力的关键所在。比尔·盖茨曾说："如果让我们公司最优秀的 20 个员工离开，微软在世界上将变得无足轻重。"可见，企业要想长久发展，重点在人力资本。招聘作为企业获得人力资本的主渠道，自然要给予极大的重视。

员工招聘是组织因为发展的需要，根据人力资源规划和工作分析的数量与质量要求，通过信息的发布和人员的甄选，从组织内外获得组织所需人才，并且安排他们到组织所需岗位上工作的过程。R.韦恩·蒙迪认为，招聘是能及时地、足够多地吸引具备资格的个人，并且鼓励他们加入组织中来工作的过程。通过招聘，企业能够获得高质量的人才，引进先进的思想理念，提高核心竞争力；通过招聘，企业可以向外界展示自身实力，提高企业知名度。

1.1.2 招聘与录用的地位

招聘是企业整个人力资源管理活动的基础，直接关系到企业人力资源的形成。有效的招聘工作不仅可以提高员工素质、改善人员结构，也可以为组织注入新的管理思想、增添新的活力，甚至可能给企业带来技术、管理上的重大革新。同时，招聘是人力资源管理其他职能活动的基础，有效的招聘可以为员工培训、绩效管理、薪酬管理、劳动关系等人力资源管理活动奠定基础。企业在不同的发展阶段，对人力资源的需求也不同，总是处在不断变化的过程中。因此，招聘与录用不仅仅是填补空缺岗位所需人员，还包括在宏观上对企业人力需求的把控，即在综合企业发展现状与人力资源现状的基础上，把控未来的招聘方向，为企业运营找到最合适的人员，同时减少不必要的人员流失。招聘与录用是企业人力资源管理的第一环节，与人力资源管理其他五大模块的关系十分密切，在人力资源管理中是十分重要的。

1. 确保录用人员的质量，增强企业核心竞争力

现代企业竞争的实质是人力资源的竞争，人力资源成了重要的企业核心竞争力。招聘工作作为企业人力资源管理开发的基础，一方面直接关系到企业人力资本的获取与提升，另一方面直接影响企业人力资源开发管理等其他环节工作的开展。只有拥有高素质的一线员工，才能保证产品和服务的高质量；只有拥有高素质的技术人员，才能保证企业的研发计划高效有序地实施。

2. 降低招聘成本，提高招聘的工作效率

招聘的职位越高，招聘成本也就越高。据估计，招聘专业人员的直接成本大致为这些人员工资的 50%~60%。既要将招聘成本降到最低，又要保证录用人员的素质，是招聘成功的重要衡量指标之一。

3. 为企业注入新的活力，增强企业创新力

企业根据人力资源规划和工作分析的要求，通过招聘给岗位配置新的人员。新员工将新的管理思想和新的工作模式带到工作中，这可能推动企业的制度创新、管理创新和技术创新。特别是从外部吸收人力资源，既为企业增添了新生力量，弥补了企业内部的人力资源的不足，又给企业带来更多的新思维、新观念和新技术。

4. 提升企业知名度，树立良好的企业形象

招聘工作涉及面广，企业利用各种各样的渠道（如电视、报刊、广播、多媒体等）发布招聘信息，可以提升企业知名度，让社会各界更了解企业。有的企业以极具吸引力的高薪、颇具规模和档次的招聘流程来表明企业对人才的渴求并展现自己的实力。企业在招聘所需要的各种人才的同时，通过招聘工作的开展和招聘人员的素质向外界展现了企业的良好形象。

5. 减少离职，增强企业内部的凝聚力

有效的人力资源招聘，一方面可以使企业更多地了解求职者到本企业工作的动机与目的，从而从诸多求职者中选出个人发展目标与企业目标趋于一致并愿意与企业共同发展的员工；另一方面可以使求职者更多地了解企业及应聘岗位，让他们根据自己的能力、兴趣与发展目标来决定是否加盟该企业。有效的双向选择可以使员工愉快地胜任所从事

的工作，减少员工离职及因此带来的损失，增强企业内部的凝聚力。

6. 有利于人力资源的合理流动，促进人力资源潜能的发挥

一个有效的招聘系统，能促使员工通过合理流动找到适合的岗位，实现能职匹配，调动其积极性、主动性和创造性，使其潜能得以充分发挥，从而使人力资源得以优化配置。调查表明，员工在同一岗位上工作八年以上时，容易出现疲顿现象，而合理流动会使员工感受到来自新岗位的压力与挑战，激发员工的内在潜能。

7. 企业发展与员工职业生涯发展紧密结合，实现组织和员工个人的双赢

有效的人力资源招聘，能将组织目标与个人职业生涯发展紧密结合，使个人职业生涯规划、个人意愿、个人发展空间与企业愿景一致，实现组织和员工个人的双赢。

8. 推广企业文化和价值观，增强团队协作

在有效的人力资源招聘中，得到录用的人员不仅能快速适应岗位的工作和完成岗位的职责，而且能认同企业文化和价值观，融入企业的团队，增强团队协作。

1.2 招聘与录用的作用

人员的招聘与录用工作是人力资源管理中最基础的环节。对于企业来说，有了战略发展目标后，就需要组成一个人力资源管理系统，在适当的组织机构与指挥协调机构的领导下，使用原材料、机器、资金等来生产产品，或进行经营，或提供服务。在人力资源管理中，人力资源的使用与配置是企业成功的关键，而人力资源的使用和配置包括人力资源的“进”“用”“出”等几个环节，在这几个环节中，人力资源的“进”又是关键。具体而言，招聘与录用的作用具体表现在以下几个方面。

1. 招聘与录用是企业获取人力资源的重要手段

企业只有通过招聘才能获得人力资源，尤其是对新成立的企业来说，人员的招聘与录用更是企业成功的关键。如果企业无法招聘到合乎企业发展目标的员工，企业在物质、资金、时间上的投入就会浪费，完不成企业最初的人员配置，企业就无法进入运营。对已经处于运作之中的企业来说，人力资源的使用和配置，也因企业的战略、经营目标、计划与任务，以及组织机构的变动和自然原因而处于经常的变动之中。因此，招聘与录用工作对企业来说是经常性的。招聘与录用的目标就是保证企业人力资源得到充足的供应，使人力资源得到高效的配置，提高人力资源的投资效益。

2. 招聘与录用是整个企业人力资源管理工作的基础

一方面，人员招聘工作直接关系到企业人力资源的形成；另一方面，招聘与录用是

人力资源管理中其他工作的基础。企业人力资源管理所包括的各个环节，从招聘、培训、绩效考核、薪酬到人力资源保护、劳动关系、奖惩与激励制度等，人员的招聘与录用是基础。如果录用的人员不能胜任，或者不能满足企业要求，那么，企业人力资源管理的工作效益就得不到提高，其他各项工作的难度也将增加。

3. 招聘与录用是人力资源投资的重要形式

从人力资源投资的角度出发，招聘与录用也是企业人力资源投资的重要形式。人员的招聘与录用无疑将花费企业的费用。如果人员的招聘与录用工作出现失误，对企业产生的影响将是巨大的。例如，录用的生产线员工如果不符合标准，就可能需要花费额外的精力去进行培训；与客户打交道的员工如果缺乏技巧，就可能使企业丧失商业机会；在工作团队中，如果招聘来的人员缺乏人际交往技能，就会打乱整个团队的工作节奏和产出效益；等等。因此，如果企业的招聘与录用工作的质量高，不但能为企业招聘到优秀人员，而且能为企业减少由于录用人员不当所带来的损失。

4. 招聘与录用能够提高企业的声誉

招聘与录用工作需要严密的策划，一次好的招聘策划与活动，一方面，可以吸引众多的求职者，为求职者提供一个充分认识企业的机会；另一方面，既是企业树立良好的公众形象的机会，也是一次好的企业广告宣传活动。成功的招聘与录用活动能够使企业在求职者心中、公众心目中留下美好的印象。

5. 招聘与录用能够提高员工的士气

企业在不断发展的时期，自然会产生一些空缺职位，企业需要从外部寻找合适的人选来填补空缺，使企业的发展不至于受到限制。一方面，引进“新”员工可以带来新的思想，使员工队伍具有新的活力；另一方面，也为“老”员工带来新的竞争，使他们在岗位上获得新的挑战机会。

1.3 招聘与录用的战略

1.3.1 战略的意义

招聘与录用的战略是指企业为了实现可持续发展，依据企业的战略目标，制定战略性的招聘管理制度体系、岗位说明书体系、招聘计划等，以吸引优秀人才的加盟。用战略性眼光、整体观念、纵深维度去对待企业的招聘与录用工作，将使招聘到的人才能够适应动态环境下企业的发展与成长。

在招聘过程中，针对不同的招聘岗位有不同的招聘渠道，对于高级人才的招聘应选择猎头招聘；对于基础性的、不需要太多工作经验的岗位可以选择校园招聘；对于用工量大、基础性操作的岗位，可以选择网络招聘（招聘网站、公司官网、手机招聘 App 等）；对于专业人才，可以选择人才市场和专业的网络媒体进行招聘。

1.3.2 战略的特征

1. 战略性

招聘与录用的对象与企业的战略、经营目标、工作紧密联系起来，在遵循有效的招聘甄选决策程序的同时，整个招聘甄选过程以企业战略框架为基础，使企业核心人员及其素质得到重视和强化。

2. 高效性

高效性也称有效性。战略性招聘将改变企业传统招聘的低效模式，在招聘与录用的各个环节上避免有限招聘成本的浪费，最终做到效益的最大化。

3. 高风险性

企业注重求职者的文化认同及适应性技能培训、人才储备库的建设及招聘渠道的深入挖掘等，这些需要较高的前期投入，虽然从长远来看有利于企业的持续发展，但高投入势必带来高风险。所以，企业在实施战略性招聘时需要与临时性招聘结合。

4. 前瞻性

在招聘与录用过程中，企业不仅要关心人员能否胜任当前的工作，而且要关注企业的长远战略规划，关注所招聘人员能否支持企业战略发展目标的实现。组织的长远发展和竞争优势的获取来源于关键员工。因此，要本着为组织挖掘核心人才的态度来筛选求职者，保持核心员工与普通员工的适当比例。

5. 系统性

招聘与录用依赖其他人力资源管理实践的支持与配合，把招聘当成由企业各部门、各层次的人员共同参与的和其他人力资源管理实践相互配合的系统性工作，而不仅仅是人力资源部门的事情，或者是一件独立于其他人力资源管理实践的单独的活动。

6. 动态适应性

一方面，招聘与录用计划应该根据实际情况的变化及时做出调整；另一方面，招聘与录用计划不仅要考虑静态的人员状况，还要考虑现有人员的流动情况。

7. 竞争性

既要强调核心人才与普通员工的恰当比例，又要强调核心人才的关键作用。把工作重点放在能招聘到为组织带来持久竞争优势的关键人才上，这会带来组织外部竞争优势。

内部竞争优势为外部竞争优势提供保障。

8．差异化的招聘手段和方法

根据人员与战略的关系密切程度，将企业人员分成不同的种类。针对不同类型人力资源的不同特点及其对企业的重要程度，分别采用不同的招聘方法和策略。在招聘面试、团队组建、招聘渠道选择、人才的吸引和保留等方面均根据不同人才的特点有针对性地选择不同的方法和策略。

9．企业文化认同

一个企业只有具有共同认同的企业文化和核心价值观，才能在竞争中处于优势地位。将企业的文化及核心价值观作为招聘与录用标准的重要部分，使招聘到的员工在企业文化和价值观上与企业保持高度一致。

1.3.3　战略的分类

招聘与录用战略是组织经营战略与人力资源战略相互作用的结果，战略选择决定了组织劳动力的去留，下面我们分别阐述赫伯特·G. 赫尼曼在其《组织人员配置》一书中划分的招聘与录用的七种战略。

1．既得与开发人才战略

既得人才战略是指组织要招聘那些来到组织就能干得很出色的员工，这些员工在进入组织之前就已经具备了一定的才能，几乎不需要培训就可以把工作干得得心应手；而开发人才战略是指组织要招聘的员工是愿意到组织来工作，并且能够学会岗位知识和技能的。招聘与录用战略就是在这两种战略中做出适合某个岗位需求的选择。例如，软件公司急需新产品研发人员，又没有时间来培训开发这类人才，那么企业就可能选择既得人才战略。

2．滞后与领先战略

滞后战略是指组织的招聘与录用是为了实现企业的经营战略和人力资源战略；领先战略是指员工招聘是作为一个重要因素，在制定企业经营战略和人力资源战略时考虑进去的。滞后战略是先确定企业的经营目标和规划，员工配置只是提供所需要的员工数量和类型；领先战略是先招聘员工，企业的战略只是新员工创新理念和才能的反应。例如，软件公司会先配置员工，根据员工的才能来制订新产品的开发计划。

3．具体与一般素质战略

组织是按照具体的人岗匹配原则来招聘人才，还是按照一般的人与组织匹配来招聘人才的？如果是前者，则意味着组织在招聘时要注重求职者的岗位知识和岗位技能；而后者则表明组织要注重企业目前和未来所需要的一般技能，如适应性、学习能力、文字和沟通能力、数字和统计技能。

4. 出色与基本合格人才战略

组织招聘出色人才就是寄希望于这些优秀人才会带来真正的高绩效；招聘基本合格人才则对引进人才没有那么高的期望，人工成本也比较低，专业运动俱乐部在引进新队员时一般会选用这一决策。

5. 内部与外部战略

出现职位空缺，组织可以从内部招聘员工，也可以从外部招聘员工，当然许多组织是两种战略混合使用的，但两者的比重千差万别。如果组织想拥有一支稳定的、忠诚于组织的劳动大军，就可以选择内部招聘，员工可以根据组织的发展规划和员工构成来制订自己的职业生涯规划；外部招聘只限于某些起始岗位，或者组织内部没有合格的求职者的新生岗位，适合迅速发展、岗位数量急剧增加，而内部又没有足够的求职者的企业。

6. 积极多元化与被动多元化战略

社会的多元化趋势越来越明显，经济体制的多元化使人们的价值观念和生活方式也越来越多元化，组织可以积极采取多元化招聘政策，也可以被动地接受劳动力多元化这一趋势。多元化的劳动力可以使组织满足顾客的多元化需求。例如，在软件行业，设计人员的多元化会帮助组织了解市场对软件产品的多元化需求，但是，劳动力的多元化也会使企业计划管理工作变得复杂。

7. 核心劳动力与弹性劳动力战略

企业的核心劳动力是指那些忠于企业，在企业生产和销售服务中起关键作用的员工；弹性劳动力是指企业的边缘性员工，即企业需要时随时都可以招聘到的员工，他们甚至不是企业的正式员工，只是临时工。从战略上讲，企业必须决定是使用核心劳动力还是弹性劳动力，还是两者混合使用，各占多大比重。

1.4 招聘与录用的程序

人员招聘与录用大致可分为招聘、甄选、录用、评估四个阶段。图 1-1 为招聘与录用的程序。

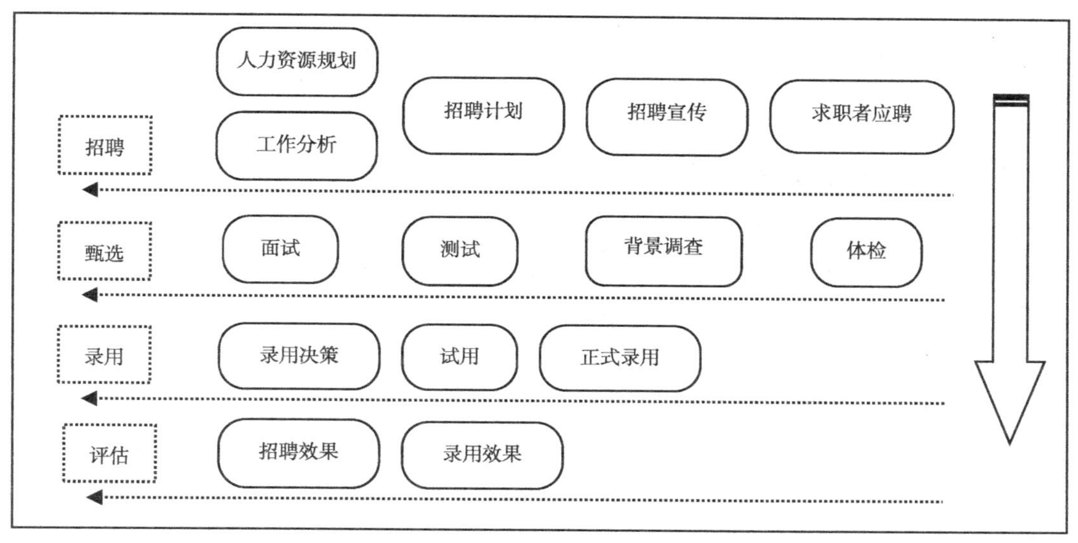

图 1-1　招聘与录用的程序

1.4.1　人力资源规划和工作分析

企业在招聘之前，需要做两项重要的基础性工作，那就是人力资源规划和工作分析。

企业的人力资源规划是指为实施企业的发展战略、完成企业的生产经营目标，根据企业内外环境和条件的变化，运用科学的方法对企业人力资源需求和供给进行预测，制定相应的政策和措施，从而使得企业人力资源供给和需求达到平衡的过程。运用科学的方法对企业人力资源需求和供应进行分析和预测，判断未来的企业内部各岗位的人力资源是否达到综合平衡，即在数量、结构、层次多方面平衡。

工作分析则是通过一系列系统的、有效的方法对特定职位进行研究，明确其工作任务和职责，与其他职位的工作关系及该职位的工作环境和任职资格等信息。这是一个系统性地收集和分析职位信息的过程。分析企业中的这些职位的职责是什么，这些职位的工作内容有哪些及什么样的人能够胜任这些职位。

人力资源规划和工作分析作为招聘与录用的基础性工作，两者的结合会使得招聘工作的科学性和准确性大大提升。

1.4.2　招聘计划

招聘计划应在人力资源规划和工作分析的基础上产生。具体内容包括：确定本次招聘的目的，描述招聘人员的标准和条件、招聘的岗位、人员需求量、岗位的性质及要求等，明确招聘对象的来源，确定传播招聘信息的方式、招聘组织人员、参与面试人员、招聘的时间和新员工进入组织的时间、招聘经费预算等。招聘计划有时收录在企业的人事政策或员工手册中。制订招聘计划是一项复杂的工作，大型企业常聘请组织外部的人力资源问题专家制订和执行招聘计划；小型企业通常由人力资源管理人员做此工作。一般经主管总经理批准人员需求表，然后列入人力资源部招聘工作计划，人力资源部着手制订招聘方案，明确求职者的任职资格、评价标准。

1．制订招聘计划的意义

招聘计划是组织人力资源规划的重要组成部分，其主要功能是通过定期或不定期地招聘组织所需要的优秀的各类人才，为组织人力资源系统充实新生力量，实现企业内部人力资源的合理配置，为企业扩大生产规模和调整生产结构提供人力资源上的可靠保证，同时弥补人力资源的不足。

更重要的是，招聘计划作为组织人力资源规划的重要组成部分，为组织人力资源管理提供了一个基本的框架，为人员的招聘与录用工作提供了客观的依据、科学的规范和实用的方法，能够避免招聘与录用过程中的盲目性和随意性。

2．招聘计划包括的内容

（1）录用人数及达到规定录用率所需要的人员。确定计划录用的员工总数。为确保企业人力资源构成的合理性，各年度的录用人数应大体保持均衡。录用人数的确定，还要兼顾录用后员工的配置、晋升等问题。此外，还要根据以往的招聘经验确定为了达到规定录用率，至少应吸引多少人员前来应聘。

在招聘过程中，企业必须吸引到比空缺职位更多的求职者，但是要知道多少才合适的话，就需要事先确定淘汰率。求职者可能有这样几种情况：资格不够；发现对申请的岗位没有兴趣而退出；“脚踏两只船”，当其他企业提供的条件更好时就会离开。

估算淘汰率比较常用的一个工具是招聘产出金字塔。使用这种方法，人力资源管理部门的招聘人员可以知道，为了获得一定数目的员工，在招聘之初必须吸引多少个求职者才能保证满足所有的工作空缺。例如，某公司需要招聘 30 名技工，公司根据以往招聘的经验及劳动力市场当时的供求情况，估计各环节的淘汰率，招聘与录用比例如图 1-2 所示。根据图 1-2 推算出：必须有 720 个人申请，才能产生 120 个被邀请到招聘地点进行面谈的人；企业大约需要对 90 个被邀请者进行面谈；在这些参加面试的人中可以发出 60 份录用通知；这些人中有一半的人，即 30 个人会被最终雇用。

当然，在不同的国家、不同的时期，甚至在同一国家的不同地区，每个单位的淘汰率都是不一样的。这些比例的变化与劳动力市场的供给直接相关，与劳动力供给的数量、质量直接相关。这些比例的确定依赖于丰富的招聘经验。此外，如果在招聘广告中把招聘要求说得详细一些，就可以降低淘汰率。

（2）从求职者应聘到雇用之间的时间间隔。有效的招聘计划还应该注意另一种信息，即精确地估计从求职者应聘到雇用之间的时间间隔。随着劳动力市场条件的变化，对这些数据也要相应地进行修改。

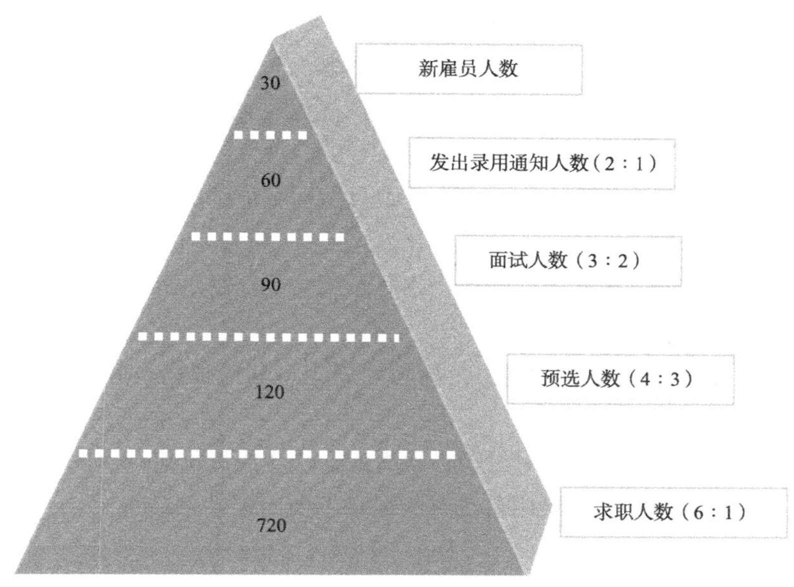

图 1-2　招聘与录用比例

（3）录用标准。招聘前的一项重要内容是编制岗位说明和任职资格，尽可能详细地陈述空缺岗位所需要的知识、技术和能力，即确定录用人才的标准。除个人基本情况（年龄、性别等）外，录用人才的标准可以归结为五个方面：与工作相关的知识背景、工作技能、工作经验、个性品质、身体素质。这里要明确区分哪些素质是职位要求所必需的，哪些是希望求职者具有的。

（4）录用来源。确定从哪里录用人才。确定录用来源有助于企业有效地把时间花费在某一对口的劳动力市场上。成本最高的录用来源通常是猎头公司，其代理费大约为个人年薪的 1 / 3，这在企业招聘高级管理人才时比较适用；而一般人员的招聘可通过职业介绍所或人才市场进行，费用较低。组织应根据成本及时间间隔数据定期收集、评价招聘来源信息，对各种信息来源进行分类，选择那些能最快、最廉价地提供适当人选的信息来源。

（5）招聘预算与成本计算。组织还要对招聘费用进行预算。随着人才竞争的日益激烈，招聘方法和手段不断翻新，很多招聘单位都面临着招聘成本不断提高的问题。由于招聘活动的费用支出主要有包括招聘广告和宣传册等在内的招聘信息成本、招聘会或联谊会的费用。有些招聘活动已经不局限在本地区，跨地区招聘还包括差旅费和通信费用等。招聘单位可用于招聘的费用的多少，在一定程度上决定了他们可以采用的招聘方法。一般来讲，雇用一个人所需要的费用可以用招聘总费用除以雇用人数得出：每雇用一人所需费用 = 招聘总费用 / 雇用人数。除此之外，以下成本计算也是必不可少的：人事费用、业务费用、通信费用、广告费用、交通费用等其他一般管理费用。

3. 应注意的问题

在制订和实施招聘计划时，必须注意以下问题。

（1）不同的企业及处于不同发展阶段的同一企业，在编制招聘计划时是存在区别的。

（2）招聘计划不仅要规划未来，还应反映目前现有员工的情况，如员工的调入、调出、升迁等。

（3）从录用方式看，包括定期录用、临时录用、个别录用等。对招聘计划来讲，应明确区分，分类规划安排。

（4）企业处于多变的经济环境中，招聘计划应不断地根据实际情况的变化进行调整，绝不能一劳永逸。

（5）在编制和实施招聘计划时，还必须注意到社会成员价值观念的取向、政府的就业政策和有关劳动法规，如在录用员工时，尽量不要出现性别歧视。

1.4.3 招聘宣传

发布招聘信息进行招聘宣传是利用各种传播工具发布岗位信息，鼓励和吸引人员参加应聘的过程。企业根据面向内部或外部的不同招聘对象，选择有效的发布媒体和渠道传播信息。在发布招聘信息时要有明确的潜在应聘对象，招聘内容要正确描述职务的特点、求职者必备的条件和有关应聘的方法，以及需要提供的应聘资料等。

招聘宣传会优化录用的效果，它也是传播公司文化、树立良好的公司声誉的有效手段。对潜在的求职者群体及其周围社会进行公关宣传，这在某种程度上和扩大产品销售的市场宣传一样，都能达到提高企业声望的目的。

在发布招聘信息时应注意以下几点。

1. 信息发布的范围

信息发布的范围取决于招聘对象的范围。发布信息的面越广，接收到该信息的人就越多，求职者就越多，组织招聘到合适人选的概率就大，但费用支出相应也会增加。

2. 信息发布的时间

在时间等条件允许的情况下，招聘信息应尽早发布，以缩短招聘进程，也有利于使更多的人获取信息，从而增加求职者数量。

3. 招聘对象的层次性

组织要招聘的特定对象往往集中于社会的某个层次，因而要根据应聘职务的要求和特点，向特定层次的人员发布招聘信息，如招聘计算机方面的专业人才，则可以在有关计算机专业的杂志上发布招聘信息。

1.4.4　求职者应聘

此阶段是从求职者角度来谈的。求职者在获取招聘信息后，向招聘单位提出应聘申请。应聘申请常有两种方式：一是通过信函向招聘单位提出申请；二是直接填写招聘单位应聘申请表（网上填写提交或到单位填写提交）。无论哪种方式，求职者应提供以下个人资料。

（1）应聘申请表，并且必须说明应聘的职位。

（2）个人简历，着重说明学历、工作经验、技能、成果、个人品格等信息。

（3）各种学历的证明，包括获得的奖励、证明（复印件）。

（4）身份证（复印件）。

1.4.5　面试与测试

招聘面试与测试是人员的招聘与录用工作程序的重要组成部分，也是招聘与录用工作的进一步展开。面试与测试的实施一般有以下步骤。

1. 组织各种形式的考试和测验

考试和测验内容应根据岗位的不同要求进行设计和取舍。一般而言，此项工作涉及以下几个方面的内容。

（1）专业技术知识和技能考试。

（2）能力测验。

（3）个性品质测验。

（4）职业性向测验。

（5）动机和需求测验。

（6）行为模拟。

（7）评价中心技术。

通过对求职者施以不同的考试和测验，可以就他们的知识、能力、个性品质、职业性向、动机和需求等方面加以评定，从中选出优良者，进入面试候选人的范围。

2. 确定参加面试的人选，发布面试通知和进行面试前的多项准备工作

（1）确定面试官。面试官应由三部分人员组成：人事部门主管、用人部门主管和独立评选人。但是，无论什么人担任面试官，都要求他们能够独立、公正、客观地对每位面试者做出准确的评价。

（2）选择合适的面试方法。面试方法有许多种类，面试官应根据具体情况选择最合适的方法组织面试。

（3）设计评价量表和面试问话提纲。面试过程是对每位参加面试的求职者的评价，因此，应根据岗位要求和每位求职者的实际情况设计评价量表和有针对性的面试问话提

纲。

（4）面试场所的布置与环境控制。要选择适宜的场所供面试时使用，在许多情况下，不适宜的面试场所及环境会直接影响面试的效果。

3．面试过程的实施

这一阶段是面试工作程序中最主要的环节，它依靠面试官的面试技巧有效地控制面试的实际操作。实际上，面试过程的操作质量直接影响着人员的招聘与录用工作的质量。

4．分析和评价面试结果

这部分工作主要是针对求职者在面试过程中的实际表现给出结论性评价，为录用人员的取舍提供依据。

5．面试结果的反馈

人员的招聘与录用工作的每个环节都包含两个方面的结果：录用过程和辞谢过程。录用过程是指求职者在应聘过程中逐步被组织接纳，而辞谢过程是指招聘与录用过程中的淘汰，二者是同时延续和完成的。

面试结果的反馈有两条线路，一是由人事部门将人员录用结果反馈给组织的上级和用人部门。二是逐一将面试结果通知求职者本人，对录用人员发布“试录用通知”，对没有被接受的求职者发布“辞谢书”。

6．面试资料存档备案

最后，将所有面试资料存档备案，以备查询。至此，招聘测试与面试工作全部完成，重新回到人员的招聘与录用的程序之中。

1.4.6 背景调查

在招聘过程中，应当对求职者进行背景调查，其目的是核实求职者提供的信息、进一步了解求职者的情况。尤其是对那些重要职位的求职者，如中高级的管理人员、专业技术人员和一些关键的职位，必须进行背景调查。背景调查的内容主要有身份背景调查、学历背景调查、工作背景调查、过去的不良记录调查。（这部分内容在第 7 章有详细的叙述，这里就先不赘述了。）

1.4.7 体检和录用

1．体检

确定人员录用的最后人选，在有必要时进行体格健康检查。在通过面试与测试和背景调查后，为保证求职者的健康状况符合企业的要求，要对求职者进行体检。检查的内容可以根据企业的一般要求或工作的特别要求来确定。体检之所以安排在面试与测试、背景调查后，是因为这样可以有效降低招聘选拔的成本。

2. 录用

（1）作出录用决策。在经过笔试、面试或心理测试后，人员的招聘与录用工作进入了决定性阶段。这一阶段的主要任务是通过对甄选过程中产生的信息进行综合评价与分析，确定每一位求职者的素质和能力特点，根据预先确定的人员录用标准与录用计划做出录用决策。

对测评数据资料的综合分析是通过专门的人事测评小组或评价员会议进行的。测评小组共同讨论每个评价维度的行为表现，得出对某一求职者有关这方面情况的一致评价意见。在对每一评价维度都进行了类似的综合分析后，评价员们就要考虑勾画出该求职者在所有评价维度上的长处和弱点，然后做出最后的录用决策。

这里需要注意的是，如果人事部门与用人部门在人选问题上有意见冲突，应尊重用人部门的意见。组织应该尽可能地选择那些个性品质与企业文化相吻合的求职者，即使他们没有相应的知识背景和工作经验，因为后者可以通过培训而获得，而相对来讲，一个人的个性品质是难以改变的。

（2）决策的准确性。个人差异为人员选择提供了理论基础，选择过程的目标在于利用个人差异挑选那些更具有某种特性的人，这些特性被看作干好工作的重要因素。工作分析是整个选择过程的基础。在此基础上，选择一个或一个以上敏感、相关、可靠的效标；同时，选择一个或一个以上与效标有某种关系的预测因子（如个性、能力、兴趣的量度）。对预测因子的选择应以工作分析信息为依据，这种信息可提供哪种预测因子最有可能准确地预测标准绩效的线索。当我们把预测因子作为决策的依据时，可从正确决策的比例评价预测因子的作用。

这一模式简单、易懂，它只要求把根据预测因子所做的决策划分为两个或两个以上相互排斥的类型，对效标数据也做类似的分类，然后对两组数据进行比较。

评价决策的准确性的指标之一是正确决策与总的决策之比。

1.4.8　效果评估

这是招聘与录用活动的最后阶段。对本次招聘与录用活动做总结和评价，将有关资料整理归档。评价内容主要包括招聘与录用的成本核算、招聘与录用质量评估等，效果评估相关内容在本书后面的章节会详细地阐述，这里就先不赘述了。

1.4.9　录用后的工作安排

在对录用人员发出录用通知后，通常的事务性工作有：发送公司介绍资料和公司内部刊物并要求新员工预先阅读，召开录用人员欢迎会，进行准备性学习和进入公司仪式，签订劳动合同，分发就业规则、出入证等必需证件并分发制服等必需品，等等。

录用后还需要进行适当的安置工作，让新员工经过培训后“上岗到位”，整个录用过程才算完结。尽管录用过程中有许多考核手续，但公司的人力资源管理部门还有责任对录用人员进行进一步的考核和安排具体工作。这一迎新安置工作做好了，一方面可以使新员工尽快适应工作；另一方面可以在发现录用不妥时采取补救措施。许多公司倾向于在正式录用之前，留出几个月的试用期，在试用期内由公司人力资源管理者和现场作业部门共同对新员工进行教育和考查。

由于解雇已被录用的公司员工对公司和当事员工都是很痛苦的事，为了避免发生这种事，企业人力资源管理部门应在试用期内对录用人员进行身份调查。在许多企业，这一工作被认为是必不可少的。调查方法有函询及出差调查。调查内容包括：本人经历，业务经验与技术水平，退职原因及内情（如录用人员系退职人员），有无不正当行为，操行、工作态度和人际关系等方面的他人评价意见等。

总而言之，企业录用新员工是一个有计划、有组织的程序性工作。尽管在操作过程中会因所面临的情况和态势不同而有各种对策与做法，但其工作流程是大体一致的。企业员工招聘与录用流程，如图 1-3 所示。

1.5 招聘与录用的相关误解与误区分析

1.5.1 招聘与录用观念上的误解

误解一：招聘就是千方百计地招揽人才，成本可暂时忽略

从招聘的定义来讲，招聘就是为了实现企业内部的人力资源供求平衡，降低企业的人力资源的管理风险。因此，企业在进行招聘活动时，尤其是在企业内部人力资源供求矛盾突出之时，负责招聘的部门和人员的确需要千方百计地为企业招聘到急需的人才。但是，这是为了平衡企业内部人力资源的供求平衡；为了防范企业的人力资源管理风险；为了提升人力资源竞争力……这些理由基本上都对，可又不全对。企业的含义是以追求经济利益为根本目的的市场经济主体。也就是说，企业活动的根本目的是追求经济利益。尽管以上理由确实可以帮助企业节约经济成本、获取经济利益，但是在招聘过程中若不把企业追求经济利益这一目标置于人才招聘之上，那就难免本末倒置，不仅不能为企业获取经济利益，反而会加大企业的负担。

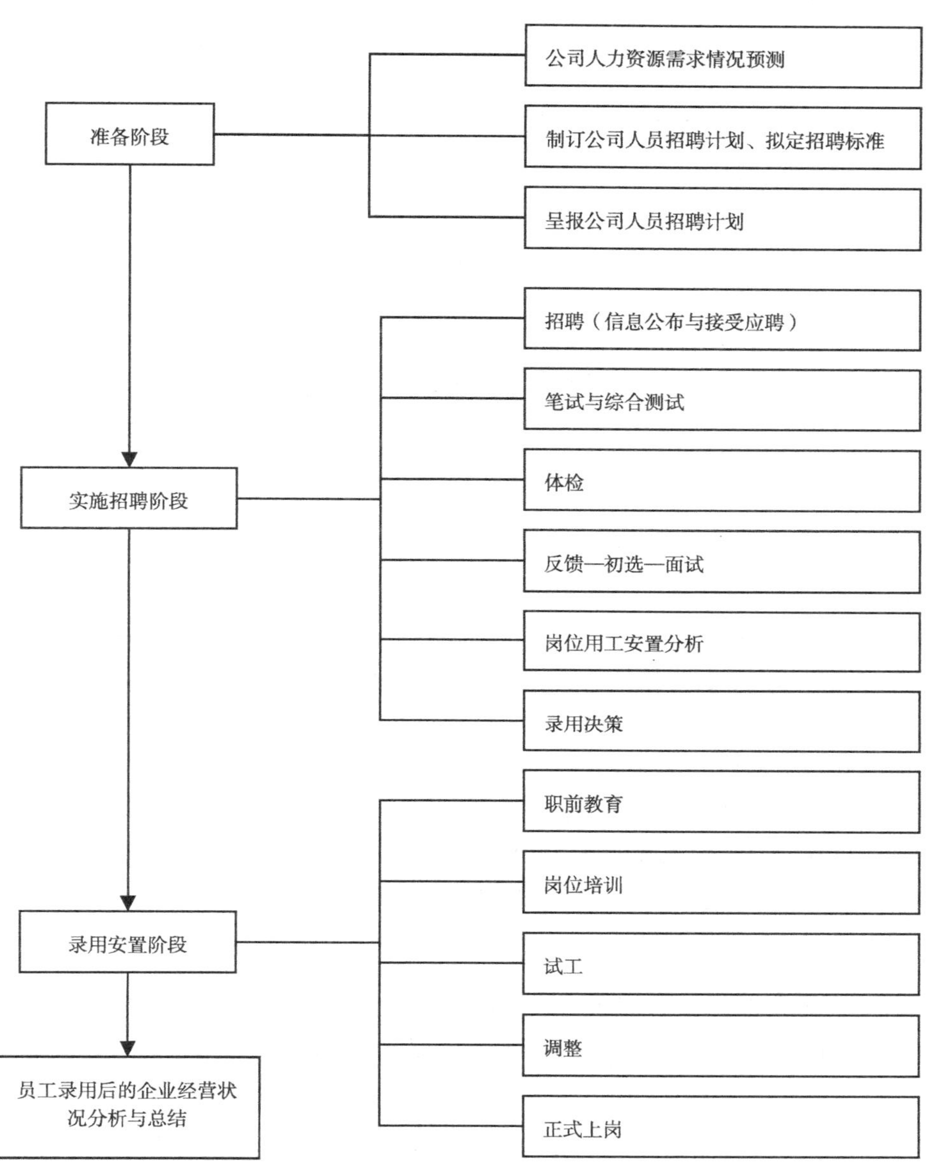

图 1-3　企业员工招聘与录用流程

对策：树立成本理念

投资人创办企业的目的是获取经济利益。因此，在整个企业的管理活动中，必须时刻关注成本和利润两大观念。所谓成本观念就是指在开展企业管理活动时，在保证企业管理必要的成本投入的情况下紧紧围绕如何节约企业的管理成本这一主题。招聘工作作为企业管理的一项重要活动，应考虑到四大板块的成本：一是招聘的直接成本，它主要是指在招聘过程中的一系列显性花费；二是招聘的重置成本，它主要是指由于招聘不妥导致必须重新招聘所花费的费用；三是机会成本，其是因离职而新聘人员的能力不能完全胜任工作所带来的隐性花费；四是风险成本，它主要是指企业的稀缺人才流失或招聘不慎，导致未完成岗位的招聘目标，给企业管理上带来的不必要花费。

误解二：高学历人员等于优秀人才

高学历人员拥有较高的学历，具有较为漫长的学习经历。但高学历人员是否等于优秀人才呢？尽管深厚的知识积累是人转变为人才的基础，笔者仍认为二者之间是不能画等号的。学历简言之就是学习经历，而人才是指具有与社会发展需求相吻合的技能的人员。单从这两个定义我们就可以看出二者是不能画等号的，具有学习经历并不能代表其具有与社会发展需求相吻合的技能。尤其是在当前大学大力扩招，而师资力量相对缺乏、学习教材与社会发展相对滞后的情况下，二者之间不等化的现象更为突出。这也就是为什么有些企业对大学生形成了“眼高手低”的认识，甚至不愿意录用大学应届毕业生。总之，负责招聘的部门和人员有必要树立“唯才是举”而非“唯学历是举”的观念。

对策：发展才是硬道理

任何事物只有不断地向上发展才能应对不断变化的发展形势。具体到招聘来讲，求职者必然期望其能够在新的工作环境中不断提高自身的素质和能力，增强自身的竞争力，为个人职业生涯的发展打下坚实的基础。招聘方肯定也期望其招录的员工能够不断完善自我，增强企业的人力资源竞争力，为企业应对各种市场风险提供有力的人才保障。从二者的需求和目的来看，其实具有相当的一致性。但是具有一致性与实现一致性是不尽相同的，原因就在于员工发展的可能性和潜力与企业发展需求之间存在差距。因此，企业在招聘的过程中应对求职者进行一些比较科学的测试，依据测试反馈的信息来提炼求职者的发展潜力，并且将其具有的发展潜力与企业未来的战略目标相比较和权衡，总之，要运用发展的理念来开展招聘活动。

误解三：现在的人才资源是供大于求

尽管当前依据各大人才市场提供的人才供求信息来看，基本上很多类别的岗位是供大于求，导致很多高学历人员找不到工作，但是这是不是我们所处的人力资源环境的真相呢？现在的人才资源真的供大于求吗？从根本上说，这只是一种假象。正如前文所说，人才是指具有与社会发展需求相吻合的技能的人员。具体到企业来讲，是指能够与企业发展需求相吻合的人员。而从一些企业反馈的信息来看，很多岗位很难招到符合企业要求的人员，最终不得不退而求其次或采取暂时服务外包的措施。这也就形成了“应聘人员抱怨招聘岗位太少，而招聘企业抱怨人才太少”的两重天的景象。所以，招聘人员和企业切勿被这个人才假象所迷惑。

对策：程序理念

程序理念指的是招聘的整个过程必须置于招聘的规章制度和招聘计划体系之下。招聘工作是一项难以有效把握和控制的工作，会存在各种形势和突发事件，很容易使招聘人员感觉难以应付。尤其是在面对一些突发事件时，更是如此，如企业突然急需招人，而求职者很少。有些招聘人员为了完成招聘任务，就采取简化招聘程序的方法来应对这种局面，而结果就会出现求职者与用人单位彼此抱怨的局面。正所谓“没有规矩，不成方圆”，如果不将其置于招聘制度和招聘体系之下，就极易造成招聘无“效果”或负责招聘的人员做出有损企业形象的事件的后果。坚持招聘的程序理念，完善招聘制度和招聘流程，才是有效地招纳贤士的根本之道。

误解四：招聘就是单纯地招录员工

从招聘的定义来讲，招聘的主要功能是确定招录人员，防范企业人力资源管理风险。然而，随着人力资源管理理念和管理技术的不断深入发展，招聘也被赋予了新的含义和功能。其中之一就是树立企业的外部形象，一个企业的外部形象主要通过两方面表现出来：一是企业的产品，主要反映在质量和性能上；一是企业员工的行为。招聘人员的工作方式和工作行为直接反映着企业的内部文化，向求职者传达着企业外部形象的信息。因此，企业在进行招聘活动时，在完成招聘目标的前提下，一方面注意维护企业的形象，另一方面要抓住这个时机宣传企业的文化。同时，从另一个角度讲，招聘是整个人力资源管理的源头部分，招聘的绩效会直接影响到其他板块的人力资源管理工作的开展，甚至会影响整个人力资源管理系统的正常运转。

对策：树立公关理念，强化公关意识

何谓公关理念？公关理念实际上就是指企业的经营战略和管理艺术，主要包括塑造企业形象的意识、服务社会公众的意识、与社会组织和个人协调沟通的意识和发展的意识。正如前文所说，现代化的招聘并非传统意义上的招聘，它已经被赋予了新的含义和功能。负责招聘的部门和人员在招聘工作中要树立公关理念，强化公关意识。这既有利于塑造企业人力资源管理品牌，赋予企业的人才招聘和人才竞争以品牌力量，也有利于向社会公众树立企业的优良形象，提高企业产品或服务的竞争力。

1.5.2　招聘与录用流程上的误区分析

首先，未对企业所需人才从战略和文化需求方面进行清晰的定位，即企业到底需要具备什么能力和素质的人才。比如，企业处于事业飞速发展期时需要的是具有创新进取精神的人，而不是守旧寡断的人；企业文化强调忠诚，可能首先要过滤掉频繁跳槽的求职者。如果企业没有对所用人才进行清晰的定位，就很难说需要招聘什么样的人来实现战略，招聘什么样的人才能真正融入企业文化，与现有员工形成一个和谐的团队；企业人力资源招聘主管也难以有效把握战略和文化对人才的要求，可能只依据自己的喜好和意愿进行招聘，结果难以达到企业的用人需求。

其次，错误地认为招聘只有在需要的时候才进行。企业缺乏长期的规划，许多时候是“临时抱佛脚”，出现危机时再去招聘。匆忙地进行招聘很容易使标准降低，或者忽略求职者的负面因素。企业的招聘应该是一个连续的过程，在没有招聘需求的情况下仍然对外招聘可能需要的人才，放在备用名单之内，健全企业的人才储备库。

一些企业往往在招聘人才前没有认真规划、编制岗位职能。一些企业虽然有简单职能，但还停留在认识层面上，有时甚至只是照搬他人的职能说明书，拿来就用，而后才发现根本与企业自身的岗位需求没有接轨，导致招聘工作无法顺利推进。

这都是因为企业招聘基础工作不到位，缺乏动态的、系统性的中长期人力资源规划，缺乏长远考虑而导致的。有些企业采取现缺现招的办法，满足当前所急需的人才数量，在时间紧的情况下，甚至降低录用标准。这种招聘方式不仅无法收到满意的效果，更谈不上为企业自身的长远发展和可持续发展发现人才、储备人才。另外，众多企业缺少完整的招聘程序，以为招聘就是收简历、筛选简历、面试和把人员安排到用人部门。

其实，招聘是一个循环和程序化的过程，包括许多环节，如招聘前需求分析、渠道选择、招聘宣传、资料收集、资料筛选、笔试、面试、招聘后结果的及时反馈、求职者背景调查、审批和入职、试用培训与考核及招聘评估等。不同的企业有不同的用人哲学和判断标准，导致企业会选择不同的渠道、招聘流程和甄选标准，但是这并不妨碍他们找到最适合的人才。关键是策略和标准必须切实符合企业的需要，同时做到系统化和明确化，只有在此基础上才能够保证高质量的招聘工作有序展开。否则，会使招聘过于盲目而无秩序性。

1.5.3 招聘与录用执行上的误区分析

1. 招聘标准不合理、手段不科学

企业在招聘时往往会临时确定招聘标准，所定标准也比较空泛。在招聘时，招聘人员对评判尺度难以把握，操作起来主观随意性大，难以发挥各种甄别测评工具的效用。招聘人员对求职者的取舍不是取决于岗位所需标准，而是参考社会上所谓的招聘基本门槛，甚至仅凭对求职者的感觉和个人好恶来选择。如很多企业不论招什么职位，一概要求本科以上学历，习惯性地加上与工作“看似有关而实际无关”的条件，不按实际的工作需要设置招聘标准，无意间将一大批优秀人才让给了竞争对手。

招聘人员在招聘前应对空缺岗位进行职责分析，确定职位的责任、内容、操作规程及职位对胜任人员的素质要求，以形成该职位书面的工作说明书和工作描述，并且以此为标准开展招聘工作。

2. 招聘人员及招聘队伍的非专业化

企业在实施招聘的过程中，首先与求职者接触的是企业的招聘人员。求职者会根据招聘人员在招聘中的表现、素质来推断和评价企业组织，进而决定是否选择它，这样就影响了企业招聘的质量。有的企业招聘人员的着装及说话方式给求职者留下不好的印象，体现了自身素质不高的问题，同时他们对招聘的具体岗位的责任缺乏充分的理解，对招

聘岗位的具体职责不能准确地表述，也缺乏必要的招聘常识与甄选评价技术，严重影响了企业的形象及招聘效果。

因此，不能忽略对招聘人员个人形象的指导，并且要提出相应的要求，及时地对其招聘行为进行引导、规范，对其进行全面的培训，培训的内容包括面试的技巧、各岗位的要求及变化、招聘部门的作用和职责、招聘的渠道、招聘的流程和持续改进、心理学知识、仪表、沟通技巧等。做好企业招聘指导工作，是企业招聘流程中的重要一步。

3. 招聘面试组织不合理，效率不高

我国企业在招聘面试组织方面存在一些误区，如面试准备工作不当，不知采取何种面试方法；招聘人员出于个人喜好对求职者进行取舍，有的招聘人员往往因为欣赏某求职者的教育背景或某一方面而排斥其他求职者；招聘人员问题设计不合理，询问私人问题或敏感问题引起求职者反感，而造成情绪对立；招聘人员讲话过多或过少，不能倾听、收集到更多的求职者资料或给求职者带来心理压力等。其他包括面试节奏掌握不当、面试环境不好、面试气氛不融洽、几个招聘人员意见不统一等问题都应该尽量避免，要不断提高招聘人员的素质和专业技能。

完成面试任务需要设计完整的面试方案，在这个方案中，首先确定面试时间和面试官；根据职务分析和该职务未来的要求，制定结构化或非结构化面试问卷；营造良好的面试环境，包括座位的摆放距离和角度，以及光线的明暗设置等。另外，在面试中要用心聆听求职者的回答，让求职者感到自己受欢迎，给对方足够的时间去回忆和解释，也要尽量询问细节，测定求职者的综合素质。注意与求职者进行感情沟通和交流，以树立企业形象。

4. 企业招聘配套体系缺失，注重外部而忽略内部

由于企业缺乏与招聘配套的制度体系，如员工发展体系、任职资格体系等，不知企业到底拥有什么样的人才结构，如何培养自己的人才，导致不清楚内部人才结构，而使内部人力供给缺乏。企业一旦出现人员需求，特别是高层次的人员需求时，往往就从外面进行招聘，这就封堵了现有员工的成长道路，影响现有员工对企业的忠诚度和工作积极性。

因此，应该建立健全与招聘体系相配套的制度体系，包括员工发展体系等，注重内部员工的职业生涯规划，提高内部员工的工作积极性。

【本章小结】

招聘与录用就是企业根据自身发展的需要，在本企业人力资源规划和工作分析的基础上，制订相应的招聘方案，吸引潜在合格人员参加应聘的过程。招聘与录用工作跟人

力资源管理其他环节有着密切的关系。招聘与录用的战略主要包括既得与开发人才战略、滞后与领先战略、具体与一般素质战略、出色与基本合格人才战略、内部与外部战略、积极多元化与被动多元化战略、核心劳动力与弹性劳动力战略。招聘与录用的程序主要包括人力资源规划和工作分析、招聘计划、招聘宣传、求职者应聘、面试与测试、背景调查、体检和录用、效果评估、录用后的工作安排。

【复习思考题】

1. 分析招聘与人力资源管理其他环节的关系。
2. 招聘与录用的目的是什么?
3. 招聘与录用的主要战略有哪些?
4. 招聘与录用的程序一般包括哪些?

【案例分析】

【案例一】“跨界”招聘：企业发展的新动力

A公司是一家多种行业有机结合的电子商务公司，具有零售、互联网技术、物流、呼叫中心等多种业态特点。针对这些不同的业务功能，该公司各部门组织架构设置需要借鉴不同行业的特点和经验，也需要来自不同行业的优秀人才，并且要针对不同行业人群的特点对员工进行不同方式的激励和管理。

作为这个高速增长的新兴行业的先行者，A公司无成熟的同行业人力资源组织设置和管理模式可以借鉴。在这种情况下，该企业根据不同部门业态的特点，把各业态的传统行业作为招才纳贤的标杆和借鉴对象。该企业对于新招聘的非技术类人员，并不要求他们对电子商务很熟悉，但要求一定有对应传统行业的工作经验。如仓储部管理层来自传统零售企业的仓储部门，运输部管理层有大型快递行业的工作经历，招商或采购人员曾是知名零售公司及百货企业的采购和招商人员。这些人员给公司带来了许多其他传统行业成熟的管理模式和供应商资源，其丰富的从业经验构成了公司巨大的资源库。

以上是“跨界”招聘的案例，这种现象在我们身边时有发生，只是大多数企业没有发现这种人才招聘的方法，更没有将其提到人力资源管理的高度来考虑与实施。“跨界”招聘对企业发展有着独特的作用，它包括跨行业、跨专业招聘等。

跨行业招聘

受制于业内优秀人才紧缺的问题，很多银行正在从投资银行业以外招聘人才，如消费品行业，因为这个行业已经相当成熟，而且在培训和培养高素质人才方面进行了大量的投资，行业人才也已习惯于跨国公司的工作环境和文化。

同样的情况在房地产行业也有发生。某品牌地产企业总经理认为，目前房地产行业的经营方式还十分粗放，企业如果要持续倍速于本行业平均速度的增长，首先面临的就是人才的挑战，需要向更为成熟的行业学习，如消费品行业的品牌管理、品类细分、客户关系管理，制造业的品质管理、成本管理、流程优化及售后服务，以及金融业的投资者关系管理等。基于此，该企业陆续引进了这几个行业中拥有国际化视野、完整职业化知识体系及良好职业素养的人才加盟。该企业跨行业引进高端管理人才，意在为未来的高速发展突破人才瓶颈，打造新的管理平台。

跨专业招聘

东莞某信息科技公司招聘的岗位是技术支持工程师，却苦于没有合适的人才。该公司是一家机械信息企业，技术支持工程师要有较强的机械专业背景，还需要一定的计算机和英语沟通能力。有跨学科的专业背景、学习能力强的求职者，是该企业招聘的目标对象。

深圳某科技发展公司技术部急需无线网络规划工程师，这同样是一个跨学科岗位，需要求职者具备无线电和计算机知识。目前 IT 和机械、电子等行业的融合越来越多，但学校迟迟不见开设类似的交叉学科专业，业界只得疯抢这类有经验的技术人员。

随着各行业、各专业之间的相互渗透，行业、专业之间的边界越来越模糊，互融互通，编织成越来越密集而复杂的网状结构，而新的商机发掘与管理提升往往产生于这些网格的节点。在本行业与本专业领域内无法解决的问题，如果能恰当地运用其他行业与专业领域的理论、方法和技术手段，换一个思维角度，很可能就能豁然开朗。

尤其在高科技领域，专业的交叉与综合是技术创新的源泉，高科技的发展需要一大批具有跨学科视野和思维、具备多学科理论与方法，并且善于学习、借鉴其他学科成果的高层次人才。

企业发展到一定阶段，必然需要考虑引进与培养具有复合型知识背景的高层次人才，因为跨行业、跨专业的知识背景和方法能够使这些高端人才自如地应对瞬息万变的市场，妥善处理各种复杂问题，有效推进知识创新、技术创新和制度创新。当然，“跨界”招聘与培养人才是一个系统工程，要从人力资源管理的各环节入手，进行通盘考虑和统筹兼顾。

招聘是人才培养的起始环节，跨专业培养复合型人才的一个重要方面就是招收一定数量的优质的跨行业、跨专业人才。因此，首先，企业要制定专门的政策，鼓励和支持“跨界”人员应聘，消除人为设置的门槛。

其次，招聘笔试题目的设置要突出综合性和基础性，减少纯专业性试题，要有意识地打破行业与专业界限，选择一些交叉性的热点问题作为笔试题目，鼓励求职者从不同的视角出发分析和解答同一问题，对于灵活运用其他行业、专业理论与方法回答并言之成理、有创新见解的求职者要给予认可。

再次，在面试环节，要注重考查求职者知识的广度、深度，以及能力结构与素质结构的复合性程度；要考查求职者运用知识解决问题的能力、口头表达能力和应变能力；对“跨界”求职者，要有意识地提出一些与其原有专业背景相关的前沿问题，以检验其是否具备跨学科的思维方式。

最后，在录取环节，要在同等条件下优先录取“跨界”人才。通过招聘面试各环节的系统安排，营造一种有利于“跨界”人才脱颖而出的氛围，并且从制度和政策上对其给予倾斜和扶持。

HR 团队的人才来源也需要“跨界”

对于“跨界”招聘岗位人才来源的目标行业、企业、层级，均需制定明确的任职资格要求。例如，对总监、经理等各级别的候选人在原行业的工作背景和工作经验设定具体的工作年限与岗位胜任力要求。为此，HR 团队也应由来自不同行业的人力资源从业者构成，如在招聘团队中为各业务模块配备相应的专业招聘人员，也就是说，招聘人员必须是“跨界”的。

本案例开头提到的 A 公司，负责技术部员工招聘的 HR 来自互联网行业和高科技公司，负责招商和采购员工招聘的 HR 来自传统的零售百货业，负责物流管理层招聘的 HR 团队则大部分具有多年的物流行业人力资源管理经验。HR 团队的“跨界”策略，使得招聘人员对各功能模块所对应的不同行业业态、行业中的企业状况、人员状况和组织设计、人才需求的特点与胜任力要求都非常熟悉，因此可以游刃有余地开展工作，这大大提高了人力资源各项服务的专业度和效率，也直接支持了公司各部门业务的快速发展，HR 团队在公司高速发展阶段的组织设计和变革管理中发挥了有力的引擎作用。

由于“跨界”人才来自不同的行业，因而企业吸纳和保留人才需要面临不同的人员群体，针对这一情况，企业可为不同的人员群体制定相匹配的薪酬体系。当然，由于薪酬福利设计与管理工作是一项难度较大的工作，因而只有企业在大规模招聘“跨界”人才，并且业务功能模式设置与“跨界”人才聚集状况紧密结合时，才需要设计个性化的薪酬策略。人力资源部在薪酬调查的基础上，在确定各部门和岗位的薪酬水平或标准时，可参考其业务功能模式所对应行业的薪酬水平，也就是说不同的业务部门分别对应不同行业的薪酬方案。如以提成制为主的销售部门可采用“底薪+提成”的方案，而对仓储物流的员工，针对其工作性质和特点，可采取更具激励性的计件制薪酬方案。

企业在应届生起薪、调薪幅度、管理序列和技术序列晋升与薪酬福利项目等方面均可设计灵活的策略，量体裁衣定制化地满足不同“跨界”人才的心理需求，并且提升市场竞争力。微软公司首席研究及战略执行官科瑞格·蒙迪表示：“企业界正以一个更快的速度朝前发展，我们在不断挑战传统，不断冒各种各样的风险……人类面临的问题已经非常复杂，要想解决这些问题，单靠一个学科的人才，靠一个人的知识是解决不了的，因此我们很看重人才跨学科思考解决问题的能力和团队合作能力。”企业“跨界”招聘将逐渐成为一个趋势。对企业人力资源管理提出新的要求，有远见的企业一定会提前做好“跨界”人力资源规划工作，极具前瞻性地构筑人才竞争优势，以使企业赢得持续发展的新动力。

（资料来源：HRoot，http:/www.hroot.com/contents/16/260356.html）

讨论题

你认为“跨界”招聘方式有何特点？是否适合中国国情？请简述你对这种招聘方式的看法。

【案例二】斯坦罗泰克公司的人员招聘

大部分斯坦罗泰克公司的员工都在工厂工作。每当需要招聘人员时，工厂经理帕特瑞克·希姆就开始招聘工作，并且将人员招聘情况通知部门主管。

该工厂经理是根据他与应聘人员短暂的几分钟面谈得出的个人判断来招聘员工的。在这个简短的会谈之前，帕特瑞克的秘书会审查候选人的从业经历、受教育程度，并且通过证明人核查情况。

一旦候选人被聘用，他或她先到工厂去完成一些诸如填写申请表和简要的身体检查等正式手续，然后被聘用人员就会得到所分配的工作。工作指示仅持续几分钟时间。新员工无论何时遇到困难，都会得到一些指导和帮助。

斯坦罗泰克公司员工的流动程度超过该行业的平均水平。每个月都有一部分员工辞职。他们中的一些是由于不能适应工作环境，而另一些是因为不能达到工作标准。

由于公司一直在盈利，工厂经理或公司主管不必为了人员流动问题而烦恼。但是，帕特瑞克意识到了人员流动问题。

（资料来源：普蒂，韦里奇，孔茨·管理学精要（亚洲篇）[M]. 丁慧平，孙先锦，译. 北京：机械工业出版社，1999.）

讨论题

你认为在斯坦罗泰克公司的人员流动与招聘方法之间是否存在联系？你对斯坦罗泰克公司在改进招聘程序方面有何建议？

【案例三】某公司的年度招聘计划

根据公司 2019 年度发展计划和经营目标，人力资源部协同各部门制定了公司 2019 年全年的职务设置与人员配置。在 2019 年，公司将划分为 8 个部门，其中行政副总负责行政部和人力资源部，财务总监负责财务部，营销总监负责销售一部、销售二部和产品部，技术总监负责开发一部和开发二部。具体职务设置与人员配置如下。

1. 决策层（5 人）

总经理 1 名、行政副总 1 名、财务总监 1 名、营销总监 1 名、技术总监 1 名。

2. 行政部（8 人）:

行政部经理 1 名、行政助理 2 名、行政文员 2 名、司机 2 名、接线员 1 名。

3. 财务部（4 人）

财务部经理 1 名、会计 1 名、出纳 1 名、财务文员 1 名。

4. 人力资源部（4 人）

人力资源部经理 1 名、薪酬专员 1 名、招聘专员 1 名、培训专员 1 名。

5. 销售一部（19 人）

销售一部经理 1 名、销售组长 3 名、销售代表 12 名、销售助理 3 名。

6. 销售二部（13 人）

销售二部经理 1 名、销售组长 2 名、销售代表 8 名、销售助理 2 名。

7. 开发一部（19 人）

开发一部经理 1 名、开发组长 3 名、开发工程师 12 名、技术助理 3 名。

8. 开发二部（19 人）

开发二部经理 1 名、开发组长 3 名、开发工程师 12 名、技术助理 3 名。

9. 产品部（5 人）

产品部经理 1 名、营销策划 1 名、公共关系 2 名、产品助理 1 名。

根据 2000 年职务设置与人员配置计划，公司制订人员招聘计划如下。

1. 招聘需求

公司人员数量应为 96 人，到目前为止公司只有 83 人，还需要补充 13 人，具体职务和数量：开发组长 2 名、开发工程师 7 名、销售代表 4 名。

2. 招聘方式

开发组长：社会招聘和校园招聘；开发工程师：校园招聘；销售代表：社会招聘。

3. 招聘策略

校园招聘主要采用参加应届毕业生洽谈会、在学校举办招聘讲座、发布招聘张贴、网上招聘等四种形式；社会招聘主要采用参加人才交流会、刊登招聘广告、网上招聘等三种形式。

4. 招聘人事政策

（1）本科生。

A. 待遇：转正后薪资 5 000 元，其中基本工资 4 000 元、住房补助 500 元、社会保障金 500 元左右（养老保险、失业保险、医疗保险等）。试用期基本工资 3 500 元，满半月有住房补助。

B. 考上研究生后协议书自动解除。

C. 试用期三个月。

D. 签订三年劳动合同。

（2）研究生。

A. 待遇：转正后薪资 7 000 元，其中基本工资 6 000 元、住房补助 500 元、社会保险金 500 元左右（养老保险、失业保险、医疗保险等）。试用期基本工资 5 500 元，满半月有住房补助。

B. 考上博士后协议书自动解除。

C. 试用期三个月。

D. 公司资助员工攻读在职博士。

E. 签订不定期劳动合同，员工来去自由。

F. 成为公司骨干员工后，可享有公司股份。

5. 风险预测

（1）今年本市应届毕业生就业政策有所变动，这可能增加本科生招聘的难度，但由于公司待遇较高且属于高新技术企业，可以基本回避该风险。另外，由于优秀的本科生考研的比例很大，所以在招聘时，应该留有候补人员。

（2）由于计算机主业研究生愿意留在本市的较少，所以研究生招聘将非常困难。如果研究生招聘比较困难，应重点通过社会招聘来填补开发部门“开发组长”的空缺。

讨论题

招聘计划包括哪些内容？制订招聘计划应注意什么？

【本章实训】

通过本章的学习，以某个企业或组织为对象，设计一套员工招聘与录用的方法和流程。完成以下任务。

1. 根据班级规模，对学生进行分组，每组 4~5 人，并且协商产生一位小组长。
2. 小组内每位同学分工独立完成该组资料收集、整理及分析工作。
3. 组长负责组织研讨，并且以 PPT 形式完成方法和流程汇总。
4. 每组推荐一人上台展示，其他师生可以向该组提问，教师引导学生讨论，并且对各组的优缺点予以点评。
5. 对各组发言给出评价并记录小组成绩。

本次练习的目的是让学生通过实际案例了解招聘与录用的方法和流程，体会招聘与录用在人力资源管理中的重要性。同时，掌握核心概念，培养团队协作解决问题的能力。

第 2 章 招聘与录用的原则

学习目标

- 了解招聘与录用的一般性原则
- 掌握招聘与录用的人事匹配原则

关键术语

招聘原则；录用原则；人事匹配原则

引导案例

招聘新形式——“传销式招聘”

据中国之声《新闻晚高峰》报道，“用工荒”已经呈现“常态化”。在餐饮业尤其如此，人员少、顾客多、薪水低，进而引发服务品质的缩水。拿什么留住你的员工？用事业、用愿景激励，还是大打温情牌，用深情厚谊拴住他？

在业界，有一种招聘方式备受争议，它叫作“传销式招聘”。圈子里的人，无比幸福，他们坚信万众一心，其利断金。但圈子外的人觉得这拨人不清醒，拿着温饱线以下的薪资，还能如此幸福地工作。而鼎鼎大名的星巴克和海底捞就是“传销式招聘”的代表。

中国是星巴克最大的海外市场。但在北京，它的薪资体系客观地造成了星巴克一半以上的员工是兼职，而且人员流动非常快。

在北京，星巴克喜欢录用当地员工。但星巴克如此快速地扩张，怎样留住人才呢？

星巴克首席执行官舒尔茨并不担心。最近，他频繁现身于我国各大高校的招聘活动现场。舒尔茨认为，想要在中国招到好雇员，首先就要讨好他们的家长。舒尔茨承诺，星巴克将与员工及其家人一起分享成功。

舒尔茨坚信，每个人都不一样，但每个人都需要归属感。每当你下班回到家，你和家人的愉悦共处才是最重要的。在星巴克，无论是首席执行官还是普通员工，每个人都会获得尊重。这就提醒那些想要成功的企业家，不要向你的雇员展示你懂什么，而是告诉他们，你正在时刻关注着他们。

星巴克“树敌众多”，包括英国的 Costa 咖啡、韩国的巴黎贝甜和已经推出“麦咖啡”的麦当劳。与竞争对手相比，星巴克的优势在哪里？它的亲情牌能管用的期限是多久？

记者拨通了星巴克的招聘电话，招聘负责人王小姐首先纠正说，在星巴克，没有领导与同事的叫法，他们互相之间都叫“伙伴”。

那么，星巴克的员工又怎样描述自己的工作环境呢？亲情难道真的比高薪酬更有诱惑力？星巴克员工小李表示，咖啡和星巴克文化，她都爱，在这儿工作，她很舒服。小李说：“在这里勤工俭学再适合不过了，气氛特别和谐。反正跟你平常见到的快餐行业不太一样，很多学生来我们这儿挺开心的，我们都比较喜欢这份工作。”

再来看“亲情派”的另一个企业代表——海底捞。它总是从同一个地方招工，甚至是从同一家族招工，因为它相信，员工如果可以和亲戚朋友一起工作，自然就会开心。此外，海底捞每个月还会给优秀员工的父母寄几百元钱，农村地区的老人大多没有养老保险，这笔钱就是他们的保险，反过来，他们会一再叮嘱孩子在海底捞好好干。很显然，海底捞对自己的留人手法很自信。

但是，除了令人愉悦的情谊，还有一点是不可否认的：星巴克和海底捞都在高速扩张。

企业在高速扩张的同时，良好的职业愿景也摆在了星巴克和海底捞的每一个雇员眼前。但是，星巴克和海底捞高速扩张的运作模式还能维持多久？一旦出现崩盘，它们引以为傲的用人哲学到那时还能管用吗？

（资料来源：http://jingyan.baidu.com/article/6766299713bbe854d51b84b6.html.）

2.1　一般性原则

2.1.1　招聘的一般性原则

1．公平、公开原则

在具体操作中，招聘单位、种类、数量、应聘的资格、条件、考试的方法、科目和时间等招聘相关信息均面向社会公告周知，公开发布人才需求。

招聘人员在招聘过程中，对所有求职者一视同仁，不能因与胜任能力无关的因素剥夺求职者公平竞争的权力，要不拘一格地选拔、录用各方面的优秀人才。

2. 竞争原则

指通过考试竞争来考核鉴别并确定人员的优劣和人选的取舍。为了达到竞争的目的，一要动员、吸引较多的人前来应聘，二要严格考核程序和手段，科学地录取人选。

3. 能级原则

人的能力有大小，本领有高低；工作有难易，要求有区别。招聘工作，不一定要选择最优秀的，而应量才录用，做到人尽其才、用其所长、职得其人，这样才能持久、高效地发挥人力资源的作用。

4. 全面原则

指对求职者从品德、知识、能力、智力、心理、过去工作的经验和业绩进行全面考核和考查。客观地衡量求职者的竞争优势和劣势，以及与其岗位的匹配性。

5. 择优原则

择优是招聘的根本目的和要求。只有坚持这个原则，才能广揽人才，选贤任能，为单位引进或为各个岗位选择最合适的人员。

6. 双向选择原则

招聘是员工和组织之间相互选择的过程。双向选择一方面促使单位不断提高效益、改善形象、增强吸引力；另一方面使劳动者努力提高素质，在竞争中取胜。传统上认为招聘是以组织为中心的单向过程，是员工找工作，组织向员工提供工作，因而组织在人员选择方面占有绝对的优势。组织在招聘中占主动地位，求职者只能被动等待组织的挑选。现代的观点是在招聘组织和求职者之间存在双向选择，求职者对组织也有选择权，在组织挑选员工的同时，求职者也在选择组织。招聘工作实际上是组织向求职者推销岗位或职务的过程，招聘的成功必须建立在组织和求职者双方对申请的职务达成共识的基础之上。

7. 效益原则

在招聘过程中，根据不同的招聘要求，要灵活选用适当的招聘形式，用最小的成本获得适合职位的最佳人选。有效的招聘工作能使企业的招聘活动既经济又有效，这是因为这样招聘到的员工既能胜任工作，又能减少培训与开发的支出。

8. 守法原则

人员的招聘与选拔必须遵守国家法令、法规、政策。在招聘过程中不能有歧视行为，严格控制未成年人就业，保护妇女、儿童的合法权益。

2.1.2 录用的一般性原则

录用工作主要应遵循以下原则，才能实现用人之所长，学用一致，并且达到有效地利用人力资源的目的。

1. 因事择人，知事识人

因事择人，要求组织录用员工应根据工作的需要来进行，应严格按照人力资源规划的供求计划来吸纳每一名员工。人员配备切莫出自部门领导或人力资源部门领导的个人需要或长官意志，也不能借工作需要来达到私人目的。

官场上有一个著名的帕金森定律很能说明人员配备方面的误区。帕金森说，假设有个当官的甲，他觉得自己劳累过度了。究竟真是他的工作任务太重，还是他自己的主观感觉？应当指出，若甲的感觉确是来自他的体力不支，他便只能在以下三种补救方法中选择一种：他辞职，要求同事乙来帮助，或者要求增加助手丙和丁。按人们的习惯，恐怕甲必定会选择方法三。因为，如果他辞职，那么他个人会失去应有的养老金等利益；如果他请来与自己同等级别的乙，等到日后他的上级退了休，岂不是在自己晋升的道路上树立了竞争对手？因此，甲愿意选择级别比自己低的丙和丁来归他领导，同时丙和丁的到来等于提高了他的地位。他可以把工作分为两份，分别交给丙和丁管理，自己成了唯一掌握全局的人。那么，他能不能只选择丙或丁其中的一人来分担他的工作呢？那是不行的。

因为，如果只选丙或丁，那么，此人几乎充当了原本就不想要的乙的角色，此人将成为唯一可以顶替甲的人。所以要找助手就必须找两个或两个以上，这样他们可以相互制约，牵制对方的提升。有朝一日，当丙也抱怨工作疲劳过度时（毫无疑问，甲必然会想到），甲就会与他商量，再给他配上两名助手戊和己。鉴于丁与丙的地位相当，为了避免矛盾，甲只能给丁也配上另两名助手庚和辛。

于是在补充了四名助手之后，甲的晋升就十拿九稳了。如今，甲过去一个人的工作由七个人在做。“金字塔在上升”——这是帕金森定律的结论。知事识人，要求部门领导对每一个工作岗位的责任、义务和要求非常明确，应当学会鉴别人才，掌握基本的人才测试、鉴别、选拔的方法，不但要使自己成为一个好领导，也要成为一个“伯乐”，懂得什么样的岗位应该安排什么样的人员。

2. 任人唯贤，知人善用

任人唯贤，强调用人要出于“公心”，以事业为重，做到大贤大用，小贤小用，不贤不用。在人员的录用过程中，有两种心态误差易影响任人唯贤的进行。一是亲近效应。与管理者、领导接触频繁或有过故交的人，易使管理者产生亲近感，因而会在工作上给予更多的关照、信任和器重。这种效应使某些管理者凭感情深浅为褒贬，看关系亲疏定升降，对亲属、好友、同学等给予过多的恩惠，即“任人唯亲”。有些人利用这一点，在进入组织后，不是把精力放在工作上，而是利用一切机会通过各种手段来讨好、巴结、收买领导，以达到升职加薪的目的。二是月光效应。管理者只看重某人的靠山、关系，而不察其绩效、能力与水平。某人就像月球，虽自身不会发光，但借助于太阳的光芒亦能闪光耀眼。其人虽平庸，奈何靠山坚实，故而身价倍增。重用此人可一时讨得领导的欢心，但容易失去员工的信任。

知人善用，要求管理者对所任用的员工了如指掌，并且能及时发现人才，使用得当，使每个人都能充分施展自己的才能。日本松下公司之所以取得成功，与它不拘一格选贤任能的用人方针是分不开的。其中，最典型的例子就是松下幸之助大胆任用山下为公司总经理。山下原是一个普通的职员，在被晋升为松下分公司部长时只有 39 岁，后来又历任要职并当了公司的董事。他的经营管理成绩显著，具有出众的才能，而且对公司内部因循守旧等弊端看得很清，进行锐意改革。松下幸之助发现了他的才干，认为他是松下家族中根本找不到的杰出人才，在整个公司也是优秀的“将才”。于是，松下幸之助不计门户出身，力排众议，破格起用山下。

1977 年，当山下年富力强时，就从一个名列 25 位的董事，越过前面所有“老资格”的董事，直接提升为总经理。山下在当了总经理后，亦颇有松下幸之助之风。

他重视有才干的“少壮派”，亲自破格提拔了具有战略眼光、能力出众的董事。于是，松下电器公司的经营管理层的力量在短短的几年时间里得到了空前的加强。在山下当总经理的第二年（1978 年），该公司的经营状况就从原来的“守势”变为积极的“攻势”。反之，王安电脑公司本也曾颇为成功，但王安逝世后公司一落千丈，这与他遗位于子关系甚大。

3．用人不疑，疑人不用

这个原则要求管理者对员工给予充分的信任与尊重。如果对部下怀有疑虑，不如干脆不用。事实上，试用人员与正式员工在使用上并无本质的差异，关键是管理者能不能给他们以充分的信任与权力，大胆放手让他们在其岗位上发挥自己的才能。新加坡某酒店对授权赋能的运用发挥到了极致。酒店规定，从清洁工到经理一共 650 名员工都有可以不经上级批准而采取行动，去抚慰不满意的顾客的权力。

酒店人力资源总裁说：“如果上级不点头，员工连最小的决定都做不了，那就是不信任他们。”酒店开张之际，给每位员工都发了一张卡，上面列有 20 条提供高水准服务所必须遵守的基本事宜。其中最显眼的是“改善一切可能，留住顾客”。人力资源总裁进一步解释说：“哪怕这意味着请顾客回来吃顿饭或为顾客买一套新西装都行。”

4．严爱相济，指导帮助

在员工的试用期，管理者必须制定工作标准与绩效目标，对其进行必要的考核。考核可从几个方面进行：能力及其提高、工作成绩、行为模式及其改进等。对于试用的员工在生活上应当给予更多的关怀，尽可能地帮助他们解决后顾之忧，在工作上给予指导，帮助他们取得进步，用情感吸引他们留在组织中；同时，从法律上保障员工应有的权利。这对员工愿意积极努力地、长期稳定地为组织工作是非常有利的。

2.2　人事匹配原则

配备员工对于任何企业都是人力资源管理的一项关键任务。所谓配备员工，实际上是一种双向选择和匹配的过程。在这个过程中，个人寻找想去的单位，单位寻找想要的雇员，通过协商和磨合，双方建立劳动关系。

之所以强调配备员工是一种双向选择的过程，是因为组织和个人在这一过程中都扮演着积极的角色，二者对彼此的要求都要认真对待，准确理解和把握，不可偏颇。这一点是现代企业配备员工区别于传统企业配备员工的重要标志。在传统企业配备员工的过程中，强调的是组织选择个人：组织永远是主动的，个人永远是被动的。

2.2.1　人事匹配模型

人事匹配是个人与岗位之间的匹配。这种匹配要求把个人特征同岗位特征有机地结合起来，以取得理想的人力资源管理效果。在日常生活中，我们经常听到这样的议论："张三不适合在公共关系部工作，他对同事和客户总是爱搭不理的，拉着长脸；李四做质量检验科长真是人尽其才，本人不仅技术过硬，而且对待工作一丝不苟；王五说他应聘推销员的主要原因是报酬计算方式具有吸引力，劳动报酬与努力程度直接挂钩，推销得多挣得多；赵六觉得上海证券营业部经理的位置极具挑战性，而且有较大自由度，很适合自己干一番事业的雄心。"

这些议论说明，人事匹配至少应当关注四个重要的方面。

（1）每个工作岗位都有特殊要求。例如，做公共关系工作要善于待人接物。

（2）个人要想胜任某一工作岗位，就必须具备一定的知识、技能和才干，还要有动力。

（3）将工作岗位特征同个人特征对接时，要注意匹配适宜度的问题。

（4）对每一次人事匹配来说，都意味着某种结果。例如，李四的雇用关系可能维持很长，而张三则相反。

以上提到的四个方面，可以用一个人事匹配模型来表示（见图 2-1）。

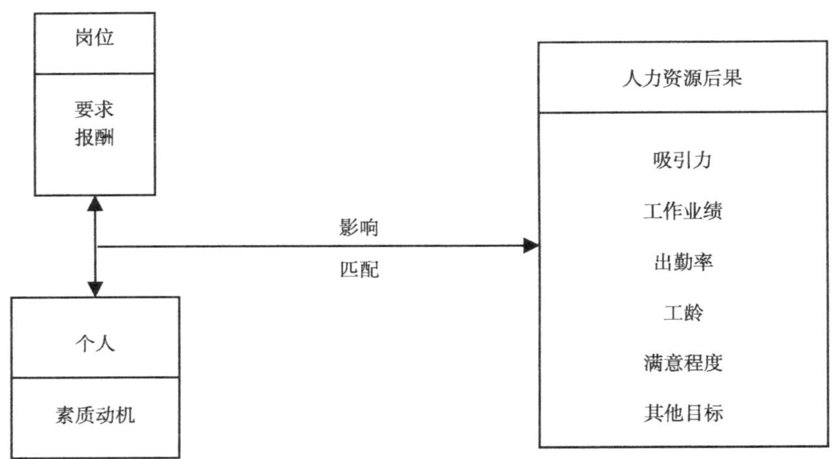

图 2-1 人事匹配模型

从人事匹配模型中可以看到，工作岗位有其特定的要求和相应的报酬；个人有其特定的素质和相应的动机。个人和企业之间进行双向选择，以实现人事匹配。匹配的好坏，视其如何影响人力资源管理的后果而定。如果二者匹配得好，就能把合格的求职者吸引过来，雇员积极肯干，工作出色，为企业创造较好的效益，自己也感到满意，雇用关系得以长期维持。

实际上，个人与岗位相匹配包含两层意思。一是岗位的要求与个人的素质相匹配；二是工作的报酬与个人的动机相匹配。如果“既要马儿跑，又不让马吃草”，就难以实现人事的合理匹配。

2.2.2 人事匹配过程

人事匹配是一个组织与个人之间动态结合的过程。

对于组织而言，由于条件与环境的变化，在运行一段时间后，组织会发生人员需求的变化，这是招聘或晋升员工的基础。什么职位需要补充员工？什么样的员工才能符合职位的要求？必须对此进行具体分析。这时，职务分析具有重要意义，因为组织是按照职务分析的结果去选择员工的。

对于个人而言，工作是每个人生命中的重要组成部分和基本的生存手段：当一个人从校园走向社会，或者从某个工作岗位中退出时，都有寻找新的工作岗位的需要。这时，求职者要对自己的知识水平、技术能力、经验习惯及个性特征有较准确的了解，以确定自己所能胜任的工作。如果求职者对这方面缺乏足够的认识，那么即使找到工作，也会在工作中遇到重重困难，不仅影响企业的工作效率，也会影响自身的职业发展。

2.2.3 人事匹配分析

业务活动的配置必须考虑部门主管人员的状况，使之适合主管人员的能力与要求。

一般是在部门结构的形式和机构设置基本确定下来以后，再通过人事匹配分析，对少数业务活动的配置加以调整。匹配的一端是人，即部门主管人员；另一端是事，即业务活动。分析工作的任务就是考虑这两端之间的配合是否得当。重点是分析人，主要内容有以下三项。

（1）主管人员最为关心、最有兴趣的业务工作是什么？该项业务工作是否归属在本部门的范围之内？

（2）主管人员是否有能力管理本部门的各项业务活动？是否有更适合其能力特点的业务活动不在本部门的管辖范围之内？

（3）主管人员从事本部门的业务活动，能否很好地贯彻企业的有关政策，保持企业政策的准确性和一致性？

通过以上分析，往往可以发现一些问题，据此对业务活动的配置做出适当调整，能使之更为合理可行。

【本章小结】

招聘原则主要包括公平、公开原则，竞争原则，能级原则，全面原则，择优原则，双向选择原则，效益原则，守法原则。录用原则主要包括：因事择人，知事识人；任人唯贤，知人善用；用人不疑，疑人不用；严爱相济，指导帮助。人事匹配原则包含两层意思：一是岗位的要求与个人的素质相匹配；二是工作的报酬与个人的动机相匹配。

【复习思考题】

1. 招聘的一般性原则有哪些？
2. 录用的一般性原则有哪些？
3. 人事匹配过程主要有哪些环节？

【案例分析】

【案例一】银行的人才招聘原则

其实银行的招聘工作常常受到时空的一定限制。由于每年对应届毕业生招聘的时间短，外地生源的距离远，而且求职者的一手资料和第三方的公平测试有所欠缺，所以招聘单位能够准确了解求职者的背景资料和在学校具体的生活、学习、工作实习的情况其实不多。

这样，招聘单位在招聘现场往往受到许多限制，容易被名牌大学的招牌，学生的口齿伶俐、外表形象、学习成绩排名、奖励情况及学校推荐等因素所迷惑。事实上，通过这些条件招聘回来的学生通常容易忽视了对他们的家庭背景、成长历程、实习工作的能力、处事应变的能力、心理心态、对工作压力的承受能力、兴趣爱好、朋友圈子等因素的考查。

许多通过这种方式异地招聘来的应届毕业生在银行的工作中很快就集中地暴露了各种缺陷。

一、只有理论知识，没有工作经历和动手操作能力是缺陷之一

这与学生在大学所接受的教育和学校学术氛围是相通的。这些学生普遍对宏观经济学、社会经济热点问题和热点行业或专业非常感兴趣，而没有真正做好下企业基层工作单位奋斗多年的心理准备，并且对将来的工作及生活期望颇高，这种期望与现实生活的巨大落差通常是造成应届毕业生最后选择迅速跳槽的主要理由；同时，求职者的动手操作能力和技术技能的欠缺也是影响他们工作自信心的重要因素，这是用人单位和求职者双败的一种选择。

二、能否抗拒诱惑和洁身自好是银行从业人员良好品德的关键

银行无小事，任何银行的招聘都比较关注求职者的个人品德方面的问题，如求职者对人生的规划、日常消费的水平和实际工作的表现，以及对金钱的感觉与态度、对不良行为的看法等。只要求职者在相关的成长历程中存在相关的品德缺欠，银行招聘人员将会从招聘名单中剔除该求职者。

同样，个性太过张扬突出的求职者，以及学习期间兼职太多，偏好赚钱发财的学生也并非银行招聘的对象。

三、具有银行实习的经历和经验是应聘银行工作岗位的制胜法宝

虽然银行招聘来的学生在集中进行培训并经过在基层实习约一年时间后才能转正，但是那些有银行实习工作经验的本科生或研究生绝对是银行招聘优先考虑录用的对象。因为对于银行而言，这不仅大大缩短了员工实习上岗的时间，而且对求职者在实习期间工作的考查和经验的评价会比招聘时的背景审查更有效。

四、研究生和本科生其实处在同一起跑线上

许多本科生非常担心那些研究生将在银行招聘会上抢走他们的“饭碗”，因为相比而言自己本科的招牌毕竟不够响亮，但其实这种担心是多余的。银行除了总行本部和一级分行的部分部门确实需要硕士研究生以上的人才来进行各种战略规划和研究工作，其他分行和部门真正需要的是那些管理加操作型的人才。在银行日常的营运工作中能够熟练操作业务，并且对各种服务产品的推广游刃有余的学生才是大部分银行机构迫切需要的金融人才，当然如果他们同时是具有高素质的名牌大学毕业生就更加理想了。

五、良好的就业心态和心理承受能力也十分重要

我们在招聘中发现，有部分同学的就业心态比较浮躁，他们总想一步到位，即时实现心中的目标和工作理想，具体表现在追求招聘单位的层次、区域和知名度上，心里并非十分愿意到基层工作单位长期工作，有一种“我天生是管理者”的心态和自我定位，这与他们在现实中的表现冲突较大，也通常是其职业生涯失败的开始。

另外，心理承受能力也是招聘应该综合考虑的因素之一。

六、想要在银行从业生涯中成功有为，成绩排名并非决定性因素

经验告诉我们，那些在大学期间成绩中等偏上的求职者对银行的贡献最大，他们的学习成绩通常排在前 10%~50%，而且这些学生在银行工作中的忠诚度最高，在银行工作的时间最长，其对薪酬奖金的期望值比较合理，心理心态也比较平和稳定。

毋庸置疑的是，那些家庭环境良好、成长历程清晰可查、心理素质和情商出众的名牌大学生永远是各个银行里的佼佼者！

除了以上的一些方面，银行对求职者的招聘要求与一般大型服务业公司的人才招聘都是类似的，例如要求求职者的外表形象出众，专业知识对口，人际关系良好，外语能力不错，有一定的管理能力和社会实践经验等也是银行招聘的基本要求，而且由于供求关系的原因，银行方面一般处于精挑细选的强者地位。

（资料来源：廖劲鸿. 银行人才的招聘原则及招聘个案分析[N]. 价值中国网，2006-12-10.）

讨论题

该案例的招聘原则符合本章所讲的“招聘的一般性原则”吗？还有哪些地方值得完善？

【案例二】优秀经理的用人理念

作为公司的带头人，要努力创造一个让大家有所发展、有所成就的环境，并且让每位员工都尽力去实现自己的人生价值观，“成功与否，取决于与谁同行”！

优秀人才的标准

一位好的员工首先在“德”方面应该能达到很高的要求。要有很强的责任心、强烈的上进心，并且能逐渐地把上进心转化为事业心，上进心是员工为了自身的发展，而事业心是为了民族和集体的发展。在工作中做到“胜不骄，败不馁”，并且要说话算数。

其次是“才”方面的要求。好员工不仅要有很强的工作能力，还要勤于思考，善于总结，同时要有智慧。当然，聪明不等于智慧，聪明的人只能把自己的事做好，不能带领一群人很好地工作；而智慧者能够总结提炼规律性的东西，并且找出规律的边界条件来指导工作。不能洞悉一切的人，以及不能在失败时从自身找到原因的人，都不是称职的领导者。

好员工应该具备以下几个方面的素质。

（1）勤奋、敬业。

（2）有韧性，有做事情不达目的不罢休的决心和信心。

（3）有悟性，不仅要有刻苦的学习精神，还要有极强的总结能力，在总结中悟出道理。

（4）要有创造性，光把事情做好是不够的。

（5）要有良好的沟通能力，善于交际。

同时，一个好的员工不仅要能处理好工作，也要能够充分地享受生活，有充实的生活，并且充满对事业理性的追求信念。

赛马又相马

“是骡子是马拉出来遛遛”，员工的好与不好，不是领导或某个人说了算的，主要在于其在工作中的表现。工作的表现在公司主要以行为为导向。知识和能力是核心，思维模式是外围，态度是第三层，三者叠加成行为。一个人的知识、能力和思维模式不太容易很快提高或改变，但是态度很容易改变。态度的改变就会带来行为结果的不同。因此在工作的对比中，很可能出现这样的情况：一个综合素质一般但工作态度非常积极的大专生，在行为结果的表现上优于一个综合素质良好但工作态度一般的本科生。在这种情况下，优秀经理不会认为这个本科生是一匹好马，只会觉得他是一匹潜在的好马，需要对其进行诊断，然后给予及时的鼓励。

对于管理者，也应该做一次360度的民主评议，这些考核实施办法的结果像一面镜子一样反映管理者哪些方面做得好，哪些方面做得不好，这样就将带领不同团队的管理者拉到了同一起跑线上。创造了竞争，也形成了压力，强迫管理者不断提高自己带队伍的能力。

将合适的人用在合适的位置

将员工分为不同的序列，如销售序列、售后序列、培训序列、认识序列等。不同的序列依照不同层级的能力要求分为初、中、高、资深四个级别，每个序列的员工都必须在被评估后定位到不同的级别。

连续三个月的绩效考核的结果将作为公司人才评估大盘点的依据，以达到将“合适的人用在合适的位置，即人岗匹配”的结果。级别不同的人员会从事复杂性、挑战性不同的工作，激励措施也会不同。同时通过这次盘点，可以根据员工的共性和个性做出更为有效的培训计划。

挖掘你的潜力

每个企业都有自己的价值观和用人理念，用人首先要能干、愿意干，并且要干得好。“光说不练是耍把式，光做不说是傻把式，能说会干才是真把式，要干了以后也能说。”优秀经理一定要给大家一个自我展现和自我总结的舞台，将务实作为创新的基础。

其实，每个公司职位设置本身的灵活性就很强，每个职位都承担较多的工作内容，让员工纵向发展的同时，也能有一定的横向发展。如果个人愿意成为复合型人才，就可以申请轮岗。

优秀经理要能“给员工一个没有天花板的舞台”！

讨论题

分析案例中哪些理念体现了本章所讲的招聘与录用的原则，对你有什么启发？

【案例三】人才招聘应用的六大原则

“一个出色人才能顶 50 个平庸员工”，这是美国苹果公司的老板、“管理奇才”史蒂夫·乔布斯的一句名言，进而发展为“乔布斯法则”，风靡西方管理界。

乔布斯本人对人才招聘非常重视，并且把工作的 1/4 时间用在人才招聘上，经常亲临招聘现场参与招聘工作。苹果公司也在他的带领下，实现了历史性的逆转，扭亏为盈，进入快速发展时期，其中他的人才策略是功不可没的。

但是，像其他法则一样，乔布斯法则也不是万能的，其在我国企业管理中的应用必须从实际出发。笔者认为，在中国应用乔布斯法则，应注意以下六个原则。

企业所需和岗位适合相结合的原则

人才的招聘不是做给人看的，而是公司需要的。他可能是一个本行业公认的优秀人才，但你的公司不需要这方面的才能，来了就是巨大的浪费，最后双方都难受，闹得个分道扬镳，沸沸扬扬。

人才招聘要招适合本岗位的。招负责现场技术管理的，就需要踏实能干，实际经验丰富，会处理人际关系；思想活跃、开发能力强但不爱接触人的就不一定合适。

总之，不一定要招最好的，应该招最合适的。

外部招聘和内部选拔相结合的原则

企业发展需要引进外部人才，需要 “空降兵”。一是因为企业和万物一样，需要“杂交”，一味“近亲繁殖”会出现管理退化、老化、固化，缺乏活力，需要鲇鱼效应。

但是企业的主要人才选拔方式应侧重于内部选拔、竞争上岗，自己培养人才。一是让内部人员看到成长有路，有奔头，拼搏向上；二是减少内外“磨合期”，有利于公司的稳定发展。

在换公司主要领导，如招聘职业经理人做总经理时，准备工作一定要充分。因经营理念、管理方式、主要管理人员都可能出现变化，相当于一次“地震”。公司领导层必须全力以赴，全方位制定好相应的对策，以做到有备无患。

企业发展和当前使用相结合的原则

企业发展代表公司的未来，招聘开发能力强、熟悉市场行情的外部人来“掺沙子”，可以内外结合，加大适销对路的产品开发力度。

招聘当前使用的人主要是要招“能人”“熟人”（经验丰富），来了就能干的人，有的岗位这样做比自己培养要合算。

当前利益和长远利益相结合，保证企业持续稳定发展。

领导招聘和后续服务相结合的原则

现在许多企业就像苹果公司那样，一把手到现场去招聘。由公司最大、最明白的人到现场招聘，可以直接回答求职者提出的一些问题，双方满意当时就可拍板，既提高效率，又会招到所需的人才，的确是个好办法。

但是在人才进来后，后续服务一定要跟上。不能“招聘会上常见老总，进了公司难见老总”，“师傅领进门，修行在个人”的旧理念也要改改了。

留住人才是一个“系统工程”，需要愿景留人、待遇留人、情感留人、福利留人、事业留人，这是“一把手”必须重点做好的一项工作。

长处突出和允许缺点相结合的原则

因被录用的人员的长处、优点突出，又是我们公司现在或将来发展需要的，实现了公司的优势更突出，劣势变优势，所以会留以重用。

但是，企业必须认识到金无足赤，人无完人，优点突出的人，往往其缺点也很突出。在用人中要发挥他的长处，放大他的优点，规避他的缺点，容忍他的短处。

切记，用人之长方可胜，求全责备害死人。

外不避仇和内不避亲相结合的原则

外举不避仇，哪怕曾差点将本公司置于死地，只要他有公司需要的本事，有职业经理人应有的素质，就应毫不犹豫地聘用他。一是体现我们宽广的胸怀，二是相信我们自己的本事，三是更好地激励他发挥作用。一举三得，何乐不为？

内举不避亲，只要对公司有利，或利大于弊，无论什么样的人、亲属都可以重用。但要建立防范机制，要事先做好员工工作。

讨论题

案例中的哪些原则体现了人事匹配原则？谈谈你的看法。

【本章实训】

通过本章的学习，学生可对招聘与录用的原则有一个初步的理解，分组讨论招聘与录用的原则对企业的实际影响。

1. 根据班级规模分组，每小组 3~5 人，推荐一位小组长。
2. 每个小组收集并整理一家企业的相关案例资料。
3. 组长负责组织研讨，并且以 PPT 形式形成案例报告。
4. 每组推荐一人上台展示，其他师生可以向该组提问，教师引导学生讨论，并且指出各组的优缺点。
5. 对各组发言进行点评，给出小组成绩。

本次练习的目的是让学生通过实际案例了解招聘与录用的原则对企业的实际影响。同时，掌握核心概念，培养团队协作解决问题的能力。

第3章
影响企业招聘的因素

学习目标

- 了解影响企业招聘的内外部因素
- 掌握影响企业招聘的求职者个人因素

关键术语

招聘影响因素；招聘对象；求职动机

引导案例

“知己知彼，百战不殆。”找工作也是如此，求职者都很想知道，企业究竟是如何进行人员招聘的。中国人力资源开发网“2015年中国企业招聘现状”调查报告，用数据揭示了中国企业招聘的真实状况，为求职者破解招聘“迷局”提供了很好的借鉴。

迷局之一：企业用人是否都需要外部招聘？

调查报告表明，在企业中，基层员工以外部招聘为主；中高层管理者，特别是高层管理者，从外部招聘的比例仅占一小部分，大部分管理者由内部提拔、培养或直接任命。在此提醒求职者，企业中各管理职位外部空降的比例比较小，切忌在各公司之间频繁跳槽以期待获得更高的职位。尽量在同一公司从基层工作做起，通过自己的努力争取晋升的机会。

迷局之二：企业外部招聘主要选择哪些渠道？

调查表明，目前在我国企业中，各层级员工的招聘大都以网络招聘为主。猎头公司主要是为企业高层管理者寻觅适当人选的。员工或熟人推荐这种招聘方式目前比较流行，因为可信度比较高。人才招聘会也较受企业欢迎，校园招聘会为应届毕业生提供了很多基础工作职位。

在企业高层管理者的外部招聘中，选择猎头、网络、报纸、杂志作为招聘渠道的分别占比为 45.11%、54.47%、29.57%和 3.40%。有 46.17%的企业高层管理者是由员工或熟人推荐而来的，36.17%的企业选择人才招聘会。

在企业中层管理者的外部招聘中，选择猎头、网络、报纸、杂志作为招聘渠道的分别占比为 14.89%、74.04%、38.09%和 5.96%。有 50.85%的企业中层管理者是由员工或熟人推荐而来的，57.23%的企业选择人才招聘会。

在企业一般员工的招聘中，选择猎头、网络、报纸、杂志作为招聘渠道的分别占比为 2.77%、59.79%、39.15%和 4.89%。有 60.85%的企业一般员工招聘由企业中现有员工或熟人推荐而来，66.17%的企业选择在人才招聘会上招聘一般员工，37.87%的企业会在每年的校园招聘会上招聘应届毕业生。

迷局之三：不同层级的岗位竞争状况如何？

一般员工往往“供大于求”，随着应聘职位的不断增高，前来公司参与该职位应聘的人数会相应减少。调查表明，在企业各招聘职位中，一般员工的岗位竞争最为激烈，每个岗位通常会有 50 名以上的候选人前来应聘；中层管理者的岗位，通常在 6~10 名候选人中选择 1 名；而高层管理者的岗位，往往在 3~5 名候选人中选拔。调查显示，大部分企业能够在面试这一环节中挑选出胜任该岗位的员工并录用，一半以上的新员工基本可以顺利通过试用期，被企业正式录用。

迷局之四：企业选择什么方式对候选人进行评价？

企业在对候选人进行评价时，选择的方式以经验考查和知识考查为主。调查表明，企业选拔人才，最注重的是其以往的工作经验，以过去的经验作为重要因素来评价候选人能否胜任新工作。大部分企业也很注重知识掌握的程度，而且越是普通员工，就越注重。调查显示，目前我国企业对员工的心理测试重视程度很低，在管理层的选拔上，对求职者进行心理测试的不足 1/3，普通员工仅有 18.09%的企业会对其进行心理测试。企业在对候选人进行选拔的时候，没有一套较为完整的测试体系，随意性比较大，精心设计的面试普及率不足 1/3。企业除了对求职者的知识和经验比较注重，还特别注重求职者各方面的背景，特别是高层管理者，多于一半的企业会对其背景进行考查。

迷局之五：企业最看重应聘人员的哪些素质？

调查显示，企业在招聘人员时，看重的素质依次是：专业技能 80.21%，工作经验 80.21%，工作态度 70.21%，教育背景 48.09%，忠诚度 46.17%，职业道德 34.04%，年龄 20.21%，性别 7.87%，其他 1.06%。这表明，企业目前在用人方面最注重的是专业技能和工作经验，很大程度上以此来判断该候选人能否胜任未来的工作。调查显示，多于 1/5 的企业对求职者的年龄很看重，7.87%的企业看重求职者的性别，这表明目前企业在用人方面还存在着一定的偏见，不能够一视同仁地选拔人才。

迷局之六：候选人能否被企业录用由谁决定？

调查显示，企业高层管理者的录用与否，公司最高层领导会起决定作用；企业中层管理者的录用与否，主管人力资源的高层领导的直接影响比较大；而一般员工的录用与否，主要由用人部门和人力资源部门起决定作用。由此可见，人力资源管理者在企业高层管理者的入职上，所起的决定作用很小，这表明目前中国企业对人力资源的认可程度还没有达到理想的高度。

（资料来源：http:/www.gkstk.com/article/wk-5821930373099-5.html.）

3.1 影响企业招聘的外部因素

人力资源的招聘活动受到来自企业外部的各种因素的影响。这些影响因素主要有如下几个方面。

3.1.1 外部人力资源市场

企业外部人力资源市场影响企业招聘的具体因素主要表现在以下四个方面。

1. 人力资源供给状况

外部人力资源市场的人力资源供给状况对企业招聘的影响表现在人力资源的数量和质量两个方面。一方面，如果某地区或行业某种具有一定质量的人力资源数量丰富，企业该种人力资源的供给一般就会相对充足；如果该地区或行业某种具有一定质量的人力资源数量有限，则可能导致企业该种人力资源供给不足。当人力资源供给充足时，企业的空缺岗位就可能有相当数量的求职者应聘，企业不但有充分的挑选余地，人才质量也能得到保证，招聘任务比较容易完成；相反，当人力资源供给相对短缺时，求职者的数量较少，企业不但会陷入与同行企业的激烈竞争，而且招聘成本上升，录用标准降低。另一方面，如果某地区或行业的某种人力资源数量一定，则其整体素质越高，企业越容易挑选到合适的人选；素质越低，则合适的人选就越少，甚至可能导致企业招聘标准的降低，出现“矮子里面拔将军”的现象。

2. 人力资源价格

在人力资源市场上，某种人力资源的价格固然与这种人力资源形成过程中的累计投资成本及后天的维护成本有关，但最终还是取决于该种人力资源供给与需求的关系。在供大于求时，该种人力资源的价格就会下降；供小于求时，该种人力资源的价格就会上升。在企业技术构成基本不变的情况下，当某种人力资源的价格上扬时，企业对该种人力资源的需求就会受到抑制，招聘活动就会减少，招聘数量也会减少，甚至可能暂时不招聘。

3. 人力资源市场的成熟程度

成熟、完善的人力资源市场可以为企业和求职者提供完全的信息。中介机构所提供的职业指导、就业咨询、人事代理及各种测评等服务，为供求双方提供了充分交流和相互了解的机会，也降低了企业在招聘中的成本和风险。人力资源市场越成熟，企业就越倾向于从外部进行招聘；反之，人力资源市场的发育越不成熟，中介服务越不到位，企业就越倾向于从内部进行选拔。

4. 人力资源市场的地理区位

由于地理区位不同，人力资源市场上人力资源的供给状况和类型也不同。不同的地理区位受区域经济社会发展状况、文化教育状况、人口密集程度等因素影响，人力资源的供给状况不同。依据地理区位的范围大小，人力资源市场可以分为局部性的、区域性的、全国性的和国际性的，招聘不同素质要求的人力资源应该选择合适的人力资源市场。通常，一般性的人力资源，如普通的生产工人、文职人员可以在本地的人力资源市场招聘，高技能的人员可以到区域性的人力资源市场招聘，而专业管理人员则应该在全国性的人力资源市场招聘，对一些特殊人才，如科学技术人才、跨国公司中的高层管理人员，除了在国内招聘，还可以到国际市场上招聘。

3.1.2 宏观经济状况和行业特性

宏观经济状况和行业特性对企业招聘的影响主要表现在以下五个方面。

1. 宏观经济状况

宏观经济状况良好，意味着社会失业率较低，企业的劳动力需求旺盛，人力资源市场上的人力资源供给相对较少，市场竞争加剧，企业招聘的难度加大；而宏观经济状况出现危机，则意味着社会失业率较高，人力资源供给相对过剩，虽然企业招聘相对比较容易，但由于企业普遍不景气，招聘的次数、规模及人数都会受到影响。同样，一旦出现通货膨胀，就有可能导致企业的招聘费用和用人成本大幅上升，这也会影响到招聘。宏观经济状况对招聘的影响尤其明显地表现在对企业高级管理层和技术人员的招聘上。

2. 行业的性质

通常情况下，传统行业里的企业多属于劳动密集型，对人力资源质量的要求不高，由于市场上人力资源供给相对比较充足，企业也较容易招聘到合格的员工。而一些新兴行业里的企业多属于技术密集型或知识密集型，对人力资源的质量要求较高，由于市场上人力资源供给相对匮乏，企业在招聘过程中将面临较大的竞争压力，招聘费用也会更高。

3. 行业技术发展状况

行业技术水平的提高一方面会使企业对人员的素质和能力的要求提高，另一方面也会因为劳动生产率的提高而使企业对人员数量的需求减少。比如，印刷业长期以来依靠人工拣字排版，而计算机排版系统的出现使得这种局面发生了根本性的改变。印刷厂从劳动密集型企业摇身一变成为技术密集型企业，极大地降低了对排版人员的数量要求，同时对排版人员的素质要求大大提高。

4. 行业生产资料的价格

企业所需购置的设备、能源和原材料价格也对招聘有影响。当生产资料价格下降时，产品的成本降低，企业生产的产品价格下降，市场需求增加，企业为满足市场需求而扩大生产规模，会增加对人力资源的需求。为满足对人力资源的需求，企业就会到人力资源市场上招聘新员工。反之，生产资料价格上涨，企业生产的产品价格随之上涨，市场需求减少，企业就会减少供给，缩减生产规模，减少人力资源需求，从而很少招聘新员工，甚至会裁减现有员工。

5. 行业的竞争状况

行业的竞争状况与行业的属性有关。新兴行业发展快、前景好，有意进入该行业的企业可能在短时间内增加很多，这就使行业人力资源竞争相对激烈。而成熟行业的情况恰恰相反。另外，企业所在行业的竞争情况，尤其是竞争态势的变化，以及企业在该行业中的地位等，对企业开展招聘工作的影响也非常大。如果企业在行业中竞争优势明显，领先地位牢固，那么该企业就相对容易吸引求职者，招聘工作任务也就更容易完成。相反，处于劣势地位的企业在与有优势的企业同时进行招聘时，想要取得较好的招聘效果，就要采取一些非常规的方法和手段。

3.1.3　国家的政策法规

企业的招聘工作看起来似乎是一种纯企业行为，其实不然，它既与劳动者有关，又与社会有关，因而是一项政策性很强的工作。因此，企业的招聘必须在国家相关的政策法规规范下进行。我国的《劳动法》《劳动合同法》及其他许多与企业用人有关的法律法规、条例、政策（如《人才市场管理规定》《女职工禁忌劳动范围的规定》《招用技术工种从业人员规定》《未成年工特殊保护规定》《反不正当竞争法》《企业劳动争议处理条例》《未成年人保护法》等），不但保护了企业和劳动者双方的利益，维护了社会的和谐稳定，而且对企业合法招聘人员和求职人员合法流动起到了很好的规范作用。例如，为保护企业的技术秘密，规定掌握企业绝密技术的科研技术人员或开发人员在一定期限内不允许在同行业同类竞争企业中就职，从某种意义上说，也就是规定企业不得随意雇用竞争对手的核心技术人员。因此，企业在进行招聘面试时，就应认真依法办事，防止招聘的对象和招聘的方法涉嫌触犯法律，以免因违反法律法规而受到惩罚。

国家对招聘活动的影响还表现在对劳动就业保障的宏观管理上。例如，国家对各地区最低工资的规定、对工资支付方式的规定、对为职工缴纳各项保险费用的规定等，这些规定在保障劳动者合法权益的同时，对企业的招聘成本和用人成本都有直接影响。

除了明确的法律法规，对一些行业的内部规定和国家机关的规定也要事先了解。如为了国防安全的需要，有关部门就规定在保密期内禁止普通企业招聘与录用国防和军工单位的技术人员。

此外，国家对产业、行业的扶持、限制或政策调整也会对招聘产生巨大影响。例如，我国曾经实行的纺织行业压锭、钢铁行业限产等政策，都曾导致这些行业的人员需求锐减。

3.1.4 社会的科技发展水平

社会的科技发展水平对企业招聘的影响主要表现在三个方面。

1. 岗位结构的变化

随着科技的发展和社会的进步，低科技含量的传统职业或岗位相应减少甚至消失，如打字员、电话接线员、纺织工等；而一些高科技含量、高技术含量的新兴职业或岗位如雨后春笋般涌现，如电脑工程师、程序员等。

2. 技术进步带来流程的再造或自动化，进而引起人员需求减少

例如，奶业企业奶制品包装在实现自动化之后，车间里生产工人的数量锐减。

3. 求职者素质要求和岗位技能要求的变化

例如，大学教师除了要具有板书教学的传统技能，还必须掌握现代教育技术，如使用多媒体技术进行教学等。目前，多学科交叉融合、综合化的趋势对高校毕业生也提出了新的要求，即要从知识单一型人才向知识复合型人才转变。从各类人才招聘会上反馈的信息可以看到，很多用人单位往往更看重毕业生的综合能力。

3.2 影响企业招聘的内部因素

同时，企业人力资源的招聘活动受到来自企业内部的各种因素的影响，这些影响因素主要有如下几个方面。

3.2.1 企业的条件

企业招聘的目的是吸引更多的人才进入组织，求职者的多少取决于企业的招聘条件。通常企业的报酬系统、向员工提供的发展机会和企业本身的信誉是吸引求职者的三个主要因素。

1．企业的报酬系统

企业的报酬系统是激励员工的主要因素之一。多数求职者都会考虑开始的底薪、工资增加的幅度和频率、企业提供的福利和其他保障。当然，高报酬通常更容易吸引到优秀的人员，但这并不是说低报酬就一定找不到优秀的人员。

2．提供的发展机会

企业能否吸引到人员还与企业提供的发展机会有关。发展机会能促使员工在人格上和技术上得到迅速发展，如果企业能向人员提供良好的发展机会，则能吸引较多的人员。这种企业被认为是关心人、帮助人的组织，员工乐于在这种企业中工作。企业有明确的发展规划，给员工一个清晰的阶梯，则更容易吸引和招聘到合格的人员，也能使员工在企业中长期发展。

3．企业的规模、性质、成立时间

从企业的规模看，一般来说，大企业的经济实力强，薪酬福利等条件好，管理比较规范，工作相对稳定，因此大企业往往是许多求职者的首选目标；小企业的规模小，实力不如大企业，薪酬福利也往往不如大企业，但它们一般进入的门槛较低，对新入职场和缺乏职场优势的求职者而言，录用的概率较高。

从企业的性质看，在国有企业、私营企业和外资企业三大类企业中，比较而言，国有企业受国资管理部门和其他政府条线管理的影响和制约，其经营和管理与私营企业和外资企业有着一些不同和差异，劳动用工、员工的晋升解雇及奖励处罚通常都比较规范。私营企业的经营管理机制比较灵活，在一些刚刚成立的私营企业和一些小型的私营企业中，人力资源管理往往存在一些不规范的现象。在社会上，私营企业的劳动纠纷和劳动争议占据较大的比重。但私营企业的薪酬福利和晋升提拔不像传统的国有企业那么正式和论资排辈，有着很大的灵活性，在吸引人才、挖掘人才和留住人才方面具有一定的优势。外资企业的经营管理一般比较规范，在人员招聘、薪酬福利、奖罚晋升等方面都有规范的制度和操作程序，薪酬福利水平也是三类企业中最高的，但外资企业对员工的要求较高，特别是外语能力的要求高，工作的压力也比较大。

从企业的成立时间看，有着较长历史的企业在产品、技术、管理方面都积累了一定的经验，在各方面都比较成熟，人员的配置、晋升和替代一般都有周密的考虑和计划。新成立的企业在其发展阶段中，虽然可能存在一些问题，但对员工来说，如果企业发展顺利，随着规模的扩大，管理的职位会逐渐增加，提拔的机会一般较多。因此，相对而言，员工的职业发展前景较好。对某些求职者来说，它们具有一定吸引力。同样的道理，大企业的工作分工细致，员工工作的专业面相对较窄。而小型企业的工作综合性强，从事的工作面广。因此，员工的知识和技能比较宽泛，职业发展的可塑性强，对员工的全面发展比较有利。

3.2.2 企业的形象和发展规划

企业的形象也是一个变量。绝大多数人喜欢在大企业工作。通常，企业的整体形象是由许多小事构成的，如对员工的待遇、产品服务质量、组织参与社会事务的态度等。企业的形象越好，越容易吸引人们加入。企业的形象在招聘中起着至关重要的作用。优秀的企业、知名的公司具有良好的企业形象，对求职者具有很大的号召力，能够吸引大量的求职者前来应聘，使这些企业的招聘具有明显的优势，容易选择和获取需要的理想人才。全球 500 强的大公司、著名的跨国公司，如可口可乐公司、戴尔公司等，以及国内著名的公司，如联想集团、海尔公司等，它们的良好形象和声誉都使它们具备其他企业不具有的招聘优势，可以优先获取优秀的人才。有关调查表明，许多高校毕业生在寻找工作时，优秀、知名的企业是他们的首选目标。

此外，企业的发展规划也是影响招聘工作的一个因素。企业战略的发展取向、业务的调整组合及发展的规模等因素，一方面会决定和制约企业招聘的人员类别和数量；另一方面决定和制约招聘人员的任职条件等质量要求。

3.2.3 企业的人力资源管理政策

1. 企业的选人用人方法不正确

我国一些企业的选人用人方法不正确，主要表现在以下几个方面。

（1）人才高消费造成资源浪费。不管什么岗位，企业都喜欢招聘高学历者，认为这样才能表明企业人员素质高。如企业招聘电脑录入员，招聘广告也要求本科以上学历。这就造成了人才高消费。对于这种招聘，从表面上看，企业并不需要为高学历多付工资，求职者迫于严峻的就业形势或由于认同这个企业也愿意被录用，但实际上，个人、企业、社会都有所损失。高学历者（相对于岗位标准而言）在工作一段时间后，就因大材小用、怀才不遇而工作积极性下降，此时人才流动就不可避免。企业将为高流动率付出人员的重置成本、机会成本等。因人力资源未得到合理配置，国家和个人的人力资本投入得不到较高回报，造成国家、家庭和个人的损失。人才高消费现象随着 20 世纪 70 年代后期高等院校数量和招生绝对数的增加而日益严重，现在的高校毕业生（特别是博士生和硕士生）就业形势日益严峻，一个普通的公务员岗位或一个中学教师岗位，求职者竟然达到 1 000 人以上。这种供求不平衡的状况必然使大量高学历人才涌入企业，导致企业的人才高消费现象日趋严重。人才的各种逆向流动、反向消费、高能低就，成为当前企业招聘中的一大难题。

（2）企业缺乏有效的考评系统和激励机制。企业在进行内部招聘时，常常反复研究，讲究人际关系的平衡，认为这样才不会打击大多数人的积极性，结果难以破格录用优秀人才。实际上，破格录用优秀人才不但不会影响大多数人的积极性，反而会起到示范作用，鼓励大家积极提升自身人力资本存量，形成“有才必有用”的内部环境。同时，企业若建立健全了积极有效的考评系统和激励机制，“不拘一格用人才”也必将被纳入正确的用人制度规定。

2．企业人力资源招聘基础工作薄弱

我国企业在人力资源招聘中的薄弱之处体现在以下几个方面。

（1）缺乏中长期人力资源规划。大多数企业无法估计企业未来发展对人员的需求，往往采取现缺现招的办法，在时间紧的情况下，甚至降低录用标准。人力资源规划必须对企业今日所需的人才和市场所能提供的现有职位的人才作规划，同时要为企业明天所需的人才进行储备，这种前瞻性的准备将为企业赢得竞争力，而适需性的招聘方法无疑既缺乏战略眼光，也缺乏为实现企业的愿景而进行的人才方面的准备。

（2）不重视人力资源管理的基础性工作。企业在招聘时往往临时确定招聘标准，并且所定标准比较宽泛。招聘时，招聘人员对评判尺度难以把握，主观性强，随意性大，难以发挥各种甄别测评工具的效用。招聘人员对求职者的取舍不是取决于岗位所需，而常常是取决于招聘人员对求职者的感觉，甚至个人的某些好恶。

（3）没有完整的岗位说明书和岗位评价。企业招聘必须以岗位说明书为依据，求职者必须清晰了解所应聘岗位的工作职责、工作任务、工作的软硬件环境和胜任该岗位工作所需的知识、能力和经验。企业如果缺少这样的岗位说明书，就会使求职者难以准确判断自己与岗位的适应度，也会使招聘人员无法准确地因岗选才。

（4）没有完整的上岗培训手册和培训计划。企业招聘中十分重要的一个环节是对新员工的培训和引导上岗。企业如果缺少这样的培训手册和培训计划，就无法回答求职者提出的有关上岗培训的问题，也无法提供新员工上岗前的系列培训，不利于新员工尽快熟悉企业并融入企业。

3.2.4　招聘组织工作

招聘工作的质量与招聘工作的组织和实施有着十分密切的关系。招聘计划的制订、招聘预算的编制、招聘渠道和方法的选择直接影响招聘工作的实施和完成。例如，招聘渠道是选择企业内部还是企业外部，招聘的方法是采用广告招聘还是猎头公司，这些问题都会影响招聘的实际效果。

招聘人员的表现与招聘工作的质量也有着密切的关系。在招聘过程中，招聘人员的知识、技能、素质、表现对沟通理解和选拔录用起着关键的作用。他们的穿着打扮、谈吐举止等，也会给求职者一个具体的企业形象和工作环境的推想，会对求职者的决策产生一定的影响。

3.2.5　招聘的对象

企业招聘的对象可以大致分为管理人员、专业技术人员、普通操作者，又可以细分为高级管理人员、中级管理人员、一般管理人员、高级专业技术人员、中级专业技术人员和一般专业技术人员等。一般来说，高级管理人员和高级专业技术人员的招聘工作要

比其他员工的招聘工作复杂得多，难度也大。这主要是因为这类人才相对短缺，衡量和选拔也较专业，因而会给招聘工作带来一定的难度。而那些普通的员工，如操作工、一般管理人员和技术人员，他们的市场供给量一般较充足，衡量选拔也较容易。所以，他们的招聘就会简单得多。

3.3 影响企业招聘的求职者个人因素

求职者在选择工作的过程中，一般是根据自己的求职条件和企业的招聘要求进行综合比较，对各种工作机会进行取舍考虑，最后选择最适合自己的工作。在这个复杂的选择过程中，有多种因素影响着求职者的选择决策。

3.3.1 求职动机

求职者受到自身的经济压力、自尊的需要，以及职业兴趣、寻找替代性工作的机会四个方面的影响会表现出不同的求职动机。

1. 经济压力

人们求职动机的强烈程度与其承受的经济压力成正比。研究表明，在职人员寻找新工作所花费的时间比没有工作的人少；人们每星期找工作的次数与无工作时的收入之间呈负相关，即没有工作的人员收入少，则每星期找工作的次数多。这主要是经济压力所造成的。有收入的人寻找工作较为被动，他们会花较长的时间寻找较为满意的工作或收入较高的职位。

2. 自尊的需要

人们的求职动机受个人的自尊感影响。一个有强烈成就动机的人有较强的寻找工作的欲望，因为高度自尊的人比较倾向于寻找比以前地位更高、报酬更多和更有挑战性的职位，所以，这些人会花更多的时间和精力去寻求新的工作。

3. 职业兴趣

职业兴趣是选择不同职业的主要动机。有些人的职业兴趣可能从童年时代就产生了，而有些人到成年以后才有明确的对职业内容的要求。就大多数人来讲，职业受教育程度、个人经济状况、劳动力市场的特点及个人的知识、能力和个性等因素的影响。

4. 寻找替代性工作的机会

在求职者存在替代性工作的情况下，替代性工作的数量多少和吸引力大小对求职者的选择有着直接的影响。替代性工作的机会越多，求职者的选择余地就越大；替代性工作的条件越好，求职者选择的可能就越大。反之，如果求职者没有或少有替代性工作的机会，或者替代性工作的条件较差，求职者选择工作的余地就较少，在劳资关系的洽谈中就处于不利的地位。

3.3.2 薪酬激励

同时，因为各个企业薪酬相关的福利待遇会有不同的激励方案，因此，求职者还会受到来自薪酬福利、工作性质、工作氛围、发展的机会、企业的声誉、地理位置等的影响，从而做出不同的应聘选择。

1. 薪酬福利

在影响工作决策的诸多因素中，薪酬福利是一个非常重要的因素，它在很大程度上决定着人们的选择，尤其是在那些社会经济水平不高的地区，或者对低收入的人而言。从薪酬福利的公平性来看，薪酬福利的外部公平性，即组织内部薪酬福利水平与社会平均水平的相对比较状况，是决定企业人力资源外部竞争力的主要因素。

2. 工作性质

招聘职位的工作性质对求职者的影响是不言而喻的。工作性质、工作内容、工作对体力和脑力的要求、工作的趣味性和危险性等都会影响求职者对工作的选择取舍。特别是那些对员工的体力和脑力有特别要求的工作，或者那些单调乏味的工作，它们会给求职者的求职造成负面的影响。反之，那些具有趣味性的工作、压力较小的工作往往容易被人们接受。

3. 工作氛围

良好的工作氛围对组织和个人都是十分重要的。一个良好的工作氛围能够提供轻松愉快的、积极向上的环境，使置身于其中的员工能够与他的上下级很好地沟通，与他的同事很好地合作，有利于提高工作的效率和工作的满意度。同时，良好的工作氛围会让员工产生与企业的心理契约，提高员工的忠诚度，减少员工的非正常流失。

4. 发展的机会

企业是否能够为员工提供职业发展的机会，也是影响求职者选择的一个因素。员工在选择工作时，除了考虑薪酬福利等，还会考虑企业今后可能提供的职业发展机会。特别是管理人员和专业技术人员，他们的职业发展是一个渐进的过程，需要企业为之提供适当的机会，以实现他们的职业目标。

5. 企业的声誉

企业的声誉在招聘过程中起着品牌的作用。相比而言，知名企业由于拥有较好的声誉，容易吸引求职者，使他们产生求职意向；而那些普通的企业并不具备企业声誉的品牌效应，求职者自然不会产生特别的兴趣，除非提供其他优厚条件。

6. 地理位置

地理位置是指企业所处的地区和区域中具体的地点，如经济发达地区还是贫困地区，城市的中心商务区（CBD）还是郊区等。企业的地理位置对求职者的成就感、工作条件及上下班的便利有着实际的和潜在的影响。例如，在现代化大都市中的中心商务区工作，会使员工感到事业的成功和心理的满足。

除了上述影响求职者应聘的内外部及个人因素，求职者在选择时还会对企业及工作的具体情况进行评估、分析，综合这些评估和分析的结果对企业和工作做出最佳的选择。

在实际的应聘过程中，不同的求职者会采用不同的标准对企业和工作进行选择取舍。常见的标准是最大化标准、满意标准和有效标准。最大化标准是指求职者在求职过程中，尽可能地收集各种有关招聘的信息，最大化地利用每一次招聘的机会，根据自己的要求在这些可能的职位中挑选最佳的工作。满意标准是指由于求职者认为企业的情况大同小异，基本上都差不多，因此，在求职过程中，只要遇到较为满意的工作机会，他们便会接受这一工作。有效标准则是指求职者在求职过程中，先接受在目前条件下较为满意的工作机会，再继续寻找其他更好的机会，这是一种介于最大化标准和满意标准之间的标准。

【本章小结】

影响企业招聘的外部因素主要包括外部人力资源市场、宏观经济状况和行业特性、国家的政策法规、社会的科技发展水平；影响企业招聘的内部因素主要包括企业的条件、企业的形象和发展规划、企业的人力资源管理政策、招聘组织工作和招聘的对象；影响企业招聘的求职者个人因素主要包括求职动机和薪酬激励。

【复习思考题】

1. 分析招聘与人力资源管理其他环节的关系。
2. 招聘与录用的目的是什么？
3. 招聘与录用中一般可能存在哪些问题？

【案例分析】

【案例一】校园招聘——宝洁人力资源管理的根基

宝洁一直把校园招聘作为人力资源管理的根基来经营，这是由宝洁本身的组织发展策略决定的。宝洁奉行的是以内部培养提升为主、引进为辅的人力资源策略，这种策略要求关注校园里的学生。

关注校园里的学生，实际上是关注人的潜能。宝洁的核心价值观有五个：领导才能、信任、主人翁精神、积极求胜和诚实正直。从选人开始，宝洁就非常注意比较候选人在这些方面的潜质及目前的情况是否与公司的期望值和需求一致。

在宝洁，应届毕业生一届一届地进入，虽然他们每个人都有自己不同的特点、个性，但宝洁希望他们能传承企业文化的 DNA——认识到公司的宗旨，并且在做事的原则、工作的方式等方面与公司保持一致。因此，公司从校园里专门选拔那些具有五个核心价值观的人才进入公司并加以培养。宝洁认为，培养这种人才有以下几个方面好处。

第一，文化认同感强。从学校刚毕业就开始培养的人才更容易认同公司的文化，因为他们就像一张白纸，可塑性很强，更能够接受公司的理念和标准的行为规范；而从外部引进的人才已经形成了一些可能与公司不一致的理念和行为方式，很难改变。

第二，宝洁的市场优势除了产品品牌的拉力优势，还在于终端服务优势，这就更加需要将企业文化理念转化为员工自觉的标准化、职业化的行为，为客户提供一致的标准化、规范化的服务。

招聘这一环节在宝洁人力资源管理工作中占据着非常重要的分量。宝洁的前任 CEO 曾说，在公司内部，他看不到比招聘更重要的事了。在美国，如果时间允许，他甚至会亲自参加一些比较重要的面试。可以说，招聘是整个人力资源管理工作的起点，如果起点的质量不高，那么不仅后续的许多培训会事倍功半，而且会影响到公司各项决策的制行情况。

（资料来源：http://www.doc88.com/p- 5436827140945. html.）

讨论题

1. 宝洁管理人员的招聘优势在哪里？
2. 你对该公司管理人员的招聘有哪些更好、更具体的建议？

【案例二】招聘失败的原因分析

某公司因发展需要在 2012 年 10 月底从外部招聘新员工。期间先后招聘了两位行政助理（女性），结果都失败了。具体情况如下：

第一位 A 入职的第二天就没来上班，没有来电话，上午公司打电话联系不到本人。经她弟弟解释，她不打算来公司上班了，具体原因没有说明。下午，她本人终于接电话，不肯来公司说明辞职原因。二天后又来公司，中间反复两次，最终决定不上班了。她的工作职责是负责前台接待。入职当天晚上公司举行了聚餐，她和同事谈得也愉快。她自述的辞职原因：工作内容和自己预期的不一样，琐碎繁杂，觉得自己无法胜任前台工作。HR 对她的印象：内向，有想法，不甘于做琐碎、接待人的工作，对批评（即使是善意的）非常敏感。

第二位B工作十天后辞职。B的工作职责是负责前台接待、出纳、办公用品采购、公司证照办理与变更手续等。自述辞职原因：奶奶病故了，需要辞职在家照顾爷爷（但是当天身穿大红毛衣，化彩妆）。透露家里很有钱，家里没有人给人打工。HR的印象：形象极好、思路清晰、沟通能力强，行政工作经验丰富。总经理的印象：商务礼仪不好，经常是小孩姿态，撒娇的样子，需要进行商务礼仪的培训。

招聘流程如下。

（1）公司在网上发布招聘信息。

（2）总经理亲自筛选简历。筛选标准：本科应届毕业生或年轻的，最好有照片，看起来漂亮的，学校最好是名校。

（3）面试：如果总经理有时间就直接面试；如果总经理没时间就HR进行初步面试，总经理最终面试。

（4）新员工的工作岗位、职责、薪资、入职时间都由总经理定。

（5）面试合格后录用，没有入职前培训，直接进入工作。

公司背景：此公司是一国外SP公司在中国投资独资子公司，主营业务是为电信运营商提供技术支持，提供手机移动增值服务，做手机广告。该公司所处行业为高科技行业，薪资待遇高于其他传统行业。公司的位置位于北京繁华商业区的著名写字楼，对白领女性具有很强的吸引力。总经理为外国人，在中国留过学，自认为对中国很了解。

被招聘的员工背景：

A，专科就读于工商大学，后转接本科就读于人民大学。2004年1月到12月做少儿剑桥英语的教师一年。

B，2004年曾参加丽封面女孩华北赛区复赛，说明B的形象气质均佳。学历大专，就读于中央广播电视大学电子商务专业。在上学期间工作了两个单位：一个为拍卖公司，另一个为电信设备公司，职务分别为商务助理和行政助理。

招聘行政助理连续两次失败，公司的总经理和HR觉得这不是偶然现象，在招聘行政助理方面肯定有重大问题。问题出在什么地方？

失败原因分析：从上面的案例我们能够得到直接影响这次行政助理招聘的主要因素为公司的总经理、甄选的方法和招聘流程。

总经理分析：在招聘过程中总经理干涉过多，没有充分授权给人力资源部门，包办了HR筛选简历的任务。其次，他不懂中国国情，自然就会让不适合的人被选进来，而适合的人才可能被淘汰在筛选简历环节了。对于这种低级别的员工招聘，应该把权力完全转给熟悉国情的HR。他在这次事件应该负主要责任。

甄选方法分析：在招聘行政助理时，公司没有根据行政助理这个岗位的任职资格制定结构化的甄选标准，而只是凭面试官的直觉进行甄选，这导致招聘过程不科学。因为面试官会在面试过中受到归类效应、晕轮效应、自我效应和个人偏见（地域、血缘、宗教信仰等）影响。案例中总经理就对相貌、毕业院校和是否应届带有明显偏见。没有考虑应聘的人是否和企业的文化、价值观念相吻合，是不是真正地具备了工作需要的知识、能力、性格和态度。

招聘流程分析：正常的招聘流程应该是公布招聘信息、初步面试、评价申请表和简历、选择测试、雇用面试、证明材料和背景材料核实、选择决策、体检、录用、入职前培训、入职。该公司在招聘过程中少了选择测试和入职前培训这两个重要步骤。

公司通过选择测试基本上能测试出求职者的性格特征和价值取向。例如，A 的性格内向，而且心态高，不踏实，不愿做琐碎繁杂的工作，与做前台需要的性格和心态相差甚远。这样盲目让她做前台工作造成了她的离职。通过测试同样能测出 B 的价值观与企业文化不符，这样就能在测试阶段将她们淘汰，从而节省招聘的成本。

入职前培训对加入公司的员工很重要。因为通过入职前培训能够给新员工灌输公司的企业文化和价值观念，可以帮助新员工树立正确的工作态度，对工作有更深的认识。如果给 A 和 B 进行了系统的入职前培训，就完全有可能改变她们本来的价值取向和对工作的态度，她们也就有可能不离开。

讨论题

请结合本章内容分析本案例中导致该公司招聘失败的原因到底是什么。

【本章实训】

通过本章学习，学生在了解了影响企业招聘的几种因素后，选择某一企业，以小组的形式分析环境变化给招聘工作带来的挑战。

1. 每组 5~7 人为宜，推选一位成员担任组长，即人力资源部经理，代表小组公开发言。

2. 各小组成员分别列出当前环境给企业招聘工作带来的挑战及其应对措施，并且按照所面临挑战的严峻程度顺序排列，时间控制在 5 分钟以内。

3. 各小组就小组成员提出的挑战进行讨论，找出小组共同认可的最突出的问题，并且提出应对之策：时间控制在 10 分钟以内。

4. 各组组长上台分享小组的讨论意见，其他师生可以向该组提问，教师引导学生讨论，并且指出各组的优缺点。

5. 老师对各组发言进行点评并给出小组成绩。

本次实训目的是让学生通过分析讨论，对内外部环境因素对企业的招聘影响有更深刻的认识。

第4章 招聘与录用工作的前提

学习目标

- 熟悉工作分析的主要内容及方法
- 掌握各种说明书的编制方法
- 熟悉人力资源规划的流程及内容
- 掌握人力资源供求预测的主要方法

关键术语

工作分析；工作说明书；人力资源规划；招聘需求

引导案例

A公司的职位分析与职位评价

A公司是我国中部省份的一家房地产开发公司。近年来，随着当地经济的迅速增长，房产需求强劲，公司有了飞速的发展，规模持续扩大，逐步发展为一家中型房地产开发公司。随着公司的发展和壮大，员工人数增加，众多的组织和人力资源管理问题逐步凸显出来。

公司现有的组织机构，是基于创业时的公司规划随着业务扩张的需要逐渐扩充而形成的，在运营过程中，组织与业务上的矛盾日趋明显。部门之间、职位之间的职责与权限缺乏明确的界定，扯皮推诿的现象时有发生；有的部门抱怨事情太多，人手不够，任务不能按时、按质、按量完成；有的部门又觉得人员冗杂，人浮于事，效率低下。

公司在人员招聘方面，用人部门给出的招聘标准往往笼统含糊，而招聘主管也无法准确地加以理解，使得招来的人大多差强人意。同时，目前的许多岗位不能做到人事匹配，员工的能力不能得以充分发挥，严重挫伤了士气，并且影响了工作的效果。以前，公司员工的晋升由总经理直接决定，现在公司规模大了，总经理几乎没有时间与基层员工和部门主管打交道，基层员工和部门主管的晋升只能根据部门经理的意见来执行。而在晋升中，上级和下属之间的私人感情成了决定性的因素，有才干的人往往不能获得提升。因此，许多优秀的员工由于看不到自己的前途而另谋高就。在激励机制方面，公司缺乏科学的绩效考核和薪酬制度，考核中的主观性和随意性非常严重，员工的报酬不能体现其价值与能力，人力资源部经常听到大家对薪酬的抱怨和不满，这也是人才流失的重要原因。

面对这样严峻的形势，人力资源部开始进行人力资源管理的变革，变革首先从进行职位分析、职位评价开始。职位分析、职位评价究竟如何开展，如何抓住职位分析、职位评价过程中的关键点，为公司本次组织变革提供有效的信息支持和基础保证，是摆在 A 公司面前的重要问题。通过本章的学习，你将能够对 A 公司的职位分析、职位评价面临的问题做出解答。

（资料来源：http：//wenku.baidu.com/user/doc.）

4.1　招聘工作分析

工作分析是企业人力资源管理基础的工作，是整个企业实现科学管理的一个重要环节，职务分析是从两个角度进行分析：人和岗位。人力资源管理从对象的角度来看，无非也是两个方面：一是人；二是岗位。岗位是为了满足工作的需要，而人是为了满足岗位的需要。让合适的人在合适的岗位，既是人力资源管理的要求，也是人力资源管理的目标。要达到这样的目标，首先必须要对岗位有着十分详细的了解和认识，对从事这个岗位的人员有着十分深刻的了解。否则就很难达到能级原则的要求，导致小材大用或大材小用的人才浪费局面出现。

所谓工作，也叫职务，是同类职位或岗位的总称。工作分析也叫职务分析，是企业有关人员依据组织发展的目标，通过观察和研究，全面收集企业某一工作的基本活动信息，明确每个工作岗位在组织中的位置及相互关系，然后确定组织最必需的职位及其权责、任职条件的过程。通过这一过程，我们可以确定某一工作的任务和性质是什么，以及哪些类型的人适合被雇用来从事这个工作。或者说工作分析的任务就是确定公司的组织机构及职位数，认定每个职位的责任与权力，以及提出每个职位的任职人员必须具备的条件。最终应把分析的结果进行科学的、系统的描述，并且进行规范化的书面记录。

工作分析对人力资源其他模块有非常重要的参考作用，是进行招聘与录用的前提和基础，在招聘新员工之前，招聘条件的确定、任职资格的分析都是依据工作分析做出的。

工作分析与人力资源其他模块的关系如图 4-1 所示。

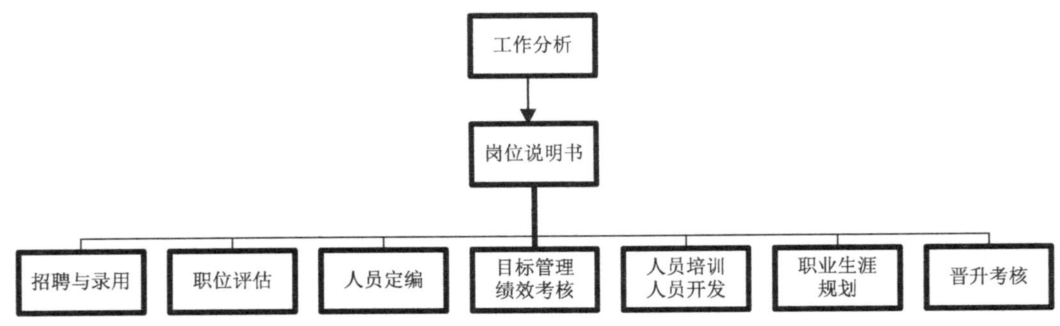

图 4-1 工作分析与人力资源其他模块的关系

4.1.1 工作分析的目的、内容及最终成果

1. 工作分析的目的

一个组织的工作涉及工作人员、工作职务和环境三方面的因素。有关工作人员的分析包括工作能力、工作条件等；有关工作职务的分析包括工作范围、工作程序、工作关系等；有关工作环境的分析包括工厂的环境、使用的设备等。而职务分析即分析工作所涉及的人员、事务、物质三种因素，并且形成经济有效的系统，以便于提供就业资料、编定训练课程及解决人与机械系统的配合，以有效发挥人力资源的作用为目的。

对工作人员进行分析，有助于职业辅导工作的开展，达到人尽其才的目的。对工作职务进行分析可以使组织发挥系统的功能，达到适才适职的目的。对工作环境进行分析，可以使员工易于应对工作中出现的问题，并且使人与机器系统相互配合，从而达到才尽其用的目的。

通过工作分析，使企业组织设计的结果进一步深入和细化，将部门的工作职能分解到各个职位，明确界定各个职位的职责与权限，确定各个职位主要的工作绩效指标和任职者的基本要求，为科学地进行绩效考评提供依据，为各项人力资源管理工作提供基础。

由以上分析可知，工作人员的分析乃“人与才”的问题；工作职务的分析乃“才与职”的问题；而工作环境的分析乃“职与用”的问题。“人与才”“才与职”“职与用”三者相结合乃是人力资源的运用，通过组织行为以达到组织目的。工作分析的目的如图 4-2 所示。

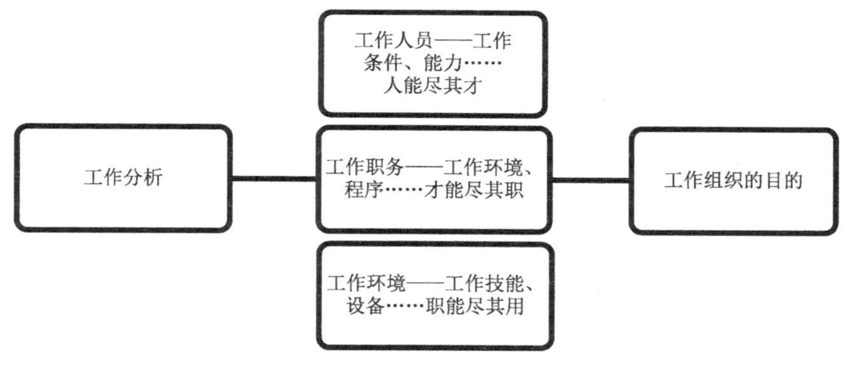

图 4-2　工作分析的目的

2. 工作分析的内容

工作分析要完成下列工作内容：了解各个职位的主要职责与任务；清晰地界定职位的职责、权限及职位在组织内外的关联关系；确定各个职位的关键绩效指标；确定工作任职者的基本要求。

（1）工作描述。工作描述用来说明有关工作的范围、任务、责任、功能、工作关系及工作环境等方面的情况，也就是关于一种工作所包含的任务、职责及责任的一份清单，如表 4-1 所示。工作描述与目的有关，如果描述的目的是招聘，就应该描述工作应该是什么状况；而如果描述的目的是薪酬与考核，就应该重点描述现在的工作状况及任务标准。

表 4-1　销售部经理工作描述

职务名称	销售部经理	职务别名	销售部主管
职务代码	1137-118	制定时间	2012-4-2
（一）工作任务与权利			
（1）通过对下级的管理与监督，实施企业的销售计划，组织、指导和控制销售部的各种活动，及时地向上级管理部门报告销售事务，根据对销售区域、销售定额、销售目标的批准认可，协调销售配给功能，批准对推销员销售区域的分配，评估销售业务报告，批准各种有助于扩大销售的计划，如培训计划、促销计划。 （2）审查市场分析，以确定顾客需求、潜在的消费量、价格一览表、折扣率、竞争活动，以实现企业的销售目标；亲自与大客户联系；与广告机构就制作销售广告事宜进行谈判，并且在广告发布之前对广告素材予以认可，根据销售需要在本部门成立相应的正式团队；实施对本部门员工的奖励与惩罚；可调用小汽车 2 辆，送货车 10 辆、摩托车 10 辆			
（二）工作条件与物理环境			
75%以上的时间在室内工作，一般不受气候条件影响，但是可能受气温影响；湿度适中，无严重噪声，无个人生命或严重受伤危害，无有毒气体，有外出工作要求，一年中约有 10%~20%的工作日出差在外，常年工作地点在本市			

续表

（三）社会环境
有一名副手，销售部工作人员有 25~30 人，直接下属是销售部副经理，需要经常交往的部门是生产部，可以参加企业家俱乐部、员工乐园等
（四）聘用条件
每周工作 40 小时，法定假日放假，基本工资每月 10 000 元，职务津贴每月 1 000 元，每年完成全年销售指标奖金 20 000 元，超额完成部分再以 1‰提取奖金；本岗位是企业中层岗位，可晋升为销售副总经理或分厂总经理。每 3 年有一次出国进修机会，每 5 年有一次为期一个月的公休假期，可报销 5 000 元的旅游费用，公司免费提供市区两室一厅（70 平方米以上）住宅一套

但是在一般情况下，一份工作描述都要包括以下内容。

①工作名称描述。工作名称描述，也叫作职务名称描述，需要说明某项工作的专门名称及以什么职务形式出现，使用哪种代号等，是挡车工还是调度员，是销售代理还是行政秘书。

②工作内容描述。工作内容描述需要说明所要完成的任务和责任，使用的原材料和设备，工作开展的顺序，所连接的前后工作关系，要介绍的监督机制等。

③工作条件描述。工作条件描述需要说明该岗位完成工作任务需要哪些工具、机器和设备等，如秘书所用的打印机、复印机、电脑，以及一般文具等。

④工作待遇描述。人们常常根据工作待遇来判断和解释工作描述中的其他内容，所以这部分内容特别重要。工作待遇描述需要说明工资报酬、工作时间、工作季节性、晋级机会、进修和提高的机会，以及这个工作在组织中的地位和与其他工作的关系。

⑤工作关系描述。工作关系包括工作的内部关系和外部关系。内部关系涉及上下级关系，即该岗位的直接上级和直接下级是谁，与公司内部哪些部门或岗位有合作关系。外部关系是指该岗位与哪些政府部门、企业机构或其他组织有联系。

（2）工作规范。工作分析的另一个组成部分是工作规范。工作规范是根据工作描述的结果，提出从事该项工作人员的知识、技能、能力及其他特征特定要求的清单，如表 4-2 所示。

表 4-2 销售部经理工作规范

职务名称	销售部经理	年龄	25~40 岁
性别	男女不限	学历	大学本科及以上
工作经历	从事销售工作 4 年以上		
1. 生理要求 无严重疾病，无传染病，能胜任办公室工作，举重 5 千克，有时需要走动和站立，平时以说、听、看、写为主。			

续表

生理要求标准： A——90 分以上； B——70~89 分； C——30~69 分； D——10~29 分； E——10 分以下

2. 心理要求			
一般智力：A	观察能力：B	集中能力：B	语言表达能力：A
学习能力：A	创造力：A	理解能力：A	数学计算能力：A
知识域：A	团队精神：A	决策能力：A	解决问题能力：A
记忆能力：A	性格：外向	态度：积极，乐观	气质：多血质或胆汁质
领导能力：卓越	事业心：十分强烈	兴趣爱好：喜欢与人交往，爱好广泛	

工作规范对人的要求有以下几个方面。

①一般要求。一般要求是指从事这个工作的一般性要求，包括年龄、性别、学历、知识、技能、工作经验。

②生理要求。生理要求是指从事这个工作所需要的生理性的要求，包括健康状况、力量和体力、运动的灵活性、感官的灵敏度。

③心理要求。心理要求是指从事这个工作所需要的心理性要求，包括性格、事业心、合作性、观察力、领导能力、沟通能力。

（3）工作说明书。工作说明书作为组织的重要文件之一，是对某类职位分工的工作性质、任务、责任、权限、工作内容和方法、工作环境和条件及本职务任职人员资格条件所作的书面记录。通过工作分析程序所获得的资料，经过归纳与整理，可撰写成工作说明书。

编制工作说明书是为企业的招聘与录用、工作分配、签订劳动合同及职业咨询等人事管理业务提供原始资料和科学依据。工作说明书的外在形式是根据一项工作编制一份书面材料，可用表格，也可用文字叙述。

3. 工作分析的最终成果

工作分析的最终成果将形成每个职位的工作（职务）说明书，如表 4-3 所示。

表 4-3 销售部经理工作说明书

<table>
<tr><td colspan="4">（一）基本信息</td></tr>
<tr><td>所属部门</td><td colspan="3">销售部</td></tr>
<tr><td>职位编号</td><td>XB-C-08</td><td>直属上级</td><td>总经理</td></tr>
<tr><td>直管人数</td><td>20 人</td><td>晋升方向</td><td>总经理</td></tr>
<tr><td colspan="4">（二）岗位概述</td></tr>
<tr><td colspan="4">制定公司的市场战略与策略，并且推进实施，实现市场发展目标</td></tr>
<tr><td colspan="4">（三）职位位置</td></tr>
<tr><td colspan="4">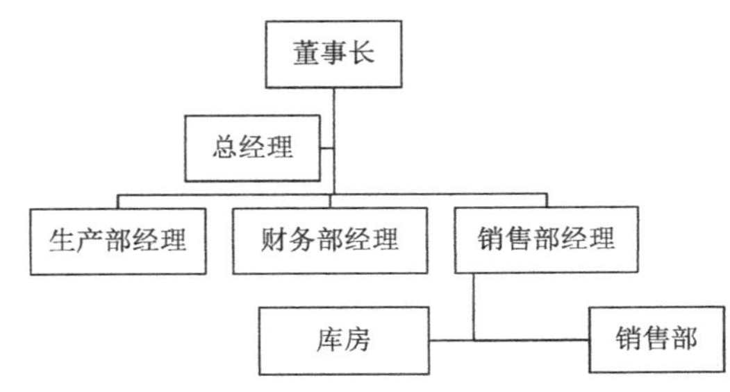
</td></tr>
<tr><td colspan="4">（四）工作关系</td></tr>
<tr><td colspan="2">联系部门</td><td colspan="2">联系内容</td></tr>
<tr><td rowspan="4">公司内部</td><td>生产车间</td><td colspan="2">生产任务的分工，生产工作过程中的协调</td></tr>
<tr><td>总经理</td><td colspan="2">信息反馈，某些相关事项的汇报</td></tr>
<tr><td>生产部</td><td colspan="2">与生产部之间信息共享，做好生产经营</td></tr>
<tr><td>直属下级</td><td colspan="2">对工作监督、检查、考核，并且给出建议和指令</td></tr>
<tr><td>公司外部</td><td>客户</td><td colspan="2">提供技术上的支持及跟踪维护</td></tr>
<tr><td colspan="4">（五）岗位职责</td></tr>
<tr><td>工作内容</td><td colspan="3">1. 参与制定公司发展战略
2. 参与组织制订并实施年度经营计划、生产战略规划
3. 参与主持制订、调整年度生产计划及总预算
4. 按工作程序做好与技术、营销、财务部门的横向联系
5. 领导建立和完善质量管理制度，组织实施并监督、检查生产质量体系的运行
6. 随时掌握生产过程中的质量状态，协调各部门之间的沟通与合作，及时解决生产中出现的问题
7. 协助生产部经理组织新技术、新工艺、新设备的应用推广
8. 协助生产部经理组织落实、监督调控生产过程各项工艺、质量、设备、成本、产量指标等</td></tr>
</table>

续表

<table>
<tr><td>工作内容</td><td colspan="5">9. 领导、管理工厂维护部门对工厂基础设备进行维护，保证生产现场能够正常生产、设备处于良好状态
10. 指导、监督、检查所属下级的各项工作，掌握工作情况和有关数据
11. 综合平衡年度生产任务，制订并下达月度生产计划，做到均衡生产
12. 代表公司与政府对口部门、有关社会团体及机构联络</td></tr>
<tr><td>权利</td><td colspan="5">1. 对生产部下达的生产任务有分配权
2. 对工厂基础设备的维护有管理权
3. 在权限范围内，有代表企业对外联络的权利
4. 有权力履行生产部经理赋予的一切其他权利</td></tr>
<tr><td>责任</td><td colspan="5">1. 对工人的生产安全负责
2. 对车间生产过程中出现的问题负责
3. 对未履行好本部门职权范围内的其他事务负责
4. 对经营过程中产品的完整性负责</td></tr>
<tr><td colspan="6">（六）任职要求</td></tr>
<tr><td>性别</td><td>男女不限</td><td>年龄</td><td>25~40 岁</td><td>个性特征</td><td>积极、乐观、善于交际</td></tr>
<tr><td>学历与专业</td><td colspan="5">理工类或相关专业专科以上学历</td></tr>
<tr><td>工作经验</td><td colspan="5">3 年以上相关行业生产管理协调经验，在部门经理助理岗位上工作 2 年以上</td></tr>
<tr><td>应掌握知识</td><td colspan="5">受过战略管理、管理能力开发、生产管理、市场营销、财务管理等方面的培训</td></tr>
<tr><td>工作技能</td><td colspan="5">1. 熟悉所在行业的生产过程，熟悉原材料的供应渠道
2. 熟悉生产规程及质量标准
3. 具备良好的生产经营管理理念，有一定的财务与法律知识</td></tr>
<tr><td>外语水平</td><td colspan="5">良好的英文基础</td></tr>
<tr><td>公文处理</td><td colspan="5">具有一定的文字表达能力</td></tr>
<tr><td>计算机</td><td colspan="5">熟练使用办公软件</td></tr>
</table>

4.1.2　工作分析实施的基本流程

实施工作分析一般包括四个阶段，即准备阶段、实施阶段、结果形成阶段及应用反馈阶段。在每个阶段里又包括若干步骤，如图 4-3 所示，企业在进行工作分析时按照此流程实施。

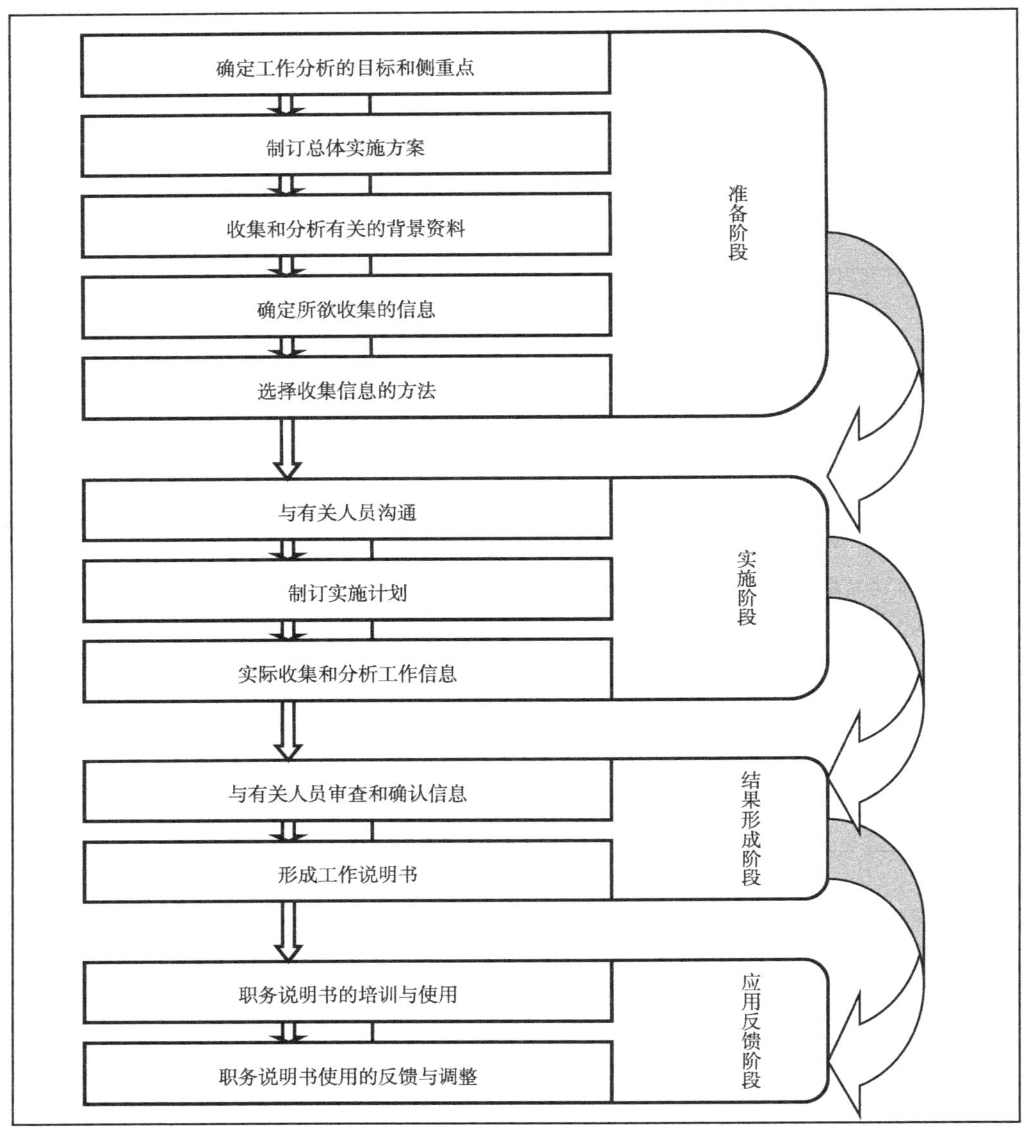

图 4-3 工作分析基本流程

4.1.3 工作分析实施进度

工作分析实施进度如表 4-4 所示。

表 4-4 工作分析进度表

工作分析进度表（各部门按照进度开展工作）							
流程	工作内容	时间	方法	参与部门	督导部门	结果	控制
准备阶段	确定工作分析的目标和侧重点						
	制订总体实施方案						

续表

准备阶段	收集和分析有关的背景资料						
	确定所欲收集的信息						
	选择收集信息的方法						
实施阶段	与有关人员沟通						
	制订实施计划						
	实际收集和分析工作信息						
结果形成阶段	与有关人员审查和确认信息						
	形成工作说明书						
应用反馈阶段	工作说明书的培训与使用						
	工作说明书使用的反馈与调整						

4.1.4　工作分析需要的资料

各部门按照实施进度要求收集以下可能收集到的工作分析需要的资料：组织机构图、各部门职能说明书、工作流程图、职权体系表、岗位责任制、人员名单、现有的职位说明或工作描述等，如表 4-5 所示。

表 4-5　工作分析中需要收集的信息

1. 工作活动
（1）工作活动和过程 （2）活动记录 （3）所采用的程序 （4）个人责任
2. 定位工作人员的活动
（1）人的行动，如有关工作的身体动作和沟通 （2）针对方法分析的基本动作
（3）对身体的要求，如体力消耗
3. 所采用的机器、工具、设备和辅助工作
4. 与工作相关的有形或无形的内容
（1）所涉及或应用的知识 （2）加工的原材料 （3）制造的产品和提供的服务

续表

5. 工作业绩
（1）错误分析
（2）工作标准
（3）工作质量
6. 工作环境
（1）工作日程表
（2）财务和非财务奖励
（3）工作条件
（4）组织和社会环境
7. 工作对个人的要求
（1）个人因素，如个性和个人兴趣爱好
（2）所需要的学历和培训程度
（3）工作经验

4.1.5 工作分析的方法

根据企业的实际情况，采用相应的工作分析的方法。常用的工作分析的方法有工作实践法、观察法、问卷调查法、面谈法、工作日志法。各部门可按照实施进度要求采取相应的方法。

1. 工作实践法

工作实践法是指工作分析人员从事所研究的工作，由此掌握工作要求的第一手资料。这种方法的优缺点如下。

（1）优点：用这种方法可以了解工作的实际任务及在体力、环境、社会等方面的要求，适用于短期内可以拿捏的工作。

（2）缺点：对需要大量训练和存在危险的工作，这种方法不适用。

2. 观察法

观察法是工作分析人员到现场实地去查看员工的实际操作情况，并且予以记录、分析、归纳并整理为适用的文字资料的方法。

分析人员在观察工作时，必须注意员工在做什么、如何做、为何要做，以及员工工作的技能好不好。而对于可以改进、简化的工作事项，也应予以记录说明。当观察完某工作场所人员如何执行某工作后，最好再在其他两三处工作场地观察，以证实其工作内容，避免因所观察员工的个人习惯所产生的误差。分析人员应注意的是，研究的对象是工作而不是个人的特性。

在对主要由身体活动构成的工作进行分析时，观察法是非常有用的，像流水线上的作业工人所做的工作，装配工人、保安人员等通过对工作的直接观察和工作者介绍，能使分析人员更多、更深刻地了解工作要求，从而使所获得的信息比较客观和正确，但是这也要求观察者有一定的实际操作经验。

观察法不适用于脑力劳动成分比较高的工作和处理紧急情况的间歇性工作。有些工作内容中包括许多思想和心理活动、创造性和运用分析能力，如律师、教师、会计、设计师的工作，观察法就不是很准确了。另外，当一个雇员从事的是一些只是偶然发生的，但是又非常重要的工作时，观察法也不会有效。在进行工作分析时，如果仅运用此方法，所获得的资料往往不足以供撰写职务说明或职务规范之用。所以观察法多与面谈法相结合使用。

3. 问卷调查法

问卷调查法是一种应用非常普遍的职务分析方法。其基本过程是：首先，设计并分发问卷给选定的样本员工；其次，要求样本员工在一定时间内填写，以获取有关的信息。

问卷的结构化程度十分重要，有的问卷非常的结构化，包括数以百计的工作职责细节；也有的问卷开放性程度很高，如“请叙述工作的主要职责”，最好的问卷应该介于两者之间，既有结构化问题，也有开放性问题。问卷调查法的步骤如下。

（1）事先须征得样本员工直接上级的同意，尽量获取直接上级的支持。

（2）为样本员工提供安静的场所和充裕的时间。

（3）向样本员工讲解工作分析的意义，并且说明填写问卷调查表的注意事项。

（4）鼓励样本员工真实客观地填写问卷调查表，不要对表中填写的任何内容产生顾虑。

（5）工作分析人员随时解答样本员工在填写问卷时提出的问题。

（6）在样本员工填写完毕后，工作分析人员要认真地进行检查，查看是否有漏填、误填的现象。

（7）如果对问卷填写有疑问，工作分析人员应该立即向样本员工进行提问。

（8）问卷填写准确无误后，完成信息收集职务，向样本员工致谢。

工作问卷调查表如表 4-6 所示。

表 4-6　工作问卷调查表

姓名		职称		责任职务		工龄	
性别		部门		直接上级		进入公司时间	
年龄		学历		月均收入		从事本工作时间	
工作时间要求	1. 正常的工作时间每日自（　）时开始至（　）时结束 2. 每周平均加班时间为（　）小时 3. 所从事的工作是否忙闲不均（是，否） 4. 若工作忙闲不均，则最忙时经常发生的时间段为（　）						

续表

<table>
<tr><td>工作时间要求</td><td colspan="6">5. 外地出差情况：每月平均几次，每次平均需要（ ）天
6. 本地外出情况：平均每周（ ）次，每次平均需要（ ）天</td></tr>
<tr><td rowspan="2">工作目标</td><td colspan="2">主要目标</td><td colspan="4">其他目标</td></tr>
<tr><td colspan="2"></td><td colspan="4"></td></tr>
<tr><td>工作内容描述</td><td colspan="6"></td></tr>
<tr><td>工作活动程序</td><td colspan="6"></td></tr>
<tr><td rowspan="5">工作活动内容</td><td rowspan="2">名称</td><td rowspan="2">结果</td><td rowspan="2">占全部工作时间百分比</td><td colspan="3">权限（请打“√”选择）</td></tr>
<tr><td>承办</td><td>报审</td><td>全权负责</td></tr>
<tr><td></td><td></td><td></td><td></td><td></td><td></td></tr>
<tr><td></td><td></td><td></td><td></td><td></td><td></td></tr>
<tr><td></td><td></td><td></td><td></td><td></td><td></td></tr>
<tr><td rowspan="2">失误的影响</td><td colspan="3">若您的工作出现失误，会发生下列哪种情况</td><td colspan="3">说明</td></tr>
<tr><td colspan="3">1. 不影响其他人工作的正常进行
2. 只影响本部门内少数人
3. 影响整个部门
4. 影响其他几个部门
5. 影响整个公司</td><td colspan="3">如出现多种情况，请按影响由高到低依次填写在下方空白处：</td></tr>
<tr><td rowspan="2">接触单位和人</td><td colspan="6">内部</td></tr>
<tr><td colspan="6">外部</td></tr>
<tr><td>监督</td><td colspan="6">1. 直接和间接监督人员数量（ ）
2. 被监督的管理人员数量（ ）
3. 直接监督人员层次：一般职工、基层领导、中层领导、高层领导</td></tr>
<tr><td rowspan="2">工作基本特征</td><td>责任性</td><td colspan="5">1. 只对自己负责
2. 对职工有监督指导的责任
3. 对职工有分配工作、监督指导的责任
4. 对职工有分配工作、监督指导和考核的责任</td></tr>
<tr><td>影响性</td><td colspan="5">1. 在工作中时常做些小的决定，一般不影响其他人
2. 在工作中时常做些决定，对有关人员有些影响
3. 在工作中时常做些决定，对整个部门有影响，但一般不影响其他部门
4. 在工作中时常做些大的决定，对自己部门和相关部门有影响，但一般不影响其他部门
5. 在工作中要做重大决定，对整个公司有重大影响</td></tr>
</table>

续表

<table>
<tr><td rowspan="3">工作基本特征</td><td>审核性</td><td colspan="5">1. 有关工作的程序和方法均由上级详细规定，遇到问题时随时请示上级解决，工作结果须报上级审核
2. 分配工作时上级仅指示要点，工作中上级并不时常指导，但遇困难时仍可直接或间接请示上级，工作结果仅受上级要点审核
3. 分配任务时上级只说明要达成的任务或目标，工作的方法和程序均由自己决定，工作结果仅受上级原则审核</td></tr>
<tr><td>需要做计划的程度</td><td colspan="5">1. 在工作中无须做计划
2. 在工作中需要做一些小的计划
3. 在工作中需要做部门计划
4. 在工作中需要做公司整体计划</td></tr>
<tr><td>接触资料的公开性程度</td><td colspan="5">1. 在工作中所接触的资料均属公开性资料
2. 在工作中所接触的部分资料属于不可向外公开的资料
3. 在工作中所接触的资料属于不可向外公开的资料
4. 在工作中所接触的资料属于公司高度机密，仅对少数高层领导公开</td></tr>
<tr><td rowspan="7">任职要求</td><td colspan="6">为顺利履行工作职责，应进行哪些方面的培训，需要多少时间</td></tr>
<tr><td colspan="2">培训科目</td><td colspan="2">培训内容</td><td colspan="2">培训时间（月）</td></tr>
<tr><td colspan="2"></td><td colspan="2"></td><td colspan="2"></td></tr>
<tr><td colspan="6">为了顺利开展您所从事的工作，需要具备其他哪些方面的工作经历，工作年限多长</td></tr>
<tr><td colspan="3">工作经历要求：</td><td colspan="3">最低时间要求：</td></tr>
<tr><td colspan="6">在工作中您觉得最困难的事情是什么？您通常是怎样处理的</td></tr>
<tr><td colspan="3">困难事情：</td><td colspan="3">处理方法：</td></tr>
<tr><td rowspan="3">考核</td><td colspan="6">对于您所从事的工作，您认为从哪些角度进行考核，基准是什么</td></tr>
<tr><td colspan="3">考核角度</td><td colspan="3">考核基准</td></tr>
<tr><td colspan="3">1.
2.</td><td colspan="3">1.
2.</td></tr>
<tr><td rowspan="3">建议</td><td colspan="6">您认为您从事的工作有哪些不合理的地方，应如何改善</td></tr>
<tr><td colspan="3">不合理处</td><td colspan="3">改进建议</td></tr>
<tr><td colspan="3">1.
2.</td><td colspan="3">1.
2.</td></tr>
</table>

4. 面谈法

面谈法是获取工作信息的常用方法，许多观察法和问卷调查法难以解决的问题可以由面谈法解决，同时可对已获得的资料加以证实。该方法也是美国企业界使用最广泛的方法之一。

（1）面谈形式。

①对单个员工进行面谈——个人面谈。

②对做同种工作的员工群体进行面谈——集体面谈。

③对完全了解分析工作的主管人员进行面谈——管理人员面谈。

应该把这三种方式加以综合运用，这样才能对工作分析真正做到透彻了解。

（2）面谈法步骤。

①事先须征得样本员工直接上级的同意，尽量获取直接上级的支持。

②在无人打扰的环境中进行面谈。

③向样本员工讲解工作分析的意义，并且介绍面谈的大体内容。

④为了消除样本员工的紧张情绪，工作分析人员可以以轻松的话题开始。

⑤鼓励样本员工真实、客观地回答问题，不必对面谈的内容产生顾忌。

⑥工作分析人员按照面谈提纲的顺序，由浅至深进行提问。

⑦营造轻松的气氛，使样本员工畅所欲言。

⑧注意把握面谈的内容，防止样本员工跑题。

⑨在不影响样本员工谈话的前提下，进行谈话记录。

⑩在面谈结束时，应该让样本员工查看并确认谈话记录。记录确认无误后，完成信息收集任务，向样本员工致谢。

（3）面谈法应该注意的问题。

①与主管密切配合，通过这些主管找到最了解工作内容、能客观描述职责的员工。在进行群体面谈时，应注意遵守一项基本原则，即这些样本员工的上级主管人员要在场。如果他们当时不在场的话，事后也应该单独去跟这些主管人员谈一谈，听一听他们对于被分析工作中所包含的任务和职责持有的看法。

②必须尽快地与样本员工建立融洽的关系。营造一种良好的气氛，使样本员工感到轻松愉快。不要让对方有被考核的感觉。例如，知道对方的名字；用通俗易懂的语言交谈；简单地介绍访谈的目的；向他们解释你是怎样挑选到他们的等。

③设计一张具有指导性的问卷或提纲。在面谈时，应该依照指导性的清单或提纲来提问，这种清单上不仅要有问题，而且要留出用来填写答案的空白。另外，还要向他们提一些开放性的问题，如“我们的问题中有没有遗漏的问题”。

④对没有规律可循的工作内容进行一一列举。当完成工作任务的方式不是很有规律时，如样本员工并不是在一天当中一遍一遍地重复相同的工作时，就应该要求样本员工按照任务的重要性大小和发生频率高低将它们一一列举出来。

⑤检查并核对面谈材料。与样本员工本人或其直接上级主管人员一起对所收集到的工作信息进行最后的检查和分析。

下面列举了一些工作分析面谈时的关键问题，工作分析人员可以根据具体情况，有选择地使用。

①请问你的姓名、职务名称、职务编号是什么？

②请问你在哪个部门工作？请问你的部门经理是谁？你的直接上级是谁？

③请问你主要做哪些职务？可以举一些实例。

④请你尽可能详细地讲讲你昨天的工作内容。

⑤请问你对哪些事情有决策权？哪些事情没有决策权？

⑥请讲讲你在工作中需要接触哪些人？

⑦请问你需要哪些设备和工具来开展你的业务？其中哪些是常用的？哪些只是偶尔使用？你对目前的设备状况满意吗？

⑧请问你在人事审批权和财务审批权方面有哪些职责？可以举些实例。

⑨请问你认为做好这项业务需要什么样的文化水平？需要哪些知识？需要什么样的心理素质？

⑩如果对一个大专学历的新员工进行培训，你认为需要培训多长时间才能正式上岗？

⑪你觉得目前的工作环境如何？是否还需要更好的环境？你希望哪些方面得到改善？

⑫你觉得该工作的价值和意义有多大？

⑬你认为怎么样才能更好地完成工作？

⑭你还有什么要补充的？

⑮你确保你回答的内容都是真实的吗？

5．工作日志法

工作日志法是为了了解员工实际工作的内容、责任、权利、人际关系及工作负荷，而要求员工坚持写工作日记，然后经过归纳提炼，取得所需工作信息的一种职务信息获取方法。

工作日志表模板如表 4-7 所示。

表 4-7　工作日志表模板

部　门		姓　名		职　位	
工作时间	工作内容	工作结果		待解决问题	备　注
当月工作总结					
下月工作计划					
建议或说明事项					

填表日期：

4.1.6 工作分析信息的整理

各部门按照进展情况，将收集到的工作分析的所有信息依据下表进行归类整理。工作分析信息收集如表 4-8 所示。

表 4-8 工作分析信息收集表

工作信息	具体说明	
职位名称分析	对职位名称进行分析时，应注意使职位名称标准化，并且符合人们一般的理解，使人们通过职位名称可以了解职位的性质和内容。命名应准确，不易产生歧义；名称应有美感，切忌粗俗	
工作内容分析	工作任务	明确规定某职位所要完成的工作活动或任务、完成工作的程序和方法，以及所使用设备和材料
	工作责任与权限	以定量的方式确定工作的责任与权限。例如，财务审批的金额、准假的天数，等等
	工作关系	了解和明确关联与协作关系。该职位会与哪些工作发生关联关系，会对哪些工作产生影响，受到哪些工作的制约，与谁发生协作关系，可以在哪些职位范围内进行晋升和岗位轮换
	工作量	确定工作的标准活动量。规定劳动定额、绩效标准、工作循环周期等
工作环境分析	工作的自然环境	包括环境中的温度、湿度、照明度、噪声、震动、异味、粉尘、辐射等，以及任职者与这些环境因素接触的时间
	工作安全环境	主要包括工作的危险性、可能发生的事故、事故的发生率和发生原因，对身体的哪些部分易造成危害及危害程度，易患的职业病、患病率及危害程度等
	社会环境	主要包括工作地点的生活方便程度、环境的变化程度、环境的孤独程度、与他人交往的程度等
工作任职者的必备条件分析	必备的知识	具体包括最低学历要求，有关理论知识和技术的最低要求（如使用机器设备的操作方法、工艺流程、材料性能、安全知识、管理知识和技能等），对有关的政策、法令、规定或文件的了解和掌握程度等
	必备的经验	包括过去从事同类工作的时间和成绩，应接受的专门训练的程度，完成有关工作活动的实际能力等
	必备的身体素质	工作任职者应具备的行走、跑步、攀登、站立、平衡、旋转、弯腰、举重、推拉、握力、耐力、手指与手臂的灵巧性、手眼协调性、感觉辨别力等
	必备的操作能力	通过典型的操作来规定从事该职位的工作所需的注意力、判断力、记忆力、组织能力、创造能力、决策能力等

续表

工作信息	具体说明	
工作任职者的必备条件分析	必备的个性特征	工作任职者应具备的耐心、细心、沉着、诚实、主动性、责任感、支配性、情绪稳定性等方面的特点

在实际工作分析中，通常会将以上几种方法结合使用。例如，在分析事务性工作和管理工作时，可能采用问卷调查法，并且辅之以面谈法和有限的观察法；在研究生产性工作时，可能采用面谈法和广泛的观察法。要结合企业员工的具体情况和组织的特点选择合适的方法。

4.1.7 管理层工作说明书的编写

在系统地收集与职位有关的信息，对组织中各工作职位的岗位设置目的、岗位职责、岗位工作内容、工作关系、工作环境、工作特征及对完成此工作员工的素质、知识、技能等要求进行调查、客观描述后，编写岗位说明书。表 4-9 为岗位说明书样表。

表 4-9 岗位说明书样表

岗位说明书样表		编号：	
职务名称：	所属部门：	工作地点：	
职务设定时间：	任职者担任该职务时间：		
说明书拟制人：	审核人：	审批人：	采用时间：
工作概况：（根据各部门和岗位的实际情况，用简练的语言文字阐述该工作的总体性质、中心任务和要达到的工作目标）			
职位范围： 本部门总人数： 直接下属人数： 间接下属人数： 下属人员类别及人数：管理人员____；专业人员____；技术人员____；操作人员____ 直接控制的预算额： 其他指标：			
本部门职责：（根据各部门的实际情况，用简练的语言文字阐述该部门的总体性质、中心任务和要达到的工作目标）			
工作关系： 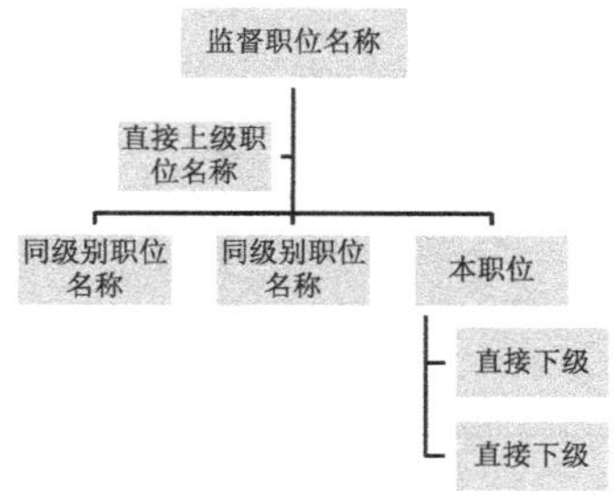 			

续表

工作流程中其他相关关系的职位名称____

工作条件与环境：（根据各部门和岗位的实际情况，描述办公设备、工作时间、场所、舒适程度等）

主要应负责任：（按重要性从上往下排列）

序　号	应负责任	主要衡量标准
1		
2		
3		
4		
5		

任职要求：（根据各部门和岗位的实际情况，描述胜任该岗位工作，一般应具有的任职要求）

1. 知识要求

（胜任本岗位工作要求具备的专业基础知识与实际工作经验。并且要有一定的政策法规知识，如政策、法律、规章或条例方面的知识。应具有的管理科学知识或业务管理知识。因专业、技术或业务的工作需要，对一种或两种外语应掌握的程度。本岗位主体专业知识以外的其他相关知识）

2. 能力要求

①理解判断能力：对有关方针、政策、文件指令、科学理论、目标任务的认识与领会程度，对本职工作中各种抽象或具体问题的分析、综合与判断能力

②组织协调能力：组织本部门人员开展工作及与有关部门人员协同工作的能力

③决策能力：从整体出发，对方向性、全局性的重大问题进行决断的能力

④开拓能力：对某一学科、业务或工作领域进行研究、开发、创新的能力

⑤社会活动能力：工作时在社会交往、人际关系方面应具有的能力

⑥语言文字能力：在撰写文章，起草文件、报告、计划、业务记录和宣传文案等方面，应具有一定的文字和口头语言表达能力

⑦业务实施能力：在具体贯彻执行计划任务的过程中，处理工作业务、解决实际问题的能力

3. 经历要求

（工作年限，或者与之相关的岗位工作经历）

4. 职业道德要求

（诚信、公正、敬业、规范、尊重与自尊等品质）

4.2 人力资源规划

人力资源规划是人力资源管理的基础性工作，它为其他人力资源管理实务的顺利实施和开展提供了方向性的指导。人力资源规划也是整个人力资源管理实务与企业战略企业业务、外部环境等方面达到最佳匹配的重要桥梁。只有人力资源规划做得科学合理，整个人力资源管理实务才可能有正确的方向和方法，人力资源管理实务才能真正为企业绩效做出贡献，达到战略人力资源管理的目的。同样，人力资源规划是人力资源招聘与录用的根本依据和基础性工作。

4.2.1 人力资源规划概述

1. 人力资源规划的含义

人力资源规划，是指一个组织科学地预测、分析其人力资源的供给和需求状况，制定必要的政策和措施以确保组织在需要的时间和需要的岗位上，获得各种必需的人力资源的计划。人力资源规划具有战略性、前瞻性和目标性，也体现了组织的发展要求，其实质是组织为实现其目标而制定的一种人力资源政策。人力资源规划的特点是，把员工看作资源，并且全面考虑组织的需求，根据组织战略和目标，从人力资源的获取、配置、使用、保护等各个环节统筹考虑，因此能较好地达到组织目标。

2. 人力资源规划的分类

人们一般按照人力资源规划的时限进行划分，但对时限的长短有不同的观点。例如，有人认为“短期规划一般是 3 个月至 6 个月，中期规划为 6 个月至 2 年，长期规划则以 2 年至 5 年为准”，但也有人认为，人力资源的战略规划应在 10 年以上。因此，即使都是长期规划，有的限定在 2 年至 5 年，有的限定在 5 年至 10 年，有的则限定在 10 年以上。组织的性质、规模不同，确定的人力资源规划的时限会有重要差别。例如，上海市紧缺人才培训规划就是 10 年以上的规划。我们将人力资源规划分为三种类型：长期（战略）人力资源规划、中期人力资源规划和短期（战术）人力资源规划。

（1）长期人力资源规划。长期人力资源规划一般是指 5 年至 10 年的人力资源规划。组织为了长远发展，特别是为了达到组织的战略目标而制订这样的人力资源规划。长期人力资源规划的制订要着眼于战略目标、宏观的影响和各种制约要素。在一个长期人力资源规划中，常常包含若干个中期与短期人力资源规划。目前，大部分组织还没有做长期人力资源规划的工作。

（2）中期人力资源规划。制订 2 年至 5 年的规划属于中期人力资源规划。对一个规模较小的组织来说，特别是有着较长历史的组织而言，必须与长期人力资源规划相衔接来制订中期规划，它服从于组织的中期目标。

（3）短期人力资源规划。这是指组织 1 年或 2 年以内的人力资源规划，包括年度、季度的人力资源规划。短期人力资源规划是组织为了目前的发展和实现既定的目标而制订的，并且在制订过程中较多地考虑微观的影响与制约因素。

3. 人力资源规划的层次

一般而言，人力资源规划包括五个层次，每个层次都为人力资源规划设定了不同的标准，这些不同的标准又体现为不同的人力资源规划活动，在每一个层次上都涉及不同的人力资源管理决策。

（1）环境（文化）层次。这一层次的人力资源规划活动主要是对环境进行考察。既要考察宏观环境，也要考察微观环境。考察宏观环境的目的在于人力资源的“输入”；而考察微观环境的目的在于组织的“输出”。一个组织的人力资源决策可能在不同程度上影响组织在社会上的地位和声望，因为组织的人力资源管理决策可以影响组织活动的安全性、社会关系等许多方面。组织的人力资源的变化及由此引发的组织结构的改变等，完全可能使组织周围的环境因素做出不同的反应，这些不同的反应对组织的发展既可以带来机会也可以带来威胁。环境层次的人力资源规划的制订依据可以是组织本身的信誉情况，也可以是政府对组织的评价及社区对组织的态度和看法等。

（2）组织层次。人力资源规划的制订是一个与组织的整体战略相互作用的过程，并且需要按照组织的整体战略来建立标准和进行决策。这是从组织层次上考虑人力资源规划的根本原因。一般来说，这里的组织就是指整个组织，但是在一个大型组织中，或者是在分权化的组织中，人力资源规划的组织层次也可以是一个部门、一个地区、一个利润中心或一个分公司等。组织层次的人力资源规划的制订依据包括组织的科层结构、组织文化、利润、市场份额和产品质量等各种因素，目的是将这些因素有机地整合起来，使它们相互配合，以利于组织目标的达成。

（3）人力资源部门层次。这一层次的工作实际上是把组织的整体目标落实在人力资源活动上，具体化为人力资源规划。典型的决策包括人力资源管理如何为组织的业务发展服务、人力资源管理将使用多少资源、重点的努力方向是哪里等。尽管组织的整体目标与人力资源具有密切的关系，但在某些情况下，即使人力资源管理是成功的，但整个组织的目标仍没能很好地实现。因此，我们也就有必要建立人力资源部门自身的工作目标。这一层次的典型活动是制订人力资源的战略规划。

（4）人力资源数量层次。这是一个重要的接续性的环节。人力资源部门层次的规划制订后，接下来的工作就是考虑组织所使用的人力资源的数量及任用的问题。因此，人们也将这一层次的规划称为任用规划。即把适当数量的适当类型的员工在合适的时间安排到合适的工作岗位上去的具体计划。任用规划需要考虑这样的问题，即分析人力资源的需求、供给和协调人力资源的供求缺口。因此，这一层次的典型决策包括预测人力资源供给和需求、需要弥补的缺口大小等。应该指出的是，人力资源规划中的需求分析所描述的是组织未来的人力资源需求。在现代人力资源管理活动中，实际的人力资源需求预测并不是预测未来对员工个体特征的需要，而是预测未来对员工整体特征的需要，这取决于组织所面临的环境特点。

（5）具体的人力资源管理活动层次。这一层次的人力资源规划是把人力资源的任用规划具体化为特定的人力资源管理活动。在这个层次上，规划应该为各种人力资源管理活动的继续、扩展和取消提供非常明确的指导。这一层次的人力资源规划的制订依据包括相关的员工的数量、活动的成本、活动的结果及收益或效用。典型的决策包括应该实施哪些具体的人力资源管理活动、每个活动的影响范围如何等。

4.2.2　人力资源规划的内容

人力资源规划包括总体规划与业务规划两部分内容。总体规划是在对企业战略与竞争战略进行分析的基础上，提出人力资源工作的方向，保证人力资源工作重点与战略导向一致。业务规划是在总体规划的基础上对企业各项人力资源管理与开发工作进行具体的计划。总体规划提出工作方向与工作重点，业务规划则提出具体的实施细则。

1. 人力资源总体规划

人力资源总体规划主要是阐明在计划期内人力资源规划的总原则、总方针、总政策、实施步骤和总预算。制订人力资源总规划需要明确企业的发展战略规划、现有的人力资源总体状况、规划期可能出现的组织结构调整与技术条件改变等问题。在这个基础上，才能够较好地把握计划期人力资源需求增减的大致数量，从而在供求平衡的基础上提出计划期人力资源工作的指导思想与总体目标。

2. 人力资源需求与供给分析

人力资源需求与供给分析是指基于企业战略与竞争战略对企业未来的人才需求进行数量与质量的分析。进行需求分析的基础是组织结构梳理、岗位梳理与工作分析。数量分析是对实现企业战略目标每个层面、每个职能、每个岗位所需人才的数量的分析；质量分析是对每个岗位需要任职者具备的知识、能力、技能、经验、个性特点、需求动机等与绩效相关的素质水平的分析。供给分析是在人力资源规划中对未来外部市场与企业内部市场满足企业未来人才需求的可能性进行分析。影响外部市场供给的因素包括政治、经济、法律、文化、就业形势等宏观因素，也包括人才市场走势、学科设置、行业发展态势等中观因素，还包括竞争对手举措、企业形象塑造、企业制度体系等微观因素。内部市场是对企业内部现有员工进行盘点，从胜任与潜质的角度对现有员工进行评估，以分析未来岗位空缺能得到补充的数量，企业通过需求与供给分析来发现企业未来的人才缺口或人员冗余情况，并且制订供求平衡计划。

3. 岗位编制规划

岗位编制规划描述企业的组织结构、岗位设置、岗位描述和岗位规范（任职资格要求）等内容，主要解决企业的定编问题。企业要根据近远期目标、劳动生产率、技术设备情况、工艺要求等状况确立相应的组织机构、岗位工作标准，进行定编定岗。同时，要在需求分析与人力资源评估的基础上，对企业现有岗位进行调整规划。

4. 招聘规划

招聘规划的内容主要包括企业总体的招聘需求、不同岗位的招聘渠道分析、招聘成本控制与流程、招聘与选拔的责任界定、各类型岗位选拔流程与方法规定等。企业通过人力资源需求与供给分析及岗位编制规划等各方面的综合分析，了解在规划期限内需要招聘人才的方向和数量，对企业各阶段的招聘进行总体规划。

5. 培训与开发规划

培训与开发规划是人力资源规划中的重要组成部分，是对企业员工培训与开发工作的整体规划。培训与开发规划的目的是为企业中、长期内所需弥补的职位空缺事先准备人员。在缺乏有目的、有计划的培训与开发规划的情况下，员工自己也会培养自己，但效果未必理想，也未必符合组织中职务的要求。当我们把培训与开发规划放在人力资源规划的指导下并与晋升计划、补充规划联系在一起的时候，培训的目的就明确了，培训的效果也就明显提高了。

6. 绩效管理规划

绩效管理规划是人力资源管理的核心任务之一。企业战略、竞争战略与职能战略决定着每个岗位的绩效指标。战略目标的调整也会带动绩效指标的变化，绩效指标对员工的工作行为发挥导向作用，企业在不同阶段竞争战略不同、职能战略不同，相应岗位的绩效指标也不同。企业需要不断调整相关岗位的绩效指标，以保证能够引导员工的努力方向与企业战略、部门目标方向一致。

7. 薪酬福利规划

薪酬福利政策决定着企业能否留住发展所需要的人才，薪酬福利规划也是人力资源规划的重点。它包括薪酬体系的内容、薪酬与薪酬调整政策、薪酬水平计划、薪酬支付时间与方式、保险与福利政策、保险与福利项目及额度、保险与福利调整计划等。

8. 人力资源预算

人力资源预算是数字化的计划，包括薪酬预算和人力资源管理与开发预算两个关键部分。薪酬预算包括工资预算、福利预算与奖金预算；人力资源管理与开发预算包括招聘预算、培训与开发预算、咨询顾问预算、管理费用预算四个关键部分。薪酬预算根据企业历史营业额与薪酬支出的比例关系确定；人力资源管理与开发预算需要根据具体项目或内部规定进行测算。

4.2.3　人力资源规划的程序

人力资源规划的程序一般可分为以下几个步骤：信息的收集与整理、人力资源的需求与供给预测、人力资源净需求的确定、人力资源规划的制订、人力资源规划的实施、人力资源规划的评估与修正。

1．信息的收集与整理

人力资源规划的信息包括组织内部信息和组织外部环境信息。组织内部信息主要包括企业的战略计划、战术计划、行动方案、本企业各部门的计划、人力资源现状等。组织外部环境信息主要包括宏观经济形势和行业经济形势、技术的发展情况、行业的竞争性、劳动力市场、人口和社会发展趋势、政府的有关政策等。对这些信息进行收集与整理是人力资源规划的第一步。

2．人力资源的需求与供给预测

人力资源需求预测包括短期预测、长期预测、总量预测和各个岗位的需求预测。人力资源供给预测包括组织内部供给预测和外部供给预测，将组织内部人力资源供给预测数据和组织外部人力资源供给预测数据汇总，得出组织人力资源供给总体数据。还要根据第一步中收集的信息资料对预测进行比对和调整，使之更符合客观实际。

3．人力资源净需求的确定

在对员工未来的需求与供给进行预测的基础上，将本组织人力资源需求的预测数与在同期内组织本身可供给的人力资源预测数进行对比分析，测算出各类人员的净需求数。这里所说的“净需求”既包括人员数量，又包括人员的质量、结构，既要确定“需要多少人“，又要确定“需要什么人”。这样就可以有针对性地进行招聘或培训，为组织制定有关人力资源的政策和措施提供依据。

4．人力资源规划的制订

根据组织战略目标及本组织员工的净需求量，制订人力资源规划，包括总体规划和各项业务计划。同时，要注意总体规划和业务计划之间及各项业务计划之间的衔接和平衡，提出调整供给和需求的具体政策和措施。一个典型的人力资源规划应包括规划的时间段、计划达到的目标、情景分析、具体内容、制订者、制订时间。

5．人力资源规划的实施

人力资源规划的实施是人力资源规划的实际操作过程，要注意协调好各部门、各环节之间的关系，在实施过程中必须有专人负责既定方案的实施，要赋予负责人保证人力资源规划方案实现的权力和资源。同时，要有关于实施进展状况的定期报告，以确保规划能够与环境、组织的目标保持一致和按时完成。

6. 人力资源规划的评估与修正

在实施人力资源规划的同时，要进行定期与不定期的评估，将实施的结果与人力资源规划进行比较，通过发现规划与现实之间的差距来指导以后的人力资源规划活动。评估结果出来以后，应及时给予反馈，进而对原规划的内容进行适时的修正，使其更符合客观情况，更好地促进组织目标的实现。

企业人力资源规划实施基本流程，如图 4-4 所示。

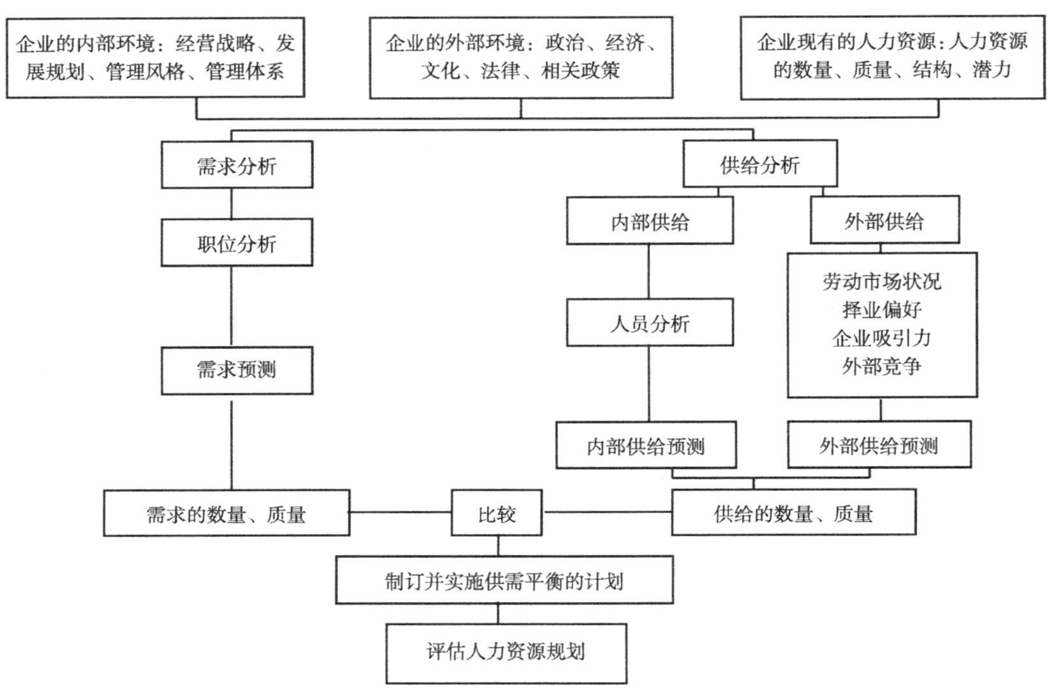

图 4-4 企业人力资源规划实施基本流程图

人力资源规划进度，如表 4-10 所示。

表 4-10 人力资源规划进度表

流 程	工作内容	时间	方法	参与部门	督导部门	结果	控制
准备阶段	收集外部环境的信息						
	收集内部环境的信息						
	收集企业现有人力资源的信息						
预测阶段	人力资源需求预测						
	内部供给预测						
	外部供给预测						

续表

流 程	工作内容	时间	方法	参与部门	督导部门	结果	控制
实施阶段	制订人力资源整体规划与各业务规划						
	实施						
评估阶段	各部门将实施情况进行汇总反馈						
	调整						

4.2.4 人力资源结构分析

人力资源结构分析也就是对企业现有人力资源的调查和审核。只有对企业现有人力资源有充分的了解和有效的运用，人力资源的各项计划才有意义。人力资源结构分析主要包括以下几个方面。

1. 人力资源数量分析

人力资源数量分析的重点在于探求现有的人力资源数量是否与企业机构的业务量相匹配，也就是检查现有人力资源数量是否符合一个机构在一定业务量内的标准人力资源配置。在人力资源配置标准的方法运用上，通常有以下几种。

（1）动作时间研究。动作时间研究指对一项操作动作需要多少时间，根据正常作业、疲劳、延误、工作环境配合、努力等因素定出一个标准时间，再根据业务量多少核算出人力的标准。

（2）业务审查。业务审查是测定工作量与计算人力标准的方法，又包括以下几种执行办法。

①最佳判断法。该方法是通过运用各部门主管及人事、策划部门人员的经验，分析出各工作性质所需要的工作时间，从而判断出人力标准量。

②经验法。该方法是根据完成某项生产、计划或任务所消耗的人事记录，来研究分析每个部门的工作负荷，再利用统计学上的平均数、标准差等确定完成某项工作所需的人力标准。

③工作抽样。又称工作抽查，是一种统计推论的方法。它是根据统计学的原理，以随机抽样的方法来测定一个部门在一定时间内，实际从事某项工作所占规定时间的百分比，以此百分比来测定人力使用的效率。该方法多运用于无法以动作时间衡量的工作。

④相关与回归分析法。该方法是利用统计学的相关与回归原理来测量计算的，用于分析各单位的工作负荷与人力数量间的关系。

有了人力标准的资料，就可以分析计算现有的人数是否合理。如不合理，就应该加以调整，以消除忙闲不均的现象。

2. 人员类别分析

通过人员类别分析，可发现一个机构业务的重心所在。它包括以下两个方面的分析。

（1）工作功能分析。一个机构内人员的工作功能很多，归纳起来有四类：业务人员、技术人员、生产人员和管理人员。这四类人员的数量和配置代表了企业内部劳动力市场的结构。有了这项人力结构分析的资料，就可以研究各项功能影响该结构的因素，这些因素可能包括企业处在何种产品或市场中、企业运用何种技能与工作方法、劳动力市场的供应状况如何等。

（2）工作性质分析。按工作性质来分，企业内部工作人员又可分为两类：直接人员和间接人员，这两类人员的配置也随企业性质不同而有所不同。最近有研究发现，一些组织中的间接人员数量往往不合理地膨胀，该类人数的增加与组织业务量增长并无联系，这种现象被称为“帕金森定律”。

3．人员素质分析

人员素质分析就是分析现有工作人员的受教育的程度及所受的培训状况。一般而言，受教育与培训程度的高低可显示工作知识和工作能力的高低，任何企业都希望提高工作人员的素质，以期望人员对组织做出更大的贡献。但事实上，人员受教育程度与培训程度的高低，应以满足工作需要为前提。因而，为了达到适才适用的目的，人员素质必须和企业的工作现状相匹配。管理层在提高人员素质的同时，也应该积极提高人员的工作效率，以人员创造工作，以工作发展人员，通过人员与工作的发展，促进企业的壮大。

人员素质分析中受教育与培训程度只是代表人员能力的一部分。在一个企业组织中，不难发现一部分人员的能力不足，而另一部分人员能力有余，未能充分利用，即能力及素质与工作的需求不匹配，其解决方法有以下几种。

（1）变更职务的工作内容。减少某一职务、职位的工作内容及责任，转由其他人员来承接。

（2）改变及强化现职人员。运用培训或协助的方式来强化现职人员的工作能力。

（3）调动现职人员的职位。当上述两种方法仍无法达到期望时，表示现职人员不能胜任此职位，因此应予以调动。

以上三种解决方法究竟以选用何种为宜，事先需要考虑以下几个因素。

（1）加强培训能否使当事人有所进步。如果加强培训可使能力不足的员工有所进步，则没有必要采取调动人员的措施。

（2）担任该职位可能的时间长度。如果某员工任该职位已届退休或轮调期满或组织结构更迭，则可采用临时性的调整。

（3）是否情况紧急，非立即改善不可。如果该职务比较重要，足以影响组织目标的实施，则必须采取组织措施，否则应尽量不用组织措施解决。

（4）是否影响组织士气。将某员工调职，是否会影响其他员工的情绪，使员工失去安全感，而有损组织的稳定。

（5）有无适当的接替人选。如果短期内无法从内部或外部找到理想的接替人员，则应采取缓进的措施，以免损失更大。

（6）此职位与其他职位的相关性程度。如果此职位与上、下、平行多个其他职位的相关往来频度很高，则不应采取太突然的措施，以避免影响其他职位的效率和工作进展。

4．年龄结构分析

分析年龄结构，在总的方面可按年龄段进行公司人员的年龄分配，进而求出全公司人员的平均年龄。了解年龄结构，旨在了解下列情况。

（1）组织人员是年轻化还是日趋老化。

（2）组织人员吸收新知识、新技术的能力。

（3）组织人员工作的体能负荷。

（4）工作职位或职务的性质与年龄大小的匹配要求。

以上四种情况，均将影响组织内人员的工作效率和组织效能。

企业人员理想的年龄分配，应呈金字塔为宜。顶端代表 50 岁以上的高龄员工；中间部位次多，代表 35~50 岁的中龄员工；而底部人数最多，代表 20~35 岁的低龄员工。

5．职位结构分析

根据管理幅度原理，主管职位与非主管职位应有适当的比例。分析人力结构中主管职位与非主管职位，可以显示组织中管理幅度的大小，以及部门与层次的多少。如果在一个组织中管理职位太多，就可能有下列不当结果。

（1）组织结构不合理，管理控制幅度太狭窄，而且部门与层次太多。

（2）工作程序繁杂，增加沟通协调的次数，浪费很多的时间，并且容易产生误会和曲解。

（3）出于本位主义，造成相互牵制，势必降低工作效率。

（4）出现官僚作风、官样文章。

4.2.5　人力资源的供求预测

未来人力资源的需求是由企业的战略目标、发展规划和工作任务决定的。在大多数情况下，企业以组织总目标和基于此进行的经营规模预测作为主要依据，综合考虑各种因素的影响来确定组织的人力资源需求状况。因此，人力资源管理人员要根据企业每年的经营、财务计划指标，结合企业现有员工状况，尤其是员工流动率，来测算年度人力资源总量和按工种、岗位、职务等分类的结构性指标；在此基础上提出年度新增招募、辞退、下岗分流、转岗调配的具体计划；最后确定人力资源需求的数量、质量及素质要求。

在进行人力资源需求预测后，还应对人力资源供给进行预测，即估计在未来一段时间内企业可获得的人员数量和类型。因此，人力资源管理人员必须关注人才市场上相应岗位的供求状况、总体薪资水平、人才供给的素质状况等，以确保招聘到相应的人才，也使企业能留住人才。

1．需求预测

只有在科学的人力资源需求预测的基础上进行的人力资源规划，才能使组织的人力资源管理活动成为一种具有自我意识和目的性的活动，有计划、有目的地协调组织人力资源发展，使其与组织发展战略相适应。

（1）人力资源需求预测的步骤。人力资源需求预测分为现实人力资源需求预测、未来人力资源需求预测和未来人力资源流失预测三个部分。人力资源需求预测的典型步骤如下。

①根据职位分析的结果，确定职位编制和员工配置。

②进行人力资源现状盘点，统计出人员的缺编、超编情况及是否符合任职资格要求。

③将上述统计结果与部门管理者进行讨论，修正统计结果。

④修正后的统计结果即现实人力资源需求。

⑤对预测期内退休的人员进行统计。

⑥根据历史数据，对未来可能发生的离职情况进行预测。

⑦将步骤⑤和步骤⑥的统计和预测结果进行汇总，得出未来流失人力资源的数量。

⑧根据组织发展规划，如引进新产品等，确定各部门的工作量。

⑨根据工作量的增长情况，确定各部门还需要增加的职位及人数，并且进行汇总统计。

⑩该统计结果即未来的人力资源需求。

⑪将现实人力资源需求、未来人力资源流失的数量和未来人力资源需求的数量汇总，即得出组织整体人力资源需求预测的数量。

通过人力资源需求预测的典型步骤，就可以预测出组织的人力资源需求。在实际操作中，应分别对组织的短期、中期和长期人力资源需求进行预测。可以用预测结果与实际结果相对照，不断提高预测的准确性，使预测结果与实际结果逐渐接近。

（2）影响需求预测的因素。需求预测要受到很多因素的影响，大体上可以分为内部因素和外部因素。

外部因素主要就是组织所处的外部社会经济环境。如经济形势、政治局势、社会秩序、政策法律、社会经济体制等，都会对人力资源活动产生影响，如在政治局势稳定、经济形势看好的情况下，组织的各项工作就会比较顺利，生产经营状况好，就可能蓬勃发展。在这种背景下，企业未来的人力资源需求就会相应扩大，所以这种外部因素的影响是间接的，是通过组织的发展起作用的。

在诸多内部因素中，最重要的就是组织的整体规划和发展目标。如果组织在未来要扩大规模，就会导致招聘员工数量增加，而在外部环境不稳定和经营困难的时期，企业的业务规模收缩，就要减少职工人数。当然，雇员的调整和很多因素有关，如劳动生产率的提高、成本的降低、组织结构的调整等都可能在提高产量或保持产量的前提下减少职工人数。

所谓人力资源的流动与周转，是指企业内部由于员工的各种离职与新进所发生的人力资源变动。人力资源流动率则为在一定时期内某种人力资源变动（离职和新进）与员工总数的比率。它是考查企业组织与员工队伍是否稳定的重要指标。

计算人力资源流动率的常用方法有以下三种。

①人力资源离职率。人力资源离职率是以某一单位时间（如以月为单位）的离职人数除以工资册上的月初月末平均人数，然后乘以 100%。用公式表示：

$$人力资源离职率=\frac{离职人数}{工资册平均人数}\times 100\%$$

离职人数包括辞职、免职、解职人数，工资册平均人数是指月初人数加月末人数后除以 2 所得人数。人力资源离职率可用来测量人力资源的稳定程度。人力资源离职率之所以常以月为单位，是因为如果以年度为单位，就要考虑季节与周期变动等因素。

②人力资源新进率。人力资源新进率是新进人数除以工资册平均人数，然后乘以 100%。用公式表示：

$$人力资源新进率=\frac{新进人数}{工资册平均人数}\times 100\%$$

③净人力资源流动率。净人力资源流动率是补充人数除以工资册平均人数。所谓补充人数是指为补充离职人员所雇用的人数。用公式表示：

$$净人力资源流动率=\frac{补充人数}{工资册平均人数}\times 100\%$$

分析净人力资源流动率时，可与人力资源离职率和人力资源新进率相比较。对于一个成长发展的企业，一般净人力资源流动率等于人力资源离职率；对于一个业务紧缩的企业，其净人力资源流动率等于人力资源新进率；而处于常态下的企业，其净人力资源流动率、人力资源新进率、人力资源离职率三者相同。

由于人力资源流动率直接影响组织的稳定和员工的工作情绪，必须加以严格控制。若人力资源流动率过大，一般表明人事不稳定，劳资关系存在较严重的问题，而且导致企业生产效率低，以及增加企业挑选、培训新进人员的成本；若人力资源流动率过小，又不利于企业的新陈代谢，以及保持企业的活力。但一般蓝领员工的人力资源流动率可以大一些，白领员工的人力资源流动率要小一些为好。

（3）人力资源需求预测的方法。

①现状规划法。现状规划法是一种最简单的预测方法，较易操作。它假定企业保持原有的生产规模和生产技术不变，企业的人力资源也处于相对稳定的状态，即企业目前各种人员的配备比例和人员的总数完全适应预测规划期内人力资源的需要。在此预测方法中，人力资源规划人员所要做的工作是测算出在规划期内哪些岗位上的人员将被晋升、降职、退休或调出本组织，再准备调动人员去弥补即可。一般组织内管理人员的连续性

替补都采用这种方法。现状规划法是假定组织各岗位上需要的人员都为原来的人数，它要求组织较稳定、技术不变、规模也不变。这一前提条件很难长期成立，因此适用于短期人力资源需求预测，长期的预测效果较差，但能为长期预测提供一个简单易行的思路。

②经验预测法。经验预测法是利用现有的情报和资料，根据有关人员的经验，结合本组织的特点对组织人力资源需求加以预测。经验预测法可以采用自下而上和自上而下两种方式。自下而上就是由直线部门的经理向自己的上级主管提出用人要求和建议，征得上级主管的同意；自上而下就是由企业经理先拟定企业总体的用人目标和建议，然后由各级部门自行确定用人计划。如果能将两种方法结合使用效果更好：先由企业提出人力资源需求的指导性建议，再由各部门按指导性建议的要求，会同人力资源管理部门、生产部门等确定具体人力资源需求；同时，由人力资源管理部门汇总确定企业总的人力资源需求，最后将形成的人力资源需求预测交由总经理审批。

此方法是根据以往的经验，对人力资源进行预测规划，预测的效果受经验影响较大。因此，保留组织的历史档案并采用多人集合的经验，可减小误差。这种方法比较简单，适用于技术较稳定的企业的中短期人力资源预测规划。

③德尔菲法。德尔菲法是发现专家对影响组织发展的某一问题的一致意见的程序化方法。这里的专家可以是基层的管理人员，也可以是高层经理；可以来自组织内部，也可以来自组织外部。总之，专家应该是对所研究的问题有发言权的人员。德尔菲法是 20 世纪 40 年代在兰德公司的思想库中发展起来的。这种方法的目标是通过综合专家各自的意见来预测某一领域的发展状况，适用于对人力资源需求的长期趋势预测。

德尔菲法分为背对背和面对面两种方式。背对背方式可以避免某一权威专家对其他专家的影响，使每位专家独立发表看法；面对面方式可以使专家相互启发。

德尔菲法的操作方法是：在企业中广泛地选择各方面的专家，每位专家都拥有关于人力资源预测的知识或专长。这些专家可以是管理人员，也可以是普通员工。

听取专家对未来发展的分析意见和应采取的措施，并且通过多次反复达到在重大问题上有较为一致的看法。通常经过 4 轮咨询，专家的意见可以达成一致，专家的人数以 10~15 人为宜。

在运用德尔菲法进行人力资源需求预测时，为提高预测结果的准确性，组织必须遵循以下基本原则。

第一，提供充分且完备的信息，包括已经收集的历史资料和有关的分析结果，使预测者能够做出准确的判断。

第二，所提出的问题尽可能简单，以保证所有专家能够从相同角度理解相关概念。

第三，所提出的问题应该是专家能够答复的，或其专业特长之内的问题。

第四，问题的回答不需要太精确。预测者可以粗略估计数据，但要说明数据的可靠程度。

第五，尽可能简化过程，不问与预测无关的问题。

第六，保证所有专家能够从同一角度去理解员工分类和其他有关定义。

第七，向专家讲明预测对组织和下属单位的意义，以争取他们对德尔菲法的支持。

④转换比率分析法。转换比率分析法是一种把企业的业务量转换为人力资源需求的方法。这种方法是首先计算出组织关键岗位所需的员工数量，然后根据这个数量计算出辅助人员的数量，最后汇总出企业的人力资源总需求。

由于：

经济收益=人力资源数量×人均生产效率

得出：

销售收入=销售人员数量×人均销售额

我们可以计算出销售收入和销售人员数量的比例就是人均销售额，这个比例是固定的，然后根据这个比例确定未来的销售收入下销售人员的需求量，再根据销售人员和文秘人员、财务人员的比例，确定出所需文秘人员的数量、财务人员的数量。

以上分析方法没有考虑在这个阶段的劳动生产率，如果考虑劳动生产率的变化对员工需求量的影响，还有一个公式：

$$\text{规划期末所需的员工数量}=\frac{\text{规划期末的业务量}}{\text{目前人均业务量}}\times（1+\text{劳动生产率增长率}）$$

⑤模型推断法。数学模型在预测中有着十分重要的作用和价值。模型可根据影响因变量的因素的多少，分为单因素模型和多因素模型。影响企业未来人力资源需求的因素很多，为了预测的准确性，可以建立多因素模型。但多因素模型的建立比较复杂，并且需要长期和全面的数据资料。这里以产出水平为自变量的单因素模型为例介绍这种方法。

固定其他因素，企业人力资源需求与企业的产出水平成正比关系：

$$M_t = M_0 \times Y_t/Y_0$$

其中：

M_t：要预测的未来 t 时刻的人员需求量；

Y_t：未来 t 时刻的产出水平；

M_0：目前的人员实际需求量，它是在目前实际使用人员数量的基础上，根据现有人员使用的合理性进行调整而得出的数字；

Y_0：目前的产出水平。

企业未来的人力资源需求不只取决于产出水平，还要受到劳动率水平变化的影响。如果考虑到劳动率水平的变化，上述模型就可演变为：

$$M_t = M_0 \times \left(\frac{Y_t}{Y_0}\right) + (M_0 - M_{-1})/(Y_0 - Y_{-1}) \times (Y_t - Y_0)$$

其中：

M_{-1}：前期的人员需求量；

Y_{-1}：前期的产出水平。

⑥劳动定额类预测方法。劳动定额类预测方法是指根据生产任务和工人的劳动效率及出勤率等因素来计算定员人数的方法。实际上就是根据工作量和劳动定额来计算人员数量的方法。因此，凡是实行劳动定额的人员，特别是以手工操作为主的工种的定员，都适合用这种方法来计算：

$$定员人数=\frac{计划期生产任务总量}{工人劳动效率\times出勤率}$$

例如，某企业每人每年需要生产某零件 4 651 200 只，每个车工的产量定额为 16 只，年平均出勤率为 95%，求车工定员人数。计算如下：

$$定员人数=\frac{4\ 651\ 200}{16\times(365-2\times52-10)\times0.95}=1\ 219\left(人\right)$$

由于劳动定额的基本形式有产量定额和时间定额两种。上例是产量定额，如果采用时间定额，其计算公式如下：

$$定员人数=\frac{生产任务\times时间定额}{工作时间\times出勤率}$$

⑦设备定员类预测方法。设备定员类预测方法是指根据工作量确定机器设备的数量，再根据设备数量、设备利用率、开动班次及工人看管定额和出勤率来确定定员人数的方法。这种定员方法属于按效率定员的一种特殊表现形式。它主要适用于以机械操作为主、使用同类型设备、采用多机床看管的工种。设备的开动台数和班次，应根据劳动定额和设备利用率来核算单台设备的生产能力，再根据生产任务来计算开动台数和班次。

其计算公式如下：

$$M_2=\frac{\sum(n\cdot m\cdot s)}{K}$$

其中：

M_2——设备定员人数；

n——同类型设备开动台数；

m——单机定员标准；

s——该型设备平均开动班次；

K——出勤率。

⑧趋势预测法。趋势预测法是比较简单的方法，预测者必须拥有过去一段时间的历史数据资料，然后用最小平方法求得数据生成趋势线，将趋势线延长，就可预测未来的数值。

趋势预测法以时间或产量等单个因素作为自变量，人力资源数量为因变量，并且假设过去人力资源数量的增减趋势保持不变，一切内外影响因素保持不变。

例如，已知某公司过去 12 年的人力资源数量，如表 4-11 所示。

表 4-11　某公司过去 12 年的人力资源数量

年度	1	2	3	4	5	6	7	8	9	10	11	12
人数	510	480	490	540	570	600	640	720	770	820	840	930

利用最小平方法，求直线方程：

$$y = \mathrm{a} + \mathrm{b}x$$

其中：

$$\mathrm{a} = \overline{y} - \mathrm{b}\frac{\sum_{i=1}^{n} x_i}{n}$$

$$\mathrm{b} = \frac{\sum_{i=1}^{n}(x_i - \overline{x})(y_i - \overline{y})}{\sum_{i=1}^{n}(x_i - \overline{x})^2}$$

$$\overline{y} = \frac{\sum_{i=1}^{n} y_i}{n} \qquad \overline{x} = \frac{\sum_{i=1}^{n} x_i}{n}$$

得

$$\mathrm{a} = 390.7 \quad \mathrm{b}=41.3$$

$$y = 390.7 + 41.3x$$

则可预测第三年的人力资源数量为

$$y = 432.1 + 41.3 \times 15 = 1\,010\text{（人）}$$

2. 供给预测

人力资源需求预测分析的是组织内部对于人力资源的需求，而供给预测是指对在未来某一特定时期内能够提供给组织的人力资源的数量、质量及结构进行估计。一般来说，人力资源的供给包括内部供给和外部供给两个来源。内部供给是指内部劳动力市场提供的人力资源；外部供给则是指外部劳动力市场提供的人力资源。内部供给预测要考虑组织内部的有关条件，如人员年龄阶段分布，人员晋升、降职、离职、退休和新进员工的情况，核查员工填充预计的岗位空缺的能力，进而确定每个空缺职位的接替人选。外部供给预测是根据组织业务变化和人员自然减员情况，预测外部劳动力市场上组织所需要的劳动力的供给情况。它要求对劳动力市场的供求状况有一定的了解和预测，制订周密的招聘方案，以便在人才市场竞争中占据主动地位，确保组织在发展过程中能从外部劳动力市场上获取可靠的人力资源。

（1）人力资源供给分析。由于人力资源供给来源于组织内部和外部，因此对供给的分析也要从这两方面入手。相比内部供给来说，组织对外部供给的可控性比较差，因此，人力资源供给的预测大多数情况下主要侧重于内部供给。

①外部供给的分析。外部供给在大多数情况下并不能被组织直接掌握和控制，因此外部供给的分析主要是对影响供给的因素进行判断，从而对外部供给的有效性和变化趋势做出预测。

一般来说，影响人力资源外部供给的因素主要包括以下几点。

第一，组织所在地的人力资源现状。这包括人力资源的整体情况，尤其是有效的人力资源情况。例如，组织需要哪一类人才？这类人才的市场供给情况如何？其他组织对这类人才的需求如何？

第二，组织所在地对人才的吸引程度。例如，组织所在地的居住环境如何？组织所在地的地域文化怎么样？在组织所在地工作是否具有安全感？组织所在地是否对各类人才具有包容性？

第三，组织自身的吸引力。这包括组织薪酬对人才的吸引力怎么样？组织能够提供的各种福利对人才的吸引力如何？员工在组织中的工作发展前景如何？组织目标是否与员工个人发展目标一致？

第四，预期经济增长。这里最主要的是组织所在行业的经济增长情况，如果预计行业经济增长率将提高，那么其他相关组织对相关人力资源的需求会增加，组织的相关人力资源供给就会减少。

第五，全国范围的职业市场状况。这包括该行业全国范围内的人才需求状况；国家关于该类职业在就业方面的法规和政策；全国范围内该职业从业人员的薪酬水平和差异；全国相关专业的大学生毕业人数及就业情况等。

②内部供给的分析。人力资源的内部供给来自组织内部，因此组织在预测期内所拥有的人力资源就形成了内部供给的全部来源。内部供给的分析主要是对现有人力资源的存量及其在未来的变化情况做出判断。

第一，现有人力资源的分析。人力资源自身的自然变化，比如退休、生育等会影响未来的供给，因此在预测未来人力资源供给时，需要对现有的人力资源状况做出分析。一般来说，现有人力资源的分析主要是对年龄结构做出分析，因为人力资源自身的变化大多与年龄有关；此外，对员工的性别、身体状况等也要进行分析。

第二，人员流动分析。人员的流动主要包括两种：一是人员流出。流出人员的数量就是内部人力资源供给减少的数量。造成人员流出的原因有很多，如辞职、辞退等。二是人员在组织内部流动。虽然这种流动对于整体组织来说并不影响人力资源的供给，但是对内部的供给结构造成了影响。在分析组织内部的人员流动时，不仅要分析实际发生的流动，还要分析可能的流动，也就是说要分析现有人员在组织内部调换职位的可能性，以便预测出潜在的内部供给。例如，对于某一职位，在第三年有 15 名员工可以从事该职位，那么对于这一职位来说就有 15 人的内部供给。

跟踪人员流动方向的一种简单方法就是识别员工晋升模型中员工各个职位之间的多向流动，员工的流入、流出或职责的转换。

第三，人员质量分析。人员质量的变化会影响组织内部的供给，此变化主要表现为生产效率的变化。当其他条件不变时，生产效率提高，内部的人力资源供给相应就增加；相反，内部的供给就减少。影响人员质量的因素有很多，如工资的增加、技能的培训等。除了要对显性的人员质量进行分析，还要对隐性的人员质量进行分析。如加班，因为加班使得每个人完成的工作量增多了，同样增加了内部的供给。

（2）人力资源供给预测的步骤。组织人力资源供给预测是一个比较复杂的过程，它的步骤呈现出多样化的特征。一般情况下，组织的人力资源供给预测可采取如下步骤。

①对现有人力资源进行盘点，了解员工状况。

②分析组织的职位调整政策和员工调整历史数据，统计出员工调整的比例。

③向各部门的人事决策者了解可能出现的人员调整情况。

④将步骤②和步骤③的情况汇总，得出组织内部人力资源供给预测。

⑤分析影响外部人力资源供给的地域性因素。

⑥分析影响外部人力资源供给的全国性因素。

⑦根据步骤⑤和步骤⑥的分析，得出组织外部人力资源供给预测。

⑧将组织内部人力资源供给预测和组织外部人力资源供给预测汇总，得出组织人力资源供给预测。

（3）人力资源供给预测的方法。人力资源供给预测的方法主要是针对内部供给预测而言的，预测的方法有很多，这里主要介绍几种常用的方法。

①技能清单法。技能清单是用来反映员工工作技能特征的一张清单，其内容包括教育背景、工作经历、培训背景、持有的证书、主管人员的评价等。技能清单是对员工综合素质的一种反映，有助于决策者和人力资源管理人员对组织现有的人力资源状况进行总体把握，估计现有员工调换工作岗位的可能性大小，决定有哪些员工可以填补以前的空缺，从而使组织的人力资源得到更为合理有效的配置。从某种意义上讲，技能清单是员工的工作能力记录，其中包括基层操作员工的技能、研发人员的科研水平和中高层管理人员管理能力的种类及所达到的水平。

技能清单可以为以下工作提供参考：晋升人选的确定、管理人员继续培养计划、特殊工作安排、培训、职业生涯规划、工资奖励计划与组织结构分析。对于人员流动频繁或经常组建临时性项目小组的组织来说，其技能清单中要包括所有员工；而对于那些组织人员流动频率不高的组织来说，主要使用技能清单来制订管理人员继续培养计划，其技能清单可以只包括管理人员。人员技能清单示例如表 4-12 所示。

表 4-12　人员技能清单示例

<table>
<tr><td colspan="2">姓名：</td><td>职位：</td><td colspan="2">部门：</td></tr>
<tr><td colspan="2">出生年月：</td><td>婚姻状况：</td><td colspan="2">到岗日期：</td></tr>
<tr><td rowspan="3">教育背景</td><td>类别</td><td>学校</td><td>毕业时间</td><td>主修科目</td></tr>
<tr><td>大学本科</td><td></td><td></td><td></td></tr>
<tr><td>研究生</td><td></td><td></td><td></td></tr>
</table>

续表

<table>
<tr><td rowspan="2">技能</td><td>技能类型</td><td colspan="2">培训时间</td></tr>
<tr><td></td><td colspan="2"></td></tr>
<tr><td rowspan="4">志向</td><td>是否愿意从事其他类型的工作</td><td>是</td><td>否</td></tr>
<tr><td>是否愿意到其他部门工作</td><td>是</td><td>否</td></tr>
<tr><td>是否愿意接受工作轮换</td><td>是</td><td>否</td></tr>
<tr><td>喜欢从事哪种工作</td><td colspan="2"></td></tr>
<tr><td rowspan="2">你认为自己需要接受何种训练</td><td colspan="3">改善目前技能和绩效的训练</td></tr>
<tr><td colspan="3">晋升所需的经验和技能训练</td></tr>
<tr><td>你认为自己可以胜任何种工作</td><td colspan="3"></td></tr>
</table>

②人员核查法。人员核查法是对组织现有人力资源的质量、数量、结构和在各职位上的分布状态进行核查，以掌握企业拥有的人力资源具体情况及其潜力，并且在此基础上评价当前不同种类员工的供应状况，确定晋升和岗位轮换的人选，以及特定的培训或发展项目的需求，帮助员工确定职业开发计划与职业生涯规划。

它的典型步骤如下。

第一，对组织的工作职位进行分类，划分其级别；

第二，确定每个职位每一级别的人数。

表 4-13 为企业供求状况分析表。

表 4-13　企业供求状况分析表

项　目		管理类	经济类	工程技术类	一般执行类
1	现有数	12	8	8	3
2	需求数	11	9	12	4
3	差异数	1	–1	–4	–1

在表 4-13 中，管理类人员现有 12 人，需求数为 11 人，差异数为 1 人，即该岗位在规划期内应该调剂出 1 人；而工程技术类要补充 4 人。人员核查法只是一种静态的人力资源供给预测方法，不能反映组织中人力资源动态的、未来的变化，所以只适用于中小型组织短期内人力资源的供给预测，存在很大的局限性。

③岗位接替模型。组织在人力资源管理中为了对一些岗位出现的空缺及时予以补充，或者有意识地为不同的岗位准备接替人员，常常需要对一些重要的岗位设计岗位接替模型。岗位接替模型显示的是每个不同岗位的接替状况，记录了每个接替人员的能力、工作经历、工作绩效和需要改进之处等内容。由此可以用来确定每个关键职位的接替人选，评价接替人员目前的工作情况及是否达到了提升的要求。

岗位接替模型主要用于确认特定职位的内部候选人，建立岗位接替模型的关键，首先是根据职位分析的信息，明确不同岗位对员工的具体要求；其次是确定一位或几位较易达到这一岗位要求的候选人，或者确定哪些员工具有潜力，经过培训后可以胜任这一工作；最后是把各岗位的候选人情况与员工的职业生涯发展规划综合起来考虑，协调好员工职业生涯发展规划与不同岗位接替之间的关系。

④马尔可夫模型。马尔可夫模型是通过全面预测组织内部人员转移从而预测组织内部人力资源供给的一种方法。它是一种比较有效和合理的方法，有利于管理者综合考虑各种影响因素，系统地规划组织内部的人员供给状况。但是它建立在这样一个前提下，即组织内部人员发生转移，而且其转移有一定的规律可循。

马尔可夫模型所考虑的人员变动主要有调入、上升、下降、平调或调出五种情况。通过计算某一时段内某项工作的人员变动比率，可以对未来该工作岗位的人员数量做出估计。举个例子，表 4-14 就是在利用马尔可夫模型预测企业 A、B、C、D 四种岗位的人员供给情况时所用的矩阵。该矩阵左侧是目前这四种岗位各有多少人，通过中间的人员变动可能性矩阵的计算，得到右侧在将来某一时刻这四种工作各需要多少人的预测结果。

表 4-14　马尔可夫分析模型

现在的雇用人数（*T*–0）（人）	变动可能性矩阵（*T*–2）						雇用人数预测（*T*+1）（人）
			A（350 人）	B	C	D	
A——300	*T*–1 时期	A	70%（245 人）	—	10%	—	300 × 70%+275 × 10%≈238
B——150		B	20%（70 人）	80%	—	—	300 × 20%+150 × 80%=180
C——275		C	—	—	6%	—	275 × 60%=165
D——360		D	—	—	10%	90%	360 × 90%+275 × 10%≈352
		离开	10%（35 人）	20%	20%	10%	离开组织的人数：300 × 10%+150 × 20%+275 × 20%+360 × 10%= 151

中间的变动可能性矩阵是从过去的某一时期（*T*–2）到过去的另一时期（*T*–1）人员变动可能性的数据。

例如，对岗位 A 来说，*T*–2 时有 350 人，到了 *T*–1 时，只有 245 人留在原岗位，70 人提升到 B，35 人离开了组织。因此，可以计算出：

岗位 A 留任率（从 A 到 A）=245÷350×100%=70%

岗位 A 提升率（从 A 到 B）=70÷350×100%=20%

岗位 A 离任率=35÷350×100%=10%

用同样的方法可以得到矩阵中其他的百分比。应当注意，这里计算的变动率只是从 T–2 到 T–1 时期的人员变动。在实际运用中，常常是分几个时期收集人员变动率数据，然后以它们的平均值作为人员变动率数值，用以预测未来的人员流动情况，这样可以使人员变动率更加准确可靠。

在得到人员变动率后，就可以分别对这四种工作在 T+1 时期的人数做出预测了。对 A 来说，T–0 时期有 300 人，留下人数为：

$$300\times70\%=210（人）$$

由 C 到 A 的人数有：

$$275\times10\%\approx28（人）$$

因此，预测 T+1 时期 A 共有：

$$210+28=238（人）$$

很明显，和目前的 300 人相比少了 62 人。经过相似的计算过程，也可以得到其他工作在 T+1 时期的预测人数。

一般来说，在信息充分的条件下，统计学方法的准确性和可靠性都要比定性方法高。随着计算机技术的飞速发展，统计学方法正在受到管理者，特别是人力资源管理专家越来越多的关注。但是，统计学方法的准确性和可靠性是以其灵活性和对信息的完全依赖为代价的。现代劳动力市场已经越来越纷繁复杂和难以预料，在这种情况下，单纯使用以历史趋势为依据的统计学方法就很可能带来偏差。所以，管理者和人力资源管理专家对形势的感觉和主观判断在人力资源预测方面的重要作用也是不容忽视的。在有些现实情况下，定性方法已经变成解决问题的不可缺少的重要协助方法。统计学方法、定性方法在优势方面具有互补性，因此，在实际的人力资源预测中，这些预测方法常常是搭配使用的。

3. 企业人力资源整体规划与招聘规划的制订

企业根据供求平衡后的数据从人力资源总量和质量上制订本公司的整体人力资源规划，然后依据各部门相应的供求平衡数据制订各项具体的业务规划（见表 4-15），包括人员补充规划、培训开发规划、人员分配规划、人员晋升规划、工资激励规划、劳资关系规划和退休解聘规划等内容，根据这些内容中显示的信息制订具体的招聘规划，主要需要体现出招聘的总量，即从企业内部、外部渠道招聘的人员的数量。

表 4-15　人力资源规划项目与内容

规划项目	具体内容
总体规划	• 建立人力资源信息系统 • 预测人力资源供求状况 • 采取措施平衡供求
人员补充规划	• 明确需补充人员的数量、类型、层次 • 拟定人员任职资格 • 选择招募地区、形式、甄选方式
培训开发规划	• 拟重点培训项目 • 培训时的对象、教师、方式、效果及与工资、奖励、晋升的关系
人员分配规划	• 规划部门编制 • 拟定职位人员任职资格，做到人适其位 • 职位轮换时间、范围及人选
人员晋升规划	• 建立后备人员梯队 • 规划员工职业发展方向 • 确定晋升比例、标准
工资奖励规划	• 进行薪资调查 • 进行内部工作评价 • 拟定工资制度和奖励制度 • 进行绩效考核
劳资关系规划	• 提高员工满意度 • 增进沟通 • 实现全员参与管理 • 建立合理化建议的制度
退休解聘规划	• 退休政策 • 解聘程序 • 制定退休、解聘规定 • 拟定退休、解聘人选

4. 招聘与录用各环节人数规划——金字塔

企业招聘与录用各环节人数的比例安排可以结合本企业的实际情况，参考第 1 章中的图 1-2 进行适当的调整，调整后的招聘与录用比例，如图 4-5 所示。

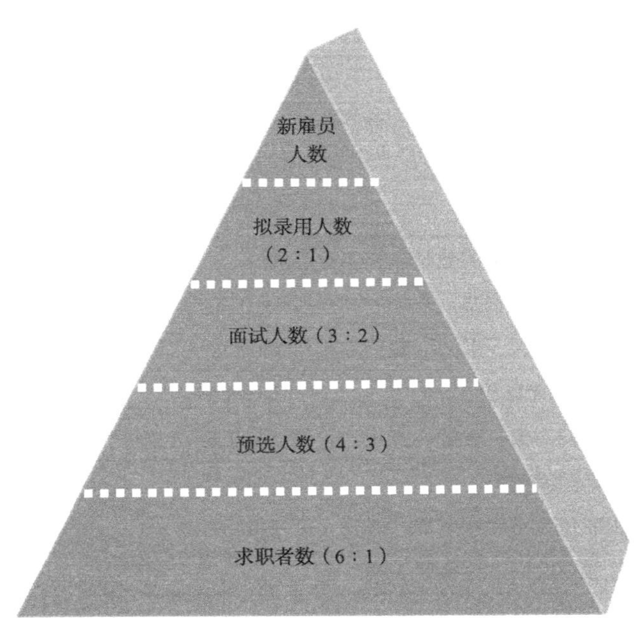

图 4-5 调整后的招聘与录用比例

4.3 招聘对象分析

4.3.1 胜任素质

1. 胜任素质的概念

胜任素质（competency）概念的产生可以追溯到 20 世纪 50 年代弗拉纳根的研究，弗拉纳根在他的文章中提出了关键事件技术（Critical Incident Technique，CIT）。虽然当时没有提出胜任素质的概念，但他确立了一种新的考查个体行为的方法，这种方法与传统人员测评中依赖智力测验和能力倾向测验的思路差异很大。后来在关键事件技术的基础上，一些研究者将其发展成为建立工作胜任素质模型的一种途径。

胜任素质的概念在学术与管理领域引起了广泛的关注。美国哈佛大学教授麦克利兰博士是国际公认的胜任素质方法的创始人，1973 年他发表了论文《测量胜任素质而非智力》。该文从挑战传统的智力概念和人们对它的理解出发提出了胜任素质的概念，试图找出导致绩效优异者和绩效平平者之间差异的最显著特征。在该论文发表之后，胜任素质问题引起了人力资源和组织行为学领域许多学者的关注。

麦克利兰认为，胜任素质是驱动员工产生优秀工作绩效的各种个性特征的集合，它反映的是可以通过不同方式表现出来的员工的知识、技能、个性与内驱力等。胜任素质是判断一个人能否胜任某项工作的起点，是决定并区别绩效差异的个人特征。一个人的胜任素质就好比一座冰山，技能和知识只是水面上的冰山一角，其自我认知、动机、个人品质及价值观等都潜藏在水面以下，很难判断和识别。

水面以下的冰山部分就是通常所指的人的潜能，从上到下的深度不同则表示被挖掘与感知的难易程度不同。相对于知识、技能而言，胜任素质要素中的潜能部分较难评价和培养，花费的成本也比较高，而且往往收效不佳。潜能的形成与人的大脑有密切的关系。大脑的内在结构在经历了先天的塑造与后天的培养之后，到了一定年龄将不易改变。因此，一个人潜在的动机、个性、自我形象与价值观、社会角色、态度等，在一定程度上也是持久不变且与众不同的。

2．胜任素质的构成要素

（1）动机。动机是推动个人为达到一定目标而采取行动的内驱力。动机会推动并指导个人行为方式的选择朝着有利于目标实现的方向前进，并且防止偏离。麦克利兰称：“动机是一种对目标状态或情形的关注，它表现为一种重复发生的幻想，从而持续驱动、引导着人的行为。”

例如，具有成就动机的人常常为自己设定一些具有挑战性的目标，并且尽最大的努力去实现它，同时积极听取反馈以便做得更好。

（2）个性。个性表现出来的是一个人对外部环境与各种信息等的反应方式、倾向与特性。个性与动机可以预测一个人在长期无人监督情况下的工作状态。

例如，反应敏锐与灵活性是对一个飞行员的基本个性要求。

（3）自我形象与价值观。自我形象是个人自我认知的结果，它是指个人对其自身的看法与评价。一个人对自我的评价，主要来自将自身与他人的比较，而比较的标准即其所持有的价值观。因此，这种自我形象不仅仅是一种自我观念，也是在个人价值观范畴内对这种自我观念的解释与评价。这种价值观既受到个人过去与现在观念的影响，也与其所处的生活、工作环境中他人的观念存在关联。自我形象作为动机的反映，可以预测短期内有监督的条件下一个人的行为方式。

例如，自信就是一个人坚信在任何情况下自己都可有效应付各种事情，它是个人对自我形象认知的一部分。

（4）社会角色。社会角色是个人对于其所属的社会群体或组织接受并认为是恰当的一套行为准则的认识。个人所承担的角色既代表了他对自身所具备特征的认识，也包含了他对他人期望的认识，这种角色是建立在个人动机、个性、自我形象与价值观的基础上的，表现为一种个人一贯的行为方式与风格，即使个人所属的社会群体或组织发生变化也不会有所改变。

例如，令客户满意是任何一名推销员必须坚持并遵循的行为准则，而推销员是个人的社会角色之一。

（5）态度。态度是一个人的自我形象与价值观及社会角色综合作用外化的结果，它会根据环境的变化而变化。在某种情况下，一个人可能表现得很积极，但是在另一种情况下，此人又有可能变得很懒散。事实上，这种态度的变化本质上是个人动机、个性等相对持久稳定的因素与外部环境相互作用的结果。当作用力一致时，态度对于达成预定目标就是有利的；反之，则是不利的。

例如，尊敬师长是对学生态度的基本要求。

总之，一个人决定要采取何种行动通常是动机、个性、自我形象与价值观、社会角色及态度之间相互调节的结果。换言之，自我形象与价值观、社会角色会根据动机与个性来判断与识别什么才是恰当的行为，从而帮助一个人采取相应的行动。如此一来，自我形象与社会角色事实上充当了动机、个性，乃至知识、技能等与外部环境之间相互作用与影响的媒介与桥梁。

（6）知识。知识是指一个人在某一个特定领域所拥有的事实型与经验型信息。

例如，操作工必须了解机器设备的运转知识与操作规程及停机维修保养的时间与周期，这是对他的基本知识要求。

（7）技能。技能是指一个人结构化地运用知识完成某项具体工作的能力，即对某一个特定领域所需技术与知识的掌握情况。考试分数之所以常常与工作的绩效表现相去甚远，正是因为分数并不能衡量知识、技能在实际工作中的应用效果。显而易见的是，许多考试测试的是死记硬背的知识，而实际上真正重要的是一个人寻找知识、信息的能力。也就是说，知道某些事实存在及它与特定事物有联系，并且在需要的时候能够找到它，这种能力比纯粹记忆事实要重要得多。另外，技能的运用一定要产生某个可测量的结果，这与胜任力本身的概念也是一致的。

例如，操作工能够在遵循操作规程的前提下提高单位劳动生产率，这是对他的基本技能要求。

3. 胜任素质的特点

（1）指向性。一个企业可以利用胜任素质模型来识别其领导团队的行为是否可以带领整个团队达到预期的发展目标。

（2）可衡量性。胜任素质对于预定目标的影响是可以衡量的，企业可以利用胜任素质的可衡量性来评价其领导者和员工目前在胜任素质方面的差距及未来需要改进的方向和程度。

（3）可获得性。胜任素质可以通过学习来获得并发展。企业在确定其胜任素质模型后，可以通过培训等手段促使员工有目的地学习，以尽早达到企业的实际要求。

（4）内在区别性。胜任素质因企业的不同而不同，即使两个企业有极大的相似性（如财务结果、员工成长、客户发展结果），它们获得这些结果的方法也完全依赖于企业战略决定的胜任素质和水平。

（5）发展性。胜任素质水平并非是一成不变的。随着企业发展到不同阶段，企业管理水平和人员素质不断变化，企业素质模型中每个胜任素质的水平和要求都在发生变化。

4．胜任素质模型

胜任素质模型是指为完成某项工作、达成某一绩效目标所要求的一系列不同素质的组合，包括不同的动机表现、个性与品质要求、自我形象与社会角色及知识与技能水平。

（1）胜任力冰山模型。该模型是由美国学者莱尔 · M.斯潘塞博士提出的，他认为胜任力的布局是一个冰山模型，如图 4-6 所示，由“表象的”和“潜在的”两部分构成，其中在“表象的”行为、知识与技能相对容易观察与评价，而“潜在的”其他特征，如价值观、态度、自我形象、个性等是看不到的，必须由具体的行动才能推测出来。

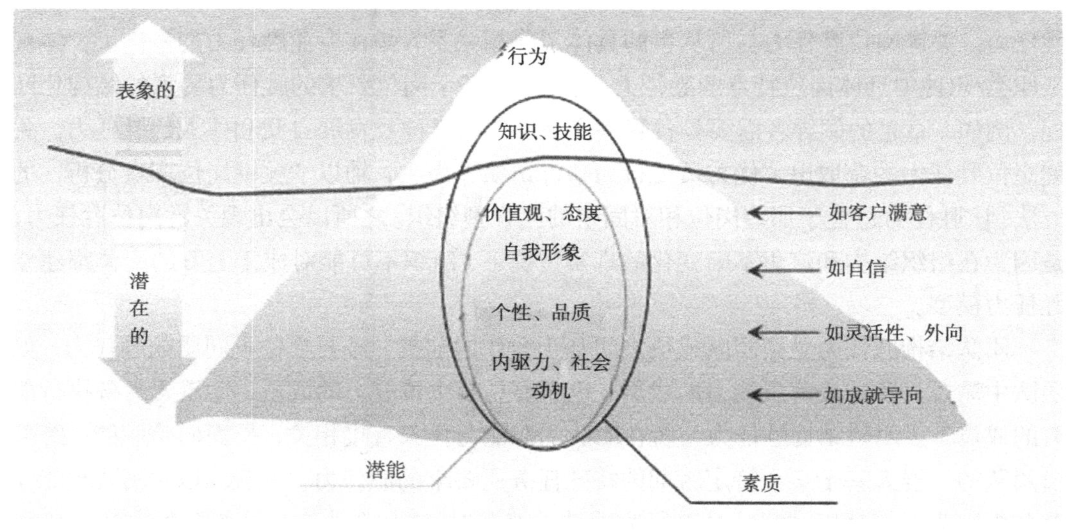

图 4-6　冰山模型

在实际应用过程中，该模型得到了不断优化与完善，公司针对组织的运作流程，可以将胜任力模型中的各个要素进行细化。例如，将胜任力分层细化成为全员核心胜任力、专业胜任力、关键岗位胜任力和团队结构胜任力（见表 4-16）。

表 4-16　分层级的胜任力模型结构

全员核心胜任力	专业胜任力			关键岗位胜任力	团队结构胜任力
敬业精神、团队合作、诚实守信、积极主动、沟通协调	销售人员专业胜任力：服务意识、客户导向、市场洞察力、关系管理	财务人员专业胜任力：数字敏感、诚实严谨、分析决断力	人力资源管理人员专业胜任力：人际洞察力、组织敏感度	高层管理人员胜任力：管理变革、创新精神、发展自我和他人 中层/基层管理人员胜任力：计划能力、执行能力、培养下属的能力	决策能力、计划能力、执行能力、冲突解决能力

全员核心胜任力，主要基于组织的战略和文化，组织要达成战略需要全体成员具备的核心胜任力。一般情况下，全员核心胜任力是与公司所在行业、核心价值观直接联系

的能力。全员核心胜任力的提取方法通常以“战略与企业文化演绎”为主，辅以“关键职能与核心流程分析”“优秀员工行为事件访谈”的方法获得。

专业胜任力是指从事某一个专业，除了具备全员核心胜任力，还要具备从事专业工作所需的专业胜任力。专业胜任力是与所从事的工作领域直接联系的，是面向职类/职种的、针对一类人职业发展的要求所提炼的素质。例如，销售人员应该具备市场洞察力、关系管理等专业胜任力。专业胜任力的获取以“关键职能与核心流程分析”为主，辅以“优秀员工行为事件访谈”“战略与企业文化演绎”的方法。

关键岗位胜任力是指在对于达成组织战略具有关键作用的岗位的任职者所具备的胜任力。关键岗位胜任力与所从事的具体工作相联系，是在专业胜任力的基础上，体现某职类/职种中具体岗位特点的胜任力，更多强调基于岗位要求的胜任力要素的结构化匹配。例如，卓越的领导者需要具备管理变革、创新精神及发展自我和他人的胜任力。关键岗位胜任力的获取以“优秀员工行为事件访谈”为主，辅以“关键岗位职责分析”的方法。该胜任力适合于那些岗位相对固定的流程型组织。之所以会出现关键岗位胜任力，是因为在组织结构和流程不断变化的现实情况下，组织不可能对成千上万的岗位都建立胜任力模型。

团队结构胜任力是指团队成员之间基于合作的前提，需要具备不同质的胜任力，如团队中需要具备冲突解决能力的成员，也需要具备决策能力的成员，还需要具备执行能力的成员等。团队结构胜任力与所在团队的职能与任务直接相关，是面向跨职能、跨部门团队的一群人基于某个特定时期的特殊任务所要求的胜任力，其获取以“团队职能任务分析”为主，辅以“团队员工行为事件访谈”“战略与企业文化演绎”的方法。该胜任力适合于那些岗位不固定、强调角色与团队协作及任务执行的网络型组织。例如，高科技公司、高管团队等。

经过以上介绍，我们可以清楚地知道，组织中的卓越销售管理者应具备的分层级的胜任力模型=全员核心胜任力+销售人员专业胜任力+管理人员胜任力+团队结构胜任力。

（2）胜任力洋葱模型。如图 4-7 所示的洋葱模型展现了胜任力构成的几个核心要素，与胜任力冰山模型相似的是，胜任力洋葱模型由内至外说明了胜任力的各个构成要素逐渐可被观察、测量的特点。

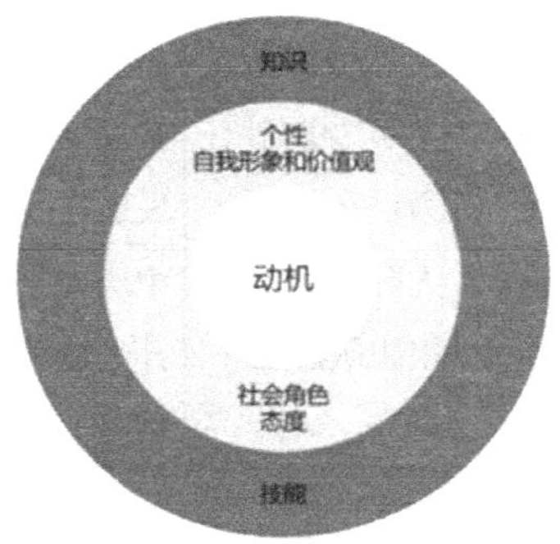

图 4-7　洋葱模型

4.3.2　职业分析

1．职业分析

（1）职业的概念与内涵。所谓职业，是指人们从事的相对稳定的、有收入的、专门类别的工作。“职业”一词中，“职”的含义是职责、权利和工作的位置，“业”的含义是事情、技术和工作本身。职业是对人们的生活方式、经济状况、文化水平、行为模式、思想情操的综合性反映；也是一个人的权利、义务、职责，从而是一个人社会地位的一般性表征。由此，职业是人的社会角色的一个极为重要的方面。

日本劳动问题专家保谷六郎认为，职业是有劳动能力的人为了生活所得而发挥个人能力，为社会做贡献的连续活动。职业具有五个特性：其一，经济性，即从中取得收入；其二，技术性，即某种职业的独特的技术含量，可以发挥个人才能与专长；其三，社会性，即承担社会的生产任务（社会分工），履行公民义务；其四，伦理性，即符合社会需要，为社会提供有用的服务；其五，连续性，即所从事的劳动是相对稳定、非中断性的。

职业作为一种社会现象，是从业者的“资源”，即从业者在职业中可以获得权利和声望。

现代管理学的发展趋势是，越来越讲求组织运行中的社会层次和文化内容，这使得组织中“人”的地位逐步回归。在现代管理活动中，组织也日益注重员工个人的职业问题，而不仅仅是从“组织分工”的单一角度出发进行人力资源的开发与管理。最具有现代理念的组织甚至是从员工的个人意愿和生涯规划出发进行人力资源的开发与管理的。

（2）职业的意义。职业是一种重要的社会现象，对于个人和用人单位双方都有着重要的意义。

①职业是关系个人前途的大事。从个人的角度看，职业是个人的生存方式，是其生活的物质基础；职业也是个人从事社会活动的主要领域。在适宜的条件下，职业及其活动内容可能成为个人奋斗的目标与为之奉献的事业。

解决好求职、谋业、适应、发展、晋升、调动等问题，使人能够在自己所热爱的岗位和热衷的领域工作，是每个人都关心的大事。

②职业是关系用人单位绩效的大事。从用人单位的角度看，职业是各单位吸收社会人力资源的具体岗位，也是用人单位使用人力资源的具体方式。

就国民经济运行中的典型组织——企业来说，配置选择合格的员工，是完成经营目标的重要保障；选拔出色的技术人才、管理人才，是在竞争中制胜的诀窍；用好人才，培养好人才，关心员工的个人发展以至塑造员工的职业生涯，是增加凝聚力、提高经济效益的重要手段。这些都涉及人的职业问题。事业单位和政府机关更需要大量具有较高专业技能水平的人才，这也成为人们关注的重要领域和职业竞争角逐的重要场所。因此，解决好人员的选拔任用、合理解决好组织成员的个人职业发展问题，是各个企业、事业、机关单位的重要工作内容。

2．职业生涯

（1）职业生涯的概念。“生涯”一词，在英文中为career，有人生经历、生活道路和职业、专业、事业的含义。在人的一生中，有少年、成年、老年等阶段。成年阶段无疑是最重要的时期。这一时期之所以重要，是因为它是人们从事职业生活的时期，是人生全部生活的主体。

因此，人的一生在职业方面的发展历程就是职业生涯。

人的职业生涯有着种种不同的可能：有的人从事这种职业，有的人从事那种职业；有的人一生变换多种职业，有的人一辈子委身于一个岗位；有的人不断追求事业成功，有的人穷困潦倒、无所作为；有的人以职业为荣、以职业为乐，有的人以职业为耻、以职业为苦……

麦克·法曼德指出，生涯是指一个人依据心中的长期目标所形成的一系列工作选择及相关的教育或训练活动，是有计划的职业发展历程。

美国著名职业问题专家萨帕指出，生涯是生活中各种事件的演进方向和历程，是整合人一生中的各种职业和生活角色，由此表现出个人独特的自我发展的形态；它也是人自青春期开始直至退休之后，一连串有酬或无酬职位的综合，甚至包括副业、家庭和公民的角色。

（2）职业生涯的性质。职业生涯具有以下性质。

①独特性。独特性是指每个人都有自己的职业条件，有自己的职业理想，有自己的职业选择，有为实现职业目标所做的种种努力活动。从而，每个人就会有着与他人相区别的、独特的生涯历程。

②发展性。发展性是指每个人的职业生涯都是一种发展、演进的动态过程。解决好人员职业生涯发展中的各种条件和因素，促进其顺利、健康发展，就有着重要的意义，这也是人力资源开发与管理的重要任务。

③阶段性。阶段性是指每个人的职业生涯发展过程都有着不同的阶段，可以分为不同的时期。就职业生涯各个阶段的状况，进行不同任务、不同手段的有针对性地开发与管理是至关重要的。

④终身性。人力资源职业生涯各个阶段的总和构成了其终身性。终身性是指每个人的职业生涯作为一种动态发展的历程，根据个人在不同阶段的需求而不断蜕变与成长。

⑤整合性。个人所从事的工作或职业往往会决定他的生活形态，而且职业与生活两者之间又很难区别。因此，职业生涯应具有整合性，涵盖人生整体发展的各个层面，而非仅仅局限于工作或职位。

⑥互动性。人的职业生涯都是个人与他人、个人与环境、个人与社会、个人与组织互动的结果。人的“自我”观念、人的主观能动性、个人所掌握的社会职业信息和职业决策技术，对于其职业生涯有着重要的影响。使用人力资源的用人单位，对员工的职业生涯有着即时的和长期的重大影响，应当在互动中做好人力资源开发与管理，包括从组

织化的阶段做好对员工的职业生涯规划。

4.3.3　人的职业发展历程

1. 职业选择

人与职业是相互关联的，个人进行职业选择的同时，也就是职业对于个人的选择。要较好地完成职业选择，要获得职业生涯的成功，就必须做到人职两者的相互适应和相互匹配。但是，在现实的职业选择中，尤其是在人的职业生涯发展过程的初期，个人往往面临着不知道“如何进行职业选择”的问题，即职业选择的能力较差，因而盲目地、被动地接受一个自己并不了解、并不认同的职业。这一问题在青年的“心理断乳”时期特别突出。随着人对社会了解的增加，特别是在自身也进行了一定的职业活动后，职业阅历在增长，职业技能在提高，对社会职业信息的了解在积累，因而个人的职业选择能力也在逐步提高。

2. 职业适应

（1）完成职业岗位的适应。一个人走上工作岗位从事某一职业劳动，要通过一定的试用期对自己所任职的岗位逐步熟悉，最后达到胜任的状态。

职业适应的内容，以所在工作岗位的职务说明书或职业环境为依据，要达到职务说明书所规定的各项内容的要求。这包括本职业岗位的工作技能、本职业所需要的业务知识、一定的专业背景知识和理论（自己已掌握的知识、理论及其实践化，缺乏的应给予有针对性的补充）、对组织中的各方面工作联系的了解、组织的各项管理制度的诸多方面。职业适应最基本、最突出的表现是工作技能的熟练。

要达到上述职业适应方面内容的要求，就需要通过自身的学习、模仿和工作单位的入职教育、实习安排、工作实践、“师傅”指导、上岗培训、技能训练等途径来达到。

（2）完成组织文化的适应。文化问题涉及经济社会的发展道路与模式，是当代许多学科高度关注的重大研究领域，组织文化也已成为当代管理学高度重视的问题。

一个人走上一个工作岗位，就是加入一个组织，他就要受到组织的约束和指挥，得到组织的引导和塑造。每个组织都有自己的文化，这种文化的核心是组织的价值观，具体表现为组织做事的风格、模式，也表现在人与人的关系上。

人在一个组织中从业，必然要被组织“社会化”，即被组织和组织中的成员所认同。要想达到个人的行为、需求、个性心理特征与组织文化的适应，就要对自己的行为和思想进行一定的调整和改造，以达到组织的要求和期望，被组织成员接纳。

3. 心理契约的建立

所谓心理契约，是指员工个人与用人单位对双方彼此权利与义务的一种主观认同和承诺。作为组织员工的个人会认为，如果企业承诺将对自己的贡献给予某种形式的回报，那么只要自己为企业做出贡献，企业就有义务兑现自己的承诺；而企业认为，如果企业给予员工相应的报酬和发展机会，员工也就应该为企业做出贡献。员工和企业双方在这个问题上达成了一致。虽然这种心理契约不是正式的、有形的，没有体现为文本，但它是比一般的工作合同更加重要的契约，因为这对双方来说都是自觉的。

在人力资源个体与用人组织之间形成心理契约的情况下，往往会出现员工对组织的认同，包括与组织在情感方面的认同、对组织依存的认同和对组织规范的认同。在现代高科技企业，员工大多数都是人力资本含量高的知识型员工，他们更加注重与组织的这种心理契约。

4. 职业生涯的发展

美国管理学家薛恩综合了职业发展氛围的各种因素，提出了一个职业发展圆锥形趋势的三维结构理论。薛恩指出，职业生涯道路包括纵向、横向、向心三个方向。

（1）纵向发展道路。纵向发展道路即企业内员工个人职位等级的升降。在企业中，个人的职业发展绝大多数是沿着一定的等级通道发展的，也就是员工得到一系列的提升和发展。当然，只有极少数人可能提升到企业的最高职位上，实现他们最初确定的职业目标。

以某公司营销人员的职业生涯为例，这种纵向发展道路的职位阶梯图，如图 4-8 所示。

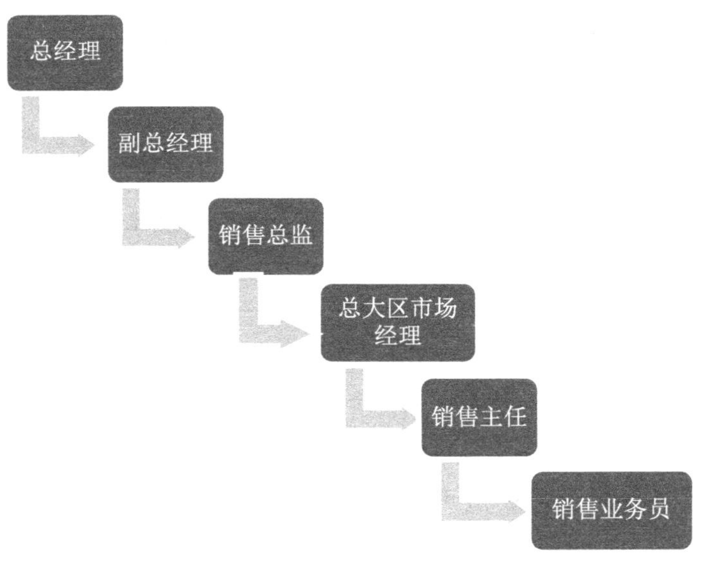

图 4-8 职位阶梯图

（2）横向发展道路。横向发展道路即企业中各平行部门和单位间个人职务的调动，如由工程技术转到采购、供应、市场销售等，这种情况也称为工作职务转换。

横向发展道路在中层管理人员中较多采用，这有助于扩大他们的专业技术知识并丰富经历，以便将来再提升到掌管全局的全面性管理行列中。

（3）向心发展道路。向心发展道路即由企业外围逐步向企业的核心方向发展。当发生核心方向的工作变动时，员工对企业情况就会了解得更多，担负的责任也会更大，并且经常有机会参加重大问题的讨论和决策。向心发展与纵向发展是相关的。那些具有专业知识、信息和特长的人，易于向企业核心方向发展。

一个人在某个特定的工作岗位上工作，是向该等级职业的核心处发展的，这是一种水平的运动。他能够进入该等级的核心，是通过承担更多的责任和获得上层人物的信任而实现的。进入了核心，就意味着职权的加强。

上述三种道路的整合构成人的职业生涯变动的三维结构。

5. 职业生涯的系留

（1）职业生涯系留点。薛恩的职业生涯系留点理论，是职业生涯发展理论中的重要内容。该理论反映人们在有了相当丰富的工作阅历以后，真正乐于从事某种职业，并且把它作为自己终身职业归宿的思想原因。或者说，某种因素把人“系”在一种职业上。在经过长期的职业实践后，人们对个人的“需要与动机”“才能”“价值观”有了真正的认识，即找到了职业方面的“自我”与适合自我的职业，这就形成人们终身所认定的、假定的再一次职业选择时最不肯舍弃的因素，即职业生涯系留点。我国学者又把这一理论称为“职业锚”理论，即人们选中了一种职业，就此“抛锚”安身。

该理论是薛恩等人对麻省理工学院的一批管理系毕业生进行了长达十几年的追踪研究，进行了大量采访、面谈和态度测量，并且根据这些资料进行研究分析得出的。研究表明，这些人在毕业时的就业动机与职业价值观，与十多年后的实际状况——心理需求、就业动机、职业价值观和与之相关的实际岗位都有一定的出入。职业价值观在十多年后有所变化的原因在于，大学毕业生对自己的认识和对外界的认识有盲目、不准确之处，在经过相当长的时间后，会受到客观实践的矫正。薛恩指出，作为“自我概念”中最重要的内容，“人对自身才能的感知”是真正有了职业经历、工作体验后，才能够正确、清楚地估测出来的。

（2）管理人才系留点。薛恩把麻省理工学院管理系毕业生的系留点划分为以下五种类别。

①技术性能力。这种人的整个职业生涯核心是追求自己擅长的技术才能和职能方面的工作能力的发挥。其价值观是愿意从事以某种特殊技能为核心的挑战性工作。这些校友最后是技术性职员、职能部门领导等。

②管理能力。这种人的整个职业生涯核心是追求某一单位中的高职位。他们沿着一个单位的权力阶梯逐步攀升，直到全面执掌权力的高位。这种管理能力体现为分析问题、与人们周旋应付和在不确定情况下做出难度大的决策。他们追求的目标职位为总裁、常务副总裁等。

③创造力。这种人的整个职业生涯核心是围绕着某种创造性努力而发展的。这种努

力的结果是他们创造了新产品、新的服务业务，或者有了新发明，或者开拓建立了自己的某项事业。在这些校友中，有的人在所奋斗的事业、创造、发明中已经成功，有的人仍然在奋斗和探索着。

④安全与稳定。这种人的整个职业生涯核心是寻求一个组织机构中安稳的职位。这种职位能长期地存在、有稳定的前途，能够使个人拥有一定的经济地位，从而充裕地供养家庭。

⑤自主性。这种人的整个职业生涯核心是寻求“自由”和自主地工作。具体来说，是能够自己安排时间，能够按照自己的意愿安排工作方式和生活方式。他们最可能离开常规性的公司或企业，但是其活动与工商企业活动及管理工作仍然保持着一定的联系，如教育、咨询、写作、经营一家店铺等。

（3）其他职业生涯系留点。薛恩的上述研究结论是对名牌大学管理系毕业生的研究，其结论的适应性有着一定的范围。鉴于社会职业的广泛性，薛恩还提出了四种不同于名牌大学管理系毕业生的社会从业人员可能具有的职业生涯系留点：其一，基本认同，其含义是在一些社会阶层较低的职业层面，一个人的头衔、制服和其他职务标志可以成为“自我”定义的基本根据，如哈佛大学的校工不说自己是校工而强调自己“在哈佛工作”的身份；其二，服务，即劳务；其三，权力欲及扩展；其四，工作的多样性。

4.4 招聘需求分析

人员招聘的原因一般有以下几种：新公司的成立；现有职位因种种原因发生空缺；调整不合理的职工队伍；组织业务量的变化使得现有人员无法满足需要；现有人力资源配置不合理等引起的人员增补需求。

组织内部员工的质量与数量及组织内外部的环境因素对招聘工作影响很大，因此，招聘需求分析阶段要特别注意两点：第一，人员招聘需求应建立在对组织内部现有员工认真分析的基础上；第二，组织内外部的环境因素也会对招聘需求产生较大的影响。因此，接下来首先分析如何在对组织内部现有员工分析的基础上确定招聘需求，其次分析招聘需求的影响因素，最后介绍提出招聘需求的具体步骤。

4.4.1 确定招聘需求

你的组织需要新员工吗？这个看似简单的问题，有时回答起来并不容易。当组织要扩大生产规模时，当组织有员工离职而其内部人员又无法填补岗位空缺时，当组织业务进行调整需要特定人才时，很显然，组织是需要新员工的。

但是，有时这种需求并不十分明显。如果组织不能及早预见潜在的人员需求，就无法保证在其需要时提供足够数量的满足要求的人员。所以，在开始招聘活动之前，首先要确定招聘需求，即明确以下几个问题。

（1）是否存在岗位空缺?

（2）存在多少岗位空缺?

（3）需要什么样的人来填补岗位空缺?

这项工作其实在人力资源规划中已被完成。人力资源规划明确了组织有多少岗位空缺，需要多少人员补充，所需人员应该具备何种知识和技能。这些岗位空缺可能是由于组织结构调整或业务变更产生的新岗位，也可能是由于组织内部人员流动而产生的岗位空缺。当部门经理或一线经理发现某些岗位空缺需要通过招聘来补充，并且填写了人员需求表时，这就意味着招聘工作的开始。在用人部门提出招聘需求以后，人力资源管理部门的招聘负责人和用人单位的上级主管首先需要对招聘需求进行分析和判断。一般，用人单位在发现人手紧张时，他们的第一反应就是“我们需要招人”！但是，我们很有必要判断一下问题是否必须通过招人来解决，即使是招人，是否一定要招聘正式员工。其实有的时候职位空缺或人手不够的情况不一定要招聘新人，可以通过以下方式解决。

（1）将其他部门的人员调配过来。一个部门人员不够，很可能另一个部门有富余的人员，而这些人员恰好可以满足那个部门的人员需求。

（2）现有人员加班。有些工作任务是阶段性的，如果招聘了正式员工进来，短暂的繁忙阶段过去了就会出现冗员，而现有人员适当加班就可以解决问题了。

（3）工作的重新设计。有时人手不够可能是由于工作的流程不合理或工作的分配不合理，如果能够对工作进行重新设计，人手不够的问题可能就会迎刃而解。

（4）将某些工作外包。有些非核心性工作任务完全可以外包给其他机构来完成，这样就可以免去招聘人员的麻烦，而且减轻了管理的负担。

如果以上方式仍然解决不了用人问题，则需要填写详细的人员需求表。人员需求表要明确记录所要招聘的职位名称、部门、何时需要、任职资格要求，以及其他需要说明的内容，为人力资源管理部门的招聘工作提供信息。人力资源管理部门根据用人部门提供的人员需求表及工作说明就可以确定所要招聘的人员应具备的资格和条件，以便发布招聘信息，组织招聘活动。人员需求表示例如表 4-17 所示。

表 4-17 人员需求表示例

某公司人员需求表	
部门： 填表人： 填表时间：	
新增加的职位：☐ 是 ☐ 否	
何时需要：	
需求原因：	
职位名称：	薪资等级：
主要工作职责：	
需求性质：☐ 永久需求 ☐ 临时需求 ☐ 合同约定（时间长度： ）	
任职资格要求：	

续表

特殊技能/培训要求：
素质要求：
年龄要求：

（资料来源：Master Human Resource Guide.2002, p.195，the globallaw firm.）

4.4.2 招聘需求的影响因素分析

1. 招聘环境分析

影响招聘需求的环境因素主要有企业内外部环境两个方面的要素，其中外部环境因素又主要包括以下三个方面。

第一，经济条件，如市场环境变化使产品服务发生变化，导致对劳动力需求的变化；

第二，劳动力市场，考察劳动力数量和素质构成；

第三，法律法规，《劳动法》和相应法律法规。

内部环境方面则主要包括企业的战略规划、财务预算、组织生命周期、组织文化和管理风格。

图 4-9 为影响招聘需求的环境因素。

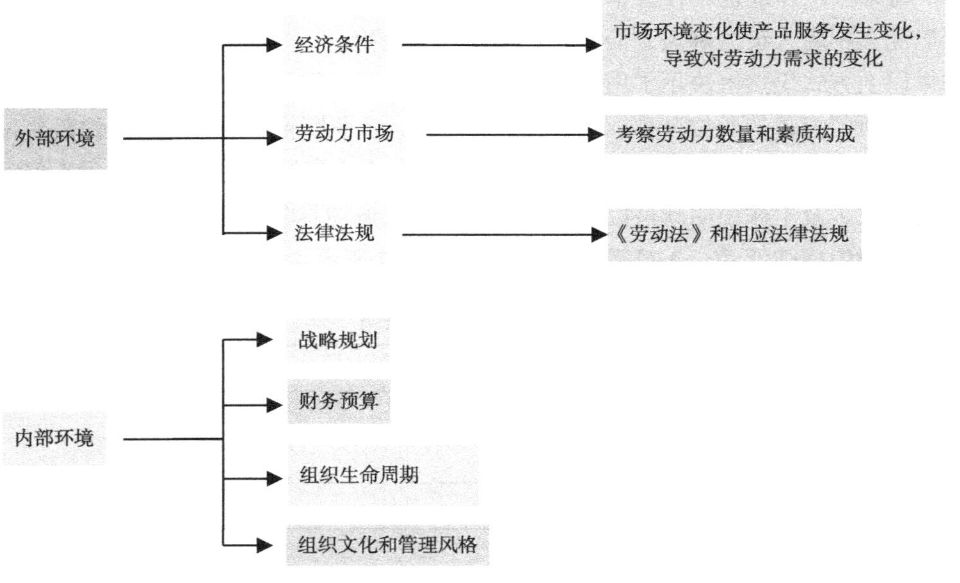

图 4-9 影响招聘需求的环境因素

2. 组织内人员配置分析

（1）人员配置的主要原理。

①要素有用原理。任何要素都是有用的，配置的目的是为所有人员找到和创造其发挥作用的条件。

②能位对应原理。人与人之间存在能力特点、能力水平的差异，应使个人的能力水平和特点与岗位要求相适应。

③互补增值原理。通过个体取长补短形成整体优势。

④动态适应原理。人与事的不适应是绝对的，适应是相对的。

⑤弹性冗余原理。既要避免工作量不饱和，也要避免过劳。

（2）人员配置分析的内容。

①人与事总量配置分析。它是指人与事的数量关系是否匹配，即多少事要多少人去做。这种数量关系不是绝对的，而是随着社会的发展而变化的。在人员短缺时，首先要考虑在单位内部调剂，其次可考虑外部补充、招聘、借调、实行任务外包等措施。

②人与事结构配置分析。它是指不同性质特点的事应由具有相应专长的人去完成，把各类人员分配在最能发挥专长的岗位上，做到人尽其才、才尽其用。

③人与事质量配置分析。它是指人与事之间的质量关系，即事的难易程度与人的能力水平的关系。人员质量配置不合理有两种情况：现有人员素质低于现任岗位的要求；现有人员素质高于现任岗位的要求。

④工作负荷合理状况分析。它体现在事的数量是否与人的承受能力相适应，使人员保持身心健康，使工作量既是压力又是动力。

⑤人员使用效果分析。它是指管理者将人员的绩效好坏与人员自身能力的强弱进行比较分析。

4.4.3　提出招聘需求的具体步骤

这一阶段的主要工作是准确地把握有关组织对各类人员的需求信息，确定人员招聘的种类和数量。具体步骤如下。

第一，由公司统一进行人力资源规划，或者由各部门根据长期或短期的实际工作需要提出人力需求。

在开始招聘之前，首先须确定要聘用什么样的人。用人部门在提出招聘计划前必须综合考虑职位及组织对求职者个人技能和个性特点的要求。不同的职位需求不同，如同样从事技术工作的开发人员和测试人员的要求就有明显的差异。

要定义一个职位及其需求，就要确定以下几点。

（1）职位基本责任和任务。回答“这个人要在该职位做些什么”。

（2）工作所要求的背景（受教育程度和工作经验）。

（3）个人特性需求。例如，这个职位需要经常与人交往吗？

（4）组织文化的突出特征。

（5）部门管理的风格（权威、高压、民主）及它对有效的工作关系的影响。

一旦了解了职位需求，就可着手撰写职位描述了。职位描述包括对工作性质、上下级汇报关系、工作时间、报酬及所需资格证明的描述。它会帮助你向潜在人选传达有关工作的信息，还能帮你发现理想人选。一般情况下，公司应设计相应的工作描述格式作为范例。

第二，由用人部门填写“人员需求表”。每家企业可因具体情况的不同制定不同的人员需求表，但应依据职务说明书制定。人员需求表可包括部门、职位、内容、人数及资格等内容。

第三，人力资源管理部门审核，对人力需求及资料进行确认，综合平衡，并且对有关费用进行估算，提出是否受理的具体建议，报送主管总经理审批。

【本章小结】

招聘与录用工作的前提主要包括工作分析、人力资源规划、招聘对象分析及确定招聘需求这几项工作。工作分析为具体的招聘提供招聘条件的依据；人力资源规划则从结构分析和供求预测方面为招聘与录用提供招聘质量、数量上的参考；招聘对象分析则重点分析求职者的职业性和职业发展历程，为甄选和录用把关；确定招聘需求则具体分析影响招聘需求的因素，帮助企业从长期发展的视角看清目前的招聘定位。

【复习思考题】

1. 工作分析的主要内容有哪些？
2. 如何编写一份好的工作说明书？
3. 人力资源规划主要包含哪些内容？
4. 人力资源供求预测的方法有哪些？你觉得它们分别在什么样的环境下适用？

【案例分析】

【案例一】A 公司职位分析

本章“引导案例”提到的 A 公司在公司内部进行了一次职位分析尝试。

首先，他们开始寻找进行职位分析的工具与技术。在阅读了国内目前流行的几本职位分析相关的书籍之后，他们从其中选取了一份职位分析问卷作为收集职位信息的工具。然后，人力资源部将问卷发放到了各个部门经理手中，同时他们还在公司的内部网页上发了一份关于开展问卷调查的通知，要求各部门配合人力资源部的问卷调查工作。

据反映，问卷在下发到各部门之后一直搁置在各部门经理手中，并没有下发给所有员工。很多部门是直到人力资源部开始催收时才把问卷发放到每个人手中的。同时，由于大家都很忙，很多人在拿到问卷之后没有时间仔细思考，草草填写完事。还有很多人在外地出差，或者有任务缠身，因自己无法填写而由同事代笔。此外，据一些较为重视这次调查的员工反映，大家都不了解这次问卷调查的意图，也不理解问卷中那些陌生的管理术语——何为职责，何为工作目的，许多人对此并不理解，很多人想就疑难问题向人力资源部进行询问，可是不知道具体该找谁。因此，在填写问卷时只能凭借个人的理解来进行，无法把握填写的规范和标准。

在一个星期之后，人力资源部收回了问卷。但他们发现，问卷填写的效果不太理想，一部分问卷填写不全，一部分问卷答非所问，还有一部分问卷根本没有收上来。辛苦调查的结果却没有发挥它应有的价值。

与此同时，人力资源部也着手选取一些职位进行访谈。但在试着谈了几个职位之后，他们发现访谈的效果并不好。因为，在人力资源部，能够对部门经理访谈的人只有人力资源部经理一人，主管和一般员工都无法与其他部门的经理进行沟通。同时，由于经理们都很忙，想要把双方的时间凑一块，实在不容易。因此，两个星期的时间只访谈了两个部门经理。

人力资源部的几位主管负责对经理级以下的人员进行访谈，但访谈的情况是出乎意料的。大部分时间都是被访谈者在发牢骚，指责公司的管理问题，抱怨自己的待遇不公等。而在谈到与职位分析相关的内容时，被访谈者又闪烁其词，顾左右而言他，似乎对人力资源部的这次访谈不太信任。在访谈结束之后，访谈人都反映对该职位的认识还是停留在模糊的阶段。这样持续了两个星期，访谈了大概 1/3 的职位。王经理认为时间不能再拖延下去了，因此决定开始进入项目的下一个阶段——撰写职位说明书。

可这时，各职位的信息收集还不完全。怎么办呢？人力资源部在无奈之中，不得不另觅他途。于是，他们通过各种途径从其他公司收集了许多职位说明书，试图以此作为参照，结合问卷和访谈收集到一些信息来撰写职位说明书。

在撰写阶段，人力资源部还成立了几个小组。每个小组专门负责起草某一部门的职位说明书，并且要求各组在两个星期内完成任务。在起草职位说明书的过程中，人力资源部的员工都颇感为难，一方面，不了解别的部门的工作，问卷和访谈提供的信息又不准确；另一方面，大家缺乏写职位说明书的经验，写起来都感觉很费劲。规定的时间快到了，很多人为了交稿不得不急急忙忙、东拼西凑了一些材料，再结合自己的判断选用，最后成稿。

职位说明书终于出台了。然后，人力资源部将成稿的职位说明书下发到了各部门，同时下发了一份文件，要求各部门按照新的职位说明书来界定工作范围，并且按照其中规定的任职条件进行人员的招聘、选拔和任用，但是这引起了其他部门的强烈反对。很多部门的管理人员甚至公开指责人力资源部，说人力资源部的职位说明书是一堆垃圾文件，完会不符合实际情况。

于是，人力资源部专门与相关部门召开了会议来推动职位说明书的应用。人力资源部经理本来想通过这次会议来说服各部门支持项目的开展，但结果恰恰相反。在会上，人力资源部遭到了各部门的一致批评。同时，人力资源部由于对其他部门不了解，对于其他部门所提的很多问题也无法进行解释和反驳。因此，会议的最终结论是，让人力资源部重新编写职位说明书。但是，经过多次重写与修改，职位说明书始终无法令人满意。最后，公司的职位分析项目不了了之。

人力资源部的员工在经历了这次失败的项目后，对职位分析彻底丧失了信心。他们开始认为，职位分析只不过是“雾里看花，水中望月”的东西，说起来挺好，实际上没有什么大用，而且认为职位分析只能针对西方国家那些管理先进的大公司，拿到中国的企业来根本就行不通。原来雄心勃勃的人力资源部经理也变得灰心丧气，但他一直对这次失败耿耿于怀，对项目失败的原因也是百思不得其解。

那么，职位分析真的是他们认为的“雾里看花，水中望月”吗？该公司的职位分析项目为什么会失败呢？

讨论题

1. 该公司为什么决定从职位分析入手来实施变革？这样的决定正确吗？为什么？
2. 该公司在职位分析项目的整个组织与实施过程中，存在着哪些问题？
3. 该公司所采用的职位分析工具和方法主要存在着哪些问题？请用本章所学知识加以分析。

【案例二】浅谈高速公路收费人员招聘

人员招聘是人力资源管理模块中重要的一环，是每个企业不可或缺的管理活动之一。有效的人员招聘可以吸引、保留企业需要的人才，减少人才的流失，从而将管理工作前置，大大节约企业后续的管理成本。但是在现实中，企业往往对人员招聘缺乏足够的重视，没有结合企业自身的实际情况选择合适的招聘方法、招聘到合适的人才，以致人员招聘与应用脱节，导致人力资源管理部门和用人部门相互抱怨。以下结合本人工作实际，分享关于高速公路收费人员招聘的一点心得。

1. 高速公路行业背景

得益于20世纪90年代“政企分家”的行政体制改革及我国大力发展交通基础设施建设的国家战略，我国的高速公路建设取得了长足的发展，通车里程从无到位居世界第二位仅用了二十多年的时间。但因国情所限，我国的绝大多数高速公路都采用“贷款修路，收费还贷”的发展模式。目前的高速公路收费模式有以下三种。

（1）全人工收费模式。收费人员不借助电子设备，对过往车辆完全采取人工的方式收取通行费。

（2）半自动模式。收费人员对过往车辆进行人工识别并向计算机输入车辆判别信息产生通行卡，出口收费员人工收取通行费，由计算机控制票据打印并统计车辆信息。

（3）全自动模式，又称为不停车电子收费模式。这种模式要求每台车辆都配备唯一的标识卡，车主预先对卡进行充值，车辆在进出高速公路时由电子感应系统自动对卡进行识别并扣费，无须停车缴费，整个过程不需要人工进行干预。

从我国高速公路发展的情况来看，由于全人工收费模式漏洞大、监管难，这种收费模式在高速公路运营中比较少运用。而从长远来看，随着电子信息技术的不断成熟和人们对收费速度的要求越来越高，全自动模式将是未来高速公路收费的发展方向。半自动收费模式则由于具有收费准确、监管便利、能及时处理各种突发事件和纠纷，是目前我国高速公路所采用的主要收费模式，而且会在相当长一段时间内发挥重要作用。

随着我国高速公路通车里程的不断延伸，高速公路收费从业人员的群体也在不断壮大。

2. 高速公路收费工作的特点

随着我国改革开放的进一步深入，高速公路的行政色彩已逐渐淡化，服务角色不断增强。高速公路收费人员的工作职责除了为过往车辆发卡、收费、找零、答疑，还必须提供优质的服务，从而使顾客在节约行车时间、减少汽车能耗的同时获得良好的行车体验服务。高速公路收费工作具有明显的行业特性，表现在如下几个方面。

（1）工作和生活场所比较分散、封闭。高速公路的主要功能是为车辆提供安全、快捷、畅通的行车环境。这一特点决定了收费人员的工作和生活场所只能分散在远离闹市城镇的高速公路沿线，以便对高速公路的突发事件（如交通事故、交通分流等）做出及时反应和调度，确保车流畅通。因此，收费人员的工作和生活场所相对比较分散和封闭，缺乏与外界的接触和交流。

（2）工作空间狭小。高速公路收费站绝大多数都是多条车道并列的开放式场所，收费人员往往在不到两平方米的收费亭的狭小空间连续、独立地操作，工作内容相对单调、封闭、沉闷，容易产生心理疲劳。

（3）全天候、三班倒运作。除出现特大突发事件或极端天气需要对高速公路进行全封闭外，高速公路都必须保持全天候向公众开放。因此，这也决定了收费人员必须全天候、三班倒地运作。尤其是节假日期间，为满足社会大众的出行需求，高速公路要承受比平时大得多的车流承载能力，往往需要加开车道才能确保车流畅通。收费人员不但不能像一般从业人员一样享受节假日的快乐，相反还得坚守岗位，甚至要承受比平时更大的工作压力。

（4）收费技能社会通用性低。收费人员的工作是对车辆分类做出判断，然后根据行车里程按照规定收取车辆通行费，并且提供发票和找零服务。这种技能不需要高深的知识，懂得加减法运算的具有小学文化程度的人员在进行简短的培训后基本都能够胜任。而且高速公路行业不是一个完全市场化的行业，这使得高速公路收费人员的收费技能社会通用性低。

（5）高速公路的准公共产品特性。高速公路在我国还属于一个新兴的行业。虽然“谁受益，谁付费”这一市场法则被大众普遍接受，但是说到底，高速公路还属于准公共产品的范畴，属于交通基础设施的有机组成部分，社会大众对高速公路收费还存在一定程度的偏见，对高速公路收费人员存在较多的误解，因此收费人员往往要承受较大的社会压力。

（6）收费人员队伍年轻化。高速公路在我国的发展历史只有短短的二十多年，属于一个新兴的行业，加上收费站还担负着高速公路的“窗口服务形象”，因此收费人员队伍普遍年轻化，大都处于20~30岁的年龄。

（7）求职者抱有较高的期望值。由于高速公路还从属于交通基础设施，而且是一个资金密集型的行业，往往被视为单位效益好、工作岗位稳定、待遇优厚的行政事业性单位，对于社会大众具有较强的吸引力，因此求职者对招聘单位抱有较高的期望值。

（8）顾客对于收费人员的服务敏感度不高。虽然经营单位往往将收费站打造成为企业的窗口形象，普遍比较重视收费人员的服务形象，但从实际调查的情况来看，由于顾客选择行驶高速公路，更多是因为其快捷畅通，他们在收费站停留的时间十分短暂，对于经营单位着力打造的收费人员的服务形象，顾客并不十分敏感。但是如果收费人员的服务形象差，就很容易引发顾客的不满情绪。

3. 高速公路收费人员的基本素质要求

根据以上对高速公路行业特点及收费人员工作职业特性的分析，相关从业人员应该具备以下基本素质。

（1）良好的身体素质。收费工作是全天候、二十四小时不间断运作的，三班倒运作是收费工作的基本要求，因此收费人员必须具备良好的身体素质，必须有较强的自我调适能力。

（2）良好的口头沟通能力。如前所述，由于高速公路的行业特性，社会大众对高速公路收费普遍存在一定程度的偏见。收费人员在收费的过程中，担负着准确回收通行费、积极向顾客解释收费政策、解答顾客的各种疑问、热情为顾客提供交通指引等工作，良好的口头沟通能力能够有效化解各种收费纠纷和矛盾，同时能传达高速公路的服务形象。

（3）稳定的情绪特征。收费人员的工作和生活场所相对分散、封闭，在岗时在一个狭小的空间连续、独立地长时间工作，重复着相对来说单调、沉闷的操作，在受到顾客的责难时还得保持克制，控制自己的情绪，维护良好的服务形象。这都要求收费人员具备稳定的情绪状态，具备良好的耐受力。

4. 高速公路收费人员的招聘方法

人员招聘最重要的作用就是招聘到价值观和企业相同或相近的人员，使得新进入人员能够以最短的时间融入企业文化当中，并且保持长久的工作热情。高速公路收费人员的招聘也一样。在收费人员招聘的过程中，应该注意以下环节和方法。

（1）做好人员招聘前的准备工作。高速公路经营单位应该根据企业人力资源规划和自身的实际情况，以及当前劳动力市场的情况确定需要招聘的人数。在发布招聘信息时，除了对企业的情况、企业文化等进行介绍，还应该如实告知收费人员的工作职责、工作条件、薪酬待遇等，以免求职者受到错误信息的干扰，产生不切实际的心理预期，导致后期的管理成本上升。

（2）选择合适的测评工具。收费工作是以操作性为主的，可代替性强，对技能要求不高，学历、职称等与收费质量相关性不大，因此也决定了用人单位不可能为收费人员支付远高于市场相近职业（如超市收银员）的薪酬。相反，由于高速公路的行业特性和收费工作本身的特点，收费人员需要具备良好的情绪控制能力，因此收费人员从事的工作本质上属于"情绪性劳动"。所谓情绪性劳动，就是"按组织要求进行情绪管理以便产生组织需要的面部和身体展示的过程"的劳动。

因此在招聘过程中，应该选择合适的人力资源和心理学的测评工具，筛选出具有正性情绪的人员。因为表现为正性情绪的人员具有乐观、积极、主动等性格特征，这种人员更愿意接近服务对象，更能够认同自身的服务角色，从而能为顾客提供优质的服务。

（3）进行面试。在通过测评方法筛选出具备正性情绪的候选人后，还应该进行结构化面试。面试的目的是通过面对面的交流，测量求职者的情绪特征是否与测评结果一致，同时测量求职者是否具备良好的口头沟通能力。因为收费人员在收费过程中必须借由面对面、声音对声音的方式与顾客进行接触，良好的口头沟通能力是收费工作的基本要求。应该指出的是，面试环节必须在测评环节后进行。因为如果先进行面试，招聘人员容易受到下列因素的影响，从而影响后续测评结果的准确性与公正性。

①首因效应。所谓首因效应，是指最初的印象对人的知觉会产生强烈的影响，也称为第一印象效应。在日常生活中，人们自觉或不自觉地根据第一印象对首次交往的人做出评价，而忽视以后获得的与第一印象不一致的信息。在面试过程中，招聘人员很容易被求职者的最初表现迷惑，以最初表现取代后续过程的表现，从而做出错误的选择。

②晕轮效应。所谓晕轮效应，是指由一个人的某种特征推及其总体特征，从而产生美化或丑化该对象的现象，也称为"光环效应"。求职者在面试过程中表现出来的某一突出特点容易引起面试官的注意，使得其他特征被该突出特点所掩盖。所谓的"抓住一点，不及其余""一俊遮百丑"等都是晕轮效应产生的结果。

（资料来源：http://blog.ceconlinebbs.com/BLOG_ARTICLE_28553.HTM.）

讨论题

1. 结合该案例分析高速公路收费人员的工作说明书在编写过程中需要注意的地方。（提示：注意捕捉案例当中有关该岗位的"行业特性"和"基本素质要求"）

2. 结合实际情况分析在招聘高速公路收费人员时，如何进行招聘对象分析。

【本章实训】

通过本章的学习，以某个企业或组织为对象，为其设计一份人力资源规划方案。完成以下任务：

1. 根据班级规模，对学生进行分组，每组 4~5 人，并且协商产生一位小组长。
2. 小组内每位同学分工独立完成该组资料收集、整理及分析工作。
3. 组长负责组织研讨，并且以 PPT 形式完成方法和流程汇总。
4. 每组推荐一人上台展示，其他师生可以向该组提问，教师引导学生讨论，并且指出各组的优缺点。
5. 对各组发言做点评并给出小组成绩。

本次练习的目的是让学生通过实际案例了解人力资源规划的制订方法和流程，理解人力资源规划在人力资源管理中的重要性，同时掌握核心概念，培养团队协作解决问题的能力。

第 5 章 招聘计划与策略

学习目标

- 熟悉招聘计划制订的程序及主要内容
- 掌握招聘的策略

关键术语

招聘计划；策略；招聘网络

引导案例

高效招聘的五要素

很多企业在人才竞争中从招聘面试环节开始就处于劣势，只有人力资源部在忙活招聘工作！人才选聘没有科学的评估标准（胜任素质）和评价方法，没有接受过系统训练的面试官在为企业引进大量的不合格人员，这造成了企业直接和间接的经济损失！因此，管理者应树立正确的人才招聘观念，通过高效招聘的实施技巧及专业面试技巧的运用，帮助企业快速招到适合的人才。

第一要素，招聘面试理念：观念决定结果，意识决定行为。

管理者需要建立正确的人员招聘意识和观念，正确对待招聘工作。从员工招聘的问题出发，运用行动学习的研讨方法，让管理者探讨和分析影响招聘质量的因素，找出系统提升招聘质量的关键要素。招聘必须支撑企业战略和企业的人力资源规划，建立招聘体系运作流程，选定招聘渠道。卓越的管理者在招聘中定位角色，明确在招聘中需要承担的责任和使命，以及主要工作任务与要求。

第二要素，用人标准明晰：系统提升招聘质量的基石。

从人才选聘的标准，推导出胜任素质及其在招聘面试中的运用。帮助管理者明确岗位的用人标准和相关考查项目，从而为准确识别人才奠定基础。人才选聘的真正标准包括两个方面：一是胜任素质，二是岗位评价要素及用人标准的确定。通过明晰的岗位胜任模型和岗位评价标准，确定人才选聘的具体衡量指标和选拔标准。

第三要素，人才选拔工具：管理者的“伯乐之剑”。

正确使用科学的选拔方法和工具，能够帮助管理者高效识别人才、降低用人风险。可以运用结构化面试法、行为面试法和情景面试法等多种方法对求职者进行综合考评。

就结构化面试而言，操作者应注意以下几个方面的问题：第一，设计与使用结构化面试。做到面试程序及时间安排结构化、面试评估要素结构化、面试问题设计结构化、面试评分标准结构化、面试官结构化、面试考场准备及布置要求结构化。第二，设计结构化面试的内容。确定面试评估要素，编写各要素的详细定义说明，设计各要素的问题，确定要素的目标值和权重，编制结构化面试的评分表格。第三，结构化面试的实施步骤。结构化面试一般包括准备阶段、导入阶段、正式面试阶段和面试评价阶段。相关招聘人员应理解各阶段的工作要求和重点，做好结构化面试的过程组织和管理工作。第四，结构化面试中的核分规则与决策。使用关键行为面试法，掌握关键行为面试的理论基础及要点，分辨不完整的 STAR 和假 STAR，根据求职者的行为分析素质情况，掌握行为事例、问题设计要求及发问技巧。

第四要素，高效面试实施：专业面试技巧训练。

在面试中观察求职者的言行举止，更好地倾听和反馈，适当进行针对性地提问，并且详细了解求职者的真实情况，提高面试官的面试质量。一要望，学会观察。了解面试中观察的内容和重点，掌握求职者谎言的识别技巧和肢体语言的解码技巧。二要闻，善于倾听。面试官要善于倾听，掌握有效倾听的技巧，挖掘更多的求职者信息，规避倾听中的常见误区。三要问，善用提问。设计与使用引入式问题、行为式问题、智力式问题、动机式问题、压力式问题。四要切，深入追问。通过追问确保信息的有效性，掌握追问的时机及方法，分析信息的真实性。

第五要素，高效猎取人才：管理者的“伯乐之术”。

利用传统的招聘方法已很难招到企业需要的人才，管理者需要结合企业的需求，快速锁定和猎取目标人选。人才高效猎取技术已成为卓越管理者管理人才的基本功。一要向猎头学习招聘方法，二要知晓高效猎取人才的要求及特点，三要掌握高效猎取人才的四大步骤。首先，明晰需求，锁定目标，通过多种方法进行明确的招聘需求分析，确定企业人才招聘目标和目标人员来源。其次，经营招聘渠道，多管齐下，建立人才库。选择和用好招聘渠道，分类比较常用渠道，高效实施内部推荐，运用定点猎聘技术的方法和工具，提高猎头招聘的质量和效率。再次，实施高效面试——把握质量和效率的双重标准，进行更好的简历筛选，通过电话面试锁定候选人，吸引人员到场面试，提高面试的效率。最后，说服与吸引目标候选人，把握成交的钥匙。吸引候选人的途径及策划——塑造雇主品牌，做好录用跟进与管理。

（资件来源：http://blog.hr.com.cn/html/97/n-91697.html.）

5.1　招聘计划

招聘计划是指人力资源部根据用人部门的招聘申请，结合组织的人力资源规划和职务说明书，明确一定时期内需要招聘的职位、人员数量、资质要求等因素，并且制订具体的招聘活动的执行方案。

招聘计划是组织人力资源管理的重要组成部分，其主要功能是为人员招聘选拔工作提供客观的依据、科学的规范和有效的方法。制订招聘计划的工作就是把空缺的岗位描述变成一系列的目标，并且把这些目标和相关求职者的数量和类型具体化。

通过定期或不定期地招聘甄选来录用组织所需要的各类人才，为组织人力资源系统充实新生力量，实现组织内部人力资源的合理配置，为组织扩大生产规模和调整生产结构提供人力资源的可靠保证，同时弥补人力资源的不足。但是招聘人员应避免人员招聘中的盲目性和随意性。

5.1.1　招聘计划的制订过程

制订招聘计划的过程如下。

（1）获取人员需求信息。人员需求一般发生在以下几种情况：第一，人力资源计划中明确规定的人员需求信息；第二，企业在职人员离职产生空缺；第三，部门经理递交并经相关领导批准的招聘申请。

（2）选择招聘信息的发布时间和发布渠道。

（3）初步确定招聘团队。

（4）初步选择确定考核方案。

（5）明确招聘预算。

（6）编写招聘工作时间表。

（7）草拟招聘广告样稿。

5.1.2 招聘计划的内容

1. 招聘规模

招聘规模是指组织准备通过招聘活动吸引多少数量的求职者。无论组织的规模如何，在进行招聘之前都应明确招聘规模，就是说要明确哪些岗位需要多少人员，以及获得这些人员大致需要多少求职者。

招聘规模取决于两个因素：一是企业招聘与录用的阶段，阶段越多，招聘的规模相应地就越大；二是各个阶段的通过比例，这一比例的确定需要参考企业以往的历史数据和同类企业的经验，每个阶段的通过比例越小，招聘的规模就越大。

2. 招聘地点

招聘地点是指选择在哪个地方进行招聘，应考虑人才分布规律、求职者的活动范围、组织的位置，劳动力市场的状况及招聘成本等因素。招聘地点选择的规则一般有以下几点。

（1）在全国乃至世界范围内招聘组织所需的高级管理人才或专家教授。

（2）在跨地区市场上招聘中级管理人员和专业技术人才。

（3）在招聘单位所在地区招聘一般工作人员和技术工人。

组织之所以在这样的地理范围内进行选择，是因为在不同的范围内，劳动力的供给是不同的，尤其是不同的市场倾向于提供不同素质的劳动力。

3. 招聘时间

招聘过程中一个重要的问题是在保证招聘质量的前提下确定一个科学合理的招聘时间。企业要想使人员得到及时的补充，保证招聘要求的方法之一就是按照各种工作的要求，对整个组织劳动力的情况进行检查。在出现职位空缺之前，必须仔细确定每个招聘步骤可能占用的时间，以确定填补空缺职位需要花费的全部时间。

4. 招聘信息发布的范围

招聘信息发布的时间、方式、渠道与范围是根据招聘计划来确定的。由于需要招聘的岗位、数量、任职者要求的不同，招聘对象的来源与范围的不同，以及新员工到位时间和招聘预算的限制，招聘信息的发布时间、方式、渠道与范围也是不同的。

信息发布的范围是由招聘对象的范围来决定的。发布信息的面越广，接收到该信息的人就越多，求职者也会越多，挑选的余地也就越大，即“人才蓄水池”的容量越大，招聘到合适人选的概率也相应地越高，只是费用也会增多。这就需要我们根据人才分布规律、求职者活动范围、人力资源供求状况及成本大小等确定招聘区域。

5. 招聘标准

设置招聘标准，可以将资格要求分为两大类：必备条件和择优条件。所谓必备条件，就是对候选人最低限度的资格要求，不能依靠学习新的技能或从其他途径获得帮助等加以弥补。例如，要求汽车司机能驾驭复杂的路况，那么他的基本驾驶能力必不可少。一旦必备条件确定以后，与此对应的要求也需要确定，即带有倾向性的资格要求，也就是所谓的择优条件。在候选人其他方面都相当的情况下，择优条件可以帮助组织比较候选人的相对优劣。只有掌握了招聘标准，招聘人员才能用这把“尺”去衡量每位求职者。

6．招聘经费预算

在招聘计划中，还要对招聘的预算做出估计，以便提高招聘效率，降低招聘成本。招聘的成本预算可以由以下几项费用组成。

（1）人工费用，包括组织招聘人员的工资、福利、差旅费、生活补助及加班费等。

（2）业务费用，包括通信费（电话费、上网费和传真费）、专业咨询与服务费（为获取中介信息而支付的费用）、广告费（在电视、报纸等媒体发布广告的费用）、资料费（组织印刷宣传材料和申请表的费用）及办公用品费（纸张、文具的费用）等。

（3）其他费用，包括设备折旧费、水电费及物业管理费等。

7．招聘计划书

在完成以上六项工作后，应该完成招聘计划书的写作，以便提高基层职位的招聘效率。下面就是某单位的招聘计划书，可供参考。

【参考资料】

招聘计划书

1. 招聘职位、人数

招聘职位	招聘人数	主要职责和任职资格
研发工程师		
销售代表		
培训主管		
服务工程师		

2. 招聘方式

上述职位均采用外部招聘，拟利用招聘网站及本企业网站进行招聘。

3. 招聘宣传

从 7 月 1 日开始，在某招聘网站广告推广一周。

4. 招聘小组成员名单

组长：张平（招聘负责人，负责整个招聘的全程跟进、组织与筹划、撰写招聘广告、组织编写面试题目，参与培训主管及部分人员的面试）。

副组长：刘刚（研发部经理，负责研发人员的专业面试题目编写、面试、初步录用决定）；王晓（销售部经理，负责销售人员的专业面试题目编写、面试、初步录用决定）；王树一（服务部经理，负责维修工程师的专业面试题目编写、面试、初步录用决定）。

组员：孙莹、于宁（人力资源部，负责招聘广告推广、简历筛选、面试题目打印、面试、组织各类测试安排、通知等相关事宜）；李强（研发部主管，参与研发人员专业面试题目编写、面试）；郭跃（服务部副经理，参与服务工程师专业面试题目编写、面试）；宋晓梅（销售副经理，参与销售人员专业面试题目编写、面试）。

5. 甄选流程及时间安排

（1）甄选阶段（7 月）。

职　位	资料筛选	笔　试	初　选	专业测试	专业面试	初步录用决定
研发人员	15—20 日	—	21—25 日	28—29 日	30 日	8 月 1 日
销售人员	同上	22 日	25 日	—	27—29 日	8 月 3 日
培训主管	同上	23 日	27 日	28—29 日	30 日	8 月 5 日
维修工程师	同上	—	21—25 日	27—29 日	30—31 日	8 月 2 日

（2）录用阶段（8 月）。

职　位	薪酬谈判	高层审批	体　检	背景调查	录用手续	入职培训
研发人员	8 月 3 日	10 日	13 日	15 日前	18 日	19—30 日
销售人员	8 月 5 日	同上	同上	同上	同上	同上
培训主管	8 月 6 日	同上	同上	同上	同上	同上
维修工程师	8 月 3 日	同上	同上	同上	同上	同上

5.1.3　制订招聘计划时的注意事项

（1）不同的组织或处于不同发展阶段的同一组织，在编制人员招聘计划时应区别对待、突出重点、有的放矢，尤其是要根据企业的战略目标来确定招聘目标，并且在招聘目标的指导下完善其他具体的招聘细则。

（2）人员招聘计划不仅要规划未来（前瞻性），还应反映目前现有员工的情况（现实性），如员工的调入、调出和升迁等。

（3）从招聘方式看，应明确区分，分类规划安排，比如，要区分定期招聘、临时招聘和个别招聘，要考虑是用外部招聘还是内部招聘。

（4）处于多变的市场环境中，人员招聘计划应不断地根据实际情况的变化进行调整，如人员策略、地点策略、方式策略和经费计划等，需要根据具体的执行情况或外部环境变化进行相应的调整。

（5）在编制和实施人员招聘计划时，还必须考虑社会公众价值观念的取向、政府的劳动就业政策和有关的劳动法规。在录用员工时，不能有性别歧视。

5.2　招聘策略

5.2.1　错误选才造成的损失

企业的错误选才可能造成的损失主要表现在以下几个方面。

1. 公司的业绩受影响

如果公司招聘到的员工不能胜任工作的需要，那么最直接的损失就是公司的业绩目标难以达成。

2. 公司形象受到影响

缺乏良好服务意识的员工在与客户接触时，极易破坏公司好不容易建立的良好形象。

3. 企业员工士气受到影响

一个员工的表现往往会影响团队中的其他成员。

4. 间接地使竞争对手获利

从公司辞职或被解雇的员工掌握的业务信息和工作流程可能被竞争对手获取。

5. 使求职者的职业生涯受到不良影响

将一个不胜任的人放在他不适合的职位上，本身就不利于其本人的职业生涯发展。

6. 给人力资源部制造压力

用人部门往往容易认定选才错误是人力资源部的责任，这可能影响人力资源部推行其他政策的通畅性。

7. 浪费了大量的招聘选拔成本

错误选才可能使企业遭受昂贵的代价。

一般来说，错误选才可能造成的费用支出或财务损失主要有以下几个方面。

（1）招聘广告费。

（2）招聘选拔成本（包括筛选简历、面试等所花费的人力成本）。

（3）新员工培训的费用。

（4）错误选拔人员的工资支出。

（5）行政办公费用支出。

（6）损失的机会成本。

下面以一个月薪 3 000 元的销售代表职位为例，假设该员工在入职后两个月离职，其招聘成本计算如表 5-1 所示。

表 5-1 招聘成本计算

项目		成本金额（元）
招聘费	网络招聘费	5 800
招聘 10 个职位	平均 1 个职位为 5 800 元，另外参加一次招聘会，平均一个职位为 2 000 元	7 800
面试成本	面试 2 次，共计 2 小时，每次面试的面试官有 2 人，加上简历筛选时间与人力，计算考官的工资成本	2 000
工资和福利费用	两个月的工资为 6 000 元，福利为 2 000 元	8 000
培训费	入职后的新员工培训费用；部门上岗培训和业务流程培训费用	6 000
行政办公费用支出	办公费为 500 元，出差费用为 5 000 元	5 500
损失的机会	未完成项目或销售额的收入，折合现金	10 000
总计		45 100

以上介绍了错误选才可能带来的损失，所以我们应该更加重视招聘策略的有效性，提高企业的实力，吸引更多的优秀人才加盟。

5.2.2 制定招聘策略的思路

企业要进行招聘工作，一般需要考虑以下问题：企业需要招聘多少人员？企业将涉足哪些人才市场？企业应该雇用固定员工，还是利用其他灵活的雇用方式？在企业内外部同时招聘时，企业应在多大程度上侧重内部招聘？什么样的知识、技能、能力和经历是必须的？在招聘中应注意哪些法律因素的影响？企业应怎样传递关于职务空缺的信息？企业招聘工作的力度如何？对这些问题的回答其实就是招聘策略。

1. 了解求职者的需求和决策行为

吸引一个人接受一份工作可能有各种各样的原因，招聘人员必须非常了解求职者接受一份工作的决定性原因。影响求职者接受一份工作的决策因素如表 5-2 所示。这里可以结合本书第 3 章有关招聘的影响因素进行分析。

表5-2 影响求职者接受一份工作的决策因素

因素		具体描述
招聘活动	宣传推广效果	公司的招聘广告或招聘推广活动吸引力如何
	招聘人员的行为	招聘人员的职业素养、专业水准和对待求职者的态度会影响求职者的工作决策
公司的吸引力	薪资	公司提供的薪资与其他公司提供的薪资水平相比吸引力如何
	福利	是否有求职者非常渴望得到的福利项目

续表

因　　素		具体描述
	提升机会	求职者在公司的晋升前景如何
	地址位置	公司的地理位置是否在求职者认为方便的范围内
	人员和文化	公司的人员素质和文化氛围是否被求职者所喜欢
	公司名气和声誉	公司的知名度和声誉如何
工作的吸引力	工作内容	工作的内容是不是求职者感兴趣的内容，工作挑战性和新颖性如何
	工作环境条件	工作时间和工作强度如何，是否经常出差，是否经常加班，工作的物理环境如何
	职位	求职者得到的职位是否吸引人，是否为管理职位或专家职位

2．搜集竞争对手的情报

“知己知彼，百战不殆”，在招聘工作中，也应该时刻关注竞争对手的动态。这些竞争对手通常是指求职者可能选择的替代性工作机会。搜集的竞争对手的情报，包括招聘策略、计划、工作方法及人员资料。竞争对手的情报能使我们在其下一次的招聘活动开展之前进行人才招聘。

招聘的情报通常是：

（1）最优秀的求职者为什么向竞争对手申请工作，而不愿意向我们申请？

（2）求职者为什么查询竞争对手的公司网站？

（3）若求职者不来我们公司求职，他们会转向哪家公司？我们公司与其他公司之间的薪资差额是多少？

（4）我们公司在招聘中最终取胜的因素是什么？哪些因素促使一些求职者最终选择竞争对手提供的职位？

（5）影响我们公司招聘工作的不良因素是什么？

（6）在竞争对手的广告、网站及其他招聘方式中，哪一项对求职者的影响最大？

怎样搜集对手的情报呢？最常用的方法是从求职者来我公司上班的第一天起，采用小组或直接一对一的方式与他们进行面谈，或者在本公司员工辞职三至六个月之后，对他们离职后的情况进行追踪。如在求职者上班的第一天与他们面谈，招聘人员可以询问一些简单的问题，例如：

（1）来本公司前，你在别的公司干过什么工作？

（2）在你以前任职的公司，谁的表现非常突出？你能否说服他来本公司工作？

（3）你为什么要离开上一个工作岗位？

（4）在你以前的公司里，使人们离开公司的不良因素是什么？

（5）你能帮助我们改进招聘方法吗？

（6）在我们招聘期间，哪些方面使你对本公司产生兴趣或使你不喜欢本公司？你能将本公司的特点列举出来吗？

（7）你的前任老板最好的管理方法是什么？最大的弱点是什么？

你还可以向新员工搜集其他有价值的情报。这类情报包括：

（1）如何激发你的积极性及充分发挥你的能力？

（2）在招聘期间我们哪方面令你失望？

（3）希望在我们公司任职多久，你期待的下一份工作是什么？

三个月之后，还可以询问其最初阶段的感受，并且询问他们是否后悔离开以前的公司。

最后就是制定具体的招聘策略。具体的招聘策略包括了对招聘工作的管理，对招聘地点、招聘人员、招聘时间、渠道和方法的选择，以及招聘的后续工作等方面的部署。只有正确的招聘策略才能保证我们的招聘工作做到有的放矢。

5.2.3 具体的招聘策略

1. 招聘管理工作策略

（1）招聘网络的开发与维护。企业招聘的人员主要来源于学校、劳动力市场、中介机构、专业团体或组织、其他公司、熟人介绍等。为保证人员供给的数量和质量，企业应选择适合自己需求的人员供给渠道并与之建立良好的关系，从而形成自己的招聘网络。

（2）相关文件和工具设计。招聘过程中需要许多辅助文件和工具，包括申请表、面试评分表、书面通知、登记表等，企业要做好这些工具的设计开发，提高其科学性、实用性和有效性。

（3）对招聘人员的培训。参加招聘的既有人力资源管理人员，也有其他职能部门、业务部门的管理人员。企业有必要对这些人进行必要的培训，包括沟通技能、招聘标准、评分办法等。

（4）人才库的建设。企业固然可以委托猎头公司为自己招聘，但企业如果有自己的人才库，在招聘时就可以更加主动。这样，企业在需要人才时就知道应该到哪里去找，以及怎样去找。

2. 地点策略

为了节省开支，企业应根据计划招聘人员的数量及能力要求，在地理分布上将招聘活动限制在最能够产生效果的劳动力市场上。在不同的劳动力市场上，劳动力的供给是不同的。

企业的招聘可能涉及不同类型、不同层次的需求，因此，企业通常不可能在一个市场就完成全部的招聘任务，而需要在多个市场进行招聘。一般情况下，企业倾向于在全国范围内招聘高级管理人员和专家；在跨地区的市场上招聘中级管理人员和专业技术人员；在当地市场上招聘文职办事员和操作工人。

3．人员策略

在招聘过程中，企业招聘人员应该积极参与，并且做到热情、公正、文明、高效，具备专业知识，有良好的职业道德，一方面尽可能地吸引求职者，另一方面必须利用招聘机会进行企业形象或声誉的宣传活动。许多资料表明，一般求职者在选择工作单位时，虽然常常以他们所了解的企业、岗位或工作机会的情况为依据，但是在很大程度上也受到与之接触的企业招聘人员的影响。

招聘人员在介绍企业提供的岗位时，应该向求职者传递准确有效的企业信息。一般来说，劳动报酬、工作类型、工作安全程度等，是影响人们选择工作岗位和工作单位最重要的因素，其次是晋升机会、企业的位置等。企业的管理方式、企业文化、工作条件、同事关系、工作时间等是影响稍微小一些的因素。企业在传递信息时，应该根据影响择业的因素及求职者的类型，有针对性地提供信息。招聘人员在传递信息时，应该是诚实和讲道德的，否则，不仅不能给企业带来好处，反而可能给企业带来负面影响。

要注意的一点是，企业主管应积极参与招聘活动。过去的员工招聘，人事部门是起主动的决策和实施作用的，用人部门只负责接受；而现代组织中起决定作用的是用人部门，其在决策过程中处于主导地位。对于中小型组织，主管要直接参与到招聘中，对于大型组织招聘，高层领导人员也要出面。招聘人员要热情而公正、百问不厌。对招聘人员的其他要求：有丰富的专业知识、心理学知识和社会经验，同时要有高尚的品格、形象、举止良好。

4．时间策略

为了使需要填补空缺岗位的数量和类型明确化，企业的人力资源规划必须预先提供有关空缺岗位可能出现的时间。有效的招聘策略不仅应该确定招聘的地点和方法，还应该确定招聘的时间，就是在什么时间开始招聘才最合适。这样才能保证在空缺岗位出现的时候，及时安排新员工上岗，减少由于空缺岗位带来的损失。

既然招聘计划要提前制订，就有必要了解一般情况下招聘所需要的时间。根据经验，招聘一般的基层人员需要一个月左右的时间，招聘高级管理者则需要三个月左右的时间。

遵循劳动力市场上的人才规律。制订招聘时间计划：

招聘日期=用人日期–准备周期=用人日期–培训周期–招聘周期

同时，招聘的职位热门程度不同，其招聘时间也不一样，热门人才需要的时间相对比较长，如营销人员；非热门人才需要的时间相对较短，如文秘人员。因此，人力资源管理者在制订招聘计划时要做到心中有数。

但是，如果你的企业是外资企业，声誉高、待遇好，那么即使要招聘热门职位的高级管理者，可能在很短时间内就有很多人来应聘；如果是一般的国内企业或中小企业，在这方面没有竞争优势，情况可能就大不一样了。

招聘就像市场交易一样，是供求双方的事，因此要做到知己知彼，必须先了解自己部门或公司在市场上的竞争形势，并且依据当前市场人才的供求情况，才能判断需要用多长时间来招聘所需要的人员。

要注意以下几个问题。

（1）尽量在人才供应高峰期招聘。人才供应是有周期规律的，如每年 9、10 月是人才供应的低谷，每年 1、2 月和 6、7 月是人才供应的高峰。为了节约招聘成本、扩大选择面，企业应该尽量避开人才供应的低谷，在人才供应的高峰期进行招聘。在农村招聘体力劳动型工人也最好是在农闲时节。

（2）计划好招聘时间。制定招聘时间表，给各项工作都预留出时间，还要考虑求职者可能花费的时间，由此确定招聘时间安排。招聘时间一般要比有关职位空缺可能出现的时间早一些。

可以用一个例子来说明招聘时间的选择。某企业欲招聘 30 名推销员，根据预测，招聘中每个阶段的时间占用分别为：征集个人简历需要 10 天，邮寄面谈邀请信需要 4 天，做面谈准备安排需要 7 天，企业聘用与否的决定需要 4 天，接到聘用通知的候选人在 10 天内做出接受与否的决定，受聘者 21 天后到企业参加工作，前后需要耗费 56 天的时间。那么，招聘广告必须在活动前 2 个月登出，即如果招聘 30 名推销员的活动是某年的 6 月 1 日，则招聘广告必须在 4 月 1 日左右登出。

5. 招聘渠道和方法的选择策略

可供企业选择的招聘渠道有员工引荐、刊登广告、职业介绍所、校园招聘、内部招聘（职位公告、职位投标）等。企业可以根据招聘计划所要求的候选人的数量和类型来选择不同的招聘渠道。一般情况下，企业从校园招聘中吸收需要的专业技术人员和管理人员；在就业服务机构或职业介绍所招聘办事员和操作工人；通过广告招聘各方面的专家。在紧急需要人员的时候，企业还常常通过员工引荐的方式招聘新员工。

6. 聘用策略

企业采用外部招聘，还是内部招聘，取决于企业的聘用策略。聘用策略主要有传统的甄选模式、人力资源管理模式和“非我族类”模式。

（1）传统的甄选模式，即“以人就事”，以工作为主，机构的需要优先。

（2）人力资源管理模式，即“以事就人”，以人为主，旨在人尽其才。

（3）“非我族类”模式，即筛除与我们的理想、经验、教育、背景不同的人。

7. 人员招聘的后续工作

人员招聘的后续工作主要有以下几个方面。

（1）新雇员的到来应通知哪些人（其他部门、同事、工作联系人、下属等）？

（2）由谁负责办公设备的到位？

（3）由谁接待和照顾新雇员？

（4）由谁负责将其介绍给同事和重要联系人？

（5）是否有必要安排培训？包括对企业及其产品、政策和制度的了解。

（6）能否提供培训课程？如果能的话，在什么时间、由谁安排？

（7）有无最新的岗位描述？它能否作为初级指导？如果必须修改，新雇员如何参与修改？责任明确吗？

（8）如何制定工作目标？什么时间、由谁制定？

（9）由谁在此后几个星期追踪调查进展情况，直接管理者、选拔人或其他什么人？

【本章小结】

组织的人力资源部门在展开实际招聘活动之前，必须对企业、劳动力市场、求职者需求及决策行为等具体情况进行分析，以确定招聘信息发布的时间和渠道、招聘组人选、招聘人员选择方案、招聘的截止日期、新员工的上岗时间、招聘费用预算、招聘工作时间表等内容及策略。

【复习思考题】

1. 招聘计划是如何制订的？
2. 一份好的招聘计划主要包括哪些内容？
3. 错误选才会带来哪些损失？
4. 招聘策略中招聘管理工作策略指的是什么？

【案例分析】

【案例一】万科高、中、基层岗位招聘计划

1. 招聘岗位、需求人数、职务描述

招聘岗位	需求人数	职务描述
总经理	1	负责公司整体经营计划的制订、执行和监督工作，公司的日常经营管理工作，处理公司的重大突发事件
财务部经理	1	负责公司财务、会计及税收事宜。依据健全的财务管理原则，发挥财务管理功能；拟订财务计划与预算；有效地筹划与运用公司的资金，维持账款的登录与整理；编制财务报告，提供管理决策依据
人力资源专员	2	主要协助部门经理执行公司招聘计划和培训计划，完成相关考核工作，并且协助部门经理完成其他相关工作

2. 招聘途径

（1）在集团共享的信息发布渠道（周刊、公司外部主页、商业招聘网站等）上发布招聘信息。

（2）接受企业内部人员应聘相关职位，在取得相关部门的初步同意后，部门可向人力资源部索取该职员的相关信息。

（3）针对职位空缺的特点及本地人才市场的实际状况选择本地招聘信息发布渠道。各类信息发布渠道评价如下表所示（以★评价，★越多表示对这一指标的评价越高）。

	参加招聘会	报刊广告	互联网	猎　头
效率高	★★	★★	★★★★★	★★
成本高	★★	★★★	★	★★★★★
影响范围大	★★	★★★★★	★★★	★★
命中率高	★★★	★★★	★★★	★★★★★

①报刊广告可分为公众类报刊和专业招聘报刊两类。前者影响范围大，同时成本高，有宣传公司形象的作用；后者目标受众较集中，费用相对低廉。

②在通过招聘会、报刊广告发布招聘信息时，应将公司主页作为更详细的信息发布渠道并公布。

③可以通过各种渠道适当引进中高级人才，但是通过猎头公司获取高级管理人员或专业技术人员须经总部人力资源部批准。

④人力资源部根据集团职位空缺情况组织大型招聘活动，其中包括高校毕业生招聘、集团专场招聘等。

3. 招聘流程

（1）通过各种途径发布招聘信息。

（2）接收求职者简历提交并进行简历筛选。

（3）发出面试通知，并且安排面试。

（4）初步面试。

人力资源专职人员进行初步面试，对求职者的精神面貌与气质、职业潜力（沟通与表达、分析、创新等能力）、职业心态（合作性、学习意愿等）等给出评价；并且就部分具体问题向求职者提问。

人才素质测评：各公司可就求职者的能力素质倾向、行为风格特征、职业动机等方面采用专业测评工具组织求职者参加人才素质测评。

技能测试：公司可根据空缺职位的专业要求对求职者进行专业水平测试和电脑水平测试。

（5）复试。

人力资源专职人员负责综合初步面试结果，推荐在初步面试中表现优秀的求职者参加复试。

复试由用人部门负责人指定的人员主持，面试重点在于考查求职者的专业素质。在条件允许的情况下，应安排人力资源专职人员一同参加面试。

（6）发出录用通知。

被通知参加初步面试与复试的所有求职者，无论公司录用与否，须予以正式回复。

注：为实现资源共享，节约人力资源的获得成本，未被录用的求职者资料须在下属公司人力资源部保存一年，以备后用。

（7）录用者在指定时间到人力资源部报到，如有特殊情况，须与人力资源部协调商议。

注意事项：

①为求职者提供公平的竞争机会。

②在不影响工作绩效的前提下，应尽量避免性别歧视、年龄歧视、婚姻状况歧视、残障歧视等。对同一空缺岗位的求职者，面试时的问题主体应相同或类似。

③尊重求职者的隐私：面试时应避免提问与工作绩效无关的个人隐私问题。

④面试前不得正面接触求职者的上司，面试后需经求职者同意方可接触其上司。

4. 新进员工入职培训

培训目的：帮助新员工进一步认同万科文化，解决工作中的实际问题，帮助新员工提升自我管理的技能。

培训内容：万科理念强化课程，基础管理课程，自我研修课程，公司历史、理念、制度、业务发展规划、管理架构介绍，业务流程、知识学习，自我管理能力训练，职业意识训练，户外拓展训练。

培训方式：NEO（Net New Employee Orientation）培训体系，集中上课、分组讨论、管理游戏、实地参观、与老总座谈户外活动。

NEO 培训体系主要包括以下内容。

（1）NEO，新员工入职网络培训。

（2）在职训练，每位新员工都将由部门负责人指派一位资深职员担任入职引导人，请咨询部门负责人，并且尽快与自己的入职引导人取得联系。

（3）脱产集中培训。

（4）户外拓展训练。

5. 招聘费用预算

招聘费用预算

序　号	项　目	预算金额（元）
1	企业宣传海报及广告制作费	4 000
2	招聘展位费	3 500
3	发布费	2 600
4	交通费	3 400
5	食宿费	4 000
6	其他费用	3 200
合计		20 700

讨论题

万科的招聘与录用工作有哪些策略？

【案例二】上海通用汽车有限公司的招聘策略

上海通用汽车有限公司（SGM）是上海汽车工业（集团）总公司和美国通用汽车公司（GM）合资成立的轿车生产企业。

SGM 的目标是成为国内领先、国际上具有竞争力的汽车公司。一流的企业，需要一流的员工队伍。因此，如何建设一支高素质的员工队伍，是中美合作双方都十分关心的首要问题。同时，SGM 的发展愿景和目标定位也注定了其对员工素质的高要求：不仅要具备优良的技能和管理能力，而且要具备出众的自我激励能力、自我学习能力、适应能力、沟通能力和团队合作精神。要在很短的时间里客观公正地招聘选拔到高素质的员工来配置到各个岗位，对 SGM 来说无疑是一个重大的挑战。

一、“以人为本”的公开招聘策略

“不是控制，而是提供服务”。这是 SGM 人力资源部职能的特点，也是与传统人事部门职能的显著区别。

第一，根据公司发展的战略和宗旨，把传递“以人为本”的理念作为招聘的指导思想。SGM 在招聘的过程中，在坚持双向选择的前提下，还特别注意求职者和公司双方需求的吻合。求职者必须认同公司的宗旨和五项核心价值观：以客户为中心、安全、团队合作、诚信正直、不断改进与创新；公司也充分考虑求职者自我发展与自我实现的高层次价值实现的需求，尽量为员工的发展提供良好的机会和条件。

第二，根据公司的发展计划和生产建设进度，制订拉动式招聘计划。从公司的组织结构、各部门岗位的实际需求出发，分层次、有步骤地实施招聘。1997 年 7 月至 1998 年 6 月分两步实施对车间高级管理人员、部门经理、骨干工程师、行政部门管理人员和各专业工程师、工段长的第一层次的招聘计划；1998 年年底到 1999 年 10 月分两步实施对班组长、一班制操作工人和维修工、工程师第二层次的招聘计划；二班制和三班制生产人员的招聘工作与拉动式生产计划同步进行。

第三，根据“一流的企业，需要一流的员工队伍”的公司发展目标，确立面向全国广泛选拔人才的员工招聘方针，并且根据岗位的层次和性质，有针对性地选择不同新闻媒体发布招聘信息，采取以媒介和人才市场为主的自行招聘与委托招募相结合的方式。

第四，为确保招聘工作的信度和效度，建立人员评估中心，确立规范化、程序化、科学化的人员评估原则，出资几十万元聘请国外知名的咨询公司对评估人员进行培训，借鉴美国 GM 公司及其子公司已有的“精益生产”样板模式，设计出具有 SGM 特点的“人员评估方案”；明确各类岗位对人员素质的要求。

第五，建立人才信息库，统一设计岗位描述表、应聘登记表、人员评估表、员工预算计划表及目标跟踪管理表等。

两年来，公司先后收到 50 000 多封求职者的来信，最多一天曾收到 700 多封信，收发室只能用箩筐收集。这些信来自全国各地，有的还是来自澳洲和欧洲等国家的外籍人士。为了准确及时地处理这些信件，SGM 建立了人才信息系统，并且开通了应聘查询热线。成千上万的求职者，成筐的求职者来信，这些都是对 SGM 人员招聘策略的最好检验。

二、严格规范的评估录用程序

1998 年 2 月 7 日到上海科学会堂参加 SGM 招聘专场的人士无不感慨：“SGM 招聘人才的门槛高！”那天，凡是进入会场的求职者必须在大厅接受 12 名评估员的应聘资格初筛，合格者才能进入二楼的面试台，由用人部门同求职者进行初次会面，若有意向，再由人力资源部安排专门的评估时间。在进入上海科学会堂的 2 800 人中，经初步面试合格后进入评估的仅有百余人，最后正式录用的只有几十人。

1. 录用人员必须经过评估

评估是 SGM 招聘工作流程中最重要的一个环节，也是 SGM 招聘选择员工的一大特点。公司为了确保自己能选拔到适应一流企业、一流产品需要的高素质员工，借鉴 GM 公司位于东德和美国一些工厂采用人员评估中心来招聘员工的经验，结合中国的文化和人事政策，建立了专门的人员评估中心，作为人力资源部的重要组织机构之一。整个人员评估中心设有接待室、面试室、情景模拟室、信息处理室，人员评估中心的人员也都接受过专门的培训。人员评估中心的建立确保了录用工作的客观公正性。

2. 标准化、程序化的评估模式

SGM 的整个评估活动完全按标准化、程序化的模式进行。凡被录用者，须经填表、筛选、笔试、目标面试、专业面试、情景模拟、体检、背景调查和审批录用九个程序和环节。每个程序和环节都有标准化的运作规范和科学化的选拔方法，其中笔试主要测试求职者的专业知识、相关知识、特殊能力和倾向；目标面试由受过国际专业咨询机构培训的评估人员与求职者进行面对面地讨论，验证其登记表中已有的信息，并且进一步获取信息；专业面试由用人部门完成；情景模拟是根据求职者可能担任的职务，编制一套与该职务实际情况相仿的测试项目，将被试者安排在模拟的、逼真的工作环境中，要求被试者处理可能出现的各种问题，用多种方法来测试其心理素质、潜在能力的一系列方法。如通过无领导的两小组合作完成练习，观察应聘管理岗位的求职者的领导能力、领导欲望、组织能力、主动性、说服能力、口头表达能力、自信程度、沟通能力、人际交往能力等。SGM 还把情景模拟推广到了对技术工人的选拔上，如通过齿轮的装配练习来评估求职者的动作灵巧性、质量意识、操作的条理性及行为习惯。在实际操作过程中，观察求职者的各种行为能力，优劣非常分明。

3. 两个关系的权衡

SGM 的人员甄选模式，特别是其理论依据与一般的面试及包括智商、能力、人格、性格在内的心理测评相比，更注重以下两个关系的比较与权衡。

（1）个性品质与工作技能的关系。

公司认为，高素质的员工必须具备优秀的个性品质与良好的工作技能。前者是经过长期教育、环境熏陶和遗传因素影响的结果，它包含了一个人的学习能力、行为习惯、适应性、工作主动性等；后者是通过职业培训、经验积累而获得的，如专项工作技能、管理能力、沟通能力等，两者互为因果。但相对而言，工作能力较容易培训，而个性品质难以培训。因此，在甄选录用员工时，要看其工作能力，更要关注其个性品质。

（2）过去经历与未来发展的关系。

无数事实证明，一个人在过往经历中对待成功与失败的态度和行为，对其将来的成就具有或正或负的影响。因此，分析其过去经历中所表现出的行为，能够预测和判断其未来的发展。

SGM 正是依据上述简明实用的理论、经验和岗位要求，来选择科学的评估方法，确定评估的主要行为指标，从而取舍求职者的。如在一次员工招聘中，有一位求职者已进入第八道程序，经背景调查却发现其隐瞒了过去曾在学校因打架而受处分的事，当对其进行再次询问时，他仍对此事加以隐瞒。公司认为，虽然人的一生难免有过失，但隐瞒过错属于个人品质问题，个人品质问题会影响其今后的发展，最后经大家共同讨论一致决定对其不予录用。

4. 坚持“宁缺毋滥”的原则

为了招聘一个工段长，人力资源部的招聘人员在查阅了上海市人才服务中心的所有人才信息后，发现符合该职位要求的具有初步资格者只有 6 人，但遗憾的是，经评估所有人都不合格。对此，中外双方部门经理坚定地说：“对这一岗位决不放宽录用要求，宁可暂时空缺，也不要让不合适的人占据。”人员评估中心曾对 1997 年 10 月到 1998 年 4 月这段时间内录用的 200 名员工随机抽样调查了其中的 75 名员工，将其招聘评估的结果与半年的绩效评估结果做了一个比较分析，发现当时的评估结果与现实考核结果基本一致，这证明人员评估中心的评估有着较高的信度和效度。

（资料来源：http://www.eol.cn.）

讨论题

企业的招聘策略主要需要考虑哪几个方面？

【本章实训】

通过本章的学习，假设你是 B 集团招聘小组的成员，现在正在召开校园招聘计划会议，人力资源部打算先去本市各大院校做校园宣讲，并且院校数量不少于 5 所，活动之后，接收学生的简历并进行初次面试。人力资源部经理委任你去制作校园招聘行程计划表，包括具体的日期、时间、所到院校宣讲地点、活动内容等信息。

同时人力资源部经理提醒你，在做行程安排时，要和各大院校协商好招聘时间、地点、需求岗位及专业等信息。你有两周的时间去做安排，两周后的会议开始前，提交招聘行程计划表，请以表 5-3 为参考，制订招聘行程计划。

表 5-3　招聘行程计划

日　期	时　间	院　校	宣讲地点	主持人	宣讲人	活动内容

第 6 章

招聘渠道及方法

学习目标

- 了解招聘渠道的类型
- 掌握选择人力资源招聘渠道的基本思路
- 掌握人力资源内部招聘渠道及方法
- 掌握人力资源外部招聘渠道及方法

关键术语

内部招聘；外部招聘；校园招聘；网络招聘；猎头招聘

引导案例

思科人才招聘

1998 年 9 月，思科系统（中国）网络技术有限公司（简称思科）成立，并且在北京建立网络技术实验室；2003 年 3 月，思科获“电子政务推荐企业”称号；2013 年，思科收购以色列网络优化软件厂商 Intucell。

2018 年 12 月 18 日，思科位居 2018 年度（第十五届）“世界品牌 500 强”排行榜第 15 位。

一、网络招聘

作为一个高速成长的高科技公司，思科基本上每隔 3 个月就要招聘 1 200 人，即使如此，仍有数百个职位出现空缺。长期以来，思科的客户主要是企业客户，与普通老百姓的生活相差甚远。因此，它适合以游击战术来提高自己的形象，即通过互联网市场来宣传自己，为自己营造声势。

思科的网址已成为强有力的招聘工具。任何一个想到思科工作的人都可以通过登录思科的官方网站，输入关键词，检索与自身才能相匹配的空缺职位，也可以发送简历或利用思科的简历创建器在网上制作一份简历。最重要的是，这个网址会让求职者和其公司内部的一位志愿者成为“朋友”。这位朋友会告诉求职者有关思科的情况，把求职者介绍给适当的人，带领他完成应聘程序。

但是，思科的网址真正的威力不在于它让积极的求职者行事更快捷，而在于它把公司推介给那些满足于现职、从未想过在思科工作的人。负责公司招聘的 Michael McNeal 说：“我们积极地瞄准那些求职不怎么积极的人。”

为了达到这个目的，思科在其他各种人才经常光顾的地方宣传其网址。比如，思科和 Dilbert 同站建立链接，而这个网站是想要摆脱现在的工作、重新寻找新工作的程序设计人员最喜欢的。思科经常收集该网址访问者的数据报告，并且据此调整其策略。比如，公司了解到大多数访问者来自太平洋时区，时间在上午 10 点到下午 2 点之间，然后得出结论：许多人在公司办公时间寻觅工作机会。为此，思科开发了一种软件，以方便这些偷偷摸摸找工作的人。这种软件让用户点击下拉菜单，回答问题，并且在 10 分钟内介绍个人概况。它甚至能替他们打掩护。如果上司正好走过，用户只需要点击一下按键就能激活伪装屏幕，把原屏幕内容切换成“送给上司和同事的礼品单”或“杰出员工的 7 种好习惯”等。

二、猎头招聘

虽然网络招聘为思科招到了不少员工，但还是不能满足思科的人才需求，特别是在高科技人才稀缺的情况下，这种招聘更不能使思科感到满意。因此，思科也通过猎头公司为自己寻找高级人才。使用猎头公司的成本非常高，但是它能够满足思科对高技术人才的需求，是最有效的招聘手段。在思科，有 40%的员工是通过猎头公司获得的，而且猎头公司招聘的职位大多都是高级职位。

三、员工推荐

思科还积极提倡员工推荐，称为“员工转介员工”。公司认为，员工推荐具有很大的优势，如被介绍人往往与介绍人有过合作关系，因此已经有团队合作的基础；因为彼此认识，所以很少需要进行资历调查；因为公司对新来者的情况已有了解，所以新来者可以较快进入工作状态，缩短启动和开始发挥生产力的时间。思科有大概 10%的求职者是通过员工介绍来的。思科有一项特别的机制来鼓励员工介绍优秀人才加入，具体操作方式有点像航空公司累积旅程。思科规定，介绍一个人来面试就给你一个点数，每过一道面试关又有一个点数，如果员工最后被雇用，则有事成的奖金，这些点数最后累积折成海外旅游。这是思科创造性的做法，让所有员工都是猎头代理，有合适的人一定要介绍到公司来，使思科能够在行业内不断搜寻优秀人才并通过相对经济的手段将其挖到思科来工作。

（资料来源：彭剑锋，王黎广.思科：互联网帝国[M].北京：机械工业出版社，2010.）

6.1 选择招聘渠道

选择招聘渠道是指组织在以招聘成本利益最优化为目标，为空缺岗位选拔人才时，根据岗位的特点对招聘渠道做出的一系列决策，决策时主要考虑选择什么、何时选择、由谁来选择、用什么进行选择及如何选择等问题。

在招聘方案中，根据求职者来源的不同，招聘渠道可以分为两类，即内部招聘和外部招聘。所谓内部招聘，是指现在正在企业任职的员工填补企业空缺职位的过程；所谓外部招聘，是指企业从外部寻找、吸引求职者，填补企业空缺职位的过程。当企业内部招聘不足以解决人员需求时，将主要通过外部招聘来解决。

6.1.1 内外部招聘渠道的比较

对于招聘渠道，在设计招聘方案时需要进行选择，这就必须分析内外部招聘渠道的不同特点。表 6-1 比较了内部招聘和外部招聘的优缺点。在不同的条件下，由于不同的招聘和选拔目的，会采取不同的招聘渠道。从总体上看，内部招聘的缺点有时可以通过外部招聘来弥补，而外部招聘的缺点可以通过内部招聘来弥补。所以，这两种招聘渠道是相互补充、相辅相成的。

表 6-1 内外部招聘渠道的优缺点比较

项目	内部招聘	外部招聘
优点	组织对候选人的能力有清晰的认识 候选人了解工作要求和组织 奖励高绩效，有利于鼓舞员工士气 组织仅仅需要在基本水平上雇用 更低的成本	更大的候选人蓄水池 会把新的技能和想法带入组织 比培训内部员工成本低 降低徇私的可能性 激励老员工保持竞争力、发展技能
缺点	会导致“近亲繁殖” 来源有限、水平有限 需要有效的培训和评估系统 可能因操作不公或心理因素导致内部矛盾	增加与招募和甄选相关的难度和风险 需要更长的培训和适应阶段 内部的员工可能感到自己被忽视 新的候选人可能并不适合企业文化 增加搜寻成本

1．内部招聘的优点及缺点

（1）内部招聘的优点。

第一，企业内部的员工本身就是非常重要的候选人来源，对他们进行内部晋升和岗位轮换可以补充职位的空缺。这样做增强了公司提供长期工作保障的形象。这一形象同时有助于公司人员的稳定，有利于吸引那些寻求工作保障的员工。而且，内部晋升加强了企业文化，传达了一个信息：忠诚和出色的工作会得到晋升的奖励。当员工得知公司内部有提升和岗位轮换机会及管理层人员将从内部提拔时，他们会受到激励，倾向于更加努力工作。公司内部晋升使我们将对外招聘集中在“初级层次”的职位上。填补初级层次的职位比较容易，求职人才库更大，也给我们更多的时间去培训和评估那些渴望做到更高层职位的人。即便雇用到“劣质”的员工，对于初级层次的职位来说，公司的损失也会较低。

第二，企业内部的员工具有丰富的社会关系，尤其是在同行业的人才当中，员工可以借助自己的人际关系推荐人才。例如，一个在房地产行业工作的人很可能认识较多在其他房地产公司工作的优秀人才，因此他们更能够接触到这些优秀的人才。

第三，内部员工了解自己的公司，能够更好地理解职位的要求，对企业文化也更加认同。当聘用一位内部员工时，聘用的是一名工作能力有保证的员工，一个知根知底的人。公司了解他的工作业绩、工作习惯和个人品行；而他也了解公司对他的工作期望。这样员工就更容易适应新的职位，公司在招聘中所冒的风险也比较小。选任时间较为充裕，了解全面，能做到用其所长、避其所短。

第四，内部招聘方法最经济实惠。内部招聘的费用要比从外部招聘低得多。内部招聘可以使企业节省如广告费、会务费、猎头公司代理费等开支，如果我们把管理者对外来者的聘用、分配和新员工熟悉企业所花费的间接成本考虑进去，节省的费用就更多了。

第五，内部招聘的成功率较高，并且工作的稳定性更高。有调查表明，通过内部员工推荐被录用的雇员往往比通过其他方法招聘来的员工的任职时间更长。他们对组织的情况较为熟悉，了解与适应工作的过程会大大缩短，他们上任后能很快进入角色。内部提升给每个人带来希望，有利于鼓舞士气、提高工作热情、调动员工的积极性、激发他们的上进心。

（2）内部招聘的缺点。

第一，内部招聘在一定程度上容易造成部门之间的矛盾。有时，一名优秀的员工可能被几个部门争抢。有的部门经理比较受欢迎，员工也会倾向于到他的部门。由于职位之间存在待遇上的差别，员工会选择薪资高的职位。因此，内部招聘可能带来不稳定的因素。

第二，内部招聘容易创造不公平的因素。例如，有些职位的候选人会被领导“内定”，并非依据其实际能力，而是依靠关系。有时甚至会为某些人创造一些职位出来，因人设岗。

第三，有时会造成员工的不满意和工作积极性的下降。例如，一名员工想要应聘内部招聘的职位，但他的主管认为他是部门的骨干力量，不希望他离开，而员工本人的兴趣不在这里，因此会产生矛盾。

第四，容易造成“近亲繁殖”。内部员工在推荐人选时往往推荐与自己关系密切的人，时间长了，员工中会出现一些小团体，不利于文化的融合和工作的开展。老员工有老的思维定式，不利于创新，而创新是组织发展的动力。

第五，被晋升到新的职位的员工未必适应工作。一般来说，公司会晋升在现有职位绩效优异的员工，而他们仅仅是在过去的工作中表现优秀，非常适应过去的职位要求，成绩只能代表过去，他们在新的职位上不一定合适，因此，这对公司的业绩是一大风险。

第六，容易在组织内部形成错综复杂的关系网。任人唯亲，拉帮结派，给公平、合理、科学的管理带来困难，并且备选对象范围狭窄。

2. 外部招聘的优点及缺点

（1）外部招聘的优点。

第一，来源广泛，选择空间大。特别是在组织初创和快速发展的时期，更需要从外部大量招聘各类员工。

第二，可以避免“近亲繁殖”，能给组织带来新鲜空气和活力，有利于组织创新和管理革新。此外，由于他们新近加入组织，与其他人没有历史上的个人恩怨关系，从而在工作中可以很少顾忌复杂的人情网络。

第三，可以要求求职者有一定的学历和工作经验，从而节省在培训方面所耗费的时间和费用。

（2）外部招聘的缺点。

第一，难以准确判断他们的实际工作能力。

第二，容易造成对内部员工的打击。

第三，费用高。

6.1.2 影响招聘渠道选择的因素

影响招聘渠道选择的因素有很多，包括国家的宏观影响因素、企业的中观影响因素和求职者的微观影响因素。宏观影响因素包括相关法律、经济发展状况、人口与劳动力市场、社会文化、产品或服务市场、技术发展等；中观影响因素包括企业的性质、发展阶段、企业战略及人力资源规划、企业文化；微观影响因素包括求职者的性别、年龄等人口学差异及受教育程度、所学专业、职称级别、相关工作经验等个人背景差异。由于招聘渠道的选择是为招聘的最终结果负责的，招聘渠道的选择也应从如何有利于提高企业招聘的有效性出发。自企业决定招聘某个或某些职位开始，人力资源部招聘工作的基本目标就是在有限的时间内以合理的成本将人员招聘到岗，较高目标就是确保招聘来的人员能与企业对所招聘职位的要求相匹配，并且能稳定地留在企业中工作。从上述目标可以看出，影响企业招聘渠道选择的因素主要有时间、数量、质量及成本。

1. 时间因素

时间是影响企业招聘渠道选择的非常重要的因素之一，企业专门负责招聘的人员要具备识人的本领，将适合企业的较优人员从众多的求职者中筛选出来。空缺职位填补的迫切性和劳动力市场的有限性共同作用，迫使招聘者争分夺秒地工作，直至招聘到能填补该空缺职位的满意人选为止。从这一角度来看，招聘渠道的选择对企业招聘人员来说是至关重要的。盲目地投放招聘信息，就可能产生大量无效的信息接收者，影响企业招聘的进程，使企业招聘的时间延长。

2. 数量因素

招聘是市场营销活动，是让目标群体对企业产生美好的联想行为，从而打动他们的内心，使双方有机会直面交流。有效招聘的基础在于获取充足的求职者数量，这样才有足够的空间选拔优秀的人才，并且保证在面试求职者时的谈判优势。企业要利用一切可以利用的手段来吸引足够多的求职者，使他们产生主动应聘的行为，并且乐于来公司工作。

3. 质量因素

招聘有效性的高低与不同招聘渠道人员质量的好坏密切相关，而不同渠道人员质量的好坏又与招聘职位要求的匹配程度密切相关。由于不同的行业、不同的企业和不同的职位要求不同，其对候选人资格的要求也不同，从而企业采用的招聘渠道应该有所不同。可见，衡量如何选择招聘渠道的一个重要因素是招聘渠道的职位匹配性。具体表现为某种招聘渠道针对某类职位的招聘比其他招聘渠道更有效，即通常所说的质量较好。

4. 成本因素

企业选择不同招聘渠道的成本是各不相同的，资金的有限性要求招聘人员对于空缺职位的资金预算必须非常清楚。企业每年的招聘资金预算是全年人力资源开发与管理总预算的一部分，每个公司根据自己的实际情况，按照所采用的招聘方式、招聘对象的不同，招聘人数的多少等因素来具体决定招聘资金预算。

6.1.3　企业在选择招聘方式时应遵循的几个原则

鉴于内外部招聘有各自的优缺点，大多数企业在实际招聘过程中都采用内外部招聘相结合的方式。企业在选择招聘方式时应该遵循以下几个原则。

1. 选拔高级管理人才应遵循内部优先原则

在人力资本成为企业核心竞争力的今天，高级管理人才对于任何企业的发展都是不可或缺的。企业在高级管理人才的选拔过程中应当遵循内部优先原则。

高级管理人才能够很好地为企业服务，一方面是依靠自身的专业技能、素质和经验，能够为企业服务；另一方面是对企业文化和价值观的认同感，愿意为企业贡献自己全部的能力和知识，而后者是无法在短期内完成和实现的。

同时，企业的高层管理团队和技术骨干都是以团队的方式进行工作的，分工协作，密切配合，而核心价值理念相同的人一起工作更容易达到目标，如果观念存在较大差异，将直接影响合力的发挥。

2. 在外部环境剧烈变化时，企业人才选拔必须遵循内外部招聘相结合的原则

当外部环境发生剧烈变化时，行业的经济技术基础、竞争态势和整体游戏规则会发生根本性的变化，知识老化周期缩短，原有的特长、经验成为学习新事物、新知识的一种包袱，企业受到直接的影响。这种情况下，从企业外部、行业外部吸纳人才和寻求新的资源，成为企业生存的必要条件之一。

不仅因为企业内部缺乏所需的专业人才，时间也不允许企业坐等内部人才的培养成熟，因此必须采取内部招聘与外部招聘相结合、内部培养与外部专业服务相结合的措施。

3. 企业文化类型的变化决定了选拔方式

如果组织要维持现有强势的企业文化，就不妨从内部招聘，因为内部的员工在思想、核心价值观念、行为方式等方面对于企业有更多的认同，而外部的人员要接受这些需要较长的时间，而且可能存在风险；如果企业想改善或重塑现有的企业文化，就可以尝试从外部招聘，新的人员带来的新思想、新观念可以对企业原有的文化造成冲击，促进企业文化的变化和改进完善。

内部招聘优先还是外部招聘优先？不同层次的人才、不同环境和阶段的企业应采取不同的选择，必须视企业的实际情况来定。这就需要企业在既定的战略规划的前提下，在对企业现有的人力资源状况分析和未来情况预测的基础上制订详细的人力资源规划，明确企业的用人策略，建立内部的培养和选拔体系，同时有目的、有计划、分步骤地展开招聘选拔工作，给予企业内外部人才公平合理的竞争机会，以形成合理的人才梯队，保证企业未来的发展。

6.2 内部招聘的渠道及方法

6.2.1 内部招聘概述

内部招聘是指在企业内部获得企业所需要的人才的招聘和选拔过程，它是企业充分利用和开发现有人力资源的一种模式。这种模式需要借助于企业过去的人力资源测评和绩效评价等结果，从而更加充分地发挥现有人力资源的潜力。

内部招聘通常是企业在内部公开空缺职位，吸引员工来应聘。这种方法起到的另一个作用就是使员工有一种公平合理、公开竞争的感觉，它会使员工更加努力奋斗，为自己的发展增加积极的因素。这无疑是人力资源开发与管理的目标之一。内部招聘主要有以下几种来源：职工晋升、平级调动、工作轮换、重新召回原有员工。主要方法有公告招标、推荐法（自荐或他荐）、档案法（人才储备法）。

在实施内部招聘的过程中，要遵循以下几个原则，以便充分发挥这种招聘渠道的积极效果。

（1）公开透明原则。内部招聘很容易受到原有的工作关系和人际关系等的影响，所以公开招聘信息、招聘流程和工作计划透明是非常重要的，如果这些方面出现问题，就很容易使内部招聘由积极措施变为消极活动。

（2）制度化原则。内部招聘的制度化是非常必要的。无论是什么样的员工来应聘，都按照组织的内部招聘规章制度来实施，这样可以避免一些内部招聘可能带来的消极影响，保障内部招聘的公平和高效。

6.2.2　内部招聘的渠道来源

1. 职工晋升

职工晋升也叫内部晋升，是指将组织内部的职工调配到较高的职位上。

（1）优点。

①组织与求职者更易相互适应。组织对这些员工比较了解，能较正确地评价他们胜任新职务的能力和资格；内部求职者也较熟悉组织的管理方式、政策和组织文化，因而上岗后更易适应新岗位。

②起到激励作用。内部晋升使员工有组织安全感，感到自己在本组织内只要努力工作，就会有更好的发展前途，从而对组织产生长期兴趣，也提高了忠诚度；同时为了使自己能在内部晋升中成功，求职者会及早做好准备，平时积极工作，不断开发自己的潜能。

③提高经济效益。内部晋升可以节省组织的招聘费用，节约支付的薪资（外部招聘的人员与从事同样工作的内部人员相比，常常需要支付较高的薪资），以及其他的费用支出（如在引进外部人员时还要支付费用安排其家属）。

（2）缺点。

①可能觅不到最佳人选。内部晋升被选择的人员有限，即使被选出的是最佳人选，但从职务来看，可能并不是最合适的；另外，被发现的最佳人选，也可能因不喜欢离开熟悉的工作环境或其他的顾虑而不愿被晋升。

②容易引发组织内部的明争暗斗和“近亲繁殖”。

（3）适用背景与实施关键点。

①适用背景：基于上述优点和缺点，组织在运用内部晋升的机制时也要考虑从外部

获得人员。一般地，组织根据所招聘员工的类型决定从何处去招聘，如在需要高级的、受过专业训练的员工或高级经理时，则常采用外部招聘；需要技术和管理人员时，则运用内部晋升的招聘方式。

②实施关键点：内部晋升的关键是保证晋升活动的公平、公开和公正。目前许多组织的晋升标准是以个人判断为基础的，而个人判断常常会引发标准的公平性问题，所以组织在运用内部晋升的机制时，应该用客观的方法评价员工（如某些主观内容量化），制定一个令人信服的晋升标准。

2. 平级调动

平级调动是指内部员工在同级水平职务间的调动，是较常见的内部招聘方式。

平级调动的作用主要体现为激励，如果职工被调任到一些重要的同级岗位，被调动的员工就有受领导重用之感，从而激发其工作积极性。

调动的关键是确定调动对象，确定时可依据资历和业绩两个标准：一般组织希望根据员工的业绩安排平级调动，而员工更愿意依据资历深浅来调动工作。

3. 工作轮换

工作轮换是指派员工在一个阶段从事一项工作，在另一个阶段从事另一项工作。轮换工作的员工岗位有临时性的特点。工作轮换有助于丰富员工的工作经验，通过工作轮换可以培养技术和行政管理人员，将他们置于组织的各部门，使其熟悉组织的更多领域及各部门之间的相互活动，为今后的管理工作打下扎实的基础。

4. 重新召回原有员工

重新召回原有员工是指将那些暂时离开工作岗位的人员召回原有工作岗位。

这种方法支出的费用较少，较适用于商业周期明显的行业。由于重新聘用的员工较新职务求职者更熟悉组织的工作程序，了解组织文化特点，有丰富的工作经验，因而更易适应工作环境及新的工作；同时，组织对这些员工有记录、较了解，因而更安全、稳定，流动性小。

有些员工可能被其他组织聘走或不愿重新加入原组织，因而为了给组织重新召回员工留有较大余地，组织在暂时解聘员工时，应与这些员工保持较好的关系。

有时组织内部不一定有合格的人选，尤其是在组织快速发展需要大量专业和高能力人员时，内部人员在数量和质量上都不能满足招聘的要求，此时就需要从组织外部进行招聘。

6.2.3 内部招聘的方法

1. 公告招标

公告招标也叫张榜法。公告招标是在组织内部招聘人员的普通方法，过去的做法是在公司或企业的布告栏发布工作岗位空缺的性质、职责及条件等信息。现在已开始采用多种方法发布招聘信息，如墙报、内部报刊、内部广播、公司网站等。在采用公告招标时要允许员工有一段时间去“投标”，“投标”要求员工填一张表格。在很多大公司，员工的申请手续都是在公司网站上完成的。一般来说，公告招标经常用于对非管理人员的招聘，特别适合对普通职员的招聘。在西方国家，公布工作空缺和允许员工“投标”这样一种方法主要用于蓝领阶层的工作，但其应用范围正在扩大，它不仅在政府部门被广泛使用，而且被民营企业频繁采纳。

优点：公告招标提高了招聘的透明度和真实性，提高了员工的士气，为员工的职业发展提供了更多的机会，促使主管更加有效地管理员工，防止本部门员工的流失。例如，在公司内部，一旦有岗位空缺，人力资源部首先会向内部员工发布信息，让公司内部员工在第一时间获得信息，鼓励员工内部“跳槽”，岗位的轮换给员工的职业生涯带来了创新与活力，也成为留住人才的重要因素之一。

缺点：花费时间长，导致岗位长时间空缺，影响企业的正常运营，也可能导致员工盲目地换工作。

2. 推荐法

推荐法是指由本组织的员工根据组织的需要来推荐自己熟悉的人的方法。为了节省开支和时间，还可采用员工引荐的方式，其实鼓励本公司员工推荐合适职位候选人是非常重要和有效的。因为员工了解自己的公司，也了解所推荐的人选。应该慷慨地奖励为公司推荐了合适的职位人选的员工，因为最后你会发现这种招聘方法最经济实惠，比花好几个小时去发现和筛选那些陌生的求职者更容易。从招聘效果和费用的角度而言，推荐法可以评为“A”级。

一般由其上级主管人员向人力资源部推荐候选人，通过对候选人的审查、考核（当候选人员数量多于招聘数量时还要进行筛选）、岗前培训等一系列程序，把符合条件的人员安排在新的工作岗位上。

步骤：首先，在组织的各部门发布某空缺职位的招聘信息；其次，由各主管人员负责推荐符合条件的候选人；再次，对各候选人进行综合评定并征集各部门的意见；最后，确定该职位的最佳人选。

优点：成功的概率比较大。推荐人对用人单位和被推荐人都比较熟，所以容易为空缺职位找到真正适合的人选，在企业中最常见的推荐法就是主管推荐，因为主管比一般员工更了解潜在候选人的能力，应该说是比较准确和可靠的。

缺点：这种方法是比较主观的，受个人因素的影响，主管推荐的往往是自己的亲信心腹，而不一定是一个真正有能力的人，上任后容易形成内部团体和裙带关系。

图 6-1 为引荐担保书。

> 我向公司引荐新员工 1 名，并且愿为其做如下担保。
>
> 一、新员工基本信息。
>
> 姓名：
>
> 性别：
>
> 身份证号码：
>
> 学历：
>
> 可胜任岗位：
>
> 二、本人确认被介绍人所提供的个人简历材料真实，政治面貌清白，无犯罪记录，身体健康，品行端正。如有虚假和隐瞒，本人愿意承担一切后果。
>
> 三、被介绍人在公司工作期间如发生经济或法律案件，致使公司利益蒙受损失，本人愿负连带责任。
>
> 四、被介绍人在公司的约定工作期内，未经公司同意擅自离职、跳槽的，本人愿承担 3 000（叁仟）元赔偿金；因未办理离职移交手续造成公司经济损失的，本人愿负责赔偿。

图 6-1 引荐担保书

3. 档案法

当出现岗位空缺时，可通过查阅内部人才储备库寻觅合适人选。人力资源部应备有员工的个人档案，建立内部人才储备库。内部人才储备库通常记录员工的教育、经历、技能、培训、绩效等有关情况，并且这些信息随着员工的自身发展得到不断的更新。这些信息可以帮助招聘人员确定是否有合适的人选，然后，招聘人员可以与他们接触以了解其申请意愿，以及对空缺岗位的认知。内部人才储备库的建立为后备干部的培养奠定了基础。

档案法可结合推荐法一起使用，即获取候选人的个人信息，除由推荐人提供相关材料外，还可以通过查阅档案记录来了解该员工是否符合招聘职位的条件。

优点：可以在整个组织内发掘合适的候选人，选择范围比较广，同时档案可以作为人力资源信息系统的一部分。如果经过适当的准备，并且档案包含的信息比较全面，采用这种方法就比较方便和省时。这种做法给员工以升职的机会，会使员工感到有希望、有发展的机会，对于激励员工非常有利。

缺点：要求档案信息准确、完备。

6.3 外部招聘的渠道及方法

一般来说，在下列几种情况下，组织必须从外部招聘新雇员。

（1）填补最基层的职位空缺。

（2）获取某项现有工作人员不具备的技术。

（3）获取与现有工作人员具有不同知识背景的新工作人员，以便为组织提供新的观点和活力。

6.3.1　外部招聘概述

1．外部招聘的概念

所谓外部招聘，是指从企业外部招聘和选拔人力资源的过程，是人力资源招聘与选拔的重要途径之一。

与内部招聘比较而言，外部招聘的难度和复杂性更高。外部招聘会涉及很多外部环境因素、企业自身的因素及整个招聘和选拔任务本身特性的影响。外部招聘的具体方法和途径有很多，需要企业在选择时综合考虑自身的因素、招聘和选拔的目的、招聘的人数及各方法的特点，综合选择某种或某几种方法的组合，作为企业某次招聘和选拔工作的实施方法。

2．真实工作预览

在就业压力比较大的情况下，外部招聘效率一直是困扰很多企业的现实问题。由于求职者众多，想要高效率地从中选出适合本企业的人才，其难度更大。

所谓真实工作预览，是指企业在招聘过程中通过为求职者提供真实、准确、完整的有关企业和职位的积极和消极信息，从而使求职者在一定程度上先进行自我筛选的招聘模式。这些真实信息可以通过宣传册、电影、录像带、面谈、上司和其他员工的介绍等多种方式来提供。它不仅是一种简单的技术和方法，更是一种招聘哲学。

真实工作预览具有以下四个优点。

（1）求职者自我筛选功能。企业向求职者展示真实的未来工作情景，可以使求职者首先进行自我筛选，判断自己与这家企业是否匹配。同时，求职者还可以进一步判断自己可以申请的岗位，以减少以后离职的可能性。

（2）求职者调整自我预期。很多求职者在进入企业时往往都带着很多期望，而在实践中很多人随着进入企业时间的增加，对企业了解（尤其是一些消极方面）的深入，常常产生失望感，这对员工的工作投入度、工作满意度都有很大的负面影响。真实工作预览则可以使求职者在进入企业前就明确哪些是自己应该抱有的期望，哪些是不应该抱有的期望，在预期上进行自我调整。

（3）求职者提前准备。在进入企业前就了解到企业的真实工作情景，可以使求职者提前做好思想准备，一旦日后出现一些问题不会回避，而是要积极地解决问题。

（4）求职者感到组织的真诚和信赖。这种真实工作情景的展示，可以给求职者一个真诚、可信赖的企业形象，对于吸引人才很有价值。

真实工作预览是出现在 20 世纪 80 年代的一种新的招聘思想，它认为企业在招聘过程中，只有给求职者（尤其是潜在的员工）以真实、准确、完整的有关企业和职位的信息，包括积极和消极两个方面，才能产生一个好的匹配效果，增加员工的满足感并使员工对企业更加忠诚，降低人员流失率。

真实工作预览的实施步骤如下。

（1）招聘实施前。此阶段主要是为实施真实工作预览做前期准备工作的。

①选取代表性样本。代表性样本是与招聘职位的工作内容和要求相类似或相同的工作样本。在选定工作样本后，就要对工作样本的工作环境、职责、性质、任务、内容及本工作样本的人员资格条件等进行调查，做出书面记录；也可调查本工作样本晋升的职位路线，有利于求职者对自己将来的职业生涯发展做出正确评估。

②制作宣传资料。宣传资料的形式多种多样，一般可以分为书面材料、音像和让求职者实际参观本企业。书面材料可以涉及企业和工作样本两方面的内容。企业方面的内容可包括企业发展历史、生产产品种类、组织结构图、组织对员工的期望、组织的责任和义务及劳务合同的基本内容等。有关工作样本的内容可包括工作内容、责任、任职资格、薪酬福利及培训发展等。每个工作样本有不同的内容，招聘人员在对样本的部分内容不清楚或模糊时，可通过此宣传资料找到相关的内容。而音像主要是为了加深员工对本企业的了解，有进一步的感性认识，因此，这方面可以涉及企业的工作环境、整个的工作流程、企业本身具有的特色文化活动、培训场景等。

（2）招聘实施中。本阶段包括宣传和面试。在宣传阶段分为两部分内容：一是发布招聘广告；二是给求职者提供材料。招聘广告的工作内容、工作环境、任职资格及薪酬福利等方面，应按照岗位的实际情况进行撰写。招聘前的宣传及招聘中有关工作情况的介绍，会让求职者对自己未来的工作范围存在许多期望，会对其日后的工作产生重要的影响。企业既可以把这些材料在网上进行公布，也可以在现场招聘时由求职者自己取得：在现场招聘时，招聘人员可以发放印有自己企业和职位的广告或小卡片，同时播放音像。在面试过程中，招聘人员应该与求职者坦诚相见，同时让一个与新员工职位有关的中层人员（部门主管或经理）参加面试，这有利于形成心理契约。

（3）招聘结束后。在求职者面试结束后或经过一系列测评后，企业做出录取决定前，可以让求职者对企业进行实地考察，如对企业的整个工作流程进行参观或让求职者到实际的工作环境中接受测验等，并且对自己关心的问题向工作人员或随从人员进行询问（如薪酬福利、培训、职业发展等）。从而对企业和职位的情况有进一步的了解，降低自己不切实际的期望。通过对企业的现场参观，可以使求职者的期望与实际工作相符，更有利于与员工形成合适的心理契约，降低人员流失率。

在准备实际工作预览的内容时，应注意以下五个方面。

（1）内容的真实性。

（2）详细程度。组织不仅应提供类似休假政策和公司的总体特征这样一些宽泛的信息，还应介绍日常的工作环境等细节问题。

（3）内容的全面性。应对员工的晋升机会、工作的监管程度和各个部门的情况进行介绍。

（4）可信性。

（5）求职者关心的要点。对求职者关心的问题应给予回应。

通过真实工作预览降低新员工对工作的期望值，也略微降低了员工对工作的接受率，但提高了新员工对工作的满意感和对组织的承诺，更能促进员工与组织的相互接纳。

6.3.2　外部招聘的渠道来源

外部招聘的渠道来源通常有以下四种。

1. 大中专院校及职业技术学校

这是招收应届毕业生的主要途径，其中，中专和职业学校常为组织内的办事员和其他初级操作性职位提供人员补给，而各类大专院校提供的是潜在的专业人员、技术人员和管理人员。

2. 竞争者与其他组织

对严格要求近期工作经验的职位来说，其竞争者及同一行业或同一地区的其他公司可能是其最重要的招聘渠道。此外，小公司也特别注重寻求有大型企业相关工作经验的人员。

3. 特殊群体人员

特殊群体人员，是指谋求职业有困难或处境不利的人员，包括残疾人、退出现役的军人、少数民族人员、失业者及老年人等。《中华人民共和国劳动法》（简称《劳动法》）第十四条规定："残疾人、少数民族人员、退出现役的军人的就业，法律、法规有特别规定的，从其规定。"

（1）残疾人。《中华人民共和国残疾人保障法》规定，国家推动各单位吸引残疾人就业。机关、团体、企业事业组织、城乡集体经济组织，应当按一定比例安排残疾人就业，并且为其选择适当的工种和岗位。

残疾人的特点是比较忠诚，出勤率也较高。

（2）少数民族人员。《中华人民共和国民族区域自治法》规定，在同等条件下优先招收录用当地少数民族人员。

（3）军人。《中华人民共和国兵役法》和《退伍义务兵安置条例》规定，符合安排工作条件的义务兵退出现役后，由当地政府负责安排工作。但是，在依法保障退伍义务兵的第一次安置就业的同时，对自愿到劳动力市场竞争就业和自谋职业的应予支持和鼓励。

军人的优势主要在于其拥有的技术范围广、目标意识和团队意识强，这种员工来源不应被忽视。

（4）失业者。导致失业的原因主要有企业经营失败导致破产、裁员、并购，与高层管理人员不和、不称职。

《劳动法》第二十七条规定："用人单位濒临破产进行法定整顿期间，或者生产经营状况发生严重困难，确需裁减人员的，应当提前三十日向工会，或者全体职工说明情况，听取工会，或者职工的意见，经向劳动部门报告后，可以裁减人员。用人单位依据本条规定裁减人员，在六个月内录用人员的，应当优先录用被裁减的人员。"

（5）老年人。研究显示，老龄员工一般有工作经验，对工作有"悟性"，而且是可以依靠的员工，因而他们实际上是非常好的招聘资源，特别是在我国进入老龄化社会的情况下。老龄员工的弱势主要集中表现在组织支付的医疗保健费、接受一项新任务的流动性及培训的可持续性方面。

4. 个体经营者

这类人员由于有自我经营的经历，往往具有组织内部各类工作所分别要求的专业技术、行政管理和企业经营等多方面的知识技能，这就使得他们一旦愿意求职，就极可能被录用。这类人员的不足主要表现在纪律、观念方面。

6.3.3 外部招聘的方法

1. 人才交流中心和人才招聘会

我国很多城市都设有专门的人才交流服务机构，这些机构常年为企事业用人单位提供服务。他们一般建有人才资料库，用人单位可以很方便地在资料库中查询条件基本相符的人才资料。通过人才交流中心选择人员，有针对性强、费用低廉等优点。

人才交流中心或其他人才交流服务机构每年都要举办多场人才招聘会，用人单位的招聘人员和求职者可以直接进行接洽和交流。招聘会的最大特点是求职者集中，用人单位的选择余地较大，费用也比较合理，而且可以起到很好的企业宣传作用。

2. 媒体广告招聘

通过报纸杂志、广播电视等媒体进行广告宣传，向公众传达招聘信息，覆盖面广、速度快。相比而言，在报纸、电视中刊登招聘广告费用较大，但容易醒目地体现组织形象；很多广播电台都设有人才交流节目，播出招聘广告的费用较少，但效果比报纸、电视广告差一些。

招聘广告应该包含以下内容。

（1）组织的基本情况。

（2）招聘的职位、数量和基本条件。

（3）招聘的范围。

（4）薪资与待遇。

（5）报名的时间、地点、方式及所需的材料等。

媒体广告招聘的优点：信息传播范围广、速度快，应聘人员数量大、层次丰富，组织的选择余地大，可以招聘到素质较高的员工。

媒体广告招聘的缺点：招聘时间较长，广告费用较高，要花费较多的时间进行筛选。

3. 网络招聘

网络招聘，也被称为电子招聘，是指通过技术手段来帮助企业招聘人员完成招聘的过程，即企业通过公司自己的网站、第三方招聘网站等机构，使用简历数据库或搜索引擎等工具来完成招聘的过程。

根据网络招聘的实际应用，其一般具有以下优点。

（1）覆盖面广。互联网的覆盖面是以往任何媒介都无法比拟的，它的触角可以轻易地延伸到世界的各个角落。网络招聘依托于互联网的这个特点，取得了传统招聘方式无法获得的效果。

2000 年，IBM 通过网络招聘，只在全国 7 个城市的 14 所学校张贴了海报，而且没有在校园里进行任何宣传活动，却收到了来自包括英、美、日、澳等地留学生在内的 13 000 多份简历，学校数目也远远超过了 14 所，招聘活动的覆盖面是公司自己都始料未及的。

（2）方便、快捷、时效性强。网络招聘的双方通过交互式的网上登录和查询完成信息的交流。与传统招聘方式不同，它不强求时间和空间上的绝对一致，方便了双方时间的选择。互联网本身不受时间、地域限制，也不受服务周期和发行渠道限制。它不仅可以方便、快捷地传递信息，而且可以瞬间更新信息。这种基于招聘双方主动性的网上交流，于无声无息之间完成了及时、迅捷的互动。

（3）成本低。网络招聘在节约费用上有很大的优势。对于毕业生来说，通过轻点鼠标即可完成个人简历的传递，原本一个月才能完成的信息整理、发布工作，现在可能只要半天就能够完成。这既节约了复印、打印费用，还省去了一番鞍马劳顿。对用人单位来讲，网络招聘的成本更低。

（4）针对性强。网络招聘是一个跨时空的互动过程，对供求双方而言都是主动行为，无论是用人单位还是个人，都能根据自己的条件在网上进行选择。这种积极的互动减少了招聘和应聘过程中的盲目行为。目前，一些大型的人才招聘网站都提供个性化服务，如快捷搜索方式、条件搜索引擎等，这进一步加强了网络招聘的针对性。

（5）具有初步筛选功能。目前，“网民”的主体是一个年轻、高学历、向往未来的群体。通过上网，招聘人员已经对求职者的基本素质有了初步的了解，相当于已经对他们进行了一次小型的计算机和英文的测试，对求职者进行了一次初步筛选。

虽然网络招聘具有其他招聘方式不具备的优点，但它也存在不足，如求职者的应聘信息可靠性较低等。由于网络具有极大的虚拟性，通常混杂着一些不真实的信息，无法及时、准确筛选，可能给招聘工作带来一定的风险。

4. 校园招聘

校园招聘对企业来说非常重要，最初投入大量资源用于校园招聘的以大企业为主，但发展趋势是越来越多的中小企业也开始进入校园进行招聘。

（1）校园招聘对企业有多重意义。

其一，有利于获得高质量、有潜力的人才。几乎所有的成功人士在求职过程中必须经历的一站是校园。招聘部门有机会在校园招聘中接触到大量应届毕业生，有机会找到有发展潜力的人才，而这些人一旦毕业后短期之内不会再到人才市场上求职，几年之后可能需要猎头才能把他们找到，这样成本更高且不如公司自己培养人才那样契合企业需求。所以，做好校园招聘，企业就有机会找到最有潜力的人才，事半功倍。

其二，有利于在校园人群中培养雇主品牌，推广企业品牌。近年来，校园招聘的目标不仅仅是招到一定数量的毕业生，更多的企业开始通过校园招聘树立企业品牌形象。通过这种形象的树立和强化，企业也为未来的人才竞争奠定了良好基础，因为现在的大学生数年后就会成为人才市场的中坚力量。雇主品牌好，会吸引更多的毕业生选择向本公司求职，这样就有机会招到更合适的人才。退一步讲，即使这些认同企业的学生因各种原因无法成为本企业的员工，但如果他们未来成为企业的客户、供应商或合作伙伴，对企业发展也有很好的帮助。

（2）校园招聘主要有以下方式。

第一种，企业直接到相关学校的院系招人，这类企业的招聘针对性很强。

第二种，企业参加学校举办的专场人才招聘会，或者通过校园网站发布招聘信息。

第三种，企业派出专门人员，到校园举办专场招聘会或宣讲会。

据统计，毕业生参加人数最多的往往是第三种招聘方式。

第一种方式是企业直接针对目标人才，针对性强，效率高；第二种方式是“学校搭台，企业唱戏”；第三种方式是企业“自己搭台唱戏”。一般的大型企业采用第三种方式，中小企业采用第二种方式。对于专业性比较强的人才招聘，则采用第一种方式。

除此之外，行业专场招聘会也越来越受到企业和学生的欢迎，如针对银行系统、卫生系统、经济管理类、法学类、医药类、气象类等行业的专场招聘会。按行业来分类的招聘会，可以缓解大型招聘会出现的毕业生人数过多的压力，同时使用人单位在选择录用毕业生方面更有针对性。只有这样才可以减少毕业生参加招聘会的盲目性，毕业生和企业都提高了效率。

（3）校园招聘的供求格局。

近年来，越来越多的企业进入高校直接选拔优秀毕业生，人才竞争的白热化使更多的企业把校园招聘作为人才招聘的重要渠道。新形势下，校园招聘主要体现出以下五个特征。

其一，整体形势供求两旺，专业供求基本平衡。企业需求强势递增，同时高校扩招影响逐渐明显，每年有大批大学生涌入人才市场，不断冲击同类人才的市场价格。学生选择面继续大幅度拓宽，企业、单位选择人群更广，选择阶梯和人才梯度越发清晰。

其二，少数专业生源社会需求旺盛，但优秀生源供给不足。一些看来较为冷门、从业人员较少的专业，反而就业较为容易，发展也较为平稳。

其三，个别专业毕业生生源充沛，但社会需求反应冷淡，由此造成的人才浪费、人不尽其能的情况也较常见。如这两年高校里较为看好的法学专业，所培养的人才数量已经大大超出了社会需求，反而使这部分学生就业困难。

其四，学习的专业、学校、语言能力在企业、单位评价人才时的重要性更加明显。同时，实习经验等方面也成为大学生初次就业的重要考查方向。

其五，企业对学历的要求趋于理性。更多的企业在选择应届毕业生时能做到按需录取，一味追求高学历的情况越来越少，这一方面是因为企业对人才的认识更趋理性，另一方面是用人单位合理规避人才流失所带来负面影响的必然要求。

所以，校园招聘的主要优势有以下几点。

（1）组织可以在校园中招聘到大量的高素质人才。

（2）应届毕业生虽然经验较为欠缺，但是具备巨大的发展潜力。

（3）应届毕业生思想较为活跃，可以给组织带来一些新的管理理念和新的技术，有利于组织的长远发展。

但是，校园招聘也存在明显的不足之处，主要表现为以下几点。

（1）应届毕业生普遍缺少实际经验，组织需要用较长的时间对其进行培训。

（2）新招聘的应届毕业生无法满足组织即时的用人需要，要经过一段较长的相互适应期。

（3）招聘所费时间较多，成本也相对较高。

（4）招聘的员工到岗率较低，而且在经过一段时间后，离职率较高。

5. 劳务中介机构

劳务中介机构是那些专门向组织提供人力资源的机构。我国劳务中介机构的形式有临时劳务市场、固定的劳动介绍机构、各类各级人才交流中心和专门从事提供高级管理人员的猎头公司等。从所有制上看，我国劳务中介机构有些是国家和政府设立的，有些是由某些企业、集团和集体开办的，有些是纯属商业性的劳务中介公司。从提供劳务方面讲，每种机构对人员的提供亦有侧重，有些机构主要向社会提供熟练工人和技术工人，而有些重点是向社会提供管理人员、高级专家和留学回国人员，还有些机构专门帮助组织发掘高级行政主管。

劳务中介机构的主要职能是将我国人员配置纳入市场配置的范围，它不仅可以使组织以低的费用在市场上快速找到所需的人员，而且为求职者提供了选择工作的广泛机会，提高了全社会的人员配置效率。劳务中介机构向招聘单位和求职者发布信息、组织劳务供求双方的见面、为各方提供一系列的招聘服务。组织利用劳务中介机构可以获得各种类型的人员，它是组织人员来源的重要渠道之一。

6. 猎头招聘

猎头公司是英文“head hunter”的直译，指那些以受委托招聘为主要业务的公司。在国外，猎头招聘早已成为企业求取高级人才的主要渠道之一。我国的猎头招聘在近些年来的发展速度逐步加快，越来越多的企业逐渐接受了这一招聘方式。

猎头招聘的一大特点是推荐的人才素质高。猎头公司一般都会建立自己的人才库，优质高效的人才库是猎头公司最重要的资源之一，对人才库的管理和更新也是他们日常的工作之一，而搜寻手段和渠道则是猎头服务专业性最直接的体现。

当然，与高素质候选人才相伴的，是昂贵的服务费，猎头公司的收费通常能达到所推荐人才年薪的 25%~35%。但是，如果把企业自己招聘人才的时间成本、人才素质差异等隐形成本计算进去，猎头招聘或许不失为一种经济、高效的方式。

不同的猎头公司有不同的工作程序，典型的步骤是分析客户需要，根据客户需要搜寻人才并进行面试、筛选，最后形成候选人报告供客户选择。

全面理解客户的需要是成功找到合适人才的前提。为了切实理解客户的需要，有的猎头公司甚至会派人去客户公司工作一段时间，以了解和体会其文化、员工关系、组织结构等。企业在使用猎头招聘时，也要注意确保猎头公司准确地理解了自己的需要，否则耽误了时间，企业将比猎头公司遭受更大的损失。

7. 员工推荐

通过企业员工推荐人选，是组织招聘的重要形式之一。员工推荐是指组织内部人员推荐和介绍职位求职者到组织中来。它实际上是在组织内部和外部之间建立一座桥梁，通过职工以口头方式传播招聘信息，将组织外部的人员引入组织中适当的岗位。

员工推荐的操作重点是：首先，组织公布招聘信息，通知员工招聘的职位、需要多少人员及各类人员的应聘条件；其次，鼓励他们推荐和介绍“朋友和亲戚”来申请职位，并且提出相应的鼓励措施。员工推荐与其他外部招聘方法相比，从此种渠道进入的员工相对较稳定。因为内部员工向求职者提供的组织资料比较客观，知道组织职位所需的知识、能力和技术，同时，受聘人员与职工关系较密切，比较熟悉组织文化、工作制度与作风，能快速适应组织的环境。

6.4 企业生命周期不同阶段招聘渠道的选择

6.4.1 初创期

1. 初创期企业一般人员的招聘渠道

（1）招聘广告。

招聘广告的内容可以让招聘的要求一目了然，同时信息面广，可吸引较多的求职者，从而提高企业找到合适人选的概率。但由于广告费用高、求职者多，企业要根据自己的资金规模慎重选择合适的广告媒体及选拔方式，并且尽量将招聘过程简化。

（2）校园招聘。

鉴于自身的条件限制，企业最好选择在一般大学进行校园招聘，从而节省费用。简单的校园招聘费用不高，目标范围限定，虽然许多学生经验不足，但可塑性强，并且不乏许多有兼职经验的学生。和工作经验丰富的人相比，绝大多数在校学生不了解市场的平均工资，在人才供过于求的局面下，一般院校毕业生的工资起点不高，他们更多关注日后的发展前景，因而初创期企业可用美好的发展前景来吸引毕业生，让他们和企业一同成长。

（3）政府职业辅导机构。

企业只需要将自己的要求告知政府职业辅导机构，由他们负责初选。这种方式快捷，成本低，可为企业节约大量的时间和费用。由于政府职业辅导机构大多是失业人员，面临再就业的压力，要求的薪资不会太高，企业在招聘到有经验的员工的同时帮助政府解决了失业人员再就业的问题，从而有利于企业树立良好的形象，也易得到政府的帮助。

以上三种方式对初创期企业而言，共同的特点就是对求职者没有过多的要求，只要求具备一定的基本素质和基本技能。

2. 初创期企业管理人员的招聘渠道

初创期企业的管理处于混沌阶段，不清晰也不规范，一个管理人员常常身兼数个管理职位。这一时期，企业需要的是能独当一面的管理人才，而这些角色通常都由企业的创业团队担当。当管理人员缺乏时，外部招聘的成本较高，并且不能保证能招聘到合适的人才，所以初创期企业的管理人员往往都是通过内部招聘或人员推荐来满足需求的。

6.4.2 成长期

1. 成长期企业一般人员的招聘渠道

（1）广告招聘。

由于该阶段资金压力缓解，企业有资金支持广告费用，因而会选影响较大的招聘渠道，以提升企业招聘到合适人才的概率。

（2）校园招聘。

因为该阶段人才需求不仅数量多而且要求提高，企业可能比较青睐从重点大学招聘员工，提高在名牌学校的录用比率。

（3）人才交流市场。

人才交流市场有大量具备工作经验的员工，也不乏少许应届毕业生，这为企业聘用一般员工提供了方便。

同时，政府职业辅导机构可继续使用。以上几种渠道都具备某些相同的特征，这些渠道求职者多，企业可以快速招聘到合适的人才，从而满足企业较多、较急的人才需求。

2. 成长期企业管理人员的招聘渠道

（1）猎头招聘。

这种方式可以为公司最高管理层节省大量的招聘和选拔时间。猎头公司的联系面广、信息量大，对各类管理人才比较了解，因而可以为企业招到有能力的管理人员，但企业需要支付给猎头公司较高的费用。

（2）职业团体。

职业团体和人才交流市场、私人职业介绍机构相区别，后者仅适用于一般人员的招聘，而职业团体为中高级管理人员、技术人员的选拔提供服务。职业团体的求职者水平和素质较高，并且人才集中，不仅有利于企业在较短的时间内选拔出合适的人员，也可以帮助企业节约时间和费用。

以上两种渠道对成长期企业管理人员的招聘较有效，除了这些渠道，企业在需求仍不能满足的情况下，可以选用其他渠道作为辅助。

6.4.3 成熟期

1. 成熟期企业一般人员的招聘渠道

虽然对成熟期企业而言，招聘不是重点，但也应当选择合适的渠道，招聘合适的人才，从而避免企业不必要的花费。对于一般员工和技术人员，学校招聘、广告招聘、人才交流市场都适用，有新项目的时候，公司还可以选择人才租赁的方式，这样公司就不必过多储备人才，又可解决急需人员的状况。此阶段企业的人才需求量不大、资金充足，企业知名度高、信誉好，人力资源管理系统比较完善，培训方法也更加成熟，所以企业这时的招聘重点不在于一般员工，而在于管理人员。

2. 成熟期企业管理人员的招聘渠道

成熟期企业机构臃肿、缺乏活力，急需为企业注入新鲜血液，所以企业需要到外界“挖”优秀的管理人才。对于管理人员的外聘，公司可选择实力雄厚、信誉度较高的猎头公司，也可选择通过职业团体招聘人才，甚至在有项目的时候，可以采取外包的形式，通过猎头公司或当地一些公司聘请高级管理人员领导团队，直至项目完成。与此同时，企业也应注重内部人员的晋升，以此维持员工的忠诚度，使员工对个人的职业发展充满信心，这有利于鼓舞士气。因此，内部招聘仍然是招聘公司管理人员的一个重要渠道。

6.4.4 衰退期

在企业衰退期，过多的人员已成为企业巨大的包袱，企业几乎不存在招聘需求。在企业内部进行大变革、企业获得新生的情况下，公司需要招聘部分管理人员，通过外聘为企业带来新的管理方法和理念，为企业老化的躯体注入新鲜的血液。这时企业需要的不仅是优秀的管理人员，还要求其必须是对整个行业市场环境较熟悉的人才，这样的人才适应时间短，能快速协助企业进行改革。这种情况下企业不能使用广告招聘的方式，因为企业对求职者没有较多的了解，处于信息不对称的劣势，对求职者能否胜任也是未知的。最好的方式是采用人员推荐和猎头招聘的方式来获取人才。对于人员推荐，推荐者对被推荐者比较了解，并且熟知被推荐者所创建的业绩及所具备的能力，被推荐者也对企业的困境有所了解，一上任便能针对性地采取措施。猎头公司有大量行业内出色的管理人员的信息，可帮助企业找到合适的人才。另外，企业可以裁减不合格的员工，加强培训，将精简后的人员成功转型组成新领域的人才队伍，同时仍需外聘部分人才和原有员工共同进行第二次创业。于是，企业又开始新一轮的生命周期，这时员工招聘要选用初创期所适用的渠道。由此开始，企业的人才招聘渠道随着第二轮生命周期进入下一次循环。

【本章小结】

内部招聘优先还是外部招聘优先？不同层次的人才、不同环境和阶段的企业应采取不同的选择，必须视企业的实际情况来定。内部招聘是指当企业出现职位空缺时，优先考虑企业内部员工，通过公告招标、推荐等调整到该岗位的方法。外部招聘是根据一定的标准和程序，从企业外部的众多候选人中选拔符合空缺职位工作要求的人员，其途径多种多样，有媒体广告、网络、校园招聘等形式。

【复习思考题】

1. 选择不同人力资源招聘渠道的依据是什么？
2. 人力资源内部招聘渠道的方法有哪些？各自的优缺点是什么？
3. 什么是猎头招聘？企业在与猎头公司合作进行人才招聘时需要注意什么？
4. 校园招聘的优势是什么？在组织实施过程中需要注意什么问题？
5. 网络招聘的当前发展和未来发展趋势有哪些？

【案例分析】

【案例一】究竟该挑选哪一位员工晋升

公司的主管职位出缺，究竟该挑选哪一位员工？这往往是令经理人伤透脑筋的抉择，尤其是在有多名候选人时。选择对了，可以提升员工士气，使公司获益；选择错了，可能对公司的生产力和员工都造成伤害。

管理学者潘西，提出了员工升迁决策的一种创新方法——ICR。ICR 代表主动精神（Initiative）、创造力（Creativity）、成果导向（Results）。

传统的升迁流程是由上而下的，主管为主要决策者；ICR 方法则是由下而上的，让候选人展现他们具备晋升的资格。

传统的升迁流程常引发许多问题，包括员工不满、未获晋升的员工质疑升迁决定、员工在晋升后的表现不如预期、同一团队的员工使用各种手段相互竞争而破坏团队的团结。最根本的问题在于，在动态的环境下，很难就职务所需技能与条件制定客观标准。但是，研究显示，具备主动精神、创造力和成果导向等三项特质的员工，最能为公司做出贡献。因此，ICR 方法或许是公司可以考虑的创新做法。

潘西在《常春藤商业期刊》（*Ivey Business Journal*）上指出，如果你想采用 ICR 方法，可以向员工说明以下几点。

若你喜欢现在的职务不想升迁，我们重视你的贡献，并且尊重你的决定。

若你希望被列入升迁候选人名单，你有机会以下列步骤展现你的领导特质。

（1）指出本公司面临的某个问题（或机会），设计一项“因应计划”，概要说明这个计划将带给公司的益处（如增加营收、改善质量、降低成本、减少顾客抱怨等）、如何衡量这些益处，以及完成此计划的可能时程表。

（2）你应该跟你的主管讨论你的计划，若执行此计划不会使公司出现问题，他将核准你的计划。一旦获得核准，你就成为此计划的“提倡者”。

（3）你的计划将属于“臭鼬任务”性质，没有额外的权利或公司资源。在进行此计划的同时，你仍然必须继续完成你的正常工作职责范围内的工作。

（4）为成功执行你的计划，你很可能需要争取其他人（如你部门的同事、其他部门的同事、客户或供货商或其他外界人士）提供协助。

（5）我们知道并非所有计划都能成功，就算你的计划失败，你也不会遭到惩处。或许，你的计划会在将来做出贡献。

（6）在完成计划后，你应该向管理团队提交一份报告，叙述你的计划、可估量的成果，以及在过程中提供协助的人员。你的报告将成为公司知识库的一部分。

（7）成功完成一项或多项这类计划，将是获得晋升的主要资格条件。

用这种方法来展现自己的能力，员工当然需要花费时间。换句话说，完成计划和获得晋升候选人名单之间会有时间落差，因此，公司必须提前规划与实施这个方法。ICR 方法不见得适用于所有公司，它最适合于鼓励员工展现主动与创新精神的公司。

3M 是最早实行这种方法的公司，Google 近年来也积极仿效 3M 的做法。此外，IBM 和花旗集团也拔擢展现主动精神、创造力，以及提出构想为公司产生积极成果的员工。

其实，ICR 方法不仅减少了传统晋升方法所造成的问题，为员工提供更客观的升迁机会，使员工发挥潜能，也有助于建立创新的公司文化。因此，这种使员工、员工所属团队，以及整个公司皆获益的方法，如果实行得当，可以说是一种三赢策略。

讨论题

你认为 ICR 方法适用于哪些类型的企业？请举例说明。

【案例二】某公司内部招聘公告

公司所属各单位：

为了适应市场经济和现代企业制度的需要，建立和完善富有生机与活力的干部管理机制，创造有利于优秀人才脱颖而出的良好环境，根据工作需要，经公司经理班子会议研究，拟在公司内部招聘审计主管一名、业务二部（清欠办）经理一名、市场部经理一名，具体事宜和有关内容如下。

1. 招聘范围

本公司所有符合招聘条件的员工。

2. 招聘条件

（1）有强烈的事业心和责任感，有熟练的业务能力和经济头脑，具有开拓创新精神。

（2）思想端正，作风正派，有全局观念，服从领导，善于团结，有较强的组织能力和协调能力。

（3）年富力强，有从事基层工作三到五年的经验，从事专业或所学专业与招聘岗位相应对口。

3. 招聘的原则

（1）这次招聘管理层岗位，既要重视政治素质，又要注重业务能力、领导能力。

（2）既要重视技术型、管理型的人才招聘，又要重视经营型、开拓型的人才招聘。

（3）管理层岗位招聘工作实行统一招聘、统一考核、统一评议、统一录用。

4. 建立招聘组织

成立××公司招聘领导组，由招聘领导组全权负责此次招聘工作。

5. 招聘程序

（1）组织发动。为进一步做好这次招聘工作，公司将于 2018 年 12 月 18 日下发“关于招聘管理层岗位的通知”，通过“学习发动”，使广大员工真正认识到实行管理层岗位竞聘上岗制度是提高公司干部队伍整体素质、促进各项工作开展的重要举措。

（2）申请报名。凡符合招聘条件者，可自愿报名，填写“管理层岗位竞聘报名表”，报公司人力资源部进行资格审查备案。

（3）报名时间。2018 年 12 月 18 日—12 月 28 日。

（4）经过资格审查的求职者，应做好以下准备工作。

①10 分钟个人演讲准备，演讲内容主要围绕竞聘岗位的工作要求，由其本人发表施政方案。

②10 分钟答辩准备，重点考查个人管理知识、决策能力、应变能力与语言表达能

力。

（5）评议打分、聘任上岗，由招聘领导组具体负责操作。

6. 未尽事宜或特殊情况，由招聘领导组研究处理

讨论题

你认为本内部招聘公告有何不足？内部招聘有哪些来源？各自的优缺点是什么？

【案例三】传统校园招聘的困境

按照教育部门的有关规定，每年从10月开始，用人单位可以进入院校进行招聘，所以每年第四季度就成了各大院校最火热的时期：对学校领导和主管部门而言，就业率指标能否完成，很大程度上取决于这几个月；对应届毕业生，特别是一般院校、冷门专业的毕业生而言，这个时期更成为大学四年最关键的攻坚期；对用人单位而言，所有的企业都希望将合适的优秀人才“抢进”自家大门，这几个月也成为企业人力资源部异常忙碌的时节。然而近年来，越来越多的企业开始意识到这种招聘模式本身存在的一些难以弥补的弊端。

扎堆进场，学生无所适从

绝大多数用人单位都集中在10月到次年1月这一时间段进入校园招聘，一旦这一时段结束，毕业生可供选择的好机会将大幅减少，因此许多毕业生为了降低风险，采取的策略是将简历投递给所有符合基本要求的招聘单位，以求尽可能多地得到笔试和面试的机会，增加胜算。

这种广撒网的做法事实上说明毕业生对企业缺乏足够的了解，不清楚各企业在工作环境、职业路径、用人要求上的真实区别，而唯一能够接触到的信息便是企业所属的行业、当前的大致规模、公开资料中的企业文化表述，以及从各种渠道得来的不甚准确的福利待遇等消息。事实上，企业与员工的匹配是一个复杂而全面的问题，从组织层面的战略、愿景、价值观，到部门层面的工作氛围、领导风格，不同的企业都有较大区别。薪酬水平、企业规模和行业、工作场所的硬件环境等属于直观而易于比较的因素，但仅仅基于这些因素去选择一家任职单位，无疑是一种带有冒险性的做法，在某种程度上对用人单位也是不负责任的。

流程仓促，企业选人困难

在校园招聘的两三个月里，企业人力资源部同样压力巨大：一方面，在短时间内必须处理海量的求职简历，工作负荷超大；另一方面，仅仅通过笔试和两三轮面试就必须对候选人做出准确的判断，事实上是相当困难的。

对于组织和团队而言，能否选拔出合适的新人，不仅仅关乎未来工作任务的完成，还会影响整个团体的氛围与人际关系。在《劳动合同法》实施之后，辞退员工更为困难，这种情况下招聘中“看走眼”的试错成本也相应加大，因此企业招聘应届毕业生无疑需要更加关注选人的准确性。而在传统的校园招聘中，前后加起来不超过5个小

时的接触，不论借助什么样的工具和技术，都很难全面了解一个人的工作状态和处事风格，因此这种方式实质上对人力资源部和组织都具有一定的挑战性。

另外，企业在校园招聘中也面临着招不到人的风险。当前的毕业生人才市场呈现两极分化态势，在大批学生找不到工作的情况下，也有一批学生能得到较多的工作机会，在不同的单位之间都快“挑花了眼”。因此，人力资源部在确认录用名单之后，仍然承担着被学生放弃的风险。如何提高选人的准确性，减少后期补招的工作量，也是传统校园招聘面临的一个难题。

既是实习，也是招聘

在传统的校园招聘思路下，要提高选人的准确性，只能不断改进甄选技术，心理测试、压力面试、无领导小组讨论，各种工具轮番上场。但无法改变的是，整个招聘过程仅有短短几个小时，而这恰恰是制约校园招聘中人员甄选准确性的最大瓶颈。为了真正提高选人的准确性、摆脱扎堆“抢人”的局面，进而彻底解决校园招聘中的问题，许多企业早已悄然改变了传统思路，采用实习生制度作为校园招聘的补充甚至替代。

其实，实习生制度本身并不是新事物，在明代，国子监毕业的学生在获授官职之前也需要到朝廷各个机构实习，当时称为“历事”——事非经历不知难，对于将成大器的官员，实习是必不可少的一关。在国外，医科、师范等领域，实习更是一种沿袭已久的做法。

（资料来源：https://wenku.baidu.com/view/bf2c7b1dfc4ffe473368ab4f.html.）

讨论题

1. 谈一下你对材料中所列的校园招聘弊端的理解。
2. 实习生制度要怎样实施才有效？
3. 校园招聘的优势表现在哪些方面？

【本章实训】

通过本章的学习，针对以下案例，设计选择招聘渠道和方法。

A 公司成立于 2003 年，是从事铜质导电产品研发、生产、加工、销售、售后的专业公司，公司主要生产高低压开关、输配电、冶金等行业的节能产品。公司的各种产品均已达到国外同类产品技术质量水平，产品销往国内大型集团公司，并且长期出口德国、英国、瑞士、美国、日本等国家。

因公司规模的扩大，现需要招聘机械维修工 2 名、生产主管 1 名、质检员 1 名、销售代表 5 名、区域经理 1 名。人力资源部预计需要 6 个月时间来完成上述职位的招聘。

1. 请你对该公司的现状，选择出合适的招聘渠道并分析原因。
2. 以 PPT 形式完成渠道和方法汇总。

第 7 章 人员甄选

学习目标

- 了解人员甄选的内涵
- 熟悉人员甄选的过程
- 掌握人员甄选的基本技术
- 掌握人员甄选的方法
- 掌握背景调查的内容、程序及方法

关键术语

初步筛选；笔试；面试；背景调查；体检

引导案例

如何筛选简历

各大公司、企业是如何筛选简历的呢？它们衡量简历的标准是什么呢？

1．先看专业再挑学校背景

采访对象：中国移动通信集团公司（简称中国移动）人力资源部高级项目经理刘先生

中国移动采取多种方式进行招聘，如招聘会、报刊广告、猎头招聘等，用得最多的是网络招聘；同时会针对招聘项目，进行校园招聘、社会招聘和内部竞聘。中国移动在筛选简历、笔试和面试时都遵循着一个既定的程序和标准。一名求职者应聘中国移动，需要经过以下几个程序：软件系统筛选简历→人工筛选简历→第一轮面试→笔试→第二轮面试。软件系统会通过审查五个方面的信息来挑选简历：学校和专业、学习成绩、班级排名、英语能力和项目经验。中国移动青睐来自重点院校、专业对口的大学生，而名校背景、突出的英语能力和担任过班长、学生会干部、社团组织者的经历，都会成为应聘中国移动的加分点。

2. 言简意赅的简历最受欢迎

采访对象：ABB（中国）有限责任公司（简称 ABB）人力资源经理唐女士

ABB 是根据每个职位的岗位描述和招聘需求来筛选简历的，之后，人力资源经理把选中的简历发到对应的业务部门进行第二轮筛选，在业务部门经理和人力资源经理沟通、协商之后，产生面试名单。

一份干净整洁、言简意赅的简历是最受 ABB 欢迎的，长度在 2 到 3 页纸比较合适。

个人信息、工作经验的叙述和招聘职位的要求越接近越容易赢得入围机会。那些精美或花里胡哨的简历是不受欢迎的。

对于应届毕业生的简历，ABB 会比较注重对方的相关社会经历，如参加过哪些社会活动、是否为学生干部等。而在招聘社会人员时，对方的工作经验是最受关注的。

3. 细节考查职业诚信

采访对象：朗讯科技（中国）有限公司（简称朗讯）人力资源部专员蓉小姐

很多人发来简历只表示希望来朗讯，却没有说明申请的职位。如果求职者连简历都写不完整，我会觉得不是他能力有问题就是太过粗心，这都不是朗讯的首选人才。还有简历的性别栏中不写男女，用性染色体 XY 来表示，让人哭笑不得。简历版面干净、符合规范、清晰明了是最好的，我们通常不在意照片，但也不要太简单。

朗讯非常在意职业道德和职业诚信，通常会注意查看简历内容的完整性、真实性，求职者工作的连续性和稳定性。朗讯并不在意求职者有其他方面的工作经历、不够良好的教育背景和中断的工作时间，但隐瞒和欺骗就会使公司对求职者的诚信和职业道德有所怀疑。

朗讯会保存每份投来的简历，建立简历档案。有一次，人力资源部专员看到两份投递时间不同但内容几乎完全相同的简历，但是前一份简历中有做教师的工作经历，后一份简历完全是做销售的经历。求职者可能是想加强销售方面的经验和背景，增加职位竞争力。

很多人为没有受到很好的大学教育而感到遗憾，所以会在简历中把教育背景模糊掉。其实他不写反而令人猜想更多。此外，很多求职者也知道企业非常关注职业的连续性，有些人可能有一段时间没有工作，但在简历中会把时间归到某段工作中，这些都会在做背景调查时被查出来。

（资料来源：http://www.51labour.com/show/175796.html.）

7.1 人员甄选概述

7.1.1 人员甄选的含义

人员甄选，是指用人单位在招聘工作完成后，根据用人条件和用人标准，运用适当的方法和手段，对求职者进行审查和鉴别，考查他们的知识、技能、经验及人格等，并且对他们未来的工作绩效做预测，从而挑选出组织所需要的、适合职位空缺的填补者。人员的甄选包括两个方面的内容：一是甄选的客观标准和依据；二是人员甄选技术的选择和使用。

对于任何现代组织，尤其是以人才为核心竞争力的组织来说，选择合适的组织成员对其生存和发展都将产生极其重要的影响。因此，企业会谨慎地采用科学的、适当的甄选方法，从众多候选人中挑选合适的组织成员。人员甄选已成为现代组织管理过程中的一项重要的、具体的、经常性的工作，是人力资源管理活动的基础和关键环节之一。

7.1.2 人员甄选的意义

当人力资源需要扩大和补充时，企业需要按人力资源需求进行增加、维持和调整，以确保人力资源供求的动态平衡，维持组织的生存和发展。为此，人员甄选的意义在于以下几点。

（1）补充适合的新生力量，使事得其人、人适其事，从而实现人与事的科学结合，为组织扩大经营规模和调整结构提供人力资源上的可靠保证。

（2）建构合理的员工队伍，优化组织内部人力资源的合理配置，实现组织部门内部、部门与部门之间人员的密切配合。

（3）稳定组织队伍，减少人员流动。经过甄选能使人员恰当地胜任工作，并且从工作中获得高度满足感。

（4）减少人员培训与开发的开支，提高培训的效率，使管理活动更多地关注如何使好员工变得更好，不断改善员工工作绩效、提高管理的效率，而不是改造不称职的员工。

（5）确保良好的个人素质。优良的组织成员素质奠定了管理的基础，能使此后的一系列人力资源管理活动顺利进行。

7.1.3 人员甄选的基本流程

人员甄选是一个系统工程，涉及甄选目标和对象的确定、甄选方法的选择，以及甄选结果的分析与评价等方面。随着运用的不断深入，人员甄选的实施过程已逐步形成基本流程（见图 7-1）。

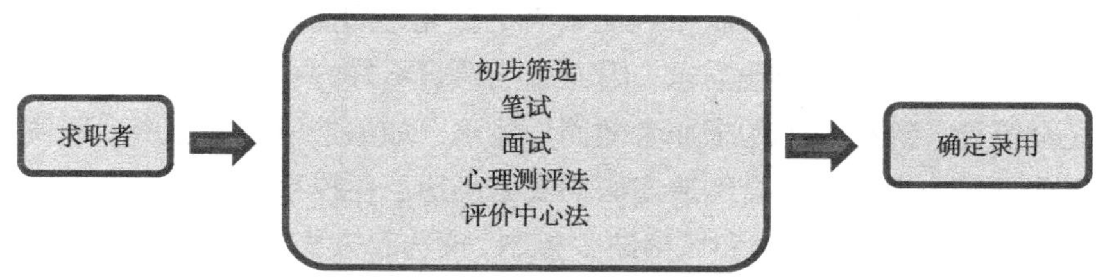

图 7-1　人员甄选的基本流程

人员甄选的整个过程都是在甄选目标的指引下完成的，对需要测评的内容进行详细分析，选择一套合适的甄选方法是至关重要的。由图 7-1 可以看出，有很多种方法都能够实现人员甄选的最终目的，而每一种甄选方法又对求职者的某项素质具有针对性的测评功能。因此，不断地学习和领悟每种人员甄选方法及其特点就显得非常重要。

7.2　人员甄选的过程及方法

7.2.1　初步筛选

1. 简历筛选

一般而言，人员甄选阶段的第一项工作是从众多求职者中剔除明显不符合企业招聘意向的求职者，缩小企业人员甄选的范围。这一工作通常是通过筛选简历或申请表的形式来进行的。

（1）简历的内容。

简历是用于应聘的书面交流材料，它向未来的雇主表明求职者拥有能够满足特定工作要求的技能、态度、资质和资信。成功的简历就是一件营销武器，它向未来的雇主证明求职者能够解决他的问题或满足他的特定需要，因此确保能够得到会使自己成功的面试。

简历一般由两部分内容构成，一是客观性内容，二是主观性内容。客观性内容主要包括个人信息、教育经历、工作经历和个人成绩四个方面。个人信息又包括姓名、性别、民族、年龄、学历、政治面貌、婚姻状况、身体状况、个人兴趣爱好、个性特征、联系方式等。教育经历一般包括上学经历（就读学校、所学专业、获得学位、外语及计算机掌握程度等）、培训经历等。工作经历主要包括以往的工作单位、工作起止时间、担任职务、工作内容、参与项目名称等。个人成绩包括在学校和工作单位所获得的各种奖励等。

主观性内容主要是求职者对自己的描述，如开朗乐观、勤学好问、吃苦耐劳、勇于挑战、富有激情、为人友善、乐于助人、诚实守信、积极向上、勇攀高峰等评价性和描述性的内容。

（2）识别简历真伪。

简历是求职者自己制作的反映个人能够满足企业招聘需求的求职材料，个人想方设法地使自己的简历能够符合企业需求，因而可能隐瞒不好的一面，夸大自己的成绩和优点。据不完全统计，约有 30%的求职者的简历注水，如编造以往的薪资、职位头衔、技能水平和工作业绩，大学生则会编造虚假的实习经历、在校社团工作经历，甚至是学习成绩等。企业对个人简历的内容和风格缺少控制，预选起来要花费相当多的时间和精力，而且只注重简历的表面文字是很危险的。

相对于企业自行设计的申请表，个人简历能够给求职者较大的自由空间，根据自己的专长进行设计，能够表现求职者的创造性和书面表达能力。在个人简历中，求职者会强调自己认为重要的那部分内容，会无意间提到其他一些有用的信息。招聘人员可以从中获取自己想要的信息，进行相应的筛选。

（3）简历筛选的方法。

HR 手里似乎掌握着每个求职者的“生杀大权”，你的明天是继续待业还是开心上班，全由他们操控。但是作为 HR，当邮箱每天要面对几百份简历的时候，如何既快又准地通过简历筛选为企业留住所需人才就成为需要修炼的一项内功。据前程无忧调查数据统计，规模较大的企业一般每周要接收 500~1 000 份电子简历，其中 80%在管理者浏览不到 30 秒后就被删除了。一般简历的第一轮过眼时间为 5~10 秒，基本上按照招聘广告要求设定好几个条件进行过滤，负责此项流程的多为招聘助理；简历的第二轮过眼时间为 30~60 秒，着眼于工作经历，首先看在什么公司就职，其次看工作年限及职位。

因此，HR 在筛选简历时也会按照一定的流程，以最快、最便捷的方式，迅速找到自己想要找的那个人。不同企业由于用人政策的不同，会采取不同的简历筛选标准，即使是在同一企业内，不同的 HR 也可能因为自己的偏好而采取不同的简历筛选标准和方法。因此，简历的筛选没有统一固定的模式。此处仅根据企业招聘的本质对简历筛选的惯用手段进行简要介绍。

第一，按照标准进行选择。根据公司的岗位说明书，对简历进行快速扫描，对简历上的求职意向（包括期望月薪、目标地点、居住地方、目标职能等）和基本情况（包括性别、学历、工作经历、资格证书、技能要求、英语和计算机水平等）进行确认，没有达到要求的就被淘汰。

第二，查看过往的工作经历。查看求职者在本行业相关公司的工作经验。如果从未涉及这个行业，那直接删除的可能性会很大。但是，跨行业不是不可以的，为了慎重起见，行业不可以跨得太大，否则就是冒险。跨行业应该选择可以共享资源的行业，如社会关系、人脉关系、客户资源等。对于应届毕业生的简历而言，则重点查看其在校期间的学习成绩、实习经历及专业的吻合度。

第三，做好人才储备。成熟的 HR 会在筛选简历时做好企业人才储备库的建设。他们在筛选简历的时候一般会分类管理，对于符合企业需求的作为备选人才进入下一轮测试；有些暂不联系但是比较优秀的人才放进人才储备库，并且回复邮件说后续有合适的岗位再联系；有些简历虽然不适合其投的岗位，但是可以考虑转到其他岗位；有些简历虽然不符合公司现有所有岗位的要求，但是如果是竞争对手的求职者，公司可以约其面谈，了解一下行业情况。

2. 申请表筛选

申请表是企业自行设计的，便于企业初步筛选求职者的一种求职表格。相对于求职简历，企业运用申请表对员工进行初步筛选有如下几个优点：第一，提高筛选效率。它要求求职者提供公司所需要的全部信息，而对公司不必要知道的信息不会留有更多空间，这样企业就免去了对无用信息的筛选，提高了筛选效率。第二，信息较完整。企业会把需要了解的求职者信息体现在申请表上，这样一来企业就可以获得全部想获得的信息。第三，有助于为面试做准备。公司可以根据自己对员工的要求设计一些有针对性的或非常具体的问题，作为将来面试的重要提问点。第四，便于求职者进行自我判定。求职者可以根据申请表对自我条件进行评估，了解判断自己是否符合申请表中所要求的条件，之后再填写申请表。

（1）申请表的基本内容。

虽然每家企业都有可能设计出不同的求职申请表，但一般来说申请表的内容会包括一些最基本的信息，这些信息主要有个人基本信息、教育培训信息、工作经历信息、与所申请岗位相关的背景信息、工作特殊要求信息及其他相关信息。企业也可以根据需要设计一些附加信息。

（2）申请表的设计要求。

申请表所包含的信息应能够包含应聘岗位所需要的全部信息，这便于对求职者进行比较全面的评价和选择。在设计申请表时，要特别注意申请表的合法性，不能与相关法律制度的要求相违背，不能有歧视的嫌疑。申请表中要充分考虑空白的大小，以让求职者能够较完整地提供其个人信息。

（3）申请表筛选的方法。

申请表筛选与简历筛选一样都属于初步筛选，是对求职者是否符合职位基本要求的一种资格审查，因此申请表的筛选重点是对求职者是否符合职位基本条件的要素进行审查，如专业、学历、工作经验等，而不是对求职者能力的考查。因此，筛选时要特别重视申请表材料的真实性。为此，企业可以检查申请表与求职简历上的日期是否一致，有没有时间空缺？如果有，一定要查明这段时间求职者在干什么？

另外，在筛选申请表时，企业必须清楚地了解工作岗位的要求，然后制定筛选条件。筛选条件的条目应与申请表中的项目相一致，每项都是最重要的筛选标准。列出的筛选条件能够使筛选者根据求职者符合工作说明书的程度来决定优先顺序。

7.2.2 笔试

笔试是相对于面试的一种测试方法，是指被测评者按照统一时间、统一地点、统一要求，通过纸笔的形式完成测评题，评判者按统一评分标准评判被测评者所掌握的知识程度的一种方法。这种方法可以有效地测量求职者的基本知识、专业知识、管理知识、综合分析能力和文字表达能力等素质及能力的差异。

笔试是人才甄选实践中最古老、最基础的技术之一。即使在人才甄选技术不断发展的今天，笔试依然在企业人才甄选中发挥着重要作用，尤其是在大规模的员工招聘活动中，它可以迅速甄别求职者的知识素质，从而判断求职者是否符合岗位的基本要求。作为人员选拔录用程序中的初期筛选工具，笔试合格者才能继续参加面试或进入下一轮测试。笔试具有以下特点。

（1）标准化。笔试的测试过程是标准化的过程。一般而言，笔试的题目、评分标准、笔试时间等都是相同的，也就是对所有求职者来说笔试的内容都是一样的（这里所指的“所有”是应聘同一家单位同一职位的所有人），具有标准化的性质。

（2）差异化。差异化是指由于每家企业、每个岗位对人才的要求不同而出现的笔试内容和形式等方面的差异。即使对于同一岗位，不同企业所采用的笔试类型也可能存在较大差异。

（3）公平性。笔试大多采用统一的试题和统一的评分标准，对所有参加考试的考生都是相同的，而且笔试题有相当大的部分属于客观题，在评分时可以避免评分人的主观性偏差。试题依据一定的内容和客观标准拟制，评卷依据客观尺度，人为干扰因素少，具有较强的区别功能。

（4）广博性。笔试的题目类型可以多种多样，如较为常见的选择题、判断题、案例分析题、写作题等；测试范围广泛，可以无所不包，既可以测评考生的专业知识，还可以考核他们的人文素养和综合知识等，并且考核结果的可信度较高。

1. 笔试的优势和劣势

作为一种比较常用的人员选拔方式，笔试有自身的优势和劣势，优势主要表现在如下几个方面。

（1）成本较低。笔试可对大批求职者在不同空间和不同时间内实施，测评效率高，笔试一次能够出十几道乃至上百道试题，考试的取样较多，可以大规模地进行分析，因此花时间少、效率高、成本较低。

（2）求职者心理压力小。在笔试时，企业招聘人员往往不在现场，或者在现场也只是作为监考人员，不会对求职者的回答有任何干预。求职者的心理压力较小、可以以较为放松的心态答题，能够考查求职者的真实状况。

（3）客观性。一般来说，笔试具有一定的客观性，特别是直答式笔试，客观性更强，这种测试取材广泛，答案肯定，评分客观精确，能够比较好地反映求职者的知识水平。另外，笔试试卷可以密封，主考人与被测者也不必直接接触，考试材料可以保存备案，这些较好地体现了客观、公平、公正原则。

任何事物都存在两面性，有优势就会存在劣势，笔试的劣势主要表现在如下几个方面。

（1）设计一份具备较高信度和效度的笔试试卷较难。笔试测试效果如何，是否能真实反映求职者的本平，取决于试卷的命题质量。若命题不恰当，设计不合理，则考试成绩不能真实反映求职者的实际水平。因而，试卷的拟制水平决定了笔试最后的效果，而要设计一份具备较高信度和效度的笔试试卷是一件相对较难的工作。

（2）笔试具有一定的运气成分。正如前面所述，笔试试卷的设计状况会直接影响笔试的结果。即使笔试试卷具备良好的信度和效度，但笔试试题也不可能覆盖所有知识点。同时由于试题固定、数目有限，求职者的成绩往往有一定的偶然性。

（3）不能有效测评出求职者的工作能力。笔试偏重于机械记忆，不易发现个人的创造性和推理能力，不能全面地考查求职者的工作态度、品德修养及组织管理能力、口头表达能力和操作技能等；笔试只能反映求职者的学历及掌握的知识量，但不能表明求职者的实际工作能力。正因为如此，笔试方法一般会辅以其他测评方法组成完整的甄选环节，从而全面地测评求职者的知识和能力。

2. 笔试的类型

按照不同的分类标准，笔试可以有多种不同类型。根据笔试的深度和广度可以分为专业知识笔试与综合知识笔试；根据笔试试题的性质可以分为主观题和客观题。在专业知识笔试和综合知识笔试中均有可能出现主观题与客观题，因而，本部分只对专业知识笔试和综合知识笔试做介绍。

（1）专业知识笔试。

主要针对求职者应具备的专业知识进行测试。设计专业知识笔试题的关键在于对任职能力的检验，前提是必须分析岗位所需要的专业知识是什么，包括哪些知识点和要求掌握的程度如何。一套成功的专业知识笔试题，可以从求职者的答案内容中判断出该求职者是否具备所需要的专业知识。

①选择题的编制。选择题的编制可以由书中的一个陈述句、一个概念、一个基本定理、一种现象、一个特定的情景设计构思出。正确的语句拟为正确答案，对可能错误的理解加以概括，作为干扰答案。选择题在编写时要尽量措辞简单明了，慎用否定句，方便阅读。

②判断题的编制。判断题是对一个命题做出正确与错误的判断。在编制时要注意命题的内容为主要的知识点和有意义的事实，避免使用带有暗示作用的特殊限定词，判断题正误随机排列。

③填空题的编制。填空题的编制方法一般是从书中选一句话或一段话并空出关键位置。这种题目易于编制，答案明确、评分客观。通常空缺的位置限于一些容易混淆和被人遗忘的关键词。

专业知识笔试的注意事项如下。

①明确测试目的。笔试试卷设计的内容要具有系统性才能发挥测验的作用，内容构成都必须由企业和岗位相关人员设计，明确测试的目的。

②选择合适的拟卷人。拟卷人应该对要测试的专业知识有较深的理解和掌握。对出题的难度、题量和题型的安排要恰当合理。最好选择两三个拟卷人共同编制笔试试题，以保证试卷的质量。另外，拟卷人的人品也要列入考虑范畴，一般要选择正直、公平、公正的拟卷人，避免试题泄露。

③控制笔试内容。一份笔试试卷应能够保证求职者在 1 小时内完成，阅卷人在 5 分钟内完成试卷批阅。如果时间过长，会影响求职者的耐心，成本过高；如果时间过短，试卷的内容不足以真实反映考查的内容。

④注意试卷的版式设计。一份笔试试卷可以从侧面反映出一家企业的实力。设计精美、质量好的笔试试卷往往会给求职者留下专业、负责、积极的企业印象；反之，会导致求职者的兴趣减弱，对企业失去信心。

（2）综合知识笔试。

综合知识又称为百科知识，内容广、知识复杂。综合知识笔试就是对求职者的知识广度进行测试。测试的目的是了解被测者对综合知识的了解程度及知识掌握水平。由于不同单位、不同职业有不同的侧重点，准备比较困难。

综合知识笔试题中主要以主观题为主，辅之以客观题，客观题所占的分值相对较少。其主要原因是主观性试题有利于测评分析、综合、评价高层次目标，试题综合性强，一道题可综合测评求职者多个知识点，适合测评求职者综合分析问题、实际解决问题的能力。

综合知识笔试的试题主要包括简答题、论述题、案例分析题等，下面简单介绍一下这几种类型题目的编制技术。

①简答题的编制。简答题通常要求求职者简明扼要地回答。出题要从宏观的角度综合考查，考核内容要具体，形式灵活多变。应注意多角度、多方向提问，增强考查的准确性和深度。在编制时，重点要提出有意义的问题，避免把琐碎、枝节性的问题变成简答题。

②论述题的编制。论述题适于考查求职者运用知识综合分析的能力，给求职者较大的自由发挥的余地。在编制时，命题需要有定论，最终答案不能似是而非。命题的题意要明确，不要产生歧义。论述题的答案编制要尽可能详细地划分得分点，制定得分依据。

③案例分析题的编制。案例分析题可通过两个思路构思：一是以社会生产生活实际发生的真实事件作为基础，编写背景材料、编制案例分析题；二是根据一定理论、原理，虚拟一个情景、事件，编制成案例。选取的案例要有典型性、代表性和针对性。

综合知识笔试需要注意的事项和专业知识笔试需要注意的事项有一些共性，这里主要介绍不同的注意事项。

①制定详细的答案标准。综合知识笔试题灵活多变，允许求职者自由发挥，展现求职者的知识、文字表达能力，以及推理、判断能力。但是这种测试题的结果可信度较低，在阅卷时，受评卷人主观因素影响较大。因此，在编制试题时，要尽可能具体、详细地划分得分点并制定评分依据。

②对拟卷人要求高。综合知识笔试主要考查的是求职者知识的广度，这就要求拟卷人的知识面也相当广泛，对测试的重点有所把握。一方面试卷的每道题要出得有针对性，另一方面要清晰、易理解，不能让求职者摸不着头脑。

③对评阅人要求高。综合知识笔试的最大特点就是考查知识范围广，题目偏重考查逻辑推理能力、创造性，求职者可以多角度、多方向地回答。这对阅卷人的能力素质要求较高，不仅自身的知识面要广，而且评分要做到公正，避免陷入评分误区。

3. 笔试试题编制的要求

（1）命题的目的明确。试题编制者在编制题目时要明确编制这套试题测试的主要内容是什么，每道题的编制应该有一个明确的目的。

（2）试题的内容科学合理。试题的内容既要测评求职者的知识程度，又要测评求职者的能力水平，还要测评求职者的发展潜力，另外设计的题目难度、题量都要适当。

（3）试题的类型恰当。试题的类型应与测评的目的相统一。如果要测试一个求职者的逻辑思维能力、自我表达能力及价值观、问题处理能力等，就可以采用论文的方式进行测评。

（4）题意清晰。试题中的问题寓意应当规范，含义要明确，切忌模棱两可，让考生难以理解或产生误解。文字简明扼要，又不能缺少必要的答题条件，同时试题要考虑测试实施和阅卷的方便性。

（5）题目相对独立。试题之间不可相互重复或牵连，切忌在试题中出现暗含本题或其他题目的正确答案的线索。

4. 笔试的实施技术

（1）制订笔试的实施方案。

实施方案是指对某项工作，从目标要求、工作内容、方式方法及工作步骤等方面做出全面、具体而又明确安排的计划类文书，是应用写作的一种文体。笔试的实施方案就是交代笔试的进程、各项时间安排、负责人，以保证笔试的顺利进行。笔试的实施方案要对某项工作的工作内容、目标要求、实施的方法步骤及领导保证、督促检查等各个环节做出具体明确的安排。要落实到工作分几个阶段、什么时间开展、什么人来负责、领导及监督如何保障等，对此都要做出具体明确的安排。笔试的实施方案通常由标题、主送机关、正文、落款四个部分构成。

（2）笔试的实施程序。笔试一般会经历六个阶段。

①成立笔试实施小组。

笔试实施小组负责整个笔试工作的实施，包括试题的编制、阅卷、费用的预算等。其具体可由人力资源招聘人员、用人部门负责人和专业人员组成。考评人员的质量和数量对整个考评工作起着举足轻重的作用，合理的人员搭配和人数确定，能使考评指标体系发挥效果。因此，要选择正直、责任心强、有纪律性的人员。由于笔试实施小组人员的知识和素质参差不齐，因而可以通过培训使成员了解、熟悉并掌握各种方法和相关知识，避免个人感情因素对考评工作的干扰。

②制订实施计划。

实施计划主要包括考试科目、考试方式、考试人数、考试时间、考试地点、考场安排、监考人员、出题方式（人事部命题、外部单位命题、学校命题）、阅卷人员名单、阅卷方式等。

③命题。

编制笔试试题是整个笔试过程中最关键、最核心的步骤。笔试试题的质量如何、具有多大的效度和信度，对笔试效果具有至关重要的作用。企业在编制笔试试题时，应从难易程度、质量、实用性等方面考虑。试卷考查范围要尽可能广且分布合理，各题目要保持相对独立。试题之间不可重复；试题中的问题应当规范，含义明确；试题考查的项目和试题类型的比例合理分布；做好保密工作。

④组织考试。

考试前，必须按照考场设置要求对各个考场进行检查。在考试过程中，要安排工作人员巡视各个考场，对考生较多或考绩较差的考场加派巡视员监督，杜绝考试舞弊行为。

⑤评卷。

试卷的评阅是整个测验的尾声，也是十分重要的环节。只有客观公正地评阅试卷，才能保证笔试的有效性和可靠性。阅卷要严格按照答案和评分规则进行。

⑥公布成绩。

企业应该在条件允许的情况下公布笔试成绩，确定合格者的名单，并且通知进行下一轮面试。

（3）笔试注意事项。

命题是笔试的首要问题，命题的恰当与否直接决定着测试的最终结果。无论是以招聘管理人员和科技人员为目的的论述性笔试，还是以招收工人和职员为目的的测验性笔试，其命题必须既能考核求职者的文化程度，又能体现空缺职位的工作特点和特殊要求。命题应当难易适中，太难太易都不利于择优。有条件的企业应该建立自己的试题库，这样在每一次考试时，抽出有关的试题进行组合，保证试题的科学性，但是入库的试题一定要经过科学的测定。另外，为保证试题的效度也可以请专家出题，但在请专家出题时一定要向专家详细地讲述招聘的目的，使专家充分了解笔试的目的，然后根据要求出题。

编制标准答案，确定评分标准。各个试题的分值应与其考核内容的重要性及考题难度呈正比，若分值分配不合理，则总分数不能有效地反映受测者的真实水平。阅卷及成绩复核，关键要客观公正、不徇私舞弊。应防止阅卷人看到答卷人的姓名，阅卷人应共同讨论打分的宽严尺度，并且建立严格的成绩复核制度，以及处罚徇私舞弊者的规章制度等。

7.2.3 面试

人员招聘面试是面试官通过与求职者进行直接交流或将求职者置于特定情景中进行观察，了解求职者的个性特征，考核求职者的能力素质，从而评价求职者在特定岗位上的适应能力和潜在的发展能力，为企业招聘到符合企业发展要求的合格人才的人员甄选过程。

1. 面试的目的

（1）了解求职者的求职动机。

面试中需要了解的最基本信息就是求职者的求职动机。面试官在听求职者回答提问的过程中，要了解求职者的言语动机，这样更有利于判断其言语的真实性。同时，面试官对其动机的判断不能仅仅停留在求职者的语言上，而是需要通过追问、情景设置等面谈技巧了解其真实动机。例如，求职者往往会说应聘这个职位是为了更好地发展，这是一个很抽象的答案，面试官需要通过对求职者所处情况做出的分析、判断等细节进行追问以了解真实原因。更广泛地讲，面试官还可以通过对求职者所讲述的以往行为进行分析来更加全面地判断求职者的工作期望。

（2）获取在笔试中难以获得的信息。

在笔试选拔阶段，企业能考查的主要是求职者的书面表达能力、公共基础知识的掌握程度、部分专业能力等有限的信息，求职者的性格、仪表、经验和综合能力是否与招聘岗位所需要的素质相符合，求职者的价值观是否与企业的价值观相匹配，则需要企业招聘人员在与求职者进行的面对面的交流与沟通中，通过交谈与观察才能够掌握。例如，某企业根据职位说明书对人力资源总监这一岗位所需能力提炼出的素质指标为计划组织协调能力、人际沟通能力、解决复杂问题的能力、团队领导能力、激励能力等，这些素质信息在笔试中很难获取，但在面试中可以利用情景模拟或行为描述的方法逐一或综合考查。

（3）评估求职者的综合能力，为企业招聘优秀人才。

面试的最终目的是招聘人员从空缺职位的需要出发，实现对求职者素质的测评，选拔出企业发展所需要的高素质人才，如果站在一个更高的角度来看待面试流程，你会发现其真正目的是寻找空缺，这个空缺存在于求职者的背景与其能从新工作中期望得到的东西之间。例如，如果求职者没有管理大型团队的经历，或者没有处理过可拿来对比的项目，或者不曾拥有企业的这个岗位将能给他提供的眼界，这些空缺都可以作为他接受你的入职邀请的理由。如果这种差距很大，这个求职者显然并不适合这个岗位；如果这种差距不够大，那么这就不算一次大的职业飞跃，对方很可能拒绝你。

2. 面试的特点

（1）面试是一个双向交流的、直接的过程。

面试是面试官和求职者之间的一种双向沟通的过程，包含言语、表情、举止等多方面的信息交流。在面试过程中，双方的接触、交谈、观察都是相互的，面试官可以通过观察和谈话来评价求职者；求职者也可以通过面试官的行为来判断其价值标准、态度偏好、对自己面试表现的满意度等，从而调整自己在面试中的行为表现。同时，求职者也可借此机会了解自己应聘的单位及职位的情况，从而决定自己是否接受这一工作。所以，面试不仅是面试官对求职者的一种考查，也是主客体之间的一种沟通、情感交流及能力的较量，面试官应通过面试从求职者那里获取尽可能多的有价值信息，求职者也应抓住面试机会，获取应聘单位及职位等方面自己关心的信息。面试的这种直接性提高了面试官与求职者之间相互沟通的效果与面试的真实性。

（2）面试的内容灵活、针对性强。

面试的内容对于不同的求职者来说是相对变化的、灵活的，具体表现在以下几个方面。

①面试的内容因求职者的个人经历、背景等情况的不同而无法固定。例如，两位求职者同时应聘档案管理岗位，一位有多年的从事档案工作的经历，一位是档案管理专业的本科应届毕业生，在面试中，对前者应侧重于询问其多年来从事档案管理方面的实践经验，对后者则应侧重于了解其对该专业基础知识掌握的情况及在校期间的学习情况。

②面试的内容因工作岗位不同而无法固定。不同的工作岗位，其工作内容职责范围、任职资格要求等都有所不同。例如，国家质量监督检验检疫总局的有关技术监督岗位，国家人力资源和社会保障部的考录岗位，无论其工作性质、工作对象还是任职资格要求，都有很大的差别。因此，其面试的内容和形式都有所不同，面试的题目及考查角度也应各有侧重。

③面试内容因求职者在面试过程中的表现不同而无法固定。面试的题目一般应事先拟定，以供提问时参照。但这并不意味着必须按事先拟定的题目逐一提问，毫无变化，而是要根据求职者回答问题的情况，来决定下一个问题问什么、怎么问。如果求职者回答问题时引出与拟定的题目不同的问题，面试官顺势追问即可，不必拘泥于预定的题目。

总之，面试内容既应事先拟定，以便提问时有的放矢，又要因人、因岗而异，灵活掌握；既要能让求职者充分展示自己的才华，又不能完全让求职者天马行空地自由发挥，最好是在半控制、半开放的情况下灵活进行。

（3）面试是强调过程的素质测评。

笔试完全以答案为依据来评判求职者的成绩，只要求职者的答案与标准答案一致，不论求职者是真的回答对了还是猜对了，也不论求职者的解答方法是否巧妙、熟练，花费的时间是多是少，都要给分。面试则是依据求职者在面试过程中的全部表现对其综合素质状况做出评定。它不仅分析求职者的回答是否正确，更重要的是看求职者在回答问题的过程中所反映出的思维的灵活性、逻辑性和应变能力等。因此，对求职者面试结果的评判不把观点正确作为第一位的指标，而应观察求职者回答问题的过程，考查其整体素质。

（4）判断的直觉性过于依赖面试官。

与笔试具有明确的客观标准不同，面试的评价标准往往带有较强的主观性。面试官的评价往往受个人主观印象、情感、知识和经验等许多因素的影响，不同的面试官对同一位求职者的评价往往会有差异，而且各有各的评价依据。所以，面试评价的主观性是面试的一大弱点。但由于人的素质评价是一项十分复杂的工作，面试官可以把自己长期积累的经验运用到面试评价中。在这个意义上，面试的这种主观性又有其独特的价值。

3. 主要面试类型

面试的类型有多种，划分的依据不同，面试的分类也不尽相同。根据标准化的程度，面试可分为结构化面试、非结构化面试和半结构化面试。

（1）结构化面试又称标准化面试，是指依照岗位胜任素质确定面试的维度，在每个测评维度上预先编制好面试题目并给出相应的权重和评分标准，严格遵循特定的程序，对求职者进行客观的评价。招聘人员在对求职者进行面试的时候，一方面努力保证基于求职者所申请的岗位胜任素质进行评估，另一方面力求采用系统化、结构化的方法来评价求职者在这些胜任素质上的行为表现水平，以确保选拔的公平性和科学性。结构化面试在两方面兼而有之，因此成为当今备受青睐的面试方法。具体分析，结构化面试的特征如下。

①根据职位分析的素质要求设计面试问题。结构化面试实施的前期需要进行深入的职位分析，以明确在特定岗位工作中哪些事例体现良好的绩效、哪些事例反映较差的绩效，由执行人员对这些具体事例进行评价并建立题库。结构化面试测评涉及知识、能力、品质、动机和个人特质等因素，尤其是有关职责和技能方面的具体问题，更能够保证甄选的成功率。

②结构化面试题目的内容及其提问顺序都是事先确定的。结构化面试的题目对同一职位的所有求职者是一致的，面试指导语、面试时间、面试提问顺序、面试实施条件务必一致，以确保所有求职者在几乎同等的条件下接受面试，从而保证面试过程的公平、公正及面试结果的可比性等。

③采用标准化的评分程序。从素质模型中提炼出一套系统化的具体标尺，每个问题都有确定的评分标准，针对每个问题的评分标准建立系统化的评分程序，能够保证评分的一致性。总之，结构化面试更加注重根据职位分析得出的与工作相关的素质，面试官知道应该提出哪些问题和为什么要提出这些问题，避免了主观上的归因错误，每个求职者都得到更客观的评价，降低了出现偏见和不公平的可能性，能够可靠、有效地在最短的时间内选聘到真正能够满足工作要求的求职者。

（2）非结构化面试。

非结构化面试是指在面试中事先没有规定的框架结构，也不使用有确定答案的固定问题，而是面试官通过与求职者进行开放式、任意式的谈话，深入地了解求职者某些方面特征的面试。非结构化面试的随意性较大，不像结构化面试那样对测评目标做专业的分析后准确地确定测评要素。因此，非结构化面试不具备统一的评价标准，面试官完全凭借经验和主观判断来主导面试过程，没有标准化的面试问题，没有标准化的面试流程，也没有标准化的候选人比较与评估体系。这种情况下，面试官很容易受到首因效应、近因效应、晕轮效应等心理学效应的影响，而且不同的面试官使用不同的评价标准，其测评结论自然不具有可比性，这影响了非结构化面试的效度，也很难把求职者的评价结果进行横向比较。

（3）半结构化面试。

半结构化面试是介于非结构化面试和结构化面试之间的一种形式。它是在结构化面试的基础上，面试官和其他招聘人员就求职者答题过程中涉及的有关问题或有疑问的地方进一步追问，问题的数量由面试总时间决定，形式更加灵活，有利于求职者充分展示真实才能，也有利于比较全面深入地考查求职者的素质状况。在试题的设计上，半结构化面试对构成要素中部分内容有统一的要求，另一部分内容则没有统一的规定。也就是在预先设计好的试题（结构化面试）的基础上，由面试官针对求职者所应聘的岗位向其提出一些随机性的问题，并且可以在规定的时间内进行追问。

半结构化面试与结构化面试的区别在于：半结构化面试中面试官的数量比较多，一般有 5~8 人，面试官的构成也比较多元化，而且提问随意性较大，涉及面更宽，提问时间比较长（一般为 30~40 分钟），所以该方法对面试官的选择与面试官本身的素质提出了更高的要求，如主持的准则、如何发现求职者的破绽进行发问与追问、如何控制面试进程、如何结束面试，以及本人的知识素质等。不过，它结合了结构化和非结构化的特点，对求职者的评价更加全面准确。

4. 面试实施方式

根据实施方式，面试可分为单独面试与小组面试。

（1）单独面试。

在这种形式下，由人力资源部工作人员与其他专业部门人员组成的面试组对各个求职者逐一进行面试，面试组一般由 3~5 名面试官组成，其中设定 1 名主考官，其他面试官协助主考官进行问题的展开提问。单独面试是一种一对多的面试形式，招聘人员可以从多个角度对求职者进行考查，提高判断的准确性。

（2）小组面试。

小组面试是指同时对多名求职者进行集体面试的形式。小组面试一般采用情景模拟和角色扮演的方式，让求职者在特定时间内就情景中的某个问题进行陈述和讨论，招聘方有多名面试官在一旁进行一对一或多对一的观察。小组面试便于面试官全面考查求职者的领导能力、语言表达能力、逻辑思维能力、辩论能力、说服能力、组织协调能力、倾听能力和合作能力。此外，由于小组面试涉及求职者相互之间的交流和沟通，这便于面试官对求职者进行横向比较，挑选出其中的佼佼者。

但是，小组面试在实际实施过程中存在很大的困难，如题目难设计、情景中角色划分随意、成本高、评价要素难以设定、对评价者要求高等，而且小组内部比较容易选拔出优秀者，但是不同小组的求职者之间难以进行比较。

5. 面试题目内容

根据题目内容，面试可分为情景面试和行为面试。

（1）情景面试。

在情景面试中，面试题目主要是特定的情景性问题，即设置一系列工作中可能遇到的场景，要求求职者回答“这种情况下你会怎么做”，看求职者在特定情景中的反应，以此鉴别求职者与工作相关的行为意向。情景面试是测评求职者在未来假设情景中的行为能力，它的理论来源于动机理论中的目标设置理论。这一理论认为，一个人的未来行为会在很大程度上受到他的目标或行为意向的影响，个体为自己设置的目标或意图是未来行为很好的预测指标。情景面试的理论假设认为，求职者对他们将来会怎么做的回答与他们将来真实的行为之间有非常大的相关性。

情景面试具有三个显著的特点。第一，面试问题是在职位分析基础上构建的，都是与工作相关的行为性问题。第二，对每位求职者都询问同样的问题。第三，对照处理求职者的回答。面试前就已确定职位的胜任素质权重和评价量表，面试后对每个问题的回答进行数量化评定。情景面试的环节依次是职位分析、开发问题、确定预期得分点、检查问题、面试实施、评分决策。情景面试在操作上可以减少由于考官获得和解释求职者相关信息的能力不同而导致的误差，还可以提高面试官在做最终录用决策时的一致性水平。

（2）行为面试。

行为面试的基本假设源于行为一致性原则，即过去的行为是对未来行为的最好预测。设置招聘情景就意味着我们对未来工作人员的最好预测方式是了解他们过去在工作中是如何表现的。一般来讲，行为面试的问题都是基于关键胜任素质的行为性问题，因此，必须对胜任素质的行为要求进行职位分析来决定所需的胜任素质并确定胜任素质的权重，然后开发面试试题、实施面试，最后做评分决策。在行为面试中，求职者在讲述事例时面试官应关注以下四个方面的问题。

①情形：即事例发生时的背景情况及求职者遇到的问题有哪些。这一部分的讲述不需要太详细，但是一定要突出问题，为后面所采取的行为做铺垫。

②目标：在做这件事情时预想的目标和结果是什么。这部分的说明可以让面试官对求职者所做的事情有个总体印象和定位。

③行为：这一部分是核心，主要内容是求职者在做这件事情时采取了哪些行动。在讲述时，最好按照一定的逻辑顺序，如按时间顺序来讲解采取的方法、步骤、对突发情况的应对策略等，使面试官有一个详细、清晰的了解。

④结果：这件事情的结果如何，包括是否完成了预想的目标，此外有哪些收获等。从求职者的回答中，面试官可以看出求职者是不是一个善于总结经验的人。

对求职者在某个胜任素质上评分的依据是：行为描述的情景与工作所面临的情景的

相关程度，求职者的行为目标，求职者的行为有效性，对一个具体的胜任素质的行为描述结果等。其中，行为有效性尤为重要。在对求职者的成绩进行讨论之前，每个面试官都应该对各求职者在每个胜任素质上的得分做出自己的评价，然后将所有面试官的评分加总，这样就可得到每个求职者在每个胜任素质上的得分。一旦对每个求职者的所有胜任素质都形成了一致意见或平均等级，最后的甄选决策也就水到渠成了。

行为面试和情景面试的不同点表现在三个方面。从定义上看，行为面试假设过去的行为是未来行为的最好预测指标，主要通过求职者对过去某种行为的表述，来捕捉其某些能力或其他个性特征；情景面试的基本原理是目标设置理论，假设对未来的意图和设想是未来行为的有效预测指标，主要通过求职者对某种假设情景的设想、联想、假设和分析，来捕捉其某些能力或其他个性特征。从适用条件来看，行为面试适合末尾打分；情景面试适合逐题打分。从面试的时间来看，行为面试时间较长；情景面试时间较短。

6. 其他面试类型

（1）压力面试。

由于同行竞争日趋激烈，企业越来越倾向于寻找能接受挑战、承担责任、抵抗压力的高素质人才，于是压力面试便成为受到很多企业青睐的一种面试形式。所谓压力面试，是指面试官有意制造紧张氛围，以了解求职者将如何面对工作压力的面试方式。面试官通过提出生硬的、不礼貌的问题故意使求职者感到不舒服，针对某一事项或问题一连串地发问，直至求职者无法回答。该面试的目的在于确定求职者对压力的承受能力、在压力面前的应变能力和人际沟通能力。

压力面试的优势在于，能够测试求职者的心理承受能力、临场应变能力和应对突发状况的能力。从心理学的角度讲，当一个人面对突发事件或高压力、束手无策、惊慌失措的情况时，会表现出比较本能、潜意识的反应。因此，压力面试相对于非压力面试，能更好地测出求职者比较本能的深层特质，如包括分析能力、人际交往能力、情绪控制能力、思维能力在内的多种能力水平，使组织能够更有针对性地挑选出具有特殊心理素质和能力的人才来满足岗位的要求。

压力面试的劣势在于，容易造成面试官对求职者的能力把握不够全面、准确，面试局面不易掌控等问题。由于压力面试的特殊性，面试试题难以设计，对面试官控场能力的要求也比较高，如果企业过度使用压力面试或压力面试试题的设计不合理，往往会无法合理、有效地衡量求职者的相关素质；如果面试官控制不当，就很容易造成场面失控的情形。有时，压力面试也会因为面试氛围过于紧张，使合适的人才由于一时没有反应过来而被淘汰，从而使企业错失人才。

但值得注意的是，压力面试并不是一种单独存在的面试类型。现在，几乎每个工作岗位，如销售、人事、财务、管理层等，都不同程度地承受各种压力，因此，企业在面试过程中，可以把压力面试作为面试的一部分，将压力面试穿插在行为面试和情景面试当中。

（2）远程面试。

远程面试是指招聘人员在进行简历筛选后，借助现代通信工具，如电话、网络视频等设施或软件，与符合企业招聘岗位要求的求职者进行交谈，初步了解求职者的过程。远程面试一般用于初步面试筛选，为真正面对面的考查做精减工作，以提高招聘效率。

①电话面试。电话面试的作用和问题类似于谈话之前的交流，可采用中文或英文，不同的企业会采用不同的方式。一般面试官通过电话与求职者直接交流，时间为 10~30 分钟，有自我介绍和常规问题询问，根据简历对求职者的基本能力和经历进行了解，判断其是否具备招聘职位所需要的相关能力，并且以此判断是否给予下一轮面试的机会。

②视频面试。视频面试是指招聘人员与求职者在约定的时间，利用连通互联网的计算机，通过视频摄像头和耳麦进行语音、视频、文字方式的即时沟通交流的招聘面试。在网络招聘竞争日益激烈和人才大批量随时流动、追求效率的现代社会，视频面试已经成为部分企业招聘的一种重要方式。

（3）系列式面试。

系列式面试是指企业在做出录用决定前，由多位面试官对求职者进行面试，每位面试官从自己的角度观察求职者，提出不同的问题，并且形成对求职者的独立评价意见。在系列式面试中，每位面试官依据标准评价表对候选人进行评定，然后企业对每位面试官的评定结果进行综合比较分析，最后做出录用决策。

7.2.4　心理测评法

1. 心理测评法概述

心理测评法是心理学在人力资源管理领域的具体应用，通过一系列科学的方法和标准化的程序，即借助心理量表，对求职者的个体能力、能力倾向、兴趣、性格等特点及差异进行测试和描述的一种系统的心理测量程序。心理测评的特点主要表现在以下几个方面。

（1）心理测评是代表性测评。它不是对个体心理的各个方面进行全面观测，而是通过测查少数经过科学选择的代表性样本行为推断个体的总体心理特征。

（2）心理测评是间接性测试。心理测评的对象是个体的个性特征，如性格、能力、兴趣等，无法直接测量，只能通过外在的行为主观地推断。

（3）心理测评是相对性测评。在对人的行为进行比较时，没有绝对的标准，亦没有绝对零点，只有一个连续的行为序列。在许多情况下，心理测评就是通过测定一个人在此行为序列上的相对位置，由此推断出其相应的能力水平和性格特征。

（4）心理测评是标准化测试。心理测评的工具要具有较高的信度、效度和完整的常模资料，在实施测试时，对测试的程序、方法、环境及测试和记分的方法都做出严格的规定。

心理测评为人员甄选提供了理论指导和技术支持，使人员甄选从经验测评走向规范的科学测评。随着我国人事制度改革的推进，心理测评技术在国家公务员录用考试、领导干部选拔、企事业单位招聘选拔人员及个人求职中均得到了有效的应用。

2. 心理测评的类型及内容

心理测评是测查个体个性差异的工具，主要包括能力测评、人格测评、兴趣测评、动机测评等。

（1）能力测评。

能力是直接影响活动效率，使活动、任务得以顺利进行的心理特征。能力测评主要用于测量被测评人较稳定的、表现在认知能力方面的心理特质，主要体现被测评人在外部环境影响下较不易改变的那些认知特点，如观察力、注意力、记忆力、理解力、抽象思维能力、判断推理能力等，其目的在于预测被测评人在某个领域中的发展潜能。

能力测评可以划分为智力测评和能力倾向测评。智力测评是对个体一般能力进行的测定，其目的是为更好地预测被测评人在职业领域所能取得的成就提供依据。目前，最具有影响和权威性的智力测评主要是比奈-西蒙智力量表、韦氏智力量表、瑞文推理测评。能力倾向测评主要在于测定个体在某方面的潜能，用于预测个体在接受适当的培训后，从事某种工作可能获得的成就。目前，应用较多的能力倾向测评有一般能力倾向测评、机械能力测评等。

（2）人格测评。

人格测评是用已经标准化的测评工具（如量表或图形），引发被测评人陈述自己的看法或对图形的条件反射，然后对结果进行统计处理、研究分析。它主要用于测量被测评人的价值观、态度、情绪、性格、气质等方面的个性心理特征。

常用的测评方法有自陈量表和投射技术。自陈量表是要求被测评人在一系列描述某一行为特征的陈述句或问题中做出符合自己情况的回答。最常用的自陈量表是卡特尔的16 人格因素问卷（见表 7-1）。投射技术是指给被测评人一些意义不明确的刺激图形，让其在完全不受约束的情形下自由反应，从而把内在的动机、需要、态度等投射出来，应用较多的是主题统觉测评和罗夏墨迹测评。

表 7-1 卡特尔的 16 人格因素问卷

个性因素	原始分数	标准分数	低分特征	标准分数										高分特征
				1	2	3	4	5	6	7	8	9	10	
乐群 A	12	7	缄默孤独	○	○	○	○	○	○	●	○	○	○	乐群外向
聪慧 B	11	9	迟钝、学识浅薄	○	○	○	○	○	○	○	○	●	○	聪慧、富有才识
稳定 C	15	6	情绪激动	○	○	○	○	○	●	○	○	○	○	情绪稳定
影响 E	14	7	谦逊顺从	○	○	○	○	○	○	●	○	○	○	好强固执
活跃 F	11	6	严肃审慎	○	○	○	○	○	●	○	○	○	○	轻松兴奋
规范 G	11	5	权宜敷衍	○	○	○	○	●	○	○	○	○	○	有恒负责

续表

个性因素	原始分数	标准分数	低分特征	标准分数										高分特征
				1	2	3	4	5	6	7	8	9	10	
敢为 H	11	6	畏怯退缩	○	○	○	○	○	●	○	○	○	○	冒险敢为
情感 I	17	9	理智、着重实际	○	○	○	○	○	○	○	○	●	○	敏感、感情用事
怀疑 L	7	4	信赖随和	○	○	○	●	○	○	○	○	○	○	怀疑、刚愎
想象 M	16	7	现实、合乎常规	○	○	○	○	○	○	●	○	○	○	幻想、狂放不羁
世故 N	10	6	坦白直率、天真	○	○	○	○	○	●	○	○	○	○	精明能干、世故
自虑 O	16	8	安详沉着、有信心	○	○	○	○	○	○	○	●	○	○	忧虑抑郁、烦恼多端
变革 Q1	10	5	保守、服膺传统	○	○	○	○	●	○	○	○	○	○	自由、批评激进
独立 Q2	12	5	依赖、随附群众	○	○	○	○	●	○	○	○	○	○	自立、当机立断
自律 Q3	11	5	矛盾冲突	○	○	○	○	●	○	○	○	○	○	知己知彼、自律谨严
紧张 Q4	15	7	心平气和	○	○	○	○	○	○	●	○	○	○	紧张困扰

（3）兴趣测评。

兴趣测评是指用标准化的测评工具测量、分析和评价被测评人对某类职业或工作所抱有的积极态度的程度。职业兴趣揭示了人们想做什么和他们喜欢做什么，从中可以发现求职者最感兴趣或最满意的工作是什么。如果当前所从事的工作与其兴趣不相符，那么就很难保证他会尽职尽责、全力以赴地去完成本职工作。在这种情况下，可能不是工作本身，而是高薪或社会地位促使他们从事自己并不热衷的职业。然而，一个有强烈兴趣并积极投身本职工作的人与一个对其职业毫无兴趣的人相比，二者的工作态度与工作绩效是截然不同的。

如果能根据求职者的职业兴趣进行人事合理配置，则可最大限度地发挥其潜力，保证工作的圆满完成。一般来说，可以将人们的兴趣分为六类：现实型、智慧型、常规型、企业型、社交型和艺术型。

（4）动机测评。

动机测评主要是从被测评人的需求、动机、兴趣等方面进行测评，来考评被测评人与工作岗位之间的匹配关系。常见的动机测评有管理动机测评和职业兴趣测评。

3. 心理测评的实施程序

由于心理测评的目的并不完全相同，组织实施的具体任务和要求也有所差异，其一般程序如下。

（1）根据测评计划，制定测评实施细则。

由于测评计划是一个总体性、原则性的计划，再加上测评从计划到实施有较长的间隔时间，其间会有一些变化，有许多具体的、细节性的内容不可能在测评计划中一一列出。而在实施细则中应提出具体的任务分工、时间安排及可操作的标准等要求，便于在实施时掌握、操作和运用。

（2）做好测评前的准备。

测评准备包括测评材料、工具、场地、人员、经费的准备，测评场地的选择、布置要适合测评方式与方法的要求及不同测评对象的特点。人员的准备主要是确立测评对象和测评员，并且将要求等通知到人，做好宣传动员工作。

（3）人员培训。

人员培训包括三方人员，即测评对象、测评员和管理人员。培训的目标是提高他们对测评意义的认识，明确各自的任务、职责和要求。对这三方人员的培训应分别进行，直到他们都达到了培训的目标，才能进行正式测评，否则很难达到预期的测评目的。

（4）组织测评人员。

由于现代人才测评方法的多样性，测评场地不再固定在某一特定的地方，为了使测评活动能够有步骤、按计划地顺利进行，需要对参与测评的人员进行合理的组织、安排，以使各个环节之间衔接良好。

（5）实施测评。

实施测评是指招聘人员进行具体的心理测评、笔试、机试、情景模拟或评定等。在进行这些具体的测评活动时，招聘人员必须按这些活动自身的规律和要求进行。

（6）管理测评工具、器材和资料等物品。

对测评工具、资料、器材进行科学的管理和维护是组织实施阶段的重要任务之一，其中包括一些阶段性的测评数据和结果。安全、保密是对测评工具、资料、结果及器材管理的基本要求。

4. 心理测评的注意事项

（1）心理测评的文化差异。

心理测评的量表和一些心理测评软件绝大部分是从国外引进的，心理测评会受文化差异的影响，因此，在引进国外成熟的心理测评工具时必须采用科学的测评编制方法重新修订，以使心理测评量表和软件具有较高的信度和效度，这样才能使测评具有较高的使用价值。

（2）信度和效度。

信度是衡量测评结果是否稳定、可靠的指标，即测评结果是否反映了被测评人稳定的、可靠的真实特征，主要表现为重测信度高，即被测评人在不同时间或不同测评人员所测结果的一致性高；同质性信度高，即同一测评内部各题目所测的是同一种行为或行为特征；评分者信度高，即不同评分者对同一测评结果的评分一致。

测评效度是衡量测评有效性的指标。证明测评效度的方法主要有结果效度、内容效度和效标关联效度。

（3）标准化。

标准化是指测评编制、施测、评分和测评分数解释必须遵循严格、统一的科学程序，以保证所有被测评人的公平性。所谓使用心理测评方法的标准化，是指使用尽量标准化的量表执行标准化的实施程序，使用标准化的指导语实施标准化的评分和分数解释，这样才能获得一个比较准确的测验结果。

（4）对实施心理测评的人员进行专门的训练。

由于心理测评的技术性强，而且涉及被测评人的个人隐私问题，因此在如何实施、如何结论、在什么范围使用等方面都有严格的规定，如果不懂心理测评的程序和道德规范，就会出现不必要的问题。

①注意对求职者的隐私加以保护。

求职者的各项能力、人格特征和兴趣特征都属于求职者的个人隐私，如未征得求职者同意，不能公布其心理测评结果。如果求职者未通过心理测评，招聘人员应将测试结果报告退还给求职者。

②要有严格的程序。

从心理测评的准备到心理测评的实施，以及最后的心理测评结果的评判，都要遵循严格的程序进行。负责人必须经过专业的心理测试培训，在必要时可请专业人员协助工作。

（5）心理测评的结果不能作为唯一的评定依据。

在单位决策时，这种评定结果由于单位的具体情况不同，参考的程度也会不同。心理测试可以和面试、笔试等方式同时进行，招聘人员结合多种方法做出客观评价，不能将心理测试作为唯一的评定依据。

7.2.5　评价中心法

评价中心法是一种由多种方法组合而成的测评高级人才的技术。这种方法将被测评人置于一个逼真的模拟工作情景中，采用多种测评技术，观察和评价被测评人在该模拟工作环境下心理和行为的表现，以此预测被测评人的管理技能和潜能，是组织选拔管理人才的评价方法。

评价中心法突破了传统测评方法的局限，开创了人才测评技术的新道路，与早期测评技术如智力测验、个性测验等不同，它综合了管理学、心理学、社会学、行为科学、人类学等学科的最新研究成果，是对传统测评技术的重大改进。评价中心法不仅能够从个体活动的角度进行评价，还能够从群体活动中对个体的行为进行评价，并且评价的是人未来的发展潜能。评价中心法不但可以用于人员招聘选拔，还可以用在培训和职业生源规划等工作中。

许多研究表明，评价中心法注重现场研究和实践性，着重考查被测评人解决实际问题的能力，是一种很实用、有效的选拔管理人才的方法，它不仅采用了动态的情景性测评方法，还综合使用了多种测评技术和手段对真实的工作情景进行模拟。但是，我们也要意识到这种测评方法的主观性程度较高，制定统一的、标准化的评价指标比较困难，并且成本相对较高。

评价中心法有各种各样不同的形式，其中最普遍使用的情景性测评方法的类型主要有无领导小组讨论、文件筐测试、角色扮演、口头演讲、案例分析、管理游戏等。

1. 无领导小组讨论

无领导小组讨论是评价中心法中经常采用的一种测评技术。它的操作程序是让被测评人组成一个讨论小组（一般来说，4~6 人的讨论小组最合适），自由讨论所给定的主题，要求在讨论结束时给出小组讨论的结果或解决方案。无领导小组讨论的具体程序如下。

首先，将由若干人员组成的小组引入一间有一张桌子和数把椅子的屋子里，通常不安排小组人员就座的顺序，不指定主持小组讨论的“组长”，也不布置讨论议题与议程，更不向被测评人提要求。

其次，发给小组成员材料，材料中介绍了一种管理情景，其中包括若干个待处理的问题和决策，以便引导小组成员的讨论，测评者自始至终不出面、不干涉小组的行为，令其在自然的环境下自发进行。

最后，由测评者根据观察到的每个人的行为表现及其所起的作用对被测评人进行评分。观察点通常是被测评人的主动性、说服力、口头沟通能力、组织协调能力、自信、创造力、心理承受能力、全局观念等。从效度的角度来看，无领导小组讨论测试的要素主要集中在与中高层管理岗位相适应的能力、个性品质方面的特征，并不符合基层岗位人员所需要的要素指标。

2. 文件筐测试

文件筐测试又称公文筐测试、文件处理测试，是评价中心法中最重要的测评方法之一。实践证明，文件筐测试在测评管理者时具有较好的有效性。它的具体操作方法是：首先，向被测评人发一套文件，包括下级提交的报告、计划、请示等，上级的指示、批复、规定、政策，以及供应商、政府等的函电、传真及电话记录等；其次，要求被测评人在规定的时间内将这些公文处理完毕，并且要求解释说明这样处理公文的原因，形成公文处理报告，以此考查被测评人在规定条件下处理问题的能力。这种测试方法可以有效地反映被测评人在管理方面的计划能力、组织协调能力、推理判断能力、分析决策能力、领导能力等。此外，这种测试方法还反映了被测评人对信息的收集和加工处理能力、解决问题的条理性和灵活性，以及对他人的敏感性等。

3. 角色扮演

角色扮演是指在模拟情景中，测评者设置了一系列人际冲突和矛盾，要求几个被测评人分别扮演不同的角色处理各种问题和矛盾，以此来观察被测评人的多种表现，以了解其心理素质和潜能的一种测试方法。角色扮演是管理人员素质评价的一种重要方式，主要用来评价个人的人际关系技巧、情绪稳定性和控制能力、处理各种问题的技巧和方法等。

4. 口头演讲

口头演讲主要是让被测评人在公共场合中，以一个独特的、清晰的角色，就某一主题阐述自己的观点，主要是考查被测评人的语言表达、分析推理和应变等能力。此方法较适合于对领导、销售、市场、培训类岗位的人员甄选。

5. 案例分析

案例分析是指在某种模拟情景中，先让被测评人看一些材料，了解某个组织在管理中存在的问题，然后要求被测评人提交一个解决问题的分析报告。

6. 管理游戏

管理游戏是一种比较复杂的测评方法，它是要求被测评人扮演一定的管理角色，在模拟的工作情景中解决实际问题的一种测评活动。

总体看来，测评情景不同，人员甄选的方法也是多种多样的，但它们的目的都是用于揭示特定职位所需的胜任特质，从而对被测评人进行评价。

7.3 背景调查与体检

7.3.1 背景调查的内容

背景调查就是对求职者的与工作有关的一些背景信息进行查证，以确定其任职资格。通过背景调查，一方面可以发现求职者过去是否有不良记录；另一方面可以对求职者的诚实性进行考查。例如，一个求职者在简历中写了他是某个部门的主管，负责部门的全面管理，实际上他的这个主管职位只是一个头衔；另一个求职者说他是某个国外名牌大学的毕业生，而实际上他只是学习了该学校的远程教育课程。背景调查的主要内容有身份背景调查、学历背景调查、工作背景调查、过去的不良记录调查及信用调查。

1. 身份背景调查

身份背景调查可以通过收取求职者身份证、户口簿、护照等个人信息证件来进行，一般的方式是通知求职者带证件的原件和复印件，审核原件，留复印件。关于身份证的信息，目前网上有很多验证身份证号的软件和网站，但只能查询身份证号是否有效及身份证首次登记的地址（一般精确到区）等信息。

2. 学历背景调查

在应聘中最常见的一种撒谎方式就是在受教育程度上造假。因为在很多招聘的职位中都会对学历提出要求，所以有些没有达到学历要求的求职者就有可能对此进行伪装。

第一种调查方式是到教育部学历验证中心的网站上去验证，该服务为收费服务，非常适合企业招聘用，在此网站查询的结果比较权威，除军校学历及自考学历外，数据库中一般包含各个层次的学历数据。

第二种调查方式就是打电话到所在院校的学籍管理部门进行确认，该方式不用花费任何费用，但费时费力。对于比较重要职位的求职者，可以考虑采用这种方式。

3. 工作背景调查

工作背景调查侧重了解的是受聘时间、职位和职责、离职原因、薪酬等问题。了解过去工作经历最好的方式就是向过去的雇主了解，此外还可以向过去的同事、客户了解相关情况。

4. 过去的不良记录调查及信用调查

主要是调查求职者过去是否犯过错误，是否改过自新。

进行背景调查要注意的问题：不要只听信一个被调查者或一个渠道来源的信息，应该从各个不同的信息渠道验证信息；如果一个求职者还没有离开原有的工作单位，那么在向他的雇主进行背景调查时应该注意技巧，不要给原雇主留下该求职者将要跳槽的印象，否则对该求职者不利。

只调查与求职者未来工作有关的信息，不要将时间花在无用的信息上；在必要的时候，可以委托专业的调查机构进行调查，因为他们会有更加广泛的渠道，并且在询问的技巧方面更加专业。

7.3.2 背景调查的程序

（1）确定统一的指导方针。企业人力资源部的负责人应全程监督背景调查工作，使背景调查保持客观、一致和公正，避免就业歧视行为的发生。

（2）用人单位应该首先根据单位的规模、实力决定背景调查的强度。另外，不同的职位对背景调查的要求是不同的。背景调查的强度取决于招聘岗位本身承担的职责，对于责任较大的岗位要进行准确、详细的调查，这在聘用管理人员、承担重要职责及从事关键岗位工作的人员时尤为重要。

（3）通过工作分析确定对某个岗位的调查内容。对于不同的工作岗位，要根据其性质确定调查重点。比如，招聘财务人员就要重点核查求职者过去的信用度、美誉度、可靠度、忠诚度和个人品质。背景调查的一般内容有工作证明、以前工作的地点、任职的时间、职务、薪资水平、教育背景等。上述内容有的可以直接从网上获得，有的可以与求职者原单位联系获得。对于特别重要的岗位，可以直接走访求职者原单位的人力资源部。

（4）在调查之前，企业应要求被调查者以书面形式签名同意企业对其进行录用背景调查。建议他们每人提交 3~5 名证明人或推荐人的名单及其联系方式，并且将此书面声明与该求职者的其他申请材料一起存档。

（5）选择适当的调查方式。企业采用的调查方式越多样化，联系的证明人越多，被蒙蔽的可能性就越小。在合理计量经济负担能力的条件下，企业应至少选择两种以上的调查方式。

（6）培训调查员。当企业选择电话调查和当面访问时，对调查员的培训至关重要。调查员应该仅仅询问与工作有关的问题，要求对方尽可能使用更加客观的公开记录来评价员工的工作情况和个人品行，并且以书面形式记录整个调查过程，然后把这些材料整理归档。

（7）核对求职者提交的材料与企业背景调查得到的信息，如有不符，在负面信息被使用之前一定要用其他的调查方式证实其准确无误，并且可以证明这是工作能否成功的关键。最后，在做出不录用的决定时，告诉求职者原因。

（8）网络调查可以作为重要的辅助工具。比如，关于学历、发表的文章、获得的奖励等，通过网络调查都能获得较为可靠的信息。

7.3.3　背景调查的方法

1. 档案查询

目前，我国已经建立了一套系统、严格的人事档案管理制度，档案中的个人基本资料、教育与就业等情况的记录比较翔实，可以作为了解求职者基本背景信息的主要渠道。然而，现实中也存在一些档案管理部门的工作跟不上时代的要求：首先是对查询档案的审批权限比较严格，企业在短时间内未必可以获得所有被调查人员的审批权限；其次是档案材料内容存在陈旧、雷同、空洞、单一等缺陷，企业不一定能够找到自己所需要了解的信息。

2. 电话调查

人力资源部需要培训电话调查员，然后与被访问者（包括其原单位的人力资源部工作人员、主管上级和同事）进行事先沟通，说明意图，取得对方的理解和支持，约定好通话的日期和时间。通话成功后，调查员应根据拟定好的调查问卷内容（调查内容一般包括拟聘用者的工作经验、工作业绩、离职原因、入职和离职时间等），逐一询问，同时快速记录被访问者的回答。实践中由于被访问者声音的语调、停顿等的变化很可能暴露其一些真实想法，此时调查员要特别注意，保持高度的敏锐感。通过电话进行背景调查，简便易行、省时价廉，是大多数企业对求职者进行背景调查的首选方法。

电话调查效率虽高，但如果调查员操作不当，则容易侵犯被调查者的隐私，引起被访问企业的警觉（尤其是竞争对手），使被调查者的工作陷于被动。不少被访问企业由于不愿员工流动或与被调查者本身有矛盾，在电话采访中不可避免地会对跳槽员工的工作能力和态度给予极低的评价，甚至会趁机“捅上一刀”。这样一来，不仅被调查者可能因此失去工作的机会，招聘企业也可能因为这些不客观的评价而失去真正的人才。

3. 发函调查

发函调查包括填写调查问卷和证明人写评论信两种方式。招聘企业调查员通过邮局将问卷或恳请对求职者给予评论的书面材料寄给证明人或推荐人，待其填答问卷或写完评论信之后寄回企业人力资源部。

调查问卷的优点是填答方便、省时省力，资料易于做统计分析；缺点是资料失去了自发性和表现力。而证明人写评论信恰好可以弥补这个缺点，这种方式就是请求对方按照既定的问题或自由发挥写一封对求职者的评论信，尽管大部分回信都是正面的评论，而且主观性强，企业仍可从中窥出求职者过往业绩的真实信息。例如，若评论篇幅较长，或者评论中与求职者智力有关的表扬比关于礼貌、团结等的夸赞用词多，可能说明求职者过去的工作业绩确实较好。总体上来说，发函调查系统性强、效率较高，但最大的缺点是回复率较低。

4. 访谈调查

访谈调查是一种可靠程度高但是成本也高的背景调查方法，而且访谈的效果受访谈者个人访谈能力、技巧的影响较大。企业的人力资源部应该先选择和培训一组调查员，由他们携带调查问卷分赴各个调查点，按照调查方案的要求对所选择的被访问者进行访问，并记录被访问者的回答与反应。这种方法涉及与被访问者的正面接触，往往能得到一些很有价值的信息，如对求职者品质的评论，因此它的主要优点是调查资料的质量较好，而且调查的回答率较高，缺点是时间长、费用高，对调查员的个人素质要求较高。

5. 网络调查

时代发展到今天，互联网已经成为人们获取信息的重要渠道。对于企业招聘中的背景调查，网络同样不可或缺。人力资源部通常通过互联网查询求职者的学历和证书等个人网上信息。例如，核实身份证信息，人力资源部可以通过权威网站查询；验证学历证书，可通过中国高等教育学生信息网（http://www.chsi.com.cn）等权威网站查询。部分高校也已将学校历年毕业生的名单挂在校园网站上，供有需要的人员随时查询。

另外，对于中高层职位的求职者的信息查询，互联网同样非常重要，因为这类求职者一般具有令人尊敬的从业经历，或者在某知名企业从事过高端职位，或者曾代表企业出席某些行业会议或合同签字会，频繁的社会活动必然会在网络中留下某些痕迹。招聘企业的人力资源管理人员只需要在百度、谷歌等搜索引擎中输入该求职者的姓名，就会收获很多意想不到的信息。

此外，网络调查对知识型、科技型求职者特别适用，这些求职者一般在求职简历上或多或少地总会有一些发表论文的索引，同样，只要在中国期刊网站或百度搜索引擎中输入求职者的姓名，就可以查证他们发表的相关文章是否属实。

6. 利用行业人力资源联盟

各个行业发展到成熟阶段后，企业之间的竞争更多体现在人才的竞争上，尤其是决定企业命运的核心技术或营销岗位。事实上，企业之间人才的流动更多是在相互竞争的企业之间进行的。与企业之间市场方面的竞争相比，同行业内不同企业的人力资源部相互之间对于人才的竞争更激烈。但随着行业发展的日益成熟，不同企业的人力资源部也会走向合作，相互交流行业经验和管理心得，甚至互相交换人才数据库等。因此，基于共同发展和良性发展的理念，很多同行业的企业 HR 也会建立人力资源联盟，相互承诺不恶性挖墙脚，互相接受流动人员的背景调查等，使员工的背景调查可信性更高、更易于操作。很多国外同行业的公司很早就建立了行业内的人力资源联盟，人力资源联盟主要致力于行业内人才的培训、招聘、员工数据库收集等，企业在对拟录用核心岗位员工进行背景调查时，可以充分利用人力资源联盟的数据库优势，并且调查所得的数据资料比较真实和客观。

7. 委托调查机构调查

企业自身进行员工背景调查，往往费时费力，而且由于很多员工来自竞争企业，在实施员工背景调查时无法获得其人力资源部的配合和支持，另外，企业的人力资源部由于调查手法单一、技术不专业，无法保证调查结果的真实性和有效性。所以，对于一些重要的核心岗位员工的背景调查，很多企业采取委托外部调查机构核查的方式。调查机构利用自身的数据库，与法院、公安机关、学校及部分企业之间的战略联盟优势，而且与被调查的企业之间不存在排异现象，能迅速调查清楚被调查者的背景信息，保证员工背景调查报告客观、可信。如清华大学作为国内数一数二的高等学校，在高端人才引进方面就采用委托外部调查公司进行员工调查的方法，对求职者的学术情况进行调查，主要包括简历、代表性的论文著作，做出客观、公正的评价，这确保了引进的人才是真正的高端人才，对提升学校的学术地位、占领学术制高点无疑会产生较好的效果。

但是，委托调查公司进行员工背景调查也存在很多不足。首先，委托调查公司进行员工背景调查需要花费较高的费用，给企业带来较大的经济成本压力；其次，企业委托调查公司进行员工背景调查的拟录用人员均是企业的核心岗位和重要人员，而对于非核心岗位的拟录用人员，基于成本压力，一般不会进行委托调查，调查对象的适用范围不是特别广；最后，我国的员工背景调查市场尚处于初级阶段，各种信用制度尚未建立，员工背景数据库还不健全，而且各种委托调查公司鱼龙混杂，再加上企业对员工背景调查认识不足，在国内委托调查公司进行员工背景调查可信度仍然不高。

8. 从资信评估公司购买

资信评估公司的数据库收录的个人资料一般分为三大类：一是个人的基本资料；二

是个人的银行信用；三是个人的社会信用和特别记录，包括涉及税务、司法及曾经受到公安处罚等方面的信息。科技型企业中某些工作对员工有一些特殊的要求，如对某些关键技术岗位上的科技人员要求职业操守优良、无不良社会记录，而对财务工作者要求其个人信用良好等。

基于国情，一般企业接触不到求职者的社会信用及某些特别记录，而这正是资信评估公司的强项。理论上，资产信用是个人信用的主体，而我国个人收入的分配以按劳分配为主体，由此推导，个人信用良好的求职者其劳动能力也可能较强。因此，个人信用也具备预测功能。但目前我国能提供个人信用查询服务的只有中贸远大、上海资信、鹏元资信等不多的几家公司。

以上八种员工背景调查方式都可以帮助企业得到想要的信息，但是在进行员工背景调查时，要注意保护被调查者的隐私和尊重被调查者，同时尽可能多地听取多方意见，确保调查结果合理、合法、客观和有效。事实上，企业内外部调查相结合是现阶段企业背景调查的最优方式。针对背景调查现状，用人企业在对新进员工进行背景调查时，应根据企业的规模、实力及招聘岗位本身的职责水平决定背景调查的强度，责任较大的岗位要求进行准确、详细的调查，因此可通过职位分析确定调查内容，对不同工作岗位要根据其性质确定调查重点，进而确定合适的调查方法。

7.3.4 体检

1. 体检的重要性

为了确定求职者的身体状况是否符合工作的要求，特别是能否满足工作对求职者身体素质的特殊要求，在人员甄选之后、录用之前还要开展体检工作。这里所说的体检不同于一般的身体检查，它包括健康检查、身体运动能力测试等。

通过对求职者进行健康检查可以确保入职员工身体的健康，减少缺勤率和事故的发生，保证企业工作任务的完成，同时间接节省人力成本。

通过体检可以发现员工自己可能不知道的传染病，由于特定行业的从业人员与人群密切接触或从事食品、药品、化妆品等的加工生产，有可能传播传染病，因此对这些职业或工种需要进行强制性体检。

对组织内的员工运动能力的测试可以了解其是否满足特殊工作要求。例如，对建筑员来说，需要测定其气力、握力、耐力、控制力、调整力、坚持力、手指灵巧度、手眼协调度、视觉听觉的灵敏度、颜色辨别力等。

2. 体检的内容

不同的企业对求职者的身体素质要求有所不同，因此不同企业对体检的具体内容也会不一样。关于体检内容的选择，除了要考虑求职者工作对身体素质的要求，还要考虑符合国家的一些强制性规定，如国家制定的《中华人民共和国传染病防治法》《中华人民共和国食品卫生法》《公共场所卫生管理条例》等法规，强制性要求这些行业的从业人员每年接受身体检查，筛查是否有妨碍公众健康的疾病。《中华人民共和国食品卫生法》规定了食品生产经营人员必须进行健康体检；《公共场所卫生管理条例》和《化妆品卫生监督管理条例》都规定了为顾客服务和直接从事化妆品生产的人员为体检对象。

3. 体检的实施和注意事项

体检这一环节的实施相对比较简单，一般单位会指定一个有资质、有信誉的医疗机构，要求求职者在一定时间内进行体检。在大型企业中，体检通常在招聘单位合作的医疗机构中进行。体检费用一般由招聘单位支付，体检的结果也交给招聘单位。

注意事项：

（1）要注意辨别虚假的体检结果，要尽可能防止出现“代理体检”。

（2）其结果不是“健康”或“不健康”，而是看是不是能满足具体工作对身体的要求。

（3）这一过程既要紧跟岗位需求，确保单位利益，又要遵规守纪，避免出现歧视。

4. 体检结果的处理

体检的结果分为合格与不合格两类。相应地，通知也分为录用通知和辞谢通知两类。在通知被录用者方面，最重要的原则就是及时，以防求职者在这段时间内接受了其他竞争公司，这对于公司来说将是一项巨大的损失。另外，对于身体条件不符合要求的人，要委婉地辞谢，给求职者留下好的印象。对于那些身体条件暂时不符合要求，其他方面条件较优异的求职者，可将其资料留存备用。

【本章小结】

通过初步筛选、笔试、面试、心理测试、体检等一系列的流程及方法，我们可以从为数众多的求职者中甄选出符合企业需要的人员。在甄选时也要注意通过背景调查来全面审查求职者信息的真实性，在帮助企业找到真正适合岗位需求的求职者的同时避免了其他的一些风险。

【复习思考题】

1. 试述简历与申请表的区别及各自的优缺点。
2. 笔试的流程有哪些？
3. 面试主要有哪些类型？各自的特点是什么？
4. 文件筐测试是什么？适用于哪些岗位？如何开展？

【案例分析】

【案例一】名企笔试——不见硝烟的战争

在重文凭但不唯文凭的时代，有一批公司异军突起，崇尚考查求职者的灵动思维，纷纷怪招迭现，用自己独特的方式来筛选人才。从智力测验到情景虚设，从性格测试到创意比拼，招聘人员用心良苦，设置要求“异度空间”，求职者则搜索枯肠，展示自身的“超能力”，每次笔试都可谓是一场不见硝烟的战争。

对于此类考题，有些公司和个人认为是纯属作秀、搞噱头，以此作为衡量人才的标准似乎太“玄乎”；而一些支持者认为这样打破传统的不拘一格的方式更能考验某个人的内在潜力。对此双方各执一词，可谓“仁者见仁，智者见智”。其实无论孰是孰非，既然有这样的招聘笔试试题存在，对于求职者来说探究如何应对才是良策，现在就让我们先睹为快吧。

此类考题大多广泛流传于大学校园，一般针对应届毕业生。首先最让学生感兴趣的是马士基物流公司（简称马士基）的笔试试题。马士基每年的录用者和求职者的比例是 1∶1 000，极高的淘汰率让能进入马士基的人成了一个神话。由于参加笔试者不用做任何准备，既不用准备英语，也不用回答诸如“为何要进我们公司”或“你有什么特长”的问题，因此流传甚广的“另类”笔试试题还是吸引了一大批求职者。此类题目是绝对不对外公开的，试卷当场收回，据说此试题马士基每年都要用，因此绝对保密。

经做过试题的同学透露，笔试分为性格测试和快速智力问答两部分。第一部分是性格测试。所谓性格测试，就是从善良、果断、热情、勇敢、孤僻、激情等描写性格的词语中分别选出符合你对自己的评价和朋友对你的评价的词语。千万不要认为尽挑一些褒义的词语就肯定通过，公司会根据你的选项制作出个人发展曲线图，从中能看出个人的发展潜力和远期竞争力。第二部分是快速智力问答，要求在 12 分钟内回答 50 道题目，而这些题目都是最简单的智力测试题，比如“2，4，8，16 一系列数字，按规律下一个该是多少”，连小学生都会做，关键是时间，看 12 分钟内最多能做出多少道题，目的当然是考查反应速度。

看完了马士基，接着看一下每年都席卷校园毕业季的四大会计师事务所。四大会计师事务所的笔试都以英语为重，多方面考核英语和数字敏感能力。毕马威首先是根据数据图回答问题，如根据某公司历年财务盈亏的曲线图，计算不同年份或时期的利润数据；接着是英语逻辑题的考试，这些题目原本不难，而且没有专业限制，连高中生都会回答，但是有了时间限制，要做完、做对绝对不容易。

再来看一下某些大有名气的咨询公司的考试。它们大多是做展示，如就某一谋杀事件组织团队侦破，这就要看你的团队合作精神和领导才能了。还有就某一金融问题组织队伍进行当场辩论。在敌我难分的考试现场，一方面要应对对方的唇枪舌剑，另一方面要尽量突出自我、展现自己的领导能力。另外，别忘了在你的身后还有一双双锐利的眼睛在窥视你的一举一动，此时沉着冷静、抓住时机充分表现才是唯一途径。面试官就通过这短短的半小时洞察求职者的反应能力、语言组织能力和逻辑思维能力。

全球性的咨询公司毕竟没有几家，大多会遇上一些小型咨询公司，它们则热衷于脑筋急转弯。“念完哈佛要多少时间”“为什么下水道的盖子是圆形的”“请估计北京有多少加油站”“两条不规则的绳子，每条绳子的燃烧时间为 1 小时，请在 45 分钟内烧完两条绳子”等怪异的数字题、逻辑题应有尽有，以上这些题目也可能通过电话面试来询问，这样使人不能也没有时间安心思考，在这种情况下紧张便是致命伤。其实大多数人力资源经理坦露，对于这些问题，面试官并不是想得到“正确”答案，而且大多没有正确答案，只是想看看求职者能否找到最好的解题方法，能否自圆其说，能否创造性地思考问题。

转向广告公司的笔试，就不再那么压抑紧张了。经朋友透露，某家 4A 广告公司的笔试是这样的：为 POCKY（一种休闲零食）制作一个电视广告。要求图文并茂，限时完成。然后自编自导，模拟演绎。这个要集绘画、灵感、创意、表达能力于一体，难度还真不小。

微创在刚成立时，就在上海几所名牌大学大张旗鼓地从大三学生中招聘实习生，被选中的实习生就是随后进入微创的第一候选人。而选中的概率是很小的，一般不到 1/100。当然，它的笔试试题引起了学生内部的一阵大讨论，英语近义词、完形填空加上三道极难的智力题难倒了无数学生。

看着每年开展得如火如荼的校园招聘，看着年年标新立异的笔试试题，让人不得不正视人才竞争的激烈和高淘汰率。

（资料来源：http://www.docin.com/p-1135736697.html.）

讨论题

结合本章的内容谈谈本案例中的笔试类型给你的启发。

【案例二】华为的压力面试

在看到华为招聘销售员的广告之后，刚毕业的小余便提交了申请书，也顺利地通过笔试关，进入面试环节。

当天，面试在一个大礼堂进行，几十个学生被分成四人一组，每个小组有一个面试官。面试过程很“残酷”，只要不入面试官的法眼，或者答不上面试官的提问，面试官就会说“你可以走了”，也就是被当场淘汰。

那天和小余分到一组的是三个男生。小余刚走到面试官面前还没来得及坐下，面试官只瞄了他一眼就冷冷地说：“你可以走了，我觉得你不合适！”

小余当时很震惊，说实话也觉得很没面子。可是倔强的他并没走，嘴上没说，心里却满是不服气，想道：你根本不认识我，凭什么看一眼就认为我不合适，凭什么就让我走？不过，当时小余并没有吭声，因为他也觉得当面“质问”面试官，既没礼貌也显得自己很没风度。他想，等面试结束后再与面试官理论也不迟。

另外三个男生都坐下了，小余并不管他们是怎么想的，也坐下了。面试官并没赶小余走，只是当他不存在而已，然后开始对着其中一个男生发问：“你最得意的一件事情是什么？”可能是因为紧张，那个男生竟不知如何作答，支支吾吾地说自己还没有工作，也没有取得什么特别的成就，所以也没什么得意的事。小余一看，心里十分着急，觉得他的回答有点偏题，虽然自己被考官“请出去了”，但热心肠的他可不愿意看着“盟友”在第一道坎上就被淘汰。于是在边上悄悄地提醒他：“你可以说一件在学校里做过的自己感到最满意的事情……”面试官看了小余一眼，小余也不以为然：你不至于给我加上一条作弊的罪名吧，这种时候应该帮人一把的！反正我已经是“不合适的人”了——这应该就叫“无欲则刚”吧。

不过，接下来的形势不容乐观，三个男生相继被淘汰了，最后就剩下小余一个，面试官还没跟他对上话呢。不过，现在看上去是面试官有话要说了，小余还是不动声色。终于面试官开口了：“那三个人应该是你的竞争者，可我刚刚看你一直在帮助他们，你为什么要帮助他们？他们答不上来不是对你更好？如果他们都淘汰了，岂不是你的机会就来了？”小余说：“我不认为他们是我的竞争对手，如果都能通过面试，将来大家可能还是同事，有困难自然是要帮一下的。”对于小余的回答，面试官不置可否，却又拾起了先前那个话题：“我刚刚已经对你说，你不合适，可以走了。可你为什么不走呢？”

“机会来了，该是我说话的时候了。”小余得意地想道。于是他把“不满”全部“宣泄”出来：“我觉得您并不了解我，所以我要留在这里给您一个了解我的机会。第一，我非常仰慕华为。因为被华为的企业文化和用人理念吸引，所以我很郑重地投了简历，也很高兴能参加这次面试。可是，我完全没有想到我遭遇到如此当头一棒。第二，我还想对您说一句，我认为您的态度对一个求职者来说很不友善。今天我是求职者，但是明天我可能是你们的员工，更可能是华为的潜在客户。可是，您今天这种不友善的态度给我留下了深刻的印象，今天我可能成不了员工，明天我也可能不再愿意成为华为的客户。第三，您的不友善今天影响了我对华为的看法，明天还有可能影响到我所有的朋友对华为的看法，您知道，您可能赶走了不少潜在客户！”面试官笑了，对小余的表现非常满意。因从一开始面试官就给他出了一道压力面试试题：如何面对挫折。

对于销售员来说，在未来的工作中面对的会是无穷无尽的拒绝和白眼，别人的态度可能比这位面试官更差。如果连面试时还算礼貌的冷脸都无法面对，将来如何面对困难呢？另外，面试官对小余在面试中愿意帮助别人也表示认同，这恰恰显示了他的团队合作精神。此时，小余恍然大悟，对面试官的态度表示赞同，也为自己顺利通过了面试感到高兴。

（资料来源：https://www.yjbys.com/qiuzhizhinan/show-37804.html.）

讨论题

结合本章的内容谈谈本案例中压力面试给你的启发。

【案例三】如何处理这些文件

瑞翔网络（集团）发展有限公司是国内知名的互动娱乐传媒公司。该集团公司成立于 1999 年 11 月，致力于通过互联网为用户提供多元化的娱乐服务。其主营业务是网络互动游戏，由集团公司的主体企业瑞翔游戏负责运营。该集团公司的运营能力、客户服务能力、技术保障与销售网络都保持在业内的领先水平。从 2004 年起，集团公司通过并购的方式，不断拓宽业务领域。目前，又成立了瑞翔在线阅读、瑞翔在线购物及瑞翔软件技术三个全资子公司。其中，瑞翔软件技术是集团公司收购的一家软件公司——擎天宝软件技术有限公司，主要为用户提供在线杀毒的技术服务。目前，集团公司共有 820 名员工，预计 3 年后突破 1 500 人。集团公司新近又筹划并购了益友在线旅游服务公司，希望通过此次并购进入利润丰厚的在线旅游服务行业。由于最近几年公司的并购行为，以及业务的多元化，员工人数大量增长，公司遭遇的法律问题越来越多元化，集团公司为此成立了法律事务部。

集团公司采取的是依托型的职能机构，即负责互动游戏的主体企业瑞翔游戏的职能机构，同时是集团公司本部的职能机构。瑞翔游戏的总经理就是集团公司的董事长刘凯，他也是集团公司人力资源总监张涛的直接上级。此外，人力资源总监张涛有四个直接下属，分别是招聘主管、培训主管、绩效主管、薪酬和劳动关系主管，每位主管下设一名专员辅助其工作。下属的其他三家子公司分别设有一名公司人力资源部经理，每位人力资源部经理分别配有一名助理。

现在是 2012 年 5 月 20 日 14：00，您（张涛）刚结束了两天的封闭会议，来到办公室处理累积下来的邮件和电话录音等文件。您必须在 3 小时内处理好这些文件，并给出批示。17：00 还有一个重要的会议需要您主持。在这 3 小时里，没有任何人来打扰您。好，现在开始工作了，祝您一切顺利！

任务：

请查阅文件筐中的所有文件，给出您对每份文件的处理思路，并且进行书面表达。具体答题要求如下。

（1）请给出处理问题的思路，并且准确、详细地写出您将要采取的措施及意图。

（2）在处理文件的过程中，请认真阅读不同文件的内容，注意文件之间的联系。

（3）在处理每份具体的文件时，请重点考虑以下内容：需要收集哪些资料？需要和哪些部门或人员进行沟通？需要您的下属做哪些工作？应采取何种具体处理办法？您在处理这些问题时的权限和责任是什么？

（4）问题处理可能出现不同的结果，在这种情况下需要针对各种情况给出相应的处理方法。

以下是需要您处理的文件：

[文件一]

类别：电子邮件

来件人：房芳　瑞翔游戏兼集团绩效主管

收件人：张涛　人力资源部总监

日期：5 月 18 日

张总：

我为公司刚成立的法律事务部草拟了绩效考核办法，希望和您讨论一下。评分方案分为两部分，一部分考核工作业绩，另一部分考核工作态度。

（一）工作业绩是指上级安排任务完成情况的考核，占总权重的 70%。

（1）上级对安排任务的完成情况打分，按 1~5 分进行评分，占工作业绩评分比率的 60%。

（2）部门其他成员对工作配合程度打分，按 1~5 分进行评分，最后计算多个团队成员的平均分，占工作业绩评分比率的 40%。

（二）工作态度是指对员工工作主动性的考核，占总权重的 30%。

（1）考勤情况，全勤为 5 分，迟到 1 次减 1 分，迟到 5 次及以上为 0 分，占工作态度评分比率的 50%。

（2）加班情况，加班 20 小时以上为 5 分，加班 15~20 小时为 4 分，加班 10~15 小时为 3 分，加班 5~10 小时为 2 分，加班 0~5 小时为 1 分，不加班为 0 分，占工作态度评分比率的 50%。

房芳

[文件二]

类别：电子邮件

来件人：王诚　瑞翔游戏兼集团培训主管

收件人：张涛　人力资源部总监

日期：5 月 18 日

张总：

我最近和各游戏研发部门的经理沟通培训需求时，他们普遍反映了一个问题：公司每年都要在各大院校的计算机专业毕业生中招聘很多新员工。这些应届毕业生在学校学习的内容和工作实际要求有很大的差距，新员工一般要通过至少半年的培训和辅导才能符合岗位的需要，公司耗费了很大的成本。但是，应届毕业生也有很多优势，如薪酬要求低、工作勤奋、愿意接受公司的培训。我有一个想法，能否在招聘前与这些院校进行更深入的合作，帮助其开设一些实践性选修课程，欢迎实习生到我们公司实习，这样有助于我们挑选合适的员工，也将部分岗前技术培训提前到他们的实习期，我们也能节约大量培训成本和筛选成本。

不知道您对这个想法有什么建议，能否和您讨论一下？

王诚

[文件三]

类别：电话录音

来件人：李惠　瑞翔软件技术公司人力资源部经理

收件人：张涛　人力资源部总监

日期：5 月 18 日

张总：

最近我们公司连续有 3 名部门经理提出了辞职。我私下打听了，原擎天宝的技术总监周凌在公司并购期间提出了辞职，现在自己创建了方圆软件公司，这 3 名部门经理过去曾是周凌的得力手下。我感觉他们的离职是事先商量好的。他们是瑞翔软件最重要的 3 个技术部门的经理，他们的离去会给我们公司带来不可估量的损失。另外，他们跟公司签订了三年的劳动合同，而且还有违约条款的限制。我现在没有给他们任何答复，希望您能尽快和我联系。

李惠

[文件四]

类别：电话录音

来件人：刘凯　瑞翔集团董事长

收件人：张涛　人力资源部总监

日期：5 月 18 日

张涛：

下周董事会将就公司人才保留的问题进行讨论。上次你们提交的离职调查中提到，随着公司不断对新收购的公司进行巨额投资，内部员工有失衡的感觉，现在越来越多的优秀员工提出离职的原因是希望能自己创业。我和董事会的成员商议是否可以在公司内部开展员工创业计划。我们在公司内部提供一个创业平台，员工可以提出自己的创业想法，如果得到董事会的同意，将获得瑞翔的全额投资。这实际上是一种委托开发合作，公司通过全额投资把项目委托给提议人，提议人可以组建自己的开发团队，并且可以建立新的公司进行开发，开发结束后新公司将获得这个项目的知识产权及部分股权的购股选择权。

这种模式在我们公司从未实施过，我们先聊聊，你再从激励和约束的角度考虑一下，提出一个方案给我。

刘凯

[文件五]

类别：电子邮件

来件人：常薇　瑞翔游戏兼集团招聘主管

收件人：张涛　人力资源部总监

日期：5月18日

张总：

您好！最近公司实施了工作轮换制度，帮助员工拓展工作领域，有一项计划是集团公司和三家子公司的财务部的员工进行轮换。但是，由于三家子公司的薪酬定位和薪酬结构有很大差异，财务部的员工很容易发现自己的薪酬和其他公司财务部的同级员工存在差异，那些薪酬水平较低的员工怨声载道，认为公司很不公平。我认为工作轮换制度实际上已经弊大于利了，建议停止这项制度的运行，希望您能给予支持。

常薇

讨论题

如果你是人力资源部总监，你会如何处理这些文件呢?

分析提示：在处理文件筐时要能分清轻重缓急，要识别职权范围，要恰当授权和适度“越权”，要尽可能采用多种有效方式（如集中召开会议、电话、签批、暂时搁置等）解决问题。

【本章实训】

通过本章的学习，完成以下情景模拟训练。

情景：

某个企业（确定名称、性质、业务等）选择了三个空缺岗位向某校学生进行招聘。对某学校某班级进行招聘模拟。

操作：

（1）分组。

全班学生分成若干组，每组由3~4人的招聘团、4~5人的应聘团、2~3人的观察团组成进行招聘模拟。

（2）操作要求。

应聘团：结合自身条件和个人定位情况，明确应聘岗位，制作应聘材料，准备相关工作。

招聘团：制作招聘海报，发布有关信息；编写求职申请表、面试提纲、复试通知书等；对于不同的岗位考虑不同的人员甄选的方法；其他准备工作。

观察团：对招聘现场过程进行记录；对每位求职者和招聘人员进行观察和评价；对求职者和招聘人员在这次活动中的表现提出建议和意见。

（3）小结。

每位人员根据自己在活动中所扮演的角色，谈谈自己的心得体会：学到了什么知识，了解到了什么，学到了什么技能；从不同角色的角度出发对安排有什么想法及受到了哪些启发。

第 8 章
录用决策

学习目标

- 了解录用决策的要素
- 掌握录用决策的主要策略及标准
- 熟悉劳动合同的主要条款及应注意的问题
- 了解录用决策的效益分析

关键术语

录用决策；录用标准；薪酬福利；劳动合同

引导案例

人才选拔，是“以德为先”还是“唯才是举”

在人才的选拔和录用上，“德”与“才”孰轻孰重，如何正确地认识和处理“德”与“才”的关系，是一个无法回避的问题。最理想的当然就是“德才兼备”，但在管理实践中，一个德才两全的人是很难找到的。那么在这种情况下，我们该重“德”，还是重“才”呢？古往今来，许多政治家、思想家和管理学家对此都有过不同的论述，提出了不同的观点。

三国时期，曹操提出“唯才是举”的用人理念，曹操用人时注重真才实用，不求全责备，用其长而避其短。同一时期的诸葛亮，提出“以德为先”的用人思想，要求德才兼备、全面发展，突出“德”在用人标准中的优先地位和主导作用，如果“德”

不具备，才能再好，也不会得到重用。在人才标准的认定上，曹操和诸葛亮的差异竟如此之大甚至完全相反，这是为什么？

“德”与“才”是一个统一体

按照冰山模型，“才”主要是指冰山以上的知识、经验、技能，也与冰山以下的角色定位、自我认知、品质等相关，而“德”完全与冰山以下的价值观、品质、动机等相关。由此可见，“德”是人内在的、难以测量的部分，它们不太容易通过外界的影响而改变，但对人的行为与表现起着关键性的作用。

“德”与“才”都属于胜任力的范围，从这个角度来说，这两者是一个完整的统一体，不能割裂，不可偏废。北宋司马光指出：“才者，德之资也；德者，才之师也。”其很好地阐述了这一观点。

一方面，“德”对“才”起着统帅和保证的作用，它既决定着“才”的方向，也是“才”的原动力。“德”不备，没有正确的方向以施其“才”。另一方面，“德”不能离开“才”而单独存在，一个人如果不具备所需要的知识和才能，任何事情都办不好，在这种情况下也就无所谓“德”了。“才”不具，没有得力的凭借以显其“德”。这就是我们坚持“德才兼备”标准的道理所在。

“德才兼备”是人才标准的一种追求目标，并非强调“德”与“才”的所有方面都完美无缺。因为“德”和“才”都包含了素质要求的多个方面，“德才兼备”是指“德”和“才”中的核心素质是符合用人标准的。

根据“德”与“才”的高低，我们可以将其划分为九种类型，相应的使用措施也有所不同（见图 8-1）。在处理“德”与“才”的关系上，在“德才兼备”的原则下，我们把“德”又摆在更加重要的位置，也就是“以德为先”，因为“德才兼备”“以德为先”是一个统一体，是相辅相成的。

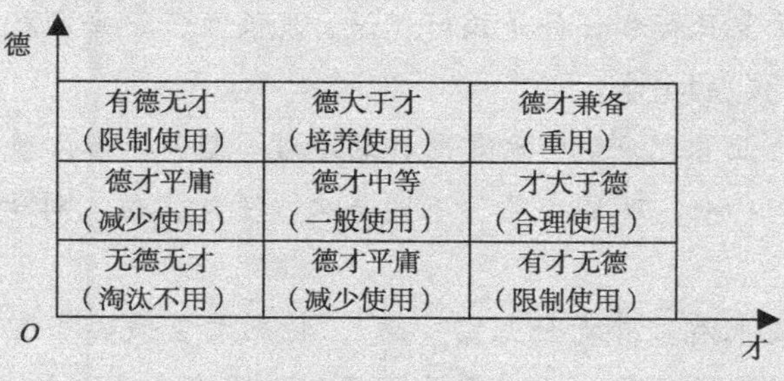

图 8-1 德才九种类型

“德”与“才”在不同情况下有不同的要求

按照上面的逻辑，“唯才是举”与“以德为先”其实并不矛盾，它们是指在不同的情况下，对人才素质要求的侧重点不同。

古代一些政治家深知这个道理，他们往往根据当时的形势需要来选用人才。比如前面提到的曹操，在把握“德”与“才”的关系上，偏重于“才”的方面。

他在第一道《求贤令》中提到，选人要以“才”为主。只要有“才”，其他方面有点不足也可以，其意就是说“不管白猫黑猫，会捉老鼠就是好猫”。第二道《求贤令》中提到，有德行的人未必能干成事；能干成事的人未必德行高尚。陈平“盗嫂受金”，但他能帮助刘邦成就汉朝基业；苏秦最不讲信用，但他能使最弱小的燕国强大起来。第三道《求贤令》中提到，陈平、韩信是市井无赖，吴起杀妻求将，母死不奔丧，但他们都为国家立下了不朽的大功，现在天下还没有统一，正是国家用人之际，不管他有什么缺陷，都要积极举荐上来，千万不要有所遗漏。曹操把“唯才是举”的理念发挥到了极致。

在诸葛亮主政时期，局势已基本安定下来，治国的重心已从对外战争转移到对内的以经济建设为核心，开始走和平崛起之路。虽然曾六出祁山，但都是小打小闹、虚张声势而已。因此，这时他需要的不是上马定乾坤的将帅之才，而是提笔安天下的治国之才。要以民为本，走群众路线，所以必须把“德”摆在第一位，以德行好坏来决定用还是不用。如果品德好，能力差点，只是不能把事情办好，不会造成大的祸害。能力差点，可以锻炼培养来提高能力，品德不好就不容易改了。

实际上，诸葛亮的“以德为先”，并不是不注重“才”，它是与“德才兼备”密不可分的，只是在“德”与“才”之间，将“德”摆在更加重要的位置。这种用人的理念，从大方向上来说应该是合理的。只是诸葛亮晚年在用人时，把“德”的标准提得过高，加上他自己事必躬亲，以致一些有才能的人被埋没了。此外，唐太宗等其他古代政治家也都是按照“德才兼备”“以德为先”的原则进行官吏的选拔和任用。

事实上，曹操的“唯才是举”思想，在魏国后期其弊端也逐渐显露出来，曹操的继任者重用有才能但对曹魏怀有二心的司马懿家族，最终致使皇位易主。

由此可见，古往今来的政治家和管理者在处理“德”与“才”的关系上是很聪明的，基本原则是服从于当时的政治路线或战略目标。在天下大乱的时候，其主要目标是争夺天下，一切只要对战争胜利有用的人才都可以运用。当战争胜利了，国家安定太平了，国家的主要目标和任务是搞好建设、发展生产、安定社会，这时在选用人才上就要注重对“德”的要求。

对于今天的企业管理来说，也是同样的道理。坚持“德才兼备”的原则，要注意从实际出发，不同行业、不同企业、不同层次、不同岗位，对干部的“德”与“才”的要求不尽相同。

从企业的性质来看。外资企业重“德”，特别看重诚实守信等素质；民营企业重“才”，在“德”的方面比较看重对企业的忠诚；国有企业则要求“德才兼备”，特别强调敬业奉献、清正廉洁等品质，甚至对生活作风问题也有严格的要求。

从企业不同的发展阶段来看。在创业成长阶段，规章制度和管理机制尚不成熟，企业的首要任务是开拓市场，尽快占领市场、增加市场份额，迫切需要有才能的人来支撑企业发展，这时用人主要看重才能；而在成熟稳定阶段，规章制度比较完善，企业文化也已经形成，需要的是守业的人，用人则侧重于“德”，并且逐渐强调“德才兼备”。

从不同岗位层级来看。对基层员工，对“德”的主要要求是敬业奉献、有责任心；

对中层员工的要求是组织认同、敢于担当等；而对高层员工，对“德”的要求比较全面，要有良好的品德和修养，除了突出政治品质，也比较注重清正廉洁、公道正派等职业道德。

从不同的岗位来看。对采购、招标、财务等敏感岗位，更看重的是清正廉洁、诚实守信等品质；对人力资源管理、行政后勤等岗位，更看重的是公平、公正等素质；其他的岗位则更加侧重于敬业奉献与责任心。

总之，“德”与“才”之间的关系是辩证统一的，它们相互联系、相互依存、相互制约，不能割裂、不能等同、不能偏废。“唯才是举”“以德为先”是不矛盾的，它是在一定情况下对“德才兼备”人才标准的不同侧重。

（资料来源：http:/news.mbalib.com/story/235270/.）

8.1　录用决策概述

录用决策主要是对人员甄选评价过程中产生的信息进行综合评价与分析，确定每个候选人的素质和能力特点，根据预先设计的人员录用标准进行挑选，最终选出最合适的人员的过程。

简历、面试和背景调查都是录用决策的铺垫。到一定阶段你该问自己：“这些材料足以让我做最后决定了吗？”

若答案是肯定的，那就做聘用决定。选出排在前三位的求职者，先向第一名发聘用函，同时要做好该求职者拒绝录用的心理准备。你应该准备不止一名求职者的录取材料。

若答案是“不，我们得到的信息还不够”，那问自己以下几个问题：“我还需要哪些信息才能做决策？”“我们是否能把那些不确定因素的影响降至最低点？”“该求职者的长处足以弥补他的不足吗？”“通过在职培训要教会他们哪些东西？要发展他们哪些能力？”到底有哪些具体的要素会影响录用决策呢？录用决策的程序又是怎样的呢？本节接下来将具体阐述。

8.1.1　录用决策的要素

1．信息的准确可靠

包括求职者的全部原始信息和招聘过程中的现实信息，如年龄、性别、毕业学校、专业、学习成绩、工作经历、工作业绩、原领导和同事的评价及在应聘过程中的各种测试的成绩和评语，都必须是准确、可靠、真实的信息。

2．资料分析方法的正确

（1）注意对能力的分析，包括沟通能力、应变能力、组织能力、协调能力。

（2）注意对职业道德和高尚品德的分析，如在工作中所表现出的忠诚度、可靠度和事业心。

（3）注意对特长和潜力的分析，对具备某些特长和潜力的人要特别关注。

（4）注意对个人的社会资源的分析，个人的社会资源对企业无疑也是一笔财富。

（5）注意对个人的学历背景和成长背景的分析。学历背景包括毕业的学校、专业、攻读的学位，可加强对其知识总量、专业能力的分析；成长背景包括对其成长环境、成长过程、家庭影响和对其有重要影响的人和事，可加强对其个性和心理健康等信息的分析。

（6）注意面试中的现场表现。面试是对一个人的综合能力和素质的测评，包括语言表达能力、形体表达能力、风度、礼貌、教养和心理的健康程度，以及控制情绪的能力、分析问题的能力和判断能力。

3. 招聘程序的科学性

企业的招聘过程大致需要经过四个环节：人力资源部的初步筛选；用人部门进行相关业务的考查和测试；招聘职位的最高层经理和人事招聘专员参加测试；进行职能匹配度分析。

4. 主考官和其他面试官的素质

主考官的素质越高，招聘与录用的成功率就越高，其他面试官也应具有高素质。

5. 能力与岗位的匹配

某个人的能力完全胜任该岗位的要求（人得其职）；完全具备岗位所要求的能力（职得其人）。

8.1.2 人员录用决策的策略

人员录用决策，是指通过科学的精确测算，对岗位和求职者进行权衡，实现人职合理匹配的过程。人员录用决策成功与否，对招聘有着极其重要的影响，如果决策失误，则可能使整个招聘过程功亏一篑，不仅使企业蒙受重大的经济损失，还会影响企业的发展。

一般来说，人员录用决策的主要策略有以下几种。

1. 诊断法

诊断法是指决策者根据对某项工作和求职者资格的理解，在分析求职者所有资料的基础上，凭主观印象做出决策。

2. 多重淘汰法

多重淘汰法是指相关测试都是淘汰性的，求职者必须在每种测试中都达到一定水平，只有通过上一关才能进入下一关，每关都通过了，才算合格。该方法是将多种考核与测验项目依次实施，每次淘汰若干低分者。对考核项目全部通过者，再按最后面试或测验的实际得分，排出名次，择优确定录用名单。

3. 赋予权重法

赋予权重法是指对求职者的各种测试结果根据不同需要赋以不同的权重，综合所有测试结果决定录用人选，即不同测试的成绩可以互为补充，最后根据求职者在所有测试中的总成绩做出录用决策，如表 8-1 所示。

表 8-1　各种项目的权重情况

考核项目		技术能力	学历	政治思想水平	组织领导能力	事业心	解决问题能力	适应能力
甲		0.9	0.5	1	1	0.8	0.8	1
乙		0.7	0.9	0.8	0.8	1	1	0.7
权重	W_1	1	1	1	1	1	1	1
	W_2	0.5	1	0.8	1	0.8	0.7	0.6

第一种情况，各考核项目的权重都是 1。甲乙的得分就是各项分数直接相加，即甲为 6 分，乙为 5.9 分，则决策的结果是录用甲。

第二种情况，对各考核项目分别赋予权重。甲乙的得分就是各项分数乘以相关权重后分值的总和，即甲为 4.55 分，乙为 4.61 分，则决策的结果是录用乙。

4. 综合法

在这种情况下，有些测试是淘汰性的，有些被赋予不同的权重可以互为补充，求职者在通过淘汰性的测试后，才能参加其他测试。

如果招聘的岗位只有 2~3 个，合适的人选有着极强的对应性，人员录用决策就比较简单，很可能一目了然。但是，当招聘岗位较多，岗位与人选的对应性较差时，也就是说，每个招聘岗位都有多个合适人选，人选又能够适应多个岗位，并且招聘人选相互之间差异不明显，此时人员录用决策就比较复杂，需要通过一系列的计算和权衡比较才能完成，有时还要借助数学方法和计算机手段。

8.1.3　录用决策的标准

录用决策是根据岗位需求、人岗匹配的原则，避免主观武断和不正之风的干扰，把人员甄选阶段多种考核和测验结果组合起来进行综合评价，从中择优确定录用名单，实现人适其岗、岗得其人的合理匹配的过程。企业录用决策受众多因素的影响，决策标准的选择是录用决策的关键，它直接影响着决策的结果。录用决策标准是企业录用工作小组做出员工录用决策的准则，录用决策的标准一般有以下三类。

1. 录用决策以人为标准

这种决策是指将人员安置到最合适的岗位上，实现人尽其才、才尽其用，即从人的角度出发，按每人得分最高的一项给其安排职位，这样做可能出现多人在该职位上得分都是最高的，结果只能选择一个人，而使其他优秀人才被拒之门外的局面。

2. 录用决策以职位为标准

这种决策是指按照岗位要求选择最合适的人选，即从职位的角度出发，每个职位都录用最好的人员，但这样做可能导致一个人同时被好几个职位选中。

3. 录用决策以双向选择为标准

单纯以人为标准和单纯以职位为标准的录用决策都有欠缺，因此可以结合使用这两种方法，即从职位和人双向选择的角度出发，合理配置人员。这样的结果有可能并不是最好的人担任每一个职位，也不是每个人都安排到其得分最高的职位上。但是，因其平衡了两方面的因素，总体的效果是最好的。

8.1.4 录用决策的程序

录用一般由人力资源部具体负责决定，为部门经理提供经过筛选的候选人名单，由用人部门主管做出最终决策。没有人力资源部的小型企业，直接由用人部门的主管独立完成整个招聘过程。在工作团队普及的今天，也可以尝试由工作团队来共同筛选并做出录用决策。

1. 总结求职者的有关信息

根据企业发展和职位的需要，评价小组最终把注意力集中在“能做”与“愿做”两个方面。“能做”指的是知识和技能及获得新的知识和技能的能力（或潜力）。“愿做”指工作动机、兴趣和其他个人特性。用简单的公式表示如下：

工作表现 = “能做” × “愿做”

2. 分析录用决策的影响因素

（1）注重求职者的潜能，还是根据组织的现有需要？

（2）企业现有的薪酬水平与求职者期望的薪酬之间的差距有多大？

（3）以目前适应度为准，还是以将来的发展潜力为准？

（4）合格与不合格是否存在特殊要求？

（5）高于合格标准的人员是否在考虑范围之内？

3. 录用决策的方法

（1）诊断法。

该方法简单、成本较低，但主观性强。主要根据决策者对某项工作和承担者资格的理解，在分析求职者所有资料的基础上，凭主观印象做出决策。

（2）统计法。

这种评价方法对指标体系的设计要求较高，比诊断法得出的决定更客观。首先要区分评价指标的重要性，赋予权重，然后根据评分的结果，用统计方法进行加权运算，分数高者即获得录用。可采用以下三种不同的模式。

①补偿模式，某些指标的高分可以替代另一些指标的低分。

②多切点模式，要求候选人达到所有指标的最低程度。

③跨栏模式，只有在每次测试中获得合格才能进入下个阶段的挑选和评判。

4. 做出最后的决定

让最有潜力的求职者进入诊断性面试，最后让用人部门主管（或专家小组）做出决定，并且反馈给人力资源部，在时间及费用允许的情况下解决这些不确定因素，你可以请某些求职者回来参加新一轮面试，或者让团队里的其他人参与面试程序，然后人力资源部通知求职者有关的录用决定，再做最后决定，办理各种录用手续。

录取通知通常经过面谈或电话告知求职者。在口头通知后，要以书面形式确定。在通知求职者录用消息时应充满热情；最好亲自向求职者告知录取消息，如有可能可以回忆面试过程中的某些积极方面；继续从求职者那里了解其所关心或担心的问题，了解其何时能做出是否接受录用的决定。

8.2 录用决策的关键步骤

录用一位职位候选人需要四个步骤。

8.2.1 作出初步的录用决策

在运用面试、心理测验和情景性测评等多种方法对职位候选人进行选拔评价之后，我们就得到了关于他们的胜任表现的信息，根据这些信息，可以做出初步的录用决策。在对职位候选人进行选拔评价的全过程中，有若干位评价者参加，他们当中有用人部门的主管，也有人力资源部的专业人员，在进行录用决策时就可以由他们讨论得出结论。

在进行录用决策时，经常会发生意见分歧，为了有效地进行录用决策，应该注意以下几个方面。

1. 系统化地对胜任能力进行评估和比较

如果缺乏系统性的方法，招聘人员在做决策时往往只看到了候选人表现得比较突出的几个方面，而没有全面地关注候选人的所有胜任特征，并且候选人突出表现的某些方面对于职位不一定是最关键的。

系统性的选拔决策方法包括定性的方法和定量的方法。所谓定性的方法就是对候选人的各方面胜任特征进行描述性地评价，列举出该候选人的主要优点与不足，然后对各候选人进行比较并做出决定。所谓定量的方法就是对候选人的各项胜任特征进行打分评定的方法。事实上，在实际的选拔决策中，定性的方法和定量的方法经常结合起来使用。

2. 录用标准不要设得太高

有些招聘人员总是希望能够招聘到最好的人，他们会对一群求职者进行比较，选出其中最好的，或者总是不做决策，说“再等等吧，也许后面还有更好的”。其实，这种想法往往是不现实的。

如果你想要招聘的只是一个普通的助理职位，就不要指望一个聪明绝顶、名校毕业、有丰富的实际经验并具有卓越领导才能的人会来应聘，因为他们可能应聘更高的职位，他们对普通的助理职位根本就不感兴趣。

一个特别出众的人的素质水平或许已经远远超出了职位的要求，但其在待遇上的要求也会比较高，因此你事先制定的待遇标准无法满足他的要求；并且，他可能不安心做这个职位上的事情，因为这份工作对他来说丝毫没有挑战性，几个月后可能就另寻高就了。

3. 要尽快做出决定

一个求职者在找工作或换工作的时候往往不是只对你一家单位感兴趣，他很可能面临很多选择，尤其越是优秀的人才面临的选择余地会越大。如果我们迟迟不能做出录用的决定，那么优秀的人才可能就选择其他单位了。

当然，尽快做出决定也不意味着是草率决定，而是要有一定的根据，系统地做出决定。

4. 要留有备选人名单

对于一个职位，初步录用的人选名单可能要多于实际录用的人数。这样做的原因是我们还要对初步录用的人选进行背景调查，与这些人选讨论薪酬待遇，因此可能有一些原因导致我们无法录用某些人。如果我们初步决定录用某个人，而他实际遇到的问题是原来的单位无法让他离职，或者他对我们提供的薪酬条件不满意，那么我们就不得不舍弃他而去考虑其他人。

在备选人名单中，一定要注明录用这些人的优先次序。首先考虑最合适的人，如果这个人符合各种录用条件，就录用他；如果他不符合录用条件，就考虑处在第二顺位的人选，以此类推。

8.2.2 决定薪酬福利

在初步决定了录用某个候选人之后，招聘人员应该与该候选人讨论薪酬福利的有关问题，在此方面达成共识。招聘单位应该提供给决定录用的候选人详细的薪酬福利信息。薪酬福利由两部分组成：薪酬和福利。

薪酬包括工资、奖金、津贴等。对于一个职位来说，薪酬往往是一个范围，根据候选人的胜任力水平决定具体的薪酬水平处在这个范围内的什么档次。例如，在某公司中一个生产安全经理的薪酬为 3 000~ 6 000 元，而候选人的胜任力水平可以用五个等级来衡量，即：

A 等，在各项胜任力上均很优秀，超出职位的基本要求；

B 等，在大部分胜任力上超出职位的基本要求，没有明显的缺点；

C 等，在主要胜任力上超出最低限制水平，在一些较次要的胜任力上有些不足；

D 等，在主要胜任力上能达到基本要求，有比较明显的不足；

E 等，在某些胜任力上有明显不足，但可以通过未来的培训与锻炼得到发展，迫于补充职位空缺的需要可以录用。

于是，在决定一个被录用的候选人的薪酬水平时就可以将其胜任力水平与薪酬水平对应起来。

当然，在决定薪酬时还应该考虑其他一些因素，如候选人原有工资水平、市场薪酬水平等。在决定薪酬条件的过程中，招聘人员与待录用的候选人之间可以互相了解对方的意见，招聘人员往往会询问候选人对薪酬的期望值。如果候选人对薪酬的期望比职位所能提供的薪酬水平高，就要格外谨慎，一方面要灵活地处理问题，另一方面不能一味依照候选人的期望做决定。因为如果为了迎合候选人的愿望而提供给他较高的薪酬，这样会在其他员工当中引起不平衡。有的时候候选人自己提出的薪酬期望可能比职位提供的要低，这种情况下，招聘者千万不要沾沾自喜，以为这样就可以节约一笔人力成本，其实，这时更应该坚持原则，因为如果你给了这个候选人一个比正常值低的薪酬，他迟早会知道的，到了那个时候，就可能造成不必要的损失。

员工得到的福利则可能是多种多样的，不同公司提供的福利也是有差别的。一般来说，福利中应该包括国家或地方政策规定中要求必须包括的部分，另外包括公司独特的部分。通常必须包括的有养老、失业、医疗等各项保险和住房公积金，还有各种法定节假日和年休假等；各公司不同的是有的公司提供专门的班车或交通补贴、餐费补贴、商业医疗保险，或者还有其他的一些福利。

每个公司在自己的“薪酬福利包”中采取的策略是不同的，有的公司比较注重现金的薪资部分，而有的公司比较注重福利的多样化。现在，还有的公司为员工提供自助餐式的福利，即提供一系列福利项目供员工选择。这些情况都应该在招聘与录用时与候选人进行清楚地沟通，特别要强调自己公司的一些独特的、吸引人的薪酬福利政策。

在与候选人确定薪酬时，往往要由双方签订一份书面的文件，约定双方确定的薪酬标准，这就是一份薪酬协议。通常来说，薪酬协议是与初步录用意向合并在一个文件中的，可以称为聘用意向书。聘用意向书中包括的内容有聘用的职位、所属的部门、上级主管的职位、工作地点、薪酬标准、开始工作的时间、录用条件等。

8.2.3 通知未被录用的求职者

很多招聘人员往往注意在那些将要被录用的候选人身上做工作，而忽视了对那些未被录用的求职者的回复。其实，未被录用的求职者人数往往远大于录用者的人数。对未被录用的求职者的答复是体现公司形象的重要方面。假设你是一名求职者，当你向一家公司投了简历之后，你一定期望那家公司尽快与你联系，哪怕是告诉你“请你等候通知”，或者是未被录用。如果投了简历之后很长时间得不到消息，那么求职者对公司的印象就会大打折扣。

那么该如何对未被录用的求职者进行答复呢？毕竟，未被录用对一个求职者来说是一个消极的消息，如果处理不当可能伤害求职者的自信心。在对未被录用的求职者进行答复时应该注意的问题主要有两点。

第一，最好用书面的方式通知，并且有统一的表达方式。如果求职者提供了电子邮箱的联络方式，可能这是最方便的传达信息的方式。一个公司在答复未被录用的求职者时最好采取统一的表达方式。这样做一方面可以保持公司形象的统一，另一方面可以做到公平地对待每位求职者。此外，做好一个统一的拒绝信的模板在操作上也会是比较简便的方式。

第二，注意拒绝信的内容和措辞。在发给未被录用的求职者的拒绝信中，首先要表达对求职者关注本公司的感谢，其次要告诉求职者未被录用只是一种暂时的、目前的情况，并且要把不能录用的原因归结为公司目前没有合适的位置，而不要归结为求职者能力和经验等因素。在拒绝信中通常不必说明具体的原因，也不必将公司的选拔标准写在其中。拒绝信使用的语言应该简洁、坦率、礼貌，同时应该具有鼓励性，并且表示与求职者建立长期联系的意愿。

8.3 签订劳动合同

8.3.1 劳动合同的内容

劳动合同的内容，是指劳动合同书中用人单位与劳动者双方约定的具体条款。由于实践中劳动合同多由用人单位单方提供，很多劳动者缺乏法律常识，对于劳动合同应当如何签订、包含哪些内容都缺乏认知，容易引发纠纷。部分未建立公司法务制度的用人单位，也存在不熟悉劳动合同制度的情况，其与劳动者签订的劳动合同并不规范和完善。当然，也存在少数用人单位明知提供的劳动合同文本不规范甚至违规，仍然使用，从而引发了一系列的问题，影响了正常的劳动关系。鉴于此，《劳动合同法》设专门条款对劳动合同内容进行规定，并且将劳动合同内容做了必备条款与约定条款的区分。这有利于用人单位在与员工签订劳动合同时遵循参照，也有利于劳动者依法维权，从而减少劳动合同纠纷。

8.3.2 劳动合同必备条款

劳动合同必备条款是劳动合同中最基本、最重要的条款，也是与劳动者有切身利益关系的条款。只有具备必备条款，劳动合同的签订主体，即用人单位和劳动者的权利义务关系才算明确。

按照《劳动合同法》第十七条的规定，劳动合同的必备条款共有九项。

（1）用人单位的名称、住所和法定代表人或主要负责人。该项条款主要是为了明确用人单位的主体资格，确定劳动合同的一方当事人，一旦发生纠纷，知道应当由谁承担义务和责任。用人单位主要包括中华人民共和国境内的企业、个体经济组织、民办非企业单位等组织，还包括与劳动者建立劳动关系的国家机关、事业单位、社会团体。

（2）劳动者的姓名、住址和居民身份证或其他有效身份证件号码。本条款主要是为了明确劳动者的主体资格，确定劳动合同的另一方当事人。所谓其他有效身份证件，主要是考虑到有的劳动者是外国公民，没有我国的居民身份证，其他有效证件如护照也可以。

（3）劳动合同期限。合同期限是合同双方当事人在协商订立合同过程中约定的，是用来界定合同当事人是否按时履行合同义务或延迟履行合同义务的客观标准，是双方履行合同的时间界限，该界限经双方当事人在合同上签字生效，受法律保护，违反该约定，应承担相应的法律责任。劳动合同期限是用人单位与劳动者双方当事人相互享有权利、履行义务的时间界限，即劳动合同的有效期限。劳动合同期限有其特殊性，可分为固定期限、无固定期限和以完成一定工作任务为期限的三种期限类型。合同期限不明确则无法确定合同何时终止，如何给付劳动报酬等。因此，劳动合同期限也是劳动合同的必备条款。

（4）工作内容和工作地点。工作内容，是指用人单位要求或希望劳动者做的事情，或者说劳动者应当履行的职责，包含工作岗位、工作任务或工作职责的含义。比如，某公司客服主管岗位的工作内容主要包括：第一，安排售前、售后客服人员工作，负责客服部各岗位人员的排班，确保所管各岗位工作有序开展；第二，监督和检查下属人员在即时处理在线咨询、销售、售后服务等作业环节过程中所出现的各种问题；第三，组织召开客服例会，针对客服人员存在的问题进行指导培训；第四，负责客户投诉及处理等。任何一个劳动合同如果缺少了“工作内容”条款将难以称其为劳动合同，用人单位也不可能与劳动者签订此类劳动合同，因为“工作内容”恰恰是用人单位录用劳动者的目的，也是劳动者通过自己的劳动取得劳动报酬的缘由。

工作地点是劳动者履行劳动合同义务的所在地，它关系到劳动者的工作环境、生活环境及劳动者的就业选择，劳动者有权在与用人单位建立劳动关系时知悉自己的工作地点。尤其是一些大型企业，其分支机构可能遍布全省、全国乃至全球，如果不约定具体的工作地点，那么在履行劳动合同的过程中，用人单位与劳动者可能发生分歧。而且，工作地点的不同会影响劳动者的劳动报酬、所享受的休假、补贴等待遇。因此，劳动合同中必须将劳动地点约定明确。

（5）工作时间和休息休假。简单来说，工作时间是指劳动者完成其工作内容的时间段、时间长短，根据工种的不同，工作时间会有差别。比如，有的工种是固定的8小时标准工作时间制，有的工种是不定时的工作时间制；有的全是白班，有的白班和夜班轮换。劳动合同不对工作时间做出约定，也是容易产生纠纷的。休息休假是劳动者的法定权利，《劳动法》第三十八条规定："用人单位应当保证劳动者每周至少休息一日。"目前，大部分单位已经实现了每周双休。

（6）劳动报酬。劳动报酬的重要性不言而喻，它是劳动者和用人单位都较为关心的内容，是用人单位对劳动者付出劳动所付出的代价。具体而言，劳动报酬包括基本工资、奖金、津贴、补贴、试用期及病事假等期间的工资待遇等。应当注意的是，我国建立了最低工资标准制度，劳动合同中有关劳动报酬的约定，不得违反国家及当地有关最低工资标准的规定。

（7）社会保险。所谓社会保险，就是日常说的"五险一金"中的"五险"部分。"五险"，是指医疗保险、养老保险、失业保险、工伤保险和生育保险。社会保险具有强制性，是法定的要求，通过书面劳动合同予以约定是劳动关系双方执行法律规定，而不是双方合意约定的内容。即关于该条款的约定不能违反国家或地方的法定标准。

（8）劳动保护、劳动条件和职业危害防护。劳动保护是指用人单位为了防止劳动过程中的安全事故，采取各种措施来保障劳动者的生命安全和健康。如建筑施工企业应当做好的劳动保护，主要是针对劳动者从事建筑施工工程中可能发生的高空坠落、物体打击和碰撞。劳动条件，主要是指用人单位为保障使劳动者完成工作内容所应提供给劳动者的必要的物质条件。比如，用人单位分配给某甲打字员工作，那么用人单位应当提供电脑或打字机等必备办公设备。按照《职业病防治法》的规定，"职业病，是指企业、事业单位和个体经济组织等用人单位的劳动者在职业活动中，因接触粉尘、放射性物质和其他有毒、有害因素而引起的疾病。"职业危害主要就是指劳动者工作过程中可能罹患职业病的风险或危害。用人单位有如实告知劳动者职业危害的义务，并且应当在劳动合同中写明。该条款与"社会保险"条款一样，国家或地方法律法规都有相关的强制性要求。

（9）法律、法规规定应当纳入劳动合同的其他事项。这是一项兜底性条款，为将来新的法律、法规做出强制性规定预留余地。

必备条款为劳动合同的核心要素，《劳动合同法》之所以要求一个劳动合同必须具备九项必备条款，是因为合同期限、劳动报酬、工作内容等条款内容与用人单位和劳动者双方是否达成建立劳动关系的合意、与劳动合同内容建立有效拘束力密切相关。若双方主体可识别，当书面文件中对劳动关系这几项核心内容做出约定后（不论该文件名称如何），应视作劳资双方对劳动力的交换也即劳动关系的建立设定了足够的拘束力。因为该拘束力可满足公权力介入评价的客观需要，当然可视作双方已订立书面劳动合同。

8.3.3　劳动合同的种类

劳动合同按照不同的标准有不同的分类。按照劳动合同期限进行划分，劳动合同可分为三类：固定期限劳动合同、无固定期限劳动合同及以完成一定工作任务为期限的劳动合同。劳动合同期限，是指劳动合同的有效时间，是劳动关系当事人双方享有权利和履行义务的时间。它一般始于劳动合同的生效之日，终于劳动合同的终止之时。签订何种性质的劳动合同往往取决于用人单位的生产经营需要，有些工作需要具有常年性、连续性和稳定性的特点，需要由相对固定的人员长期去做；有些工作受员工流动性限制较小，用人单位希望有一定的用工灵活性等，这就需要区分不同情况分别签订不同类型的劳动合同。

1. 固定期限劳动合同

固定期限劳动合同是指用人单位与劳动者约定合同终止时间的劳动合同。固定期限的劳动合同可以是较短时间的，如一年、二年；也可以是较长时间的，如五年、十年，甚至更长时间。不管时间长短，劳动合同的起始和终止日期都是固定的。只要用人单位与劳动者协商一致，就可以订立固定期限劳动合同。如果双方协商一致，还可以续订劳动合同，延长期限。如需签订固定期限劳动合同，在合同文本中可以进行如下约定：“第×条　本合同为固定期限劳动合同，期限为____年。合同期限自____年____月____日起至____年____月____日止。”

固定期限劳动合同的适用范围广，既能保持劳动关系的相对稳定，又能促进劳动力的合理流动，是实践中运用较多的一种劳动合同。固定期限劳动合同也有一些缺点和适用限制，如短期劳动合同不利于保护劳动者的就业稳定性，同时给社会稳定性带来了不利影响。

表 8-2 为固定期限劳动合同范本。

表 8-2　固定期限劳动合同范本

劳动合同书 （固定期限） 根据《中华人民共和国劳动法》《中华人民共和国劳动合同法》和有关法律、法规的规定，甲乙双方经平等自愿、协商一致签订本合同，共同遵守本合同所列条款。 一、劳动合同双方当事人基本情况 第一条　甲方： 法定代表人（主要负责人）或委托代理人：

续表

注册地址：

经营地址：

第二条 乙方：

性别：

户籍类型（非农业、农业）：

居民身份证号码：

或者其他有效证件名称证件号码：

在甲方工作起始时间：____年____月____日

家庭住址：

户口所在地：____省（市）____区（县）____街道（乡镇）

二、劳动合同期限

第三条 本合同为固定期限劳动合同。

本合同于____年____月____日生效，其中试用期至____年____月____日止。本合同于____年____月____日终止。

三、工作内容和工作地点

第四条 乙方同意根据甲方工作需要，担任____岗位（工种）工作。

第五条 根据甲方的岗位（工种）作业特点，乙方的工作区域或工作地点为________。

第六条 乙方工作应达到标准。

四、工作时间和休息休假

第七条 甲方安排乙方执行工时制度。

执行标准工时制度的，乙方每天工作时间不超过 8 小时，每周工作不超过 40 小时。每周休息日为____。

甲方安排乙方执行综合计算工时工作制度或者不定时工作制度的，应当事先取得劳动行政部门特殊工时制度的行政许可决定。

第八条 甲方对乙方实行的休假制度有____。

五、劳动报酬

第九条 甲方每月____日前以货币形式支付乙方工资，月工资为____元或按____执行。

乙方在试用期期间的工资为____元。

甲乙双方对工资的其他约定____。

第十条 甲方生产工作任务不足使乙方待工的，甲方支付乙方的月生活费为____元或按____执行。

六、社会保险及其他保险福利待遇

第十一条 甲乙双方按国家和××市的规定参加社会保险。甲方为乙方办理有关社会保险手续，并承担相应社会保险义务。

第十二条 乙方患病或非因工负伤的医疗待遇按国家、××市有关规定执行。甲方按____支付乙

续表

方病假工资。

第十三条　乙方患职业病或因工负伤的待遇按国家和××市的有关规定执行。

第十四条　甲方为乙方提供以下福利待遇（根据公司情况写明）：______。

七、劳动保护、劳动条件和职业危害防护

第十五条　甲方根据生产岗位的需要，按照国家有关劳动安全、卫生的规定为乙方配备必要的安全防护措施，发放必要的劳动保护用品。

第十六条　甲方根据国家有关法律、法规的规定，建立安全生产制度；乙方应当严格遵守甲方的劳动安全制度，严禁违章作业，防止劳动过程中的事故，减少职业危害。

第十七条　甲方应当建立、健全职业病防治责任制度，加强对职业病防治的管理，提高职业病防治水平。

八、劳动合同的解除、终止和经济补偿

第十八条　甲乙双方解除、终止、续订劳动合同应当依照《中华人民共和国劳动合同法》和国家有关规定执行。

第十九条　甲方应当在解除或者终止本合同时，为乙方出具解除或者终止劳动合同的证明，并在十五日内为乙方办理档案和社会保险关系转移手续。

第二十条　乙方应当按照双方约定，办理工作交接。应当支付经济补偿的，在办结工作交接时支付。

九、当事人约定的其他内容

第二十一条　甲乙双方约定本合同增加以下内容：____。

十、劳动争议处理及其他

第二十二条　双方因履行本合同发生争议，当事人可以向甲方劳动争议调解委员会申请调解；调解不成的，可以向劳动争议仲裁委员会申请仲裁。当事人一方也可以直接向劳动争议仲裁委员会申请仲裁。

第二十三条　本合同未尽事宜或与不符合国家、××市有关规定的，按照有关规定执行。

第二十四条　本合同一式两份，甲乙双方各执一份。

甲方（公章）　　　　　　　　　　　　　　　　　　乙方（签字或盖章）

法定代表人（主要负责人）或委托代理人（签字或盖章）

签订日期：　　年　　月　　日　　　　　　　　签订日期：　　年　　月　　日

2．无固定期限劳动合同

在 1994 年《劳动法》颁布实施以前，我国的用工制度实行的基本上是固定工制，劳动关系双方被死死地拴在一起。《劳动法》的实施完全打破了固定工制，实行劳动合同制，这在优化劳动力市场资源配置、释放企业活力方面起到了重大的积极作用，但劳动合同短期化的问题又暴露了出来，无固定期限劳动合同的比例较低。正是针对这个状况，《劳动合同法》重新做出调整，对无固定期限劳动合同做出新的规范。

所谓无固定期限劳动合同，是指用人单位与劳动者约定无确定终止时间的劳动合同。怎么理解“无确定终止时间”？应当包含如下两点：有终止时间，一旦出现了法定解除情形或双方协商一致解除的情况，无固定期限劳动合同终止履行；终止时间不确切，劳动合同期限长短不能确定，即只要没有出现法定解除情形或双方协商一致解除的情况，双方当事人就要继续履行劳动合同。在此，请用人单位和广大劳动者注意：无固定期限劳动合同并非没有终止时间的“铁饭碗”，符合一定条件，合同即可解除；《劳动合同法》关于无固定期限劳动合同和固定期限劳动合同的解除、终止条件的规定是一致的。

根据《劳动合同法》的规定，无固定期限劳动合同适用的情形包括以下三大类六种具体情形。

（1）用人单位与劳动者协商一致，可以订立无固定期限劳动合同。

劳动合同当事人双方只要是在平等、自愿、协商一致的情况下，就可以签订无固定期限劳动合同。

（2）出现下列三种情形之一，劳动者提出或同意续订、订立劳动合同的，除劳动者提出订立固定期限劳动合同外，必须订立无固定期限劳动合同：

①劳动者在该用人单位连续工作满 10 年。这种情况对签订劳动合同的次数和劳动合同的期限没有要求，只要满足“连续工作 10 年以上”即可。

②用人单位初次实行劳动合同制度或国有企业改制重新订立劳动合同时，劳动者在该用人单位连续工作满十年且距法定退休年龄不足十年的。

③连续订立二次固定期限劳动合同，且劳动者没有《劳动合同法》第三十九条和第四十条第一项、第二项规定的情形，续订劳动合同的。

（3）用人单位自用工之日起满一年不与劳动者订立书面劳动合同的，视为用人单位与劳动者已订立无固定期限劳动合同。

如需签订无固定期限劳动合同，在合同文本中可以进行如下约定：“无固定期限劳动合同。自____年____月____日起。”

3. 以完成一定工作任务为期限的劳动合同

以完成一定工作任务为期限的劳动合同，是指用人单位与劳动者约定以某项工作的完成为合同期限的劳动合同。此类劳动合同是一种特殊类型的劳动合同，是以完成一定工作任务为核心的劳动合同，用人单位与劳动者协商一致可以订立这种类型的劳动合同。此类劳动合同还有一点特殊之处在于其不得约定试用期。

以完成一定工作任务为期限的劳动合同一般出现在以下几种情况。

（1）以完成单项工作任务为期限的劳动合同。

（2）以项目承包方式完成承包任务的劳动合同。

（3）因季节原因用工的劳动合同。

如需订立以完成一定工作任务为期限的劳动合同，在合同文本中相关条款可进行如下约定："本劳动合同为以完成一定工作任务为期限的合同。具体为：________。"

8.3.4　试用期的规定

试用期是用人单位与劳动者在劳动合同中协商约定的对对方的考查期。《劳动合同法》延续了《劳动法》有关试用期的一些规定，如试用期属于劳动合同的约定条款；双方可以约定也可以不约定试用期；试用期包含在劳动合同期限之内；试用期最长不得超过六个月。此外，《劳动合同法》也做出了一些新规定。

1．试用期的期限

《劳动合同法》规定，劳动合同期限三个月以上不满一年的，试用期不得超过一个月；劳动合同期限一年以上不满三年的，试用期不得超过二个月；三年以上固定期限和无固定期限的劳动合同，试用期不得超过六个月。以完成一定工作任务为期限的劳动合同或劳动合同期限不满三个月的，不得约定试用期。同一用人单位与同一劳动者只能约定一次试用期。

2．试用期待遇

劳动者在试用期的工资不得低于本单位相同岗位最低档工资或劳动合同约定工资的百分之八十，并且不得低于用人单位所在地的最低工资标准。

3．试用期法律责任

在试用期中，除劳动者有《劳动合同法》第三十九条和第四十条第一项、第二项规定的情形外，用人单位不得解除劳动合同。用人单位在试用期解除劳动合同的，应当向劳动者说明理由。

由于试用期的设定受到严格限制，试用期在人力资源管理中的作用有限，因此，企业在招聘员工时，需要在招聘面试和求职者的背景调查上花更多的精力和成本。

8.3.5　劳动合同的补签

补签劳动合同主要涉及是否适用双倍工资的问题。也就是说，本来应当在较早的时间签订书面劳动合同，但由于疏忽等原因而未签订，有一段时间没签合同，后来补签了。补签虽然确定了劳动关系，但是未签劳动合同的时间是否要给双倍工资，目前有不同理解。

一种观点认为，既然补签了，就视为意思表示一致可追溯未签订劳动合同的时间，就不应当再主张双倍工资。主要理由：《劳动合同法》第三条规定，订立劳动合同，应当遵循合法、公平、平等自愿、协商一致、诚实信用的原则。依法订立的劳动合同具有约束力，用人单位与劳动者应当履行合同约定的义务。补签的劳动合同，在无证据表明签订时存在欺诈、胁迫及重大误解，且不违反法律、法规强行性规定的情形下，是用人单位与劳动者双方对于建立劳动关系时间的真实意思表示，劳动合同是真实有效的，可视为劳动者对于合同期限的一种认可，等于劳动者放弃了主张双倍工资差额的权利。

另一种观点认为，未签合同期间侵犯劳动者的合法权益，没有执行《劳动合同法》违反适用第八十二条规定，应该给双倍工资。

应当说，两种意见都有道理，本书更倾向于第一种意见，即补签后不再考虑双倍工资。

8.4 录用决策的特殊问题与处理

8.4.1 对优秀人才的吸引

由于当今社会对于熟练的、具有高能力的人才的竞争已经变得越来越激烈，录用决策阶段消极对待求职者，就可能把企业所需要的人员拱手让给竞争对手。因此，要注意两个环节对人员的吸引：一是建立招聘“水池”的时候，要吸引尽量多的优质的求职者加入筛选的队伍；二是录用决策阶段，应该吸引筛选出的合格人选加盟企业，这是企业经常忽略的一个环节。

为此，企业应该采取以下积极措施。

（1）让优秀的求职者尽可能多地了解企业的信息，一方面让求职者了解企业的发展前景，增强他们对企业的了解；另一方面让他们知道企业面临的挑战，鼓舞他们的斗志，在优秀的求职者和企业之间寻找共同点。

（2）提前确定企业给求职者的薪酬待遇，还要强调非薪酬的报酬，这对事业心强的求职者可能更有吸引力。

（3）如果在录用阶段判定某求职者较为优秀而在某些方面还存在疑惑，就要在录用决策之前对疑惑点进行调查研究，排除可能存在的问题。

（4）要吸引优秀的求职者就必须行动迅速，如果录用决策时间过长，可能使他们转移注意力。迅速地录用决策表明企业的重视，这样可以强化他们对职位的兴趣。

（5）录用之后要让求职者感觉到对他的尊重。

8.4.2 对求职者的通知

录用通知。为了不失去合格的求职者，录用通知要及时发出。在录用通知书中，应说明报到的起止时间、地点及报到的程序等内容，在附录中详细讲述如何抵达报到的地点和其他应该说明的信息，还包括欢迎新员工加入企业。一般以信函的方式通知为佳。

辞谢通知。周到的辞谢方式除了能树立良好的企业形象，还可能对今后的招聘产生有利的影响。因此，应该用同样礼貌的方式通知未被录用的人员。可以通过电话用委婉的语言通知对方，也可以发送信函告知对方。

8.4.3　新员工的录用面谈

新员工分为两部分，一部分是外部招聘所获新员工，另一部分是内部竞争上岗录用到新岗位的老员工。

对于新员工须进行录用面谈，录用面谈的重要性体现在如下三个方面。

1. 加强企业对新员工的进一步了解

通过谈话可以了解新员工的家庭、婚姻、爱好，思想上有无负担、生活上有无困难等在招聘过程中无法涉及的信息，话题可以比较深入，可以了解新员工更深层次的信息。

2. 加强新员工对企业的了解

录用面谈的气氛比较融洽，新员工问一些自己关心的问题，如薪酬、福利、发薪日，各级领导的姓名、性格、为人，自己所录用部门的概况等，通过录用面谈，新员工对自己即将工作的环境会有深入的了解。

3. 为新升迁的老员工排除由于岗位变动带来的新矛盾

录用面谈的执行者主要根据录用岗位权级的高低来决定，通常录用经营管理层的高级管理人员，由董事长、总经理或人力资源专家顾问来执行；如果是中层管理人员，由分管的公司领导（副职）来执行；如果是基层管理人员，由部门主管或分管领导来执行；普通员工的录用面谈则由人力资源部主管来执行。

录用面谈的场所在执行面谈的主动方的办公室进行，也可以根据录用者的层次在休闲的地点进行。

8.5　录用决策的成本效益分析

8.5.1　录用决策的成本分析

1. 录用决策付出的人力成本

无论是否招聘到合适的人才，招聘前的准备、招聘中的测试、录用前的决策、上岗引导和培训等所有环节都将发生一些直接费用，包括办公费用、广告费用、考官费用及因制作各种各样的表格、参加一些大型的人才交流会、进行求职者的背景调查和体检等产生的费用。

在录用决策的过程中，最难计算的还是付出的人力成本。在录用一位高管的过程中，董事长必须多次与之面谈，了解其教育背景、经历、阅历、过往工作中的经验和教训，以及其性格、品质、气质、办事风格、人生信条、经营理念、处世方式、兴趣爱好、工作方式、文化取向等，还要深入了解其与企业文化可能的融合程度，要以何种方式进行合作。为此，公司董事长必须耗费时间，付出人力成本。

人力资源部也要在许多方面付出人力成本，包括录用前的谈话、录用中的引导、上岗前的工作交接、上岗培训、上岗初期的跟踪和辅导等。

2. 录用决策付出的风险成本

如果录用的人才不能胜任自己的工作，最大的风险在于辞退带来的成本、人才重置带来的成本及生产效率下降带来的损失等。

如果录用的人才与原单位出现了劳动合同纠纷、财务纠纷、工作责任纠纷及其他纠纷，必须诉诸法律方能解决，则公司会承担不少连带责任，这种风险成本的费用是难以事先预计的。

8.5.2 录用决策的效益分析

1. 招聘过程可以提高企业的知名度

在招聘过程中，企业发布广告、开展宣传、进行人员的甄选和面试等，使企业被更多的人所了解，知名度大大提高。某企业面试考场设在某宾馆最大的会议室，由于力求做到公开、公正、公平，诊断性面试对外公开，前来参加面试旁听的超过 300 人，竞聘公司副总裁并经过各种测试入围的有七人，其中有四位是博士，好几人是其他公司的副总经理及以上的高管。在这次面试中，求职者的精彩发言，面试官与求职者之间知识、智慧的博弈，赢得了几百名听众的喝彩。这次公开招聘面试大大提高了该企业的知名度，并且使社会上许多不了解该企业性质、对该企业经营战略有误解的人对该企业有了更正确的认识。

2. 正确的选聘可以给企业带来新的活力、新的思想，增强企业的竞争力

企业通过外部招聘可以引进具有新思想、新观念、新技术等有创新能力的高层管理人员和中层管理人员，这些进入企业的新生力量会快速地创造新的工作氛围，营造敢于改革的新的企业文化。正确的招聘选才会给企业带来新的活力，从而增强企业的竞争力。

3. 正确的选聘可以提升企业的生产率，使企业快速壮大

前面谈到的某公司在公开招聘中最终选择了一名企业管理专业的博士。他有相当丰富的企业工作经验，在担任公司的副总裁后，分管了几个子公司，凭借出色的管理能力，这几个子公司第二年就扭亏为盈，同时他把先进、适用的绩效考评方法带进企业，使这个公司在五年内快速发展壮大，成为当地一家著名的公司。

【本章小结】

录用决策是确定每一位求职者的素质和能力特点，根据预先确定的人员录用标准和录用计划，选出最合适的人员的过程。在做录用决策时有两个选择：一是在候选人之间进行选择；二是在候选人与招聘标准之间进行比较。在录用时也应该根据具体情况对录用标准灵活对待，由于企业的需要不同及职位不用，录用决策的程序会有差别。劳动合同的签订要遵循《劳动法》及《劳动合同法》的相关规定。

【复习思考题】

1. 录用决策包括的主要工作内容有哪些？
2. 录用决策方法有哪些？各自有什么特点？
3. 劳动合同有哪些类型？在签订时要注意哪些事项？

【案例分析】

【案例一】搜寻事实帮你轻松锁定候选人

面试室内坐着三个人，甲在提问，乙在回答，丙在观察和记录。

甲："请问离职原因是什么？"

乙："工作压力比较大，而且对公司的激励机制不满意。"

甲："请介绍一下工作经历。"

乙："2002 年大学本科毕业后进入一家公司做销售工作，两年后由于营销业绩突出，被提拔到销售主管岗位。三年前由于家庭原因离开原公司来到本公司应聘为采购部副经理。"

……

面试结束后，丙对甲说："好，今天的面试结束，谢谢你的参与。"

甲："谢谢，很高兴参加这次面试，希望能有机会加入贵公司。"

读到这里，我想你可能有些不解。明明是甲在向乙提问，怎么这会儿甲却成了求职者呢？

以上就是我们采用的一种人才甄选技术——口头事实搜寻技术（oral fact finding exercises）。口头事实搜寻技术是使求职者通过提问的方式来展现其思维过程，对其思维能力、沟通技巧等进行考查的一种情景模拟技术。

下面通过一个案例来介绍这种技术的人员甄选效果。

赵强是某公司的新任人力资源经理，最近，公司销售部经理提出辞职，职位出现空缺。赵强结合之前的了解和调研，推荐了采购部副经理李某，但公司有关领导反馈说听到了一些不同的声音，认为赵强没有掌握足够的真实情况。

你的任务是：

现在担任一名决策顾问，通过向信息员询问来收集更多的信息，帮助赵经理决策是否任命李某为公司销售部经理。

以下为从真实案例中截取的每个候选人向信息员询问的前三个问题。

候选人 A 所提问题及顺序：

（1）不同的声音具体是指什么？

（2）李某本人对这次晋升的想法是什么？

（3）其他与销售部门关系紧密的业务部门的反应如何？

候选人 B 所提问题及顺序：

（1）人力资源经理推荐李某的原因是什么？

（2）不同的声音是什么？

（3）李某之前在采购部的业绩如何？

候选人 C 所提问题及顺序：

（1）销售部经理是什么时间离职的？

（2）目前除李某外还有其他人选吗？

（3）人力资源经理推荐李某的原因是什么？

从以上三种回答可以明显看出，不同的候选人所提出的问题及其顺序是有明显差别的。

解析候选人 A：由于赵经理对推荐李某已经是经过了解和调研的，因此，如果不同声音不够客观真实或不是关系到李某能否胜任销售经理的硬伤，那么李某的胜任素质应该是不会有大问题的。因此，候选人 A 所提出的问题首先抓住关键阻力——领导所听到的不同声音。之后内因是事物的主要矛盾，第二个问题紧接着考查李某本人的意愿，这是李某能够胜任销售部经理的前提，如果没有这个前提，即使李某的能力能够胜任，公司领导再极力推荐，李某上任后也不可能尽全力创造出业绩。接下来是与销售部相关的部门对李某晋升销售部经理的看法，考查李某上任后可能面对的工作中的阻力和机遇。候选人 A 的提问从解决主要矛盾，到对内部因素的考查，再到对外来工作业绩的预测，抓住了问题的关键且系统性较强。

解析候选人 B：候选人 B 首先关心赵经理的推荐理由，其实是对赵经理推荐意见的考查。这种考查相对赵经理推荐李某的阻力——“不同声音”来讲，自然不是首选，因此没有抓住主要矛盾。第三个问题考查李某以前的业绩，这个问题首先可能与第一个问题获得的信息重复，成为无效问题；其次李某在采购部的业绩情况并不能成为胜任销售部经理的理由。总体来看，候选人 B 与候选人 A 在系统性上有差距，但还是从李某的胜任素质的角度来考查的。

解析候选人 C：候选人 C 则更关心原销售部经理离开的时间及其他人选，这些问题基本上属于细枝末节类问题，关键性和系统性都不足。

（资料来源：https://ww.joyowo. com/zhaopinbeizhi/305062.html.）

讨论题

由以上案例，你认为在录用决策中，口头事实搜寻技术的优点有哪些？

【案例二】《聘用确认书》能认定为书面劳动合同吗

刘先生于 2012 年 10 月 29 日入职北京市海淀区某高科技公司，担任会议项目经理一职，月工资标准为 5 500 元。刘先生于 2013 年 4 月 30 日辞职，双方解除了劳动关系。

刘先生与某高科技公司就双方是否签订了书面的劳动合同产生了争议。刘先生主张某高科技公司未与其签订书面的劳动合同，某高科技公司对此不予认可，并且主张其公司与刘先生签订的《聘用确认书》即双方的书面劳动合同。《聘用确认书》所载内容为：

（1）某高科技公司自 2012 年 10 月 29 日聘用刘先生担任会议项目经理职位的工作。试用期为 2 个月。在试用期内，职员必须遵守公司的就业员工守则所规定的相关条款及其他公司内部制度。

（2）正常工作时间为每周一至周五，周一至周四 8：30~17：30，周五 8：30~17：00。每日 12：00~13：00 为午休时间。

（3）员工在试用期内工资为试用期结束后正式工资的 90%。若在试用期内，员工和公司希望终止聘用，须提前一周以书面形式通知对方。在试用期结束时，经双方确认后，公司将同员工签订正式的劳动合同。

（4）刘先生的税前月薪为人民币 5 000 元。公司将依照国家相关规定为员工缴纳各项社会保险（养老保险、医疗保险、失业保险、工伤保险、生育保险）及住房公积金。员工个人缴纳部分企业将从工资中代为扣除。

（5）在试用期内，员工将不享有带薪年假，事假须提前一天向总经理提出申请，并且通过批准。在申请病假时，必须向总经理提交医生诊断证明及假条。

（6）交通通信费每月为 500 元。

刘先生认为该《聘用确认书》并非双方签署的正式劳动合同，并且称该《聘用确认书》中亦写明了双方在试用期结束后还须签订正式的劳动合同。

刘先生以要求某高科技公司应向其支付未签书面劳动合同二倍工资差额为由向区劳动人事争议仲裁委员会提出申诉，仲裁委员会裁决：驳回刘先生的申请请求。刘先生不同意仲裁裁决结果诉至法院。两级法院均认定刘先生与某高科技公司签订的《聘用确认书》为期限是 2012 年 10 月 29 日至 2012 年 12 月 28 日的书面劳动合同，某高科技公司与刘先生就 2012 年 12 月 29 日至 2013 年 4 月 30 日期间并未签订书面的劳动合同。因此，刘先生要求某高科技公司向其支付 2012 年 11 月 29 日至 2012 年

12月28日期间未签订书面劳动合同二倍工资差额的主张缺乏事实和法律依据，法院不予支持，但刘先生要求某高科技公司向其支付2012年12月29日至2013年4月30日期间未签订书面劳动合同二倍工资差额的主张具有事实和法律依据，法院予以支持。判决：某高科技公司于本判决生效后七日内向刘先生支付2012年12月29日至2013年4月30日期间未签订书面劳动合同两倍工资差额22 252.88元。

按照《劳动合同法》第十七条的规定，劳动合同应当具备以下条款：用人单位的名称、住所和法定代表人或主要负责人；劳动者的姓名、住址和居民身份证或其他有效身份证件号码；劳动合同期限；工作内容和工作地点；工作时间和休息休假；劳动报酬；社会保险；劳动保护、劳动条件和职业危害防护等。在本案中，《聘用确认书》约定了入职时间、职务、试用期期限、试用期月工资标准、转正后月工资标准、福利待遇等内容，基本包含了必备条款。事实上，双方的权利义务已明确。其中，在劳动合同期限问题上，双方只约定了2个月的试用期，试用期满双方未签订其他合同。根据《劳动合同法》第十九条第四款的规定，试用期包含在劳动合同期限内。劳动合同仅约定试用期的，试用期不成立，该期限为劳动合同期限。因此，法院认定“《聘用确认书》为期限是2012年10月20日至2012年12月28日的书面劳动合同，某高科技公司与刘先生就2012年12月29日至2013年4月30日期间并未签订书面的劳动合同”是恰当的。

讨论题

结合本章内容，试述企业应如何避免劳动合同纠纷。

【本章实训】

通过本章的学习，完成以下模拟训练。

实训流程：

1. 将全班分成5~6个小组，每组7~8人。由老师分别针对知识点（劳动合同的内容、劳动合同签订的原则、试用期与合同期限、劳动环境与保护、劳动合同终止）设定不同的情景。

2. 每组推选2人设计情景提纲并分配角色。小组其他人配合并负责充实情景细节。

3. 小组轮流进行模拟招聘，其他小组进行效果评价。

效果评价：

评价指标	权重系数	评价结果
情景提纲包括所学知识点，针对性强	20%	
知识与技巧运用到位	20%	
情景过程控制力良好	30%	
情景揭示和指导效果良好	30%	

第9章 招聘与录用评估

学习目标

- 了解招聘与录用评估的作用
- 掌握招聘与录用评估的内容和方法
- 掌握招聘与录用效果的评估指标体系

关键术语

评估；信度；效度；成本；质量

引导案例

中小企业如何优化招聘效果

中小企业由于受自身规模和行业整体发展水平的影响，招聘工作与大企业相比往往处于不利地位。那么如何才能优化中小企业的招聘效果呢？根据招聘工作的特点，中小企业提高招聘有效性的对策可从以下八方面考虑，做好以下工作。

一、做好人力资源规划

中小企业要做好人力资源规划，准确界定企业所需要的各类人才，在此基础上开展招聘工作。一是要搞清人才的主次，关系到企业当前发展的关键技术、关键管理岗位的人才须优先考虑。二是要处理好人才“即用与储存”的关系，即用型人才应成为当前的主要对象，但绝不可忽视对储备型人才的吸收，因为企业人力资源规划要着眼于企业的战略目标、长远利益，必须建立企业的人才储备库。在界定企业人才时，除专长、能力外，还应看其内在的素质水平，如是否具有较强的事业心、责任感等。

二、充分认识招聘工作对企业的重要影响

宝洁公司的前任 CEO 曾经说过："在公司内部，我看不到比招聘更重要的事了。"如果员工招聘环节出现差错，企业将会在后期付出一系列代价，如产生重复招聘成本及企业失去稳定性等。从企业内部来说，招聘关系到企业的生存和发展。内部招聘能提高员工的工作激情，外部招聘能为企业注入新鲜血液，两者都能调整和改善组织结构，提高企业竞争力。从企业外部来说，一次成功的招聘活动就是一次成功的企业宣传。因此，很多公司每年都会把各大高校作为招聘地点，分发大量宣传介绍公司的资料，无论有没有招到人，招聘活动都会使不少人了解公司，对公司留有一定的印象，这就是一种有价值的宣传。

三、选择合理的招聘渠道和方法

企业招聘渠道分内部招聘和外部招聘。内部招聘花费少，并且能提高员工的工作热情，起到激励的作用。外部招聘的方法比较多，比如广告招聘、人才市场、校园招聘、委托招聘和网络招聘等。外部招聘也是一种有效地与外部进行信息交流的方式，企业可借此树立良好的外部形象。新员工的加入会给企业带来新的观点和新的思想，有利于企业的经营管理和技术创新，防止僵化。网络招聘覆盖面广，无地域限制，省时且费用较低，这些特点比较适合中小企业。当然，对于大多数企业来说，内外结合的招聘渠道才是最科学的选择。

四、建立明确的招聘目标

在不准确或不完整的需求下招聘到的人员，往往在磨合阶段会给企业带来较大的纠正成本，甚至会影响工作的分配与执行。中小企业的制度一般尚不健全，招聘工作可能缺乏职务说明书作为参考依据。因此人力资源部或招聘人员在招聘前应当通过沟通等方式，引导用人部门准确描述岗位的职责和全面具体的能力素质要求，建立明确的招聘目标。在招聘过程中也应当与用人部门保持沟通，以确保不偏离招聘需求，从而提高招聘效率与成功率。

五、提高招聘人员的综合素质

每次招聘都是企业形象的展示，招聘人员的素质会影响企业在求职者心目中的形象。企业应当树立招聘岗位的窗口意识，并且让专业人士守好人力资源开发的入口关。在招聘工作开展前，对参与招聘的人员要进行相关招聘知识的培训与指导，让他们准确掌握企业的基本信息；在向求职者传达信息时要做到实事求是，既不能夸大也不能弱化企业提供的待遇等方面的问题，以确保招来的人是真正想来而不是在夸大事实的情况下被哄骗来的。同时，招聘小组要与用人部门进行有效沟通，准确把握招聘要求，使录用者与用人部门要求之间的差距最小化，最终要做到招聘工作的专业化和职业化。

六、注重企业形象设计和宣传

中小企业实力不强，在吸引人才方面的竞争力不如大型企业，在企业形象宣传方面尤其应该重视。招聘人员的职务级别和个人素质会直接影响招聘的结果。企业对招聘的不重视给求职者最直接的印象就是该企业对员工不重视。招聘人员的招聘工作态度和谈吐气质，很容易影响求职者对企业的看法。如果在招聘人员和求职者接触的过程中，招聘人员给求职者的印象不够专业，就很容易给求职者留下企业的整体素质较差的印象。企业在现场的招聘中，从广告刊登、摊位布置到接待面试、场地布置和参观企业等，处处都应突出企业的优势以吸引求职者。中小企业做好招聘工作，其作用不仅仅是可以招聘到合适的人才，还可以通过招聘工作展示企业的形象，增强企业的影响力。

七、重视对求职者的背景调查

在录用员工之前的背景调查经常被招聘单位所忽视，但这恰恰是很重要的环节。例如，企业的销售人员挪用、侵占企业货款甚至携款潜逃的事情时有发生，还有很多求职者伪造学历、资格证书等，企业没有审查就录用，一旦发现往往为时已晚，因为企业已经为员工在培训、保险等方面投入了很多。另外，还有一些企业利用不正当竞争的手段，故意派遣商业间谍打探竞争对手的机密，这些都可以通过背景调查来避免。

八、礼退落选人员

中小企业应清楚地认识到求职者来企业应聘是对企业感兴趣，应当得到尊重与感谢，特别是对于落选人员，在面试结果出来后，应尽快给予礼貌的答复和感谢，同时，将其资料录入企业储备人才库，一旦将来出现岗位空缺或企业发展需要时即可招入，这既提高了招聘速度也降低了招聘成本，尤其适合中小企业。另外，在一些求职者有退回个人申请资料的要求时，企业一定要有专人负责完整及时地将资料退还给求职者本人，切不可以“概不退还”一言了之。人力资源已逐渐成为企业发展的战略性资源，拥有高素质的人才是企业健康、持久发展的前提，人员招聘作为人力资源管理的一项重要工作，对企业的生存和发展起着举足轻重的作用。如何提高招聘的有效性，是所有企业都需要关注的课题。企业应根据不同的招聘要求，灵活选用适当的招聘形式和方法，在保证招聘质量的情况下尽可能降低投入成本，最大限度地提高招聘工作的成效，为招聘的实施打下良好的基础，从而减少招聘的盲目性和随意性。通过有效的招聘为企业输送高素质人才，增强企业的竞争力。

（资料来源：http://blog.sina.com.cn/s/blog_15ef5bdfb0102xpde.html.）

9.1　招聘与录用评估的作用与方案设计

招聘与录用评估也称招聘与录用测评，就是通过一系列科学的或“直观经验”的测试方法，挑选出符合组织和岗位要求的人员的过程。

9.1.1 招聘与录用评估的作用

招聘与录用评估的作用具体体现在以下几个方面。

1. 有利于组织节省开支

招聘与录用评估包括招聘结果的成效评估（具体又包括招聘成本与效益评估、录用员工数量与质量评估）和招聘方法的成效评估（具体又包括招聘的信度与效度评估），因而通过招聘与录用评估中的成本与效益核算，就能够使招聘人员清楚费用支出情况，对于其中非应支项目，在今后的招聘中加以去除。

2. 检验招聘工作的有效性

通过招聘与录用评估中录用员工数量的评估，可以分析其中招聘数量满足与不满足的原因，有利于改进今后的招聘工作和为人力资源规划修订提供依据。

3. 检验招聘工作成果与方法的有效性程度

通过对录用员工质量评估，可以了解员工的工作绩效、行为、实际能力、工作潜力与招聘岗位要求的符合程度，从而为改进招聘方法、实施员工培训和进行绩效评估提供必要的、有用的信息。

4. 有利于提高招聘工作质量

通过招聘与录用评估中招聘信度和效度的评估，可以了解招聘过程中所使用方法的正确性与有效性，从而不断积累招聘工作的经验与修正不足，提高招聘工作的质量。

9.1.2 招聘与录用评估方案的设计

作为一项重要的人事技术，招聘与录用评估为越来越多的企业人力资源部所接受。如何识别适合自己企业的人才呢？业务把关应该不是问题，各部门经理有足够的水平来做好这项工作，但实践证明，发挥不好的人才往往不是由于业务背景不行，更多是个性等综合素质不适合自己企业的工作。而综合素质的测定正是招聘与录用评估的长项。其具体设计四个步骤，这里我们以某公司招聘硬件工程师为例来分析。

第一步，确定测评的重点维度。

这一步至关重要。首先通过职位分析中的深度访谈法，与硬件工程师的主管确定招聘测评中需要考查的重点维度。通过访谈，最后得出需要评价的三个主要维度：学习能力、创新能力、合作能力。

IT 行业很多技术需要工作人员自己跟上世界发展的潮流，很多知识是在课堂上学不到的，因此需要具备很强的学习能力。

企业间竞争越来越激烈，不断开发出适合市场需求的新产品和新服务，才是企业竞争制胜的关键，创新能力当然成为对研发人员测评的重点。

企业做研发，靠一个人单打独斗很难快速开发出新产品，团队精神、合作能力就成了另一个关注的重点。

第二步，选择和开发能够测评以上维度的工具。

针对测评的重点维度，我们主要运用了三类测评工具：心理测验、半结构化面试、情景模拟测验，每类工具针对不同的测评维度。

学习能力的测评相对简单，采用了国际通用的非文字逻辑推理能力测验来测评。

创新能力的测评历来是个难题。目前测评创新能力的工具效度和信度普遍偏低，我们采取综合的方法来解决问题。创新能力的高低和很多素质有直接关系，如对新事物的开放性、直觉思维、独立性、灵活性等。我们就选用了能够测评这些素质的工具，并且在面试和情景模拟测验中专门设计用来考查创新能力的问题。

合作能力测评主要运用情景模拟测验来做。请 4~8 个人组成一个小组来共同解决一个问题，从中观察求职者的合作能力和综合素质。

第三步，实施测评，反馈测评结果。

在测评过程中，首先由技术专家（一般是项目经理）进行技术面试，过关者再进行综合能力测评。

在测评过程中，很多求职者对这种测评方法感到很新颖、很感兴趣，反馈也很积极。“经历过 3 个小时的测评，我感觉这个公司重视求职者的潜能和团队精神，我对来这样的企业之后的个人前途充满希望！”很多求职者都有这样的想法。

在综合能力测评结束后 3~4 天，关于求职者的测评报告就出来了。报告的主要内容是定性、定量地描述求职者和硬件工程师这个岗位的匹配程度，包括对合作能力、学习能力、创新能力等个性方面综合能力的评价描述。项目经理一开始并没有特别在意这份 600 多字的测评报告，但当读完报告之后，他们觉得这份报告很实用。在两个求职者技术背景相差很小的情况下到底用谁呢？测评报告给出了答案，因为它关注的是非技术素质，这就为用人部门提供了很好的参考。到后来，项目经理在面试后都迫切地等待着拿到综合素质测评报告，以便更准确、更迅速地决策。

第四步，跟踪反馈。

为了更好地改进招聘工作，该公司要对上岗人员的工作表现进行跟踪反馈，同时获取这次测评的预测效度数据，为改进测评方法奠定了基础。追踪反馈的最佳时间为上岗后一年。

9.2 检测和分析招聘与录用效果

招聘与录用评估的信度和效度问题，是任何一种评估方法都要涉及的两个基本问题。

9.2.1 信度

信度反映测量结果的可靠性或一致性，是指测试方法不受随机误差干扰的程度，简单地说就是指测试方法得到的测试结果的稳定性和一致性程度。稳定性和一致性程度越高，说明测试方法的信度越高；否则，就意味着测试方法的信度越低。

例如，我们用一把尺子来测量某人的身高，结果为 170cm，第二天我们再来测量，发现结果变成了 175cm，一个人的身高是比较稳定的，一天之内不可能发生这么大的变化，这说明这把尺子测量的结果稳定性比较差，也就是说它的信度比较低。

再如，在对物体的长度进行测量时，物体的热胀冷缩、测量者读取刻度的准确性等因素都会使测量出的长度与物体的实际长度不符，在不同时间、地点的测量值会有出入。也就是说，在不同情景下的测量结果是不稳定的，与测量情景和测量条件有关的误差称为随机误差。由于这一误差是由测量过程造成的，因此也称测量误差。

检测信度的方法有以下三种。

1．再测检验法

在对某一求职者进行测试后，隔一段时间用这种方法再对他们进行测试，两次测试结果的相关程度越高,说明这种测试方法的信度越高。这种检验方法的问题在于:第一，成本比较高，要进行两次测试；第二，求职者可能记住了第一次测试的题目，第二次测试的结果可能不真实。

2．平行检验法

用两种内容相当的测试方法对同一个求职者进行测试，两种测试结果的相关程度越高，说明该测试方法的信度越高。这种方法虽然可以避免再测检验法的第二个问题，但是实施的成本依然比较高。

3．半分检验法

半分检验法，即把一种测试方法的内容分成两部分进行考查，两部分结果的相关程度越高，说明测试方法的信度越高。例如，可以把测试题目按奇数和偶数分为两部分。

9.2.2 效度

效度反映测量的有效性，是指测试方法测量出的测量内容的有效程度，也就是说，它在多大程度上能测量出要测的内容。如果有效程度比较高，就说明测试方法的效度比较高；反之，就表明测试方法的效度比较低。举个例子大家就容易明白了，我们用英语出了一份试卷来测试求职者的人力资源管理知识，那么这份试卷就是低效度的，因为当某个求职者的成绩比较低时，并不能说明他的人力资源管理知识不够，也有可能是由于求职者的英语水平不高才导致他无法回答出问题。但是如果我们用这份试卷连续测试几次，发现总是这名求职者的成绩最差，那说明这份试卷的信度是比较高的。

再如，在使用一把尺子对物体的长度进行测量时，这把尺子本身的质量也可能造成误差。如果一把尺子本身就是有问题的，测量出的物体的长度自然就不准确。这类误差与测量环境所导致的误差不同，只要在测量时使用这把尺子，误差就会恒定地存在，无法消除。这类由测量工具本身造成的误差称为系统误差。

以上我们讲的是一般意义的效度的含义。在招聘测试中，效度是指求职者的测试成绩与今后的实际工作绩效之间的相关程度，如果在测试中成绩最好的人也是今后实际工作绩效最好的人，同时在测试中成绩最差的人也是今后实际工作绩效最差的人，就说明这一测试方法具有很高的效度。对效度进行研究，可以帮助企业选择正确的指标对求职者进行选拔。

检测效度的方法一般也有三种。

1. 预测检验法

将求职者在被雇用之前的测试分数与被雇用之后的实际工作绩效进行比较，两者的相关程度越高，说明测试方法的效度越高。例如，企业使用某种测试方法进行选拔录用，甲在测试中的分数比乙高，但是录用之后经过一段时间发现，在相同的条件下，乙的工作绩效比甲好，说明这种测试方法的效度不高。

2. 同步检验法

用某种测试方法对现有员工进行测试，然后将测试结果和这些员工的实际工作绩效进行比较，两者的相关程度越高，说明这种测试方法的效度越高。例如，已知甲的工作绩效比乙好，用某种测试方法对他们进行测试，发现甲的成绩就是比乙高，说明这种测试方法的效度比较高。

3. 内容检验法

将检验内容与实际工作绩效进行比较，两者的相关程度越高，说明这种测试方法的效度越高。例如，招聘一个打字员，如果使用打字速度和准确性作为测试方法，那么它的内容效度就比较高；如果用计算机维修技术作为测试方法，它的内容效度就比较低，因为计算机维修技术并不是打字员的工作职责。

内容效度的检验主要是采用以下方法：首先要在工作分析的基础上，确定从事某一职位所必备的工作行为，然后判断测试的内容是否能够准确代表这些行为。与前两种方法不同的是，内容检验法不涉及测试的成绩。

9.2.3 信度和效度的关系

影响信度的因素有很多，主要是系统误差和随机误差。测评者的专业性和素质、被测评者的心理素质、测评工具的稳定性、环境稳定性等都会影响测评的信度。在实际的招聘与录用评估过程中要把握各个相关方面，不仅要有专业的测评人员，同时要在稳定的环境中为被测评者提供一个放松真实的氛围。测评的效度也是受多个因素影响的，如测评工具、测评过程、测评者因素、被测评者状态、效标因素和信度因素等。其中信度和效度之间的关系是：高信度是高效度的必要条件，但非充分条件。即信度高不一定效度就高，但想获得较高的测评效度，其信度必定要高。信度和效度是人才测评与选拔质量的重要指标。运用数量方法进行定量研究，有利于提高测评的有效性，进而做出正确的选拔决策。对于低效度、信度的测评指标，可以及时做出调整，完善指标体系，对于建立企业自身完善的测评反馈机制有重要意义。为了保证招聘与录用的效果，测试方法必须同时具备高的信度和效度。信度和效度的三种关系如果用图形的形式表现出来，则分别是如图 9-1、图 9-2、图 9-3 所示的样式。

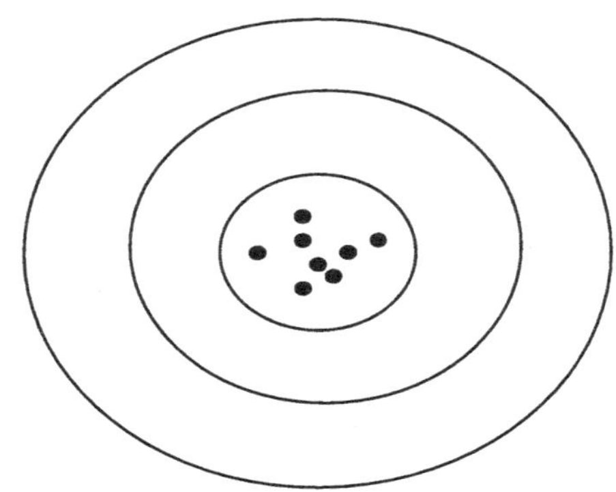

图 9-1 既有信度也有效度的测验分数或测验结果

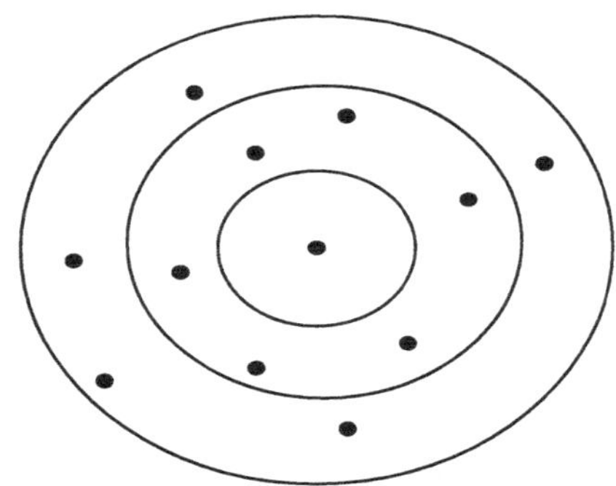

图 9-2 既没有信度也没有效度的测验分数或测验结果

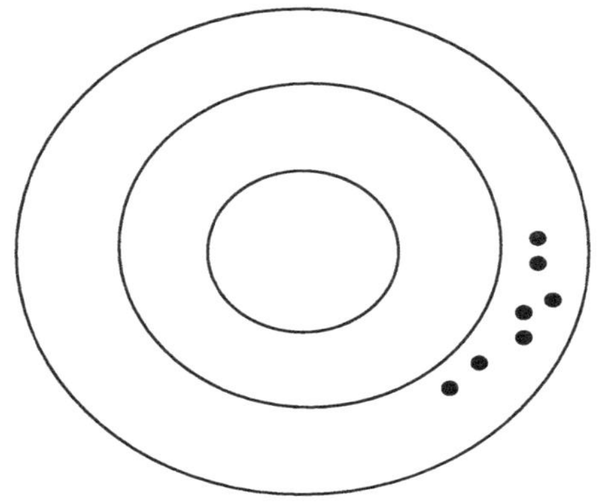

图 9-3 有信度但没有效度的测验分数或测验结果

9.2.4 测验结果分析

1. 常模

常模是测验分数的总体分布形态，一般用测验分数的平均分数和标准差表示。有了常模就能确定一个分数的相对高低，即它在所属群体的能力或知识连续体上的相对位置。

2. 原始分数转化为标准分

有了常模，测验工作者就可以将原始分数转换成直接表示被试水平高低的分数，如高考中的标准分等，类似标准分之类的转换分数成为导出分数。直观地表示原始分数和导出分数的关系的方法有以下几种。

（1）转化表。

转化表是最基本和最简单的表示常模的方法，又称常模量表或测验量表。转化表就是以常模为参照点的导出分数连续体。转化表中有三类要素，一是原始分数，二是与每个原始分数相对应的导出分数，三是有关常模团体的描述。有了转化表，就可以直接根据原始分数查出导出分数，或者由导出分数查出原始分数。

在使用转化表时必须注意的是原始分数与导出分数间的关系只适用于本常模团体，不能盲目推广到其他团体；导出分数只表示被试在该团体中的位置，对此分数的进一步解释还要参考效度方面的证据。

（2）剖析图。

剖析图是将一个测验的几个分测验分数在一张图上呈现出来，以便更直观地比较被试在几个分测验中的表现，并且对其在整个测验中的表现得出一个整体的印象。在剖析图中一般使用的是从转化表中得到的导出分数，并且明确表示出团体平均水平的位置，以便判断被试分数是在平均分之上还是之下。

3. 测验结果的解释

测验实施后每个被试都会得到一个测验分数，通常的做法是将所有项目上的得分相加，得到测验总分，这一分数称为测验的原始分数。但原始分数并不具备独立解释的意义，同是一个分数，例如 80 分，在语文、数学、政治等不同学科测验中有不同的意义，因为不同学科测验的难度不同，平均分也不同，80 分在一个较难的测验中是高分，但在容易的测验中只能算是中等的成绩。因此，一个分数只有在与总体水平相比，或者与某一事先确定的优劣标准相比后才有意义。在解释分数时，如果参照的是被试总体的平均水平（常模），则称测验为常模参照性测验；如果参照的是某一测验之外的外部标准，则称之为标准参照性测验。

9.3 招聘与录用评估的主要内容

招聘与录用评估主要可以从招聘与录用的结果、招聘与录用的方法及招聘与录用的人员三大方面进行评估，具体包括的评估内容可以用以下四种指标体系去评价：一般评价指标、基于招聘与录用结果的评价指标、基于招聘与录用方法的评价指标和基于招聘与录用人员的评价指标。表 9-1 为招聘与录用评估的指标。

表 9-1　招聘与录用评估的指标

评价体系	具体内容
一般评价指标	补充空缺岗位员工的数量或百分比 及时补充空缺岗位员工的数量或百分比 平均每位新员工的招聘成本 业绩优良的新员工的数量或百分比 留职至少一年以上的新员工的数量或百分比 对新工作满意的新员工的数量或百分比
基于招聘与录用结果的评价指标	招聘成本 成本效用 招聘收益—成本比 录用比 招聘完成比和应聘比 录用人员质量评估
基于招聘与录用方法的评价指标	已发的申请的数量 已发的合格申请的数量 平均每个申请的成本 从方法实施到接到申请的时间 平均每个被录用的员工的招聘成本 招聘员工的质量（业绩、出勤等）
基于招聘与录用人员的评价指标	从事面试的人员数量 被面试者对面试质量的评级 职业前景介绍的数量和质量等级 推荐的候选人被录用的比例 推荐候选人被录用，而且业绩突出的员工的比例 平均每次面试的成本

现在将一般评价指标和基于招聘与录用人员的评价指标这两大类指标，融入招聘与

录用结果及方法评估中去进行分析，其具体的关系如图 9-4 所示。

- 招聘与录用评估指标体系
  - 招聘与录用结果评估指标
    - 录用员工质量评估指标
    - 招聘成本效益指标
      - 招聘成本
        - 招聘总成本
        - 招聘单位成本
      - 招聘收益成本
        - 招聘总成本效用
        - 招聘成本效用
        - 选拔成本效用
        - 人员录用效用
      - 招聘成本效用
    - 录用员工数量评估指标
      - 录用比
      - 招聘完成比
      - 应聘比
  - 招聘与录用方法评估指标
    - 招聘与录用信度指标
      - 稳定系数
      - 等值系数
      - 内在一致性
    - 招聘与录用效度指标
      - 内容效度
      - 预测效度
      - 同测效度

图 9-4　招聘与录用评估指标体系

9.3.1　招聘与录用结果的成效评估

招聘与录用结果的成效评估又包括招聘成本效益评估、录用人员数量和质量评估。

1．招聘成本效益评估

招聘成本效益评估是指对招聘中的费用进行调查、核实并对照预算进行评价的过程。它是鉴定招聘效率的一个重要指标。在招聘成本效益评估之前，应该制定招聘预算。每年的招聘预算应该是全年人力资源开发与管理的总预算的一部分。招聘预算中主要包括招聘广告预算、招聘测试预算、体格检查预算、其他预算，其中招聘广告预算占据相当大的比例，一般来说，按 4：3：2：1 的比例分配预算较为合理。

（1）评估指标：主要有招聘成本、招聘成本效用、招聘收益—成本比。

（2）各指标评估方法。

①招聘成本包括招聘总成本与招聘单位成本。

招聘总成本是人力资源的获取成本，它等于直接费用加间接费用。其中，直接费用包括招募费用、选拔费用、录用员工的家庭安置费用和工作安置费用，以及招聘人员差旅费、求职者招待费等在内的其他费用；间接费用包括内部提升费用、工作流动费用。

招聘单位成本是招聘总成本与录用人数之比。

显然，上述两个指标值越小越好。

②招聘成本效用评估是指对招聘成本所产生的效果进行分析。主要包括总成本效用分析、招聘成本效用分析、人员选拔成本效用分析、人员录用成本效用分析。

具体计算方法如下：

$$总成本效用 = 录用人数 \div 招聘总成本$$

$$招聘成本效用 = 应聘人数 \div 招聘期间费用$$

$$选拔成本效用 = 被选中人数 \div 选拔期间费用$$

$$人员录用成本效用 = 正式录用的人数 \div 录用期间费用$$

显然，这些指标值越大越好。

2. 录用人员数量评估

这方面的评估指标主要有录用比、招聘完成比和应聘比。

这三个指标的计算方法如下：

$$录用比 = 录用人数 \div 应聘人数$$

$$招聘完成比 = 录用人数 \div 拟招聘人数$$

$$应聘比 = 应聘人数 \div 拟招聘人数$$

录用比越小，则说明录用者的素质可能越高(当应聘人数多且总体素质都较高时，就有“百好之中挑一”之效)；当招聘完成比大于100%时，则说明在数量上全面完成招聘任务；应聘比用来说明招募的效果，该比例越大，说明招聘信息发布的效果越好。

3. 录用人员质量评估

录用人员质量评估实际上是评价所招聘员工是否符合岗位要求，通常采用绩效考评的方式进行，如果绩效达到预设目标，则可认为该员工符合岗位要求，反之则认为该员工招聘失败。因为绩效考评往往要经过一个完整的绩效周期之后才能得出，所以质量评估通常情况下会在员工入职一段时间以后才进行(当然，有的企业也会略去这一步骤)。在实践中，录用人员质量评估通常采用录用合格比来表示，同时为了考评招聘工作的持续改进情况，也会将本次的评估结果与以往的招聘结果相比较，以得出本次招聘的相对效果。

$$录用合格比=录用人员胜任工作人数 \div 实际录用人数 \times 100\%$$

$$基础合格比 = 以往年度平均录用合格比$$

$$录用合格比与基础合格比之差 = 录用合格比 - 基础合格比$$

式中，录用合格比指录用人员胜任工作人数占实际录用人数的比例，一般用试用期考核合格的人数与同批次录用员工总人数之比表示。这里所指的录用人员胜任工作人数是指顺利通过岗位适应性培训、试用期考核最终转正的员工。基础合格比是反映以往招聘有效性的绝对指标，用以往年度平均录用合格比表示，也就是历年录用合格比的平均值。录用合格比与基础合格比之差则反映当前招聘的有效性是否高于以往招聘有效性的平均水平，可以考查招聘有效性是否在不断提高。此外，招聘数量中的录用比和应聘比这两个数据在一定程度上反映了录用人员的质量。一般来说，应聘比越大，录用比越小，则说明招聘的质量越好。

关于基础合格比，实践中有的企业用“现有人员胜任工作人数 ÷ 实际聘用人数 × 100%”来计算基础合格比，这种做法有失偏颇。首先，胜任工作指的是员工绩效符合工作要求，但对于一个在公司已经工作多年的员工来说，和当初应聘时相比，其能力和态度乃至价值观都已经发生了巨大变化，而恰恰是员工的能力和态度决定了员工绩效。因此，不可以根据其现在的绩效情况来判断当初招聘决策的质量。其次，录用合格实际上是指新聘员工的素质与其岗位要求相匹配，但人岗匹配本身具有动态性，匹配度的高低会随时间的推移而变化，甚至所任岗位与刚入职时也已不同。不管任职时间的长短，完全根据现有员工的人岗匹配情况来考查企业后续招聘的质量显然不合理。

至于考查新员工是否胜任工作的期限到底以多长时间为宜，目前还没有形成明确的、科学合理的结论。但显然，期限长短与岗位性质和员工个性特点有关。一些生产操作性和事务性岗位完成一项工作的周期很短，绩效在短时间内就可以衡量，从而在短期内就能判断出新聘员工是否能胜任工作；但对一些管理类和技术研发类等工作周期较长的岗位，所需时间应相应延长。从个性来看，部分新员工可能个性谨慎，只有在对新岗位的工作性质和环境等因素充分把握后才会充分表现自己的才能，岗位适应时间比较长；而有的新员工适应岗位的时间相对较短。从国外的经验看，一般来说，这个时间最短需要 6 个月，1 年时间比较适合。但考虑到《劳动合同法》将试用期最长规定为 6 个月，因此，可以统一采用入职后 6 个月的绩效评估结果作为考查新员工是否合格的标准，并且将在这 6 个月里离职及绩效低于合格水平的员工都判断为招聘与录用质量不合格。

9.3.2 招聘与录用方法的成效评估

招聘与录用方法的成效评估有招聘与录用的信度和效度评估两种。

1. 招聘与录用的信度评估

招聘与录用的信度是指招聘与录用的可靠性程度，具体指通过某项测试所得的结果的稳定性和一致性。通常这一指标又具体体现为稳定系数、等值系数、内在一致性系数。

（1）稳定系数。稳定系数是指用同一种测试方法对一组求职者在两个不同时间进行测试的结果的一致性，一致性可用两次结果之间的相关系数来测定。此法不适用于受熟练程度影响较大的测试，因为被测试者在第一次测试中可能记住了某些测试题的答案，从而提高了第二次测试的成绩。

（2）等值系数。等值系数是指对同一求职者使用两种对等的、内容相当的测试的结果之间的一致性。如在对同一求职者使用两张内容相当的个性测试量表时，两次测试结果应当大致相同。等值系数可用两次结果之间的相关程度（即相关系数）来表示。

（3）内在一致性系数。内在一致性系数是指把同一（组）求职者进行的同一测试分为若干部分加以考查，各部分所得结果之间的一致性。这可用各部分结果之间的相关系数来判别。

2. 招聘与录用的效度评估

招聘与录用的效度是指招聘与录用的有效性。具体指用人单位对求职者真正测到的品质、特点与其想要测的品质、特点的符合程度。因为一个测试必须能测出它想要测定的内容才算有效。效度主要有预测效度、内容效度、同测效度。

（1）预测效度。预测效度反映了测试用来预测将来行为的有效性。通过对求职者在选拔中所得分数与其被录用后的绩效分数相比较来了解预测效度。两者相关性越大，说明所选的测试方法、选拔方法越有效，进而可以此来评估、预测求职者的潜力。

（2）内容效度。内容效度，即某测试的各个部分对于测量某种特性或做出某种估计有多大效用。在测内容效度时，主要考虑所用方法是否与想测试的特性有关，如招聘打字员，测试其打字速度和准确性、手眼协调性和手指灵活度的操作测试的内容效度是较高的，因为准确性、灵活性是打字员应具备的职业特性，是需要特别测定的。内容效度多用于知识测试与实际操作测试中。

（3）同测效度。同测效度，是指对员工实施某种测试，然后将测试结果与员工的实际工作绩效考核得分做比较，若两者相关性很大，则说明此测试效度高。这种方法不适用于选拔员工，因为这种效度是根据现有员工测试而得出的，而现有员工所具备的经验、对组织的了解等是求职者缺乏的，因此，求职者可能因缺乏经验而得不到测试的高分，从而错误地被认为其是无潜力或缺乏能力的，而事实可能并非如此。

【本章小结】

录用人员评估是根据招聘计划对录用人员的质量、数量成本等内容进行评价的过程。招聘与录用结果的成效评估包括招聘成本效益评估、录用人员数量和质量评估。招聘与录用方法的成效评估有招聘与录用的信度和效度评估，通过对招聘与录用结果的评估，为更好地做好下次招聘打下基础。

【复习思考题】

1. 招聘与录用评估有何作用？
2. 信度与效度有什么关系？

3. 如何对招聘与录用的成效进行评估？

【案例分析】

【案例一】社会关系网为什么能提升农民工的工资

农民工是我国经济社会转型时期出现的一个典型群体，其就业行为及收入水平引起了社会各界的关注。农民工在城市获得就业的渠道通常有两个：一个，作为城市外来人口，他们往往缺乏城市的就业信息，在搜寻工作的过程中可能依赖于一些中介渠道获取就业信息，如政府或街道办的劳动力市场、私人中介公司、报纸招聘信息等，这些就业渠道在文献中通常称为正式渠道；另一个，农民工可能依赖亲戚、朋友、熟人等社会关系网寻找就业机会，这称为非正式渠道。

在实地调查中，我们发现大部分农民工依靠非正式渠道寻找工作。在社会关系网与农民工收入的关系方面，有研究认为，前者对农民工收入具有显著的正向作用（Knight 和 Yueh，2008）；也有研究认为，社会关系网对农民工收入并不具有显著影响（章元和陆铭，2009；刘林平和张春泥，2007）。已有研究有助于我们理解社会关系网对农民工收入的影响，但在社会关系网影响农民工收入的决定机制方面还缺乏较细致的研究。

社会关系网常被看作一种资本，经济主体根据社会关系网常常可以获得一定的好处或报酬，故社会关系网和社会资本在一定程度上被混用。然而，林南（Lin，2005）对社会关系网和社会资本两个概念做了明确区分，他认为"社会资本被定义为嵌入在社会关系网中的资源，这些资源可以通过社会关系网的联系获取或流动"，不能利用的资源就不是社会资本，而某些没有用处的社会关系网也不是社会资本。一般来说，由于数据的可得性及调研的难度，很难评价数据中的某些关系网是否有用、是否可以流动，因此关于人际关系网的调研数据事实上只是社会关系网，而不是社会资本的合理度量。

社会关系网和社会资本对工人的就业行为及收入的影响历来都是劳动经济学和社会学的一项重要研究内容，研究成果较为丰富。Rees（1966）很早就阐述过，雇主倾向于使用非正式渠道招聘员工的原因是雇员质量参差不齐，正式渠道中的私有中介公司介绍的员工不一定符合雇主的要求，而政府中介的办事效率有待提高。Granovetter（1985，1995）和 Loury（2006）也阐述了非正式渠道对劳动者就业的重要性。Holzer（1988）则分析了年轻失业者对不同成本和聘约收到率的多种搜寻方法的选择问题，其经验结果表明，非正式渠道是年轻人找工作的最常用途径，也是最有效率的途径。沿着这一思路，Caliendo 等人（2010）认为，朋友的数目和同事的接触率对求职者的保留工资和非正式渠道选择都有显著的正面影响，而对被动正式搜寻的选择有负面影响。对德国和荷兰劳动力市场的分析也得出了社会关系网对工资具有积极作用的证据。Neto 和 Mullet（1997）对 40 名葡萄牙青少年进行了心理学实验，结果表明社会关系网能够提高劳动力迁移的意愿，并且增大工资差异及就业机会差异。然而，也有一些研究者的经验证据不支持社会关系网的正面作用，如 Bridges 和 Villemez（1986），Mouw（2003）等。

可以构建一个两期招聘理论模型，研究社会关系网对我国农民工工资的作用机制。理论研究发现，厂商通过推荐方式招聘员工能减少信息缺失，使厂商和劳动者都获得额外收益；随着劳动者社会关系网的扩大，第二期劳动者的聘约工资增加，但影响呈边际效应递减。此外，农民工社会关系网质量的提高有助于提升其工资。这在一定程度上反映了我国经济社会转型和城市化过程中的劳动力市场化的情形：农民工在劳动力市场上的经济绩效强烈依靠社会关系网，但这种影响效应将可能趋于弱化。为了持续提高农民工的经济地位，真正促进农民工市民化，构建农民工与企业的和谐劳资关系，“企业—农民工”双向就业信息互动平台的建设显得尤其重要。

（资料来源：王春超，张玲，周先波. 社会关系网为什么能提升农民工工资[J]. 统计研究，2017，34（2）:79-91.）

讨论题

结合本章的内容谈谈本案例中社会关系网给你的启发。

【案例二】如何评估招聘的有效性

招聘的有效性是指组织在招聘的过程中，利用决策、组织、协调等职能来优化招聘活动的过程，合理配置招聘工作过程中的各种资源要素，提高招聘的管理效率和水平，从而通过“有效管理”最大限度地实现招聘目标。

但是，目前大多数企业对招聘结果的成本核算与效果评估做得不够，有的甚至根本没意识到对招聘结果的评估与总结的重要性，许多公司职能部门的管理者都不太清楚应该如何评价招聘工作的效果。有的经理只关心招聘到多少人，有的关心在招聘上花了多少时间、多少钱，或者在一段时间内关注新雇员是否喜欢这里的工作，而招聘的有效性评估被忽视了。

招聘结果——招聘评估的王道

引例：2008 年 12 月，一家 IT 公司人力资源部进行了用人部门人才需求调查，共统计到 35 个岗位需求，公司通过中华英才网和当地报纸发布了招聘信息，共收到 520 份简历，通过筛选，公司选定了 210 个求职者进行笔试，选定了 105 个求职者进行面试和心理测试，历时 25 天，共录取了 29 名合格的求职者，但最终只有 24 名求职者来公司报到并签订了劳动合同。这 24 名新员工在 2007 年年底的绩效考评中，23 名为优秀，1 名为良好。

分析：组织的运行需要一定的人力资源作为保证，而组织开展招聘工作正是因为职位有缺口或需要实现一定的资源更替。因此，衡量组织招聘工作成效的最直接体现就是空缺职位填补数量、及时性，新招聘员工与组织、职位的匹配性等。一般认为，通过招聘行为使得组织的职位缺口越少，空缺职位得到填补越及时，新招聘的员工与组织的职位、文化、制度越匹配，招聘工作就越有效。具体来说，可以通过考查如下指标来评价招聘的有效性。

招聘完成比。招聘完成比=录用人数÷计划招聘人数×100%。如果招聘完成比等于或大于 100%，则说明在数量上全面或超额完成了招聘计划。

招聘完成时间。职位空缺到填补空缺所用的时间。一般来说，时间越短，招聘效果越好。

应聘比。应聘比=应聘人数÷计划招聘人数×100%。应聘比越大，说明发布招聘信息的效果越好，同时说明录用人员的素质可能越高。

录用比。录用比=录用人数÷应聘人数×100%。录用比越小，相对来说，录用者的素质越高；反之，则可能录用者的素质越低。

招聘成本——公司能否承受其重

引例：黄龙公司为了加强销售管理工作，2007 年 3 月开始招聘销售经理，通过层层选拔，采用了笔试、面试、性格测评，还请大学教授设计了情景面试程序，终于选拔出了一位合格的销售经理，花费将近 2 万元。该销售经理上任后倒也称职，但半年后辞职，带走了公司一半的客户，使公司遭受了巨大的损失。

分析：人力资源的招聘工作是组织的一种经济行为，必然要纳入组织的经济核算，这就要求组织应用价值工程的原理，即以最低的成本来满足组织的需求。作为一种经济行为，招聘工作的成本应该被列为评价行为有效性的主要内容。应考虑到四大板块的成本：一是招聘的直接成本，它主要是指在招聘过程中的一系列的显性花费；二是招聘的重置成本，它主要是指由于招聘不妥导致必须重新招聘所花费的费用；三是机会成本，它是因离职和新聘人员的能力不能完全胜任工作所产生的隐性花费；四是风险成本，它主要是指企业的稀缺人才流失或招聘不慎，导致未完成岗位招聘目标，给企业管理上带来的不必要的花费和损失。招聘的效益往往不是直接体现的，它体现在招聘到的员工为企业做的贡献上。一般来说，以下指标是常用的：总成本效用=录用人数÷招聘总成本；招聘成本效用=应聘人数÷招募期间的费用；选拔成本效用=被选中人数÷选拔期间的费用；人员录用效用=正式录用的人数÷录用期间的费用；招聘收益—成本比=所有新员工为组织创造的总价值÷招聘总成本。

信息发布媒体和招聘方式——适合的就是最好的

引例：小王是高新建筑公司的招聘专员，去年，高新建筑公司通过网络、现场招聘和熟人推荐等方式共招聘了 40 多名员工。年底，小王通过对招聘工作的总结发现，在网络招聘中，每 100 份简历可以找到一到两个合适的候选人，并且很多并不是真正想找工作，只是看看，其中大多是文秘、管理类的求职者；在现场招聘收到的简历中，具有较丰富的土木工程经验，求职意愿也较强烈的求职者比较多；熟人推荐的求职者则两极分化比较明显。

分析：目前，企业的招聘渠道是较多的，就招聘信息发布渠道来讲，有网络、报纸、杂志、户外媒体等，招聘渠道则可以选择现场招聘、网络招聘、猎头招聘、熟人推荐、内部选拔等方式。不同的信息发布渠道和招聘方式的效率是不同的，一般来说，以下指标是可以考虑的。

招聘媒介有效性分析。分别计算不同招聘信息发布渠道的招聘结果和招聘成本来进行比较分析，从而得出不同招聘渠道的招聘效果。不同的信息发布渠道，信息的覆盖面、吸引的求职者的人数和结构等都不相同。例如，某公司通过对机械操作工的招聘媒介进行分析发现，网络招聘很难招到合适的电工、木工、机床维修等蓝领工人，而通过当地报纸和户外媒体招聘的效果较好。

招聘方式有效性分析。计算不同招聘方式下的招聘结果和招聘成本，从而考查不同招聘方式的招聘效果。在企业招聘的过程中，企业的行业、招聘岗位、招聘地区和招聘对象不同，因此在评价不同招聘渠道的区别时，应分开考虑这些变量。某一房地产公司因项目发展迅速，长期招聘项目负责人，它们发现，猎头招聘和熟人推荐两种方式较为满意，而网络招聘存在较多的信息不对称现象。

面试评价方法——八仙过海，各显神通

引例：华强公司人力资源部对近三年来引进的员工的工作绩效与招聘过程中的面试、笔试、心理测试的成绩进行了分析。结果发现，销售类员工的工作绩效与面试评价的正相关程度较高，与笔试成绩的相关程度不高；而专业技术人员的工作绩效与面试成绩没有显著的相关关系，与笔试成绩呈正相关；心理测试结果有的十分准确，有的则不甚准确，甚至与个人表现相反。

分析：随着企业对人力资源管理的重视，越来越多的企业采用了心理测试、情景模拟、无领导小组访谈等新技术。这些技术有其自身的适用性，对于不同的行业、不同的岗位来说，其效果是不一样的。因此，对招聘采用的评价方法也必须进行评价。对招聘评价方法的有效性，可以通过计算招聘方法的信度和效度指标来评价。招聘信度是指招聘的可靠性程度，具体指通过某项测试所得的结果的稳定性和一致性；招聘效度是指招聘的有效性，具体指用人单位对求职者真正测到的品质、特点与其想要测的品质、特点的符合程度。简单地说，招聘信度反映的是招聘方法是否稳定，即同一招聘对象在不同时候所得的成绩是否相差不大。以某次招聘所采用的人格测验工具为例，可以通过如下指标考查这一测试方法的信度：首先是稳定系数，是指用同一种测试方法对一组求职者在两个不同时间进行测试的结果的一致性，一致性程度可用两次结果之间的相关系数来测定；其次是等值系数，是指对同一组求职者使用两种对等的、内容相当的测试题所得结果之间的一致性程度，它可用两次结果之间的相关程度（即相关系数）来表示；最后是内在一致性系数，是指把同一组求职者进行的同一测试分为若干部分加以考查，各部分所得结果之间的一致性程度，它可用各部分结果之间的相关系数来判定。

招聘效度是指招聘的有效性。具体指用人单位对求职者真正测到的品质、特点与其想要测的品质、特点的符合程度。招聘结束后立即精确计算招聘效度是较为困难的。以招聘过程中采用的某种人格测验为例，一般可以采用如下方法粗略估计招聘方法的效果：采取本人评价法，即把测验的结果反馈给本人，请他们判断评定结果是否符合本人的实际情况，以同意的人数与总人数的百分比来评价效度，百分比越高，效度越高；采取对照法，即将招聘时求职者的测评结果与录用后实际工作绩效考核得分做比较，若两者相关性很大，则说明此测试效度高。

求职者——金杯、银杯，不如群众的口碑

引例：从事手机研发工作的小张通过网络得知异地某知名企业需要招聘一名研发人员，于是打电话过去询问，对方在简单沟通后约小张去公司面试，并且承诺报销往返车费。于是小张前往公司应聘，该公司在简单问了几个问题后告诉小张三天后给予答复，三天后小张打电话询问，对方称再等几天，小张只好先返回居住地。刚到家，对方又让他去复试。复试结束后对方跟他说“我们只想招一个一般点的，你太优秀了，我们要考虑考虑”，然后承诺会邮寄路费给他。小张回来后从此未收到该公司的任何消息，于是十分气愤，在多个人力资源管理论坛发帖揭露该公司的荒唐行为。

分析：求职者是企业招聘过程的全程参与者，由于身份和地位的差别，他们对招聘效果有着不同的看法。因此，在招聘结束后，对录用的员工和没有录用的员工进行抽样调查，了解他们对于企业招聘的有效性和科学性的看法是十分必要的。由于求职者的身份地位不同，往往能较真实地反映企业招聘中存在的问题。特别是没有录用的求职者，他们的看法较为客观，从企业来说，如果企业招聘活动在求职者眼中是高效、公正和科学的，那么也有利于企业形象的建设。一般来说，可以对求职者进行如下几个方面的调查，以评价企业招聘过程的有效性。

第一，招聘工作的有效性。即企业招聘信息的发布、招聘活动的组织、面试结果的公布、招聘活动的善后处理是否及时和合理。经验表明，许多求职者常常在一周的时间内要决定是否接受新的职位。总是推迟面试，实际上是在传递两个信息：一个是使面试人觉得自己并不是那么重要，另一个是使本公司的招聘人员觉得自己的工作没有受到重视。在今天，时间是得到优秀人才的关键。

第二，选拔程序的合理性。各考核、测验项目的组合和施测顺序是否科学，有无重复；选拔过程是否公正；能否尊重求职者；招聘联络人、用人部门主管和面试官的能力和素质是否合格等。

（资料来源：彭移风，宋学峰.如何评估招聘的有效性人力资源[J]，2008（2）.）

讨论题

结合本章内容谈谈这些案例在招聘与录用的效果评估上主要评估的内容有哪些。

【案例三】谁更适合留下来做销售员

某公司随着产品经营规模的迅速扩大，急需提高企业的营销能力，扩充销售员的队伍。通过考试，该公司7月录取了王明、张军、李青、赵强4人到销售部门进行工作，试用期3个月。目前，他们的试用期将满，销售部肖主管考虑从他们中选拔出两个合适的人选，正式留在销售部工作。肖主管根据平时对他们的观察和厂领导、同事及用户对他们的评价，对上述4位候选人的个人素质和工作状况进行了初步的总结，作为留任的依据。

一、个人素质

王明，20岁，高中毕业，精力旺盛，工作上肯吃苦，但平时大大咧咧，办事粗心大意，说话总带有“火药味”。

张军，34岁，为人热情，善于交往，本人强烈要求做销售工作。

李青，25岁，经济管理专业的大学生，工作认真，稳重文静，但平时沉默寡言，特别是在陌生人面前。

赵强，29岁，公共关系专业大学生，为人热情，善于交往，头脑灵活，但对销售缺乏经验。

二、工作成绩方面

王明，工作很主动大胆，能打开局面，但好几次把用户订购的牙膏规格搞错，尽管肖主管多次向他指出，他仍然时常出错。用户有意见找他，他还发火。

张军，工作效率很高，经常超额完成任务，并且在销售过程中与用户建立了较熟悉的销售关系，但常常借工作关系办私事，如要求用户帮助自己购买物品等，而且他平时工作纪律性差，常迟到早退，同事对此颇有微词。他为此曾找领导说情，希望留在销售部门工作。

李青，负责广东省内的产品推销工作，她师傅曾带她接触过所有主要的用户，并且与用户建立了一定的联系，但她自己很少主动独立地联系业务。有一次，她师傅不在，恰巧有个用户要求增加订货量，她因师傅没有交代而拒绝了这笔业务。

赵强，负责河北省的产品推销工作，他经常超额完成推销任务，并且在推销过程中注意向用户介绍产品的性能、特色，而且十分重视售后服务工作。有一次，一个用户来信提出产品有质量问题，赵强专程登门调换了产品，用户为此非常感动。尽管如此，赵强却时常难以完成货款回收率指标，致使有些货款一时收不回来，影响企业经济效益指标的实现。

讨论题

你认为这4位候选人中哪两位可留在销售部门任销售员？理由是什么？

【本章实训】

通过本章的学习，完成以下模拟训练。

实训流程：

1. 将全班分成 5~6 个小组，每组 7~8 人。每组学生选择一家企业，深入调研，了解企业招聘工作的评估方法。

2. 每组完成企业招聘工作评估的调研报告。

3. 小组轮流汇报调研成果，全班共享并进行效果评价。

效果评价：

评价指标	权重系数	评价结果
调研企业的针对性	20%	
调研报告的完整性	20%	
调研手段和方法的有效性	30%	
评估结果的真实性、准确性	30%	

第 10 章 招聘与录用实用表单及范例

10.1 招聘准备类表单

10.1.1 人才库人才信息表（见表 10-1）

表 10-1 人才库人才信息表

建档时间： 年 月 日

姓名		性别		年龄		婚否		身高	
血型		视力		职称		工龄		健康状况	
毕业学校				毕业时间		专业			
通信地址				邮编		电话			
现工作单位				职务					
主要经历									
专业成果									
现工资待遇									
综合评价									

10.1.2　人员增编申请表（见表 10-2）

表 10-2　人员增编申请表

<table>
<tr><th colspan="5">人员增编申请表</th></tr>
<tr><td colspan="2">增编部门：</td><td colspan="3">求职者：</td></tr>
<tr><td colspan="2">岗位名称：</td><td colspan="3">岗位职级：</td></tr>
<tr><td rowspan="2">任职资格</td><td>年龄：</td><td>学历：</td><td colspan="2">性别：</td></tr>
<tr><td>资历（工作经验）：</td><td>薪资：</td><td colspan="2">技能：</td></tr>
<tr><td colspan="5">工作内容：</td></tr>
<tr><td colspan="5">工作地点：</td></tr>
<tr><td colspan="2">同岗位增编人数：</td><td colspan="3">希望到岗时间：</td></tr>
<tr><td colspan="2">人力资源部意见：</td><td colspan="3">总经理意见：</td></tr>
<tr><td colspan="5">执行情况：</td></tr>
<tr><td colspan="5">说明：以上申请单由部门主管填写，经总经理签字同意后，由求职者交给人力资源部</td></tr>
</table>

10.1.3　岗位分析调查问卷（见表 10-3）

表 10-3　岗位分析调查问卷

<table>
<tr><td>部门</td><td></td><td>职位</td><td></td><td>职位编号</td><td></td></tr>
<tr><td>所属部门</td><td></td><td>直接主管</td><td></td><td>管辖人数</td><td></td></tr>
<tr><td colspan="6">1. 职责概述</td></tr>
<tr><td colspan="6">2. 主要工作及所花费的时间比</td></tr>
<tr><td colspan="2">工作内容</td><td colspan="2">所花费的时间比</td><td colspan="2">所负责任（主要/部分/辅助）</td></tr>
<tr><td colspan="2">（1）</td><td colspan="2"></td><td colspan="2"></td></tr>
<tr><td colspan="2">（2）</td><td colspan="2"></td><td colspan="2"></td></tr>
<tr><td colspan="2">（3）</td><td colspan="2"></td><td colspan="2"></td></tr>
<tr><td colspan="6">3.工作权限</td></tr>
<tr><td colspan="6">4. 监督责任
（1）您所在的岗位有无监督责任（　）
A. 有　　B. 无（若无，请转到第 5 题；若有，请继续回答下面的问题）
（2）直接监督的人员数量（　）
（3）间接监督的人员数量（　）
（4）直接监督人员的层次（　）
A. 基层管理人员　B. 中层管理人员　C. 高层管理人员</td></tr>
</table>

续表

5. 工作压力

（1）是否经常需要做决定且结果影响较大（　）

A. 几乎没有　B. 偶尔　C. 经常

（2）您在工作过程中，是否要求精神高度集中，若是，占用工作的比重是多少（　）

A. 10%~20%　B. 20%~40%　C. 40%~60%　D. 60%~80%　E. 80%~100%

（3）您在工作中是否需要运用不同方面的专业知识和技能（　）

A. 几乎不需要　B. 很少　C. 有一些　D. 较多　E. 非常多

（4）您在工作中是否需要灵活地处理问题（　）

A. 几乎不需要　B. 很少　C. 有时　D. 不太经常　E. 经常

（5）您的工作是否需要创造性（　）

A. 几乎不需要　B. 很少　C. 有时　D. 较需要　E. 很需要

6. 工作时间

（1）正常的工作时间为______________

（2）每周平均加班时间为____个小时

（3）实际上下班时间是否随业务情况经常变化（　）

A. 经常　B. 有时　C. 从不

（4）所从事的工作是否忙闲不均（是/否）_____

（5）若工作忙闲不均，则最忙时常发生的时间段为____________

（6）出差频率为____________________

7. 工作联系（1—极少　2—偶尔　3—有时候　4—经常）

（1）内部接触

接触的部门或人员	得分

（2）外部接触

接触的部门或人员	得分

8. 工作环境

请描述您的工作环境（包括内部环境和外部环境），若有改进意见可以在下面写明

续表

9．请列出工作中需要使用的设备，并且按照使用频率的高低排列					
工作设备			使用频率		
10．培训					
工作中需要哪些方面的培训					
11．岗位任职资格					
学历		专业		年龄	
性别		工作经验		相关证书	
能力要求（1—几乎不需要　2—偶尔　3—很少　4—需要　5—非常需要）					
工作能力			评分		
其他特殊技能					
12．请列出您认为对工作分析很重要而问卷中没有包含的信息					

10.1.4　招聘计划表（见表 10-4、表 10-5）

表 10-4　招聘计划表（一）

招聘计划表					
填表日期：					
招聘职位	招聘人数	专业及学历要求	招聘时间	招聘经费预算	备　　注
人力资源部经理			总经理		

表 10-5 招聘计划表（二）

招聘计划表							
编号：					日期：		
招聘职位	岗位职责	招聘人数	专业学位	任职资格	招聘时间	到岗时间	备注
合计人数							
招聘成本预算							
备注							
人力资源部经理意见			总经理意见				

10.1.5 应聘登记表（见表 10-6）

表 10-6 应聘登记表

应聘职位： 日期：

姓名		性别		年龄		婚否		身高	
血型		视力		健康状况		职称		工龄	
毕业学校				毕业时间		专业		专业成果	
通信地址				邮箱		联系方式			
原单位				原岗位					
主要经历									
专业技能及特长描述									
薪资要求				福利要求					
到岗时间				是否在竞业协议期					
相关部门意见									
面试结论									
复试结论									
笔试成绩									
人力资源部意见				用人部门意见					
备注									

10.2　甄选类表单

10.2.1　面试登记表（见表 10-7）

表 10-7　面试登记表

应聘职位：

个人资料

姓名	性别	籍贯	婚姻状况	手机号码
身份证号码		邮箱地址		可到岗时间
本市现住址		□自有	□租房或暂住亲友家	□与父母同住
是否与原单位存在劳动关系 □ 是　□ 否		是否还在竞业协议期间内 □ 是　□ 否		

家庭状况——父母，兄弟，姐妹，配偶及子女

姓名	关系	年龄	工作单位	职业
紧急联络人	姓名		关系	联系方式

教育状况（从最高学历开始）

校名	城市	起	止	专业	学位

工作经历（从最近的经历开始）

公司名称	税前薪资	起	止	职位	离职原因	证明人和电话

培训经历

课程名称	资源提供	地点	受训日期	证书

技能特长

续表

英文水平英文：□四级 □六级 □八级 □其他 其他语种： 计算机水平 ：□精通 □熟练 □一般 □不会 其他资格证书：	
期望薪资（税前）	可接受的最低薪资（税前）
能否接受出差 □ 能 □ 否	能否接受加班 □ 能 □ 否
求职关注点排序（请将以下选项按照你所关心的程度进行排序，最关注的填写 1，其次关注填写 2，以此类推，最不关注填写 6）	
薪 水 ________ 企业文化 ________ 个人成长与发展 ________ 家庭与工作的平衡 ________	
工作环境 ________ 工作时间 ________	
入职渠道	
推荐：推荐人姓名 ________ 招聘网站 ________ 招聘会 ________ 其他渠道 ________	
是否与本公司员工有亲戚或朋友关系	
□无关系	□有关系：员工姓名 ________

签名 ________ 日期________

10.2.2 面试评估表（见表 10-8、表 10-9）

表 10-8 面试评估表（一）

姓名		性别		年龄	
毕业院校		专业		学历	
应聘职位		应聘时间			
考评项目	权重	考核内容	分值	评分	
仪容仪表	10%	穿着打扮	5		
		气质	5		
知识技能与工作经验	40%	专业知识	10		
		专业技能	10		
		相关知识	10		
		实际工作经验	10		
个人能力	40%	语言表达能力	10		
		解决问题的能力	10		
		应变能力	10		
		创新能力	10		

续表

考评项目	权重	考核内容	分值	评分
工作态度	10%	工作主动性	5	
		工作责任感	5	
面试评价	考核得分			
	录用决定			

表 10-9　面试评估表（二）

姓名：　　　　　　　应聘岗位：

<table>
<tr><td rowspan="2">初试</td><td>面试人：</td><td>面试评价：</td></tr>
<tr><td>日期：</td><td>□复试　　　□不录用</td></tr>
<tr><td rowspan="2">复试</td><td>面试人：</td><td>面试评价：</td></tr>
<tr><td>日期：</td><td>□录用　　　□不录用</td></tr>
<tr><td colspan="2">人力资源部意见：

人力资源部负责人：　　　　日期：</td><td>建议：□ 录用　　□ 不录用
用工性质：□ 合同工　□ 劳务工　□ 实习生
税前薪资 ________　绩效 ________
社保基数 ________　公积金 ________
社保缴纳地 ________
背景调查情况 ________________
报到时间 ____________</td></tr>
</table>

10.2.3 应聘人员筛选比较表（见表 10-10）

表 10-10 应聘人员筛选比较表

应聘职位				面试人数				面谈日期						面试人员					
	应聘人员姓名	学历	年龄	专业知识			态度仪表			工作经历是否关联		反应能力			特别专长	口才			面试人员意见
				优	良	差	优	良	差	是	否	优	良	差		优	良	差	
面试记录																			

10.3　录用类表单

10.3.1　录用审批表（见表 10-11）

表 10-11　录用审批表

<table>
<tr><td colspan="9">录用审批表</td></tr>
<tr><td colspan="9">审批日期：</td></tr>
<tr><td rowspan="6">录用员工资料</td><td>姓名</td><td></td><td>录用部门</td><td></td><td>职等职级</td><td></td><td>录用岗位</td><td></td></tr>
<tr><td>户籍</td><td colspan="3"></td><td>学历</td><td></td><td>出生年月</td><td></td></tr>
<tr><td>录用类型</td><td colspan="7">□ 全职　□ 劳务人员（适用于不需要交社保公积金的退休、协保人员）
□ 实习生　□ PT 兼职</td></tr>
<tr><td colspan="8">本岗位全职编制____人，目前在职人数____人</td></tr>
<tr><td>报到时间</td><td colspan="3"></td><td>试用期期限</td><td colspan="3"></td></tr>
<tr><td colspan="8"></td></tr>
<tr><td rowspan="2">薪资待遇</td><td>试用期工资</td><td colspan="3"></td><td>转正工资</td><td colspan="3"></td></tr>
<tr><td>其他</td><td colspan="7"></td></tr>
<tr><td rowspan="8">审批意见</td><td>部门主管</td><td colspan="7">签　字：　　　　年　月　日</td></tr>
<tr><td>区域负责人</td><td colspan="7">签　字：　　　　年　月　日</td></tr>
<tr><td rowspan="4">人事部门</td><td>编制审核</td><td colspan="6">□计划内　□新增　□其他：</td></tr>
<tr><td>社保缴纳说明</td><td colspan="6">是否缴纳：□是　□否　□其他：　；缴纳地：</td></tr>
<tr><td>薪资结构</td><td colspan="6"></td></tr>
<tr><td colspan="7">签　字：　　　　年　月　日</td></tr>
<tr><td>副总经理</td><td colspan="7">签　字：　　　　年　月　日</td></tr>
<tr><td>总经理</td><td colspan="7">签　字：　　　　年　月　日</td></tr>
</table>

10.3.2 员工试用期考核表（见表 10-12）

表 10-12 员工试用期考核表

<table>
<tr><td colspan="2">姓名</td><td></td><td>年龄</td><td></td><td>试用岗位</td><td></td></tr>
<tr><td colspan="2">学历</td><td></td><td>专业</td><td></td><td>工作经验</td><td></td></tr>
<tr><td colspan="2">特长</td><td colspan="5"></td></tr>
<tr><td>试用计划</td><td colspan="6">1. 工作内容
（1）
（2）
（3）
（4）
2. 指导人员
3. 重点考查项目
（1）
（2）
（3）
4. 其他</td></tr>
<tr><td>试用记录</td><td colspan="6">1. 试用时间
2. 工作能力
3. 工作态度
4. 出勤情况
5. 其他</td></tr>
<tr><td rowspan="2">试用结论</td><td colspan="6">试用部门意见</td></tr>
<tr><td colspan="6">人力资源部意见</td></tr>
</table>

10.3.3 员工转正评估表（见表 10-13）

表 10-13 员工转正评估表

<table>
<tr><th colspan="4">员工转正评估表</th></tr>
<tr><td colspan="2">部门：</td><td>姓名：　　　职务：</td><td>入职时间：</td></tr>
<tr><td rowspan="6">考核说明</td><td colspan="2">* 本表分五大项考核新进员工，每项分四种等级</td><td rowspan="2">评估时间：
年　月　日</td></tr>
<tr><td colspan="2">* 请仔细评估后在评级栏内填入相应等级</td></tr>
<tr><td colspan="2">* 被评估为“D”项处，请在评级栏内写明相应实例</td><td rowspan="4">考核期间：
年　月　日至
年　月　日</td></tr>
<tr><td colspan="2">* 试用期出勤情况由人事行政部填写</td></tr>
<tr><td colspan="2">* 其中三项被评为 D 者，视作试用期不合格，不予任用</td></tr>
<tr><td colspan="2">* 在评估结果处填入最终结果</td></tr>
<tr><td rowspan="4">工作效率</td><td colspan="2">A. 效率极高，工作量超过标准，并且能提前完成</td><td rowspan="4"></td></tr>
<tr><td colspan="2">B. 效率高，工作量达到标准，并且能按时完成</td></tr>
<tr><td colspan="2">C. 工作勤奋，工作量尚可，偶尔需要帮助</td></tr>
<tr><td colspan="2">D. 效率不高，工作量未达标准，经常需要别人帮助（举例说明）</td></tr>
<tr><td rowspan="4">工作品质</td><td colspan="2">A. 工作的处理过程与结果均正确且足以被信赖</td><td rowspan="4"></td></tr>
<tr><td colspan="2">B. 偶尔发生错误，但尚能细心更正，成果正确且尚足以被信赖</td></tr>
<tr><td colspan="2">C. 有时发生错误，但工作成果尚称良好</td></tr>
<tr><td colspan="2">D. 粗心大意，时常发生错误（举例说明）</td></tr>
<tr><td rowspan="4">团队合作</td><td colspan="2">A. 在与别人共事时，非常体谅和细心，乐于助人</td><td rowspan="4"></td></tr>
<tr><td colspan="2">B. 与别人相处融洽，待人亲切有礼，合作度高</td></tr>
<tr><td colspan="2">C. 与别人相处合作尚称良好</td></tr>
<tr><td colspan="2">D. 与别人相处，草率依赖，没有团队精神（举例说明）</td></tr>
<tr><td rowspan="4">责任心</td><td colspan="2">A. 工作勤勉积极，所有交付的工作皆能完成</td><td rowspan="4"></td></tr>
<tr><td colspan="2">B. 工作习惯可靠准时，很少忽略任何应注意事项</td></tr>
<tr><td colspan="2">C. 除偶尔需加以提示之外，大致可以井然有序地完成工作</td></tr>
<tr><td colspan="2">D. 经常忽略或忘记工作，需要时常检查或督导（举例说明）</td></tr>
<tr><td rowspan="4">服务精神</td><td colspan="2">A. 对工作有明确的关心与热忱，乐意协助他人</td><td rowspan="4"></td></tr>
<tr><td colspan="2">B. 乐意担任工作并能关心本身的工作</td></tr>
<tr><td colspan="2">C. 很少对被分配的工作不满</td></tr>
<tr><td colspan="2">D. 有时不愿接受自己被分配的工作，对主管的建议不予理会（举例说明）</td></tr>
</table>

续表

<table>
<tr><td rowspan="2">试用期出勤情况</td><td>全勤</td><td>病、事假天数：</td><td>迟到次数：</td></tr>
<tr><td></td><td></td><td></td></tr>
<tr><td colspan="4">评估结果（根据考核情况，勾选评估结果）</td></tr>
<tr><td colspan="4">1. 适应本岗位工作，按时转正</td></tr>
<tr><td colspan="4">2. 需进一步培训考核，延长试用期：延长至________年___月___日</td></tr>
<tr><td colspan="4">3. 不符合本公司要求，试用期结束劳动关系，解除合同</td></tr>
<tr><td colspan="2">被 评 估 人</td><td colspan="2">评 估 人</td></tr>
<tr><td colspan="2">签名：　　　　　　　　时间：</td><td colspan="2">签名：　　　　　　　　时间：</td></tr>
</table>

10.3.4 新员工试用结果通知单（见表 10-14）

表 10-14 新员工试用结果通知单

<table>
<tr><td>姓名</td><td></td><td>性别</td><td></td><td>年龄</td><td></td><td>学历</td><td></td><td>职位</td><td></td></tr>
<tr><td colspan="2">职级</td><td colspan="3"></td><td rowspan="2">薪酬</td><td colspan="4" rowspan="2"></td></tr>
<tr><td colspan="2">试用期</td><td colspan="3"></td></tr>
<tr><td rowspan="2">试用结果</td><td>考核意见</td><td colspan="4">1. 试用满意，请照原工资办理任用手续（__月__日起）
2. 试用成绩优良，请以____等级_____元工资办理手续（__月__日起）
3. 需再试用
4. 试用不合适另行安排
5. 附呈心得报告一份</td><td>试用考核人签章</td><td colspan="3"></td></tr>
<tr><td>主管意见</td><td colspan="4">1. 同意考核人意见
2. 拟不予任用
3. 延长试用，______ 日另行签核</td><td>试用单位负责人签章</td><td colspan="3"></td></tr>
<tr><td>领导批示</td><td colspan="4"></td><td>人力资源部意见</td><td colspan="4">1. 拟照试用单位意见自___月___日起以等级工资_____元正式任用
2. 试用不合格，除发给试用期间的工资外，拟自__月__日起辞退
3. 其他：</td></tr>
</table>

10.3.5　录用通知单（见表 10-15）

表 10-15　录用通知单

_________先生/小姐：			
您应聘本公司职位，经面试合格，按公司相关规定给予录取。恭喜您成为本公司的一员。 请于____月____日到公司报到。报到时请携带以下证件和物品。 1. 身份证及其复印件。 2. 毕业证书、学位证书及其复印件。 3. 本录用通知书。 4. 三张一寸照片。 5. 其他			
本公司新员工的试用期为____个月，试用合格后转为正式员工。薪酬福利等事宜到公司后由人力资源部薪酬专员与您面谈。如果有疑问，请按下面的联系方式联系我们。 预祝您工作愉快！ 此致 敬礼！ ××公司人力资源部 ____年____月____日			
公司地点		联系方式	
乘车路线			

10.3.6　入职通知书（见表 10-16）

表 10-16　入职通知书

________先生/小姐：

经初步考查，您提交的书面材料符合我公司对岗位的要求，现拟邀请您至本公司办理现场入职申请。竭诚欢迎您加入本公司行列。有关事项如下，敬请参照办理。

一、您的工作岗位介绍

部门：_______岗位：_______

主要工作：（试用期工作，按照直属上级具体安排）

1.

2.

3.

二、您的薪资福利介绍

三、您所需携带的资料

1. 录用通知书。

续表

2. 身份证原件、复印件一份（正反面）。 3. 最高学历证书原件、复印件一份。 4. 资历、资格证书（或上岗证）原件、复印件一份。 5. 一寸相片三张。 6. 离职证明（原件）。 7. 健康证（原件）。 8. 劳动手册、公积金账号。 四、现场申请时间和注意事项 我们拟确定您的现场申请日期为：________________。请在___________日前邮件回复确认，不回复确认、未经预约前来或虽经预约但资料不全的，视为您不予考虑我公司发出的入职邀请。 入职月份薪资的计算，以实际上班日期为准。我们将在您办妥入职手续并交付各项资料后的一个月内，与您签署正式劳动合同。 五、入职申请办理指南 法律申明：此份文件为要约邀请。您需要亲自携带上述资料按时到我公司指定地点申请入职，您申请入职的行为为要约。本公司同意并为您办理入职为承诺。签订正式劳动合同/劳务合同后，即视为正式加盟本公司，成为我们团队中的一员。 ××公司 人力资源部

10.4 招聘效果评估类表单

10.4.1 招聘成本表（见表 10-17）

表 10-17 招聘成本表

填表人			填表日期		
人力成本	负责人		所花费时间	成本（元）	
材料制作费用			人工成本		
网络招聘费用			员工推荐费		
参展费			广告费用		
办公费用			其他费用		
合计					
备注					
人力资源部经理		财务部经理		总经理	

10.4.2 招聘报告表（见表 10-18）

表 10-18 招聘报告表

编号：　　　　　　　　　　　　　　　　　　　　　　　　　　　日期：

应聘人数		初试合格		面试合格	
复试合格		合格率		招聘计划完成率	
费用预算		实际支出		节约/超支率	
预定时间		实际时间		提前/滞后率	

计划招聘方式		实际采用方式	

各职位应聘情况报告

序号	招聘职位	应聘人数	初试合格	复试合格	甄选人数	到岗试用

10.5 招聘总流程范本

10.5.1 招聘总流程（见图 10-1）

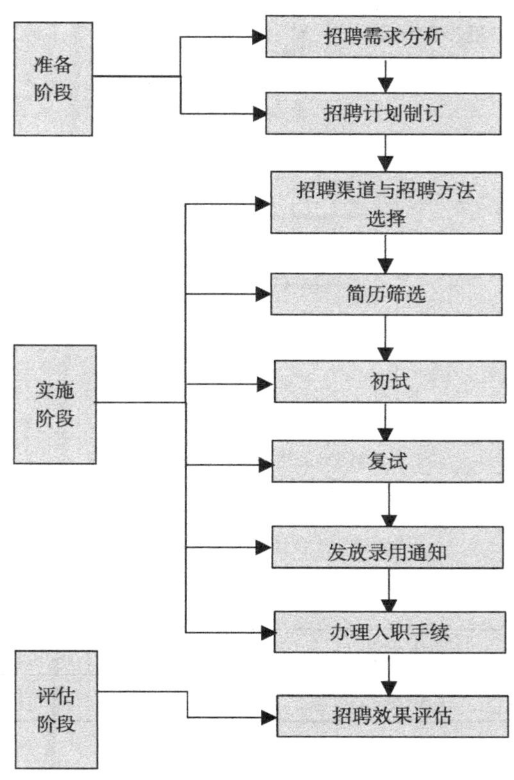

图 10-1 招聘总流程

10.5.2 公司内部招聘流程（见表 10-19）

表 10-19 公司内部招聘流程

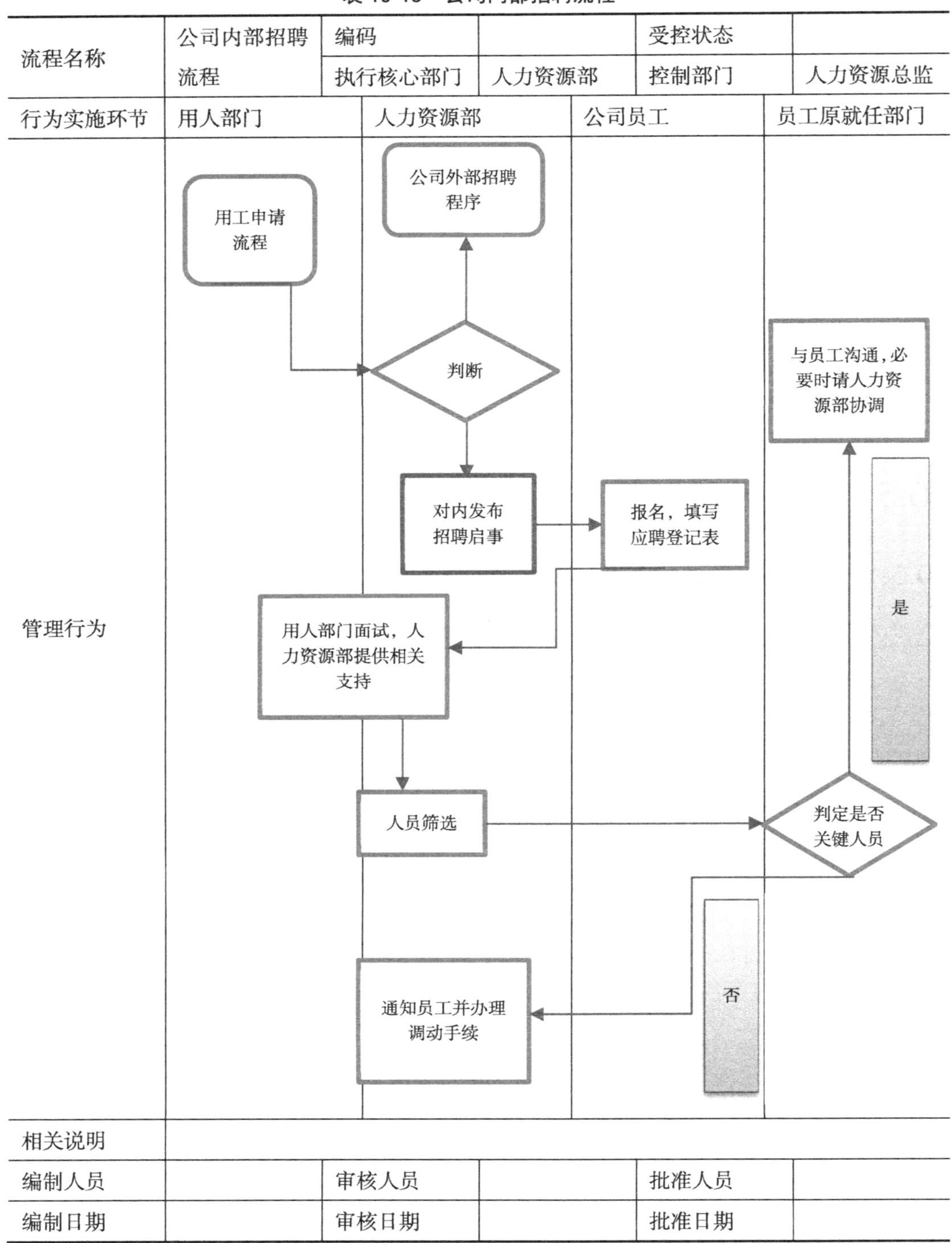

流程名称	公司内部招聘流程	编码		受控状态	
		执行核心部门	人力资源部	控制部门	人力资源总监
行为实施环节	用人部门	人力资源部	公司员工	员工原就任部门	
管理行为					
相关说明					
编制人员		审核人员		批准人员	
编制日期		审核日期		批准日期	

10.5.3　公司外部招聘流程（见表 10-20）

表 10-20　公司外部招聘流程

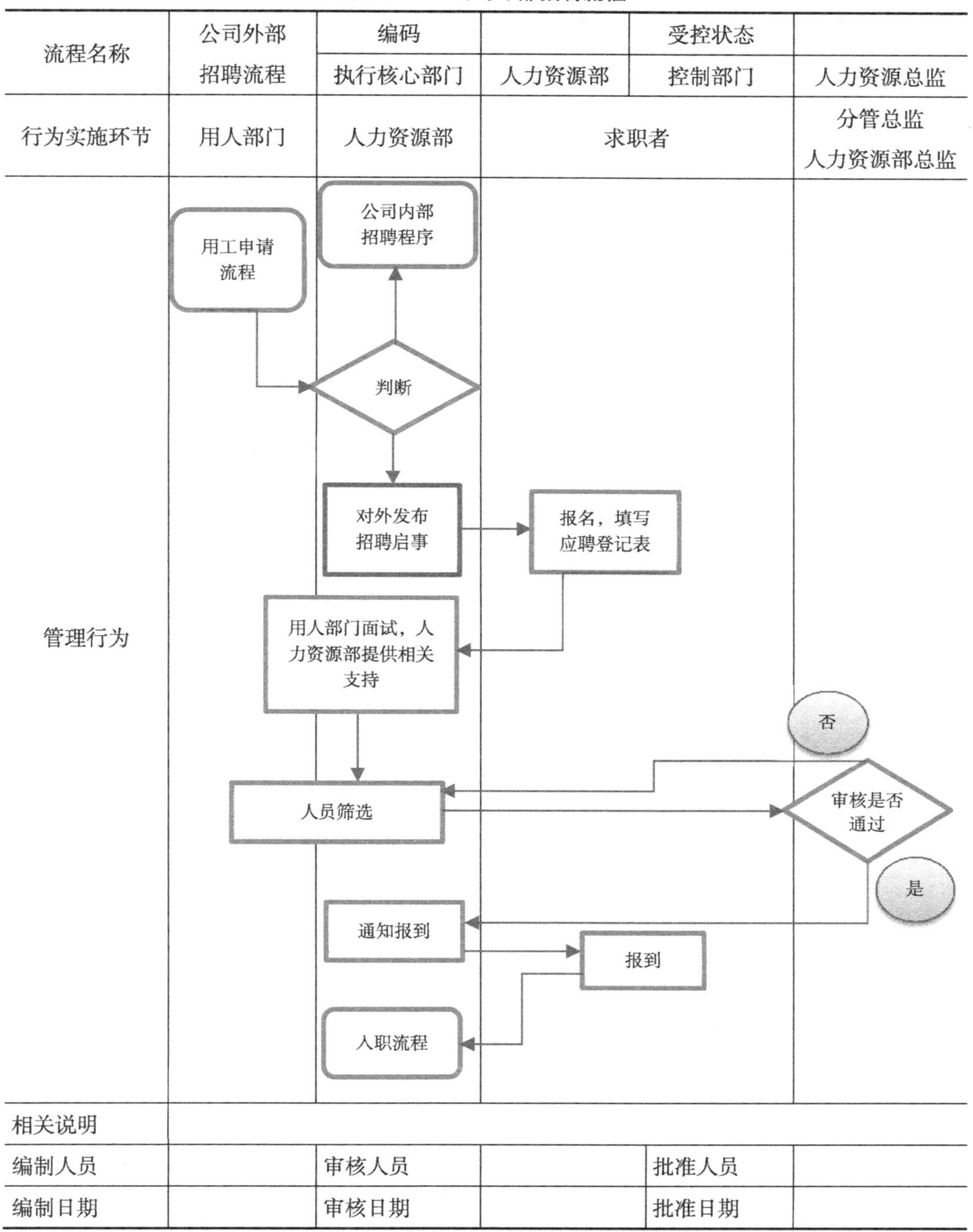

流程名称	公司外部招聘流程	编码		受控状态	
		执行核心部门	人力资源部	控制部门	人力资源总监
行为实施环节	用人部门	人力资源部	求职者		分管总监 人力资源部总监
管理行为					
相关说明					
编制人员		审核人员		批准人员	
编制日期		审核日期		批准日期	

10.6 招聘子流程范本

10.6.1 新员工入职流程（见表 10-21）

表 10-21 新员工入职流程

流程名称	新员工入职流程	编码		受控状态	
		执行核心部门	人力资源部	控制部门	人力资源总监
行为实施环节	人力资源部			用人部门	

管理行为

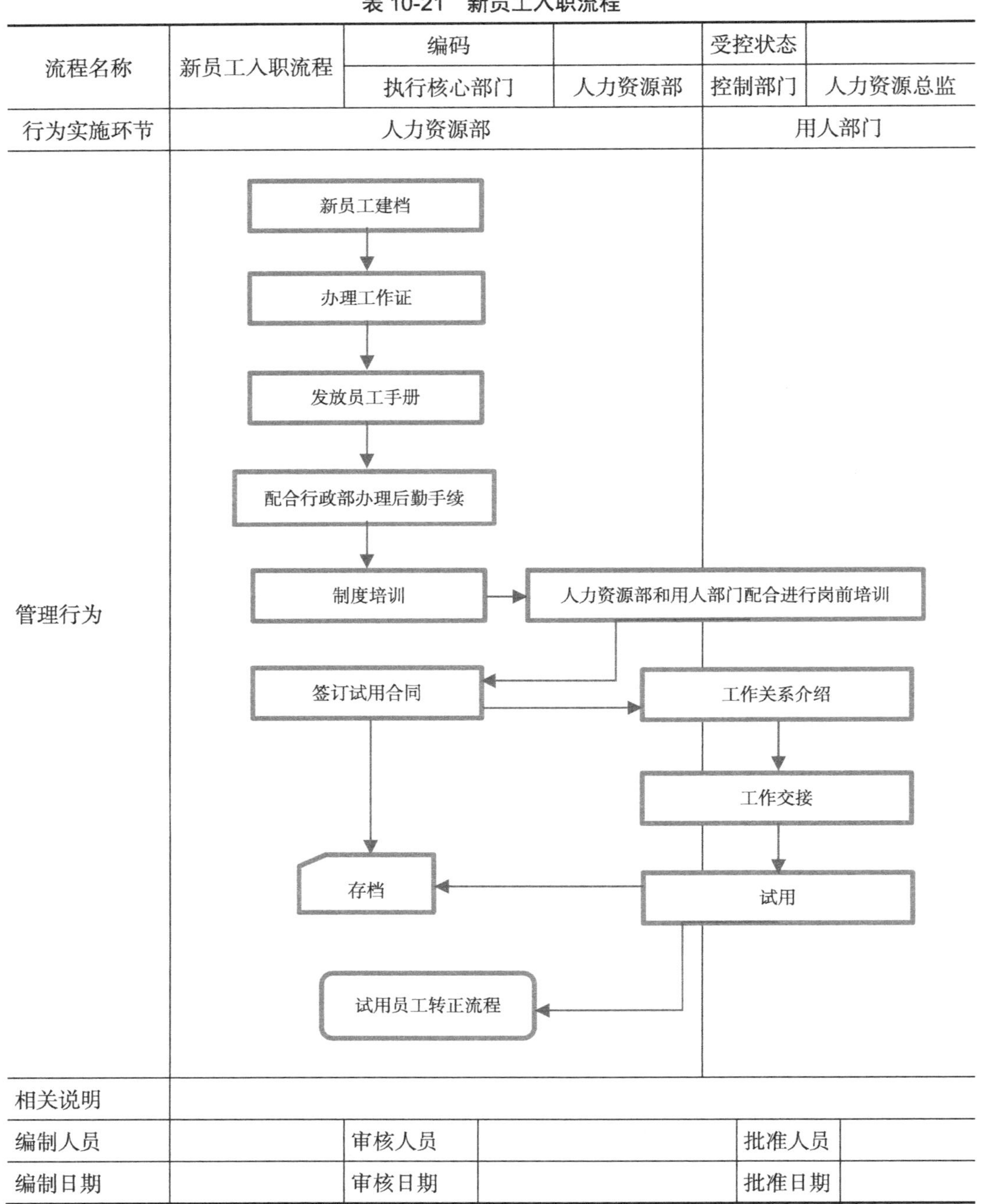

相关说明					
编制人员		审核人员		批准人员	
编制日期		审核日期		批准日期	

10.6.2　劳动合同管理流程（见表 10-22）

表 10-22　劳动合同管理流程

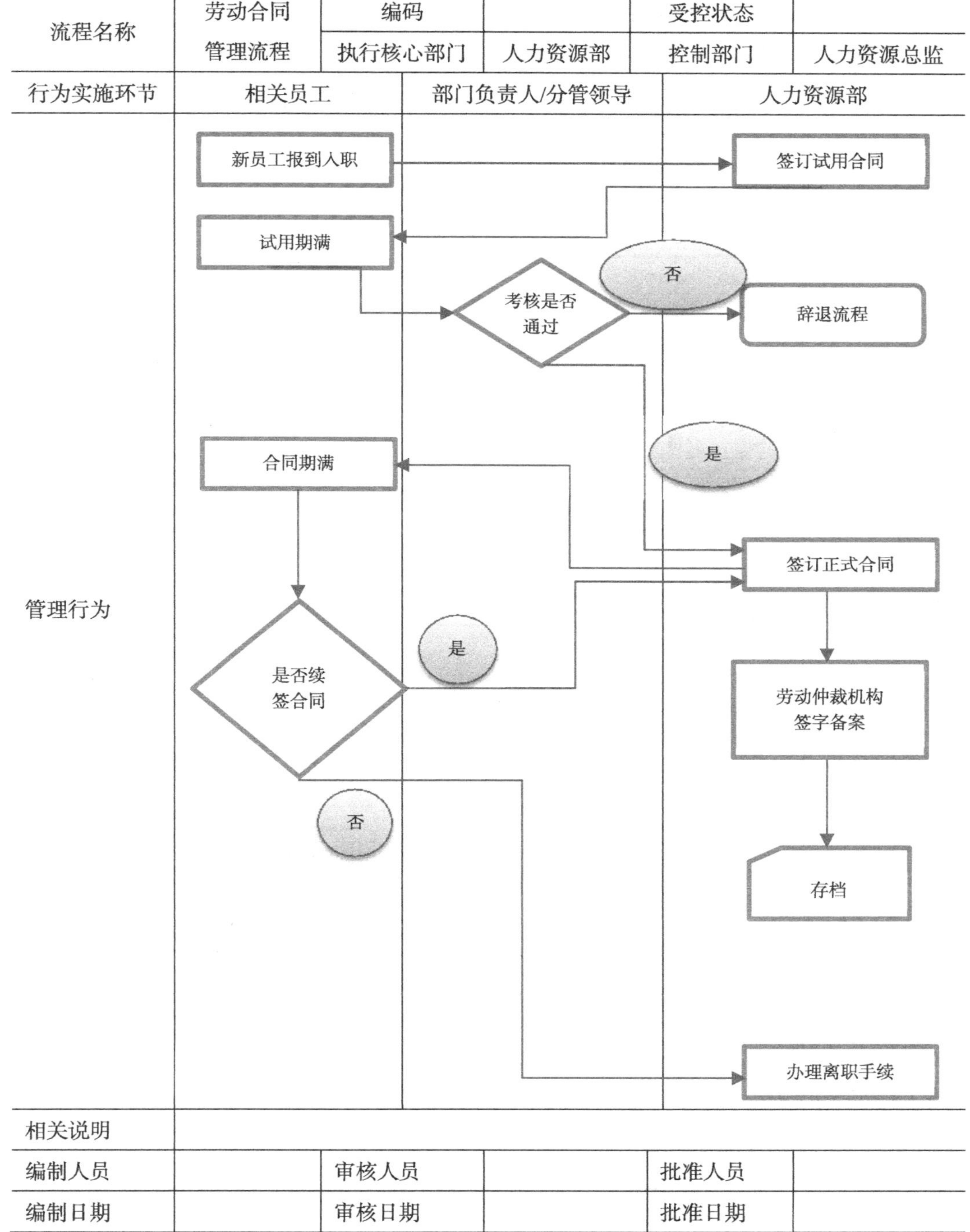

流程名称	劳动合同管理流程	编码		受控状态	
		执行核心部门	人力资源部	控制部门	人力资源总监
行为实施环节	相关员工	部门负责人/分管领导		人力资源部	
管理行为					
相关说明					
编制人员		审核人员		批准人员	
编制日期		审核日期		批准日期	

10.6.3 新员工试用期满转正流程（见表 10-23）

表 10-23 新员工试用期满转正流程

流程名称	新员工试用期满转正流程	编码		受控状态	
		执行核心部门	人力资源部	控制部门	人力资源总监

行为实施环节	用人部门	试用期满新员工	人力资源部	分管总监 人力资源总监
管理行为	转正考核评估 是否合格 否 是否留用 否 员工辞退流程	填写转正申请 是 是	否 审核是否通过 是 延长试用期 签订正式合同 劳动仲裁机构签字备案 存档	否 审批是否通过 是

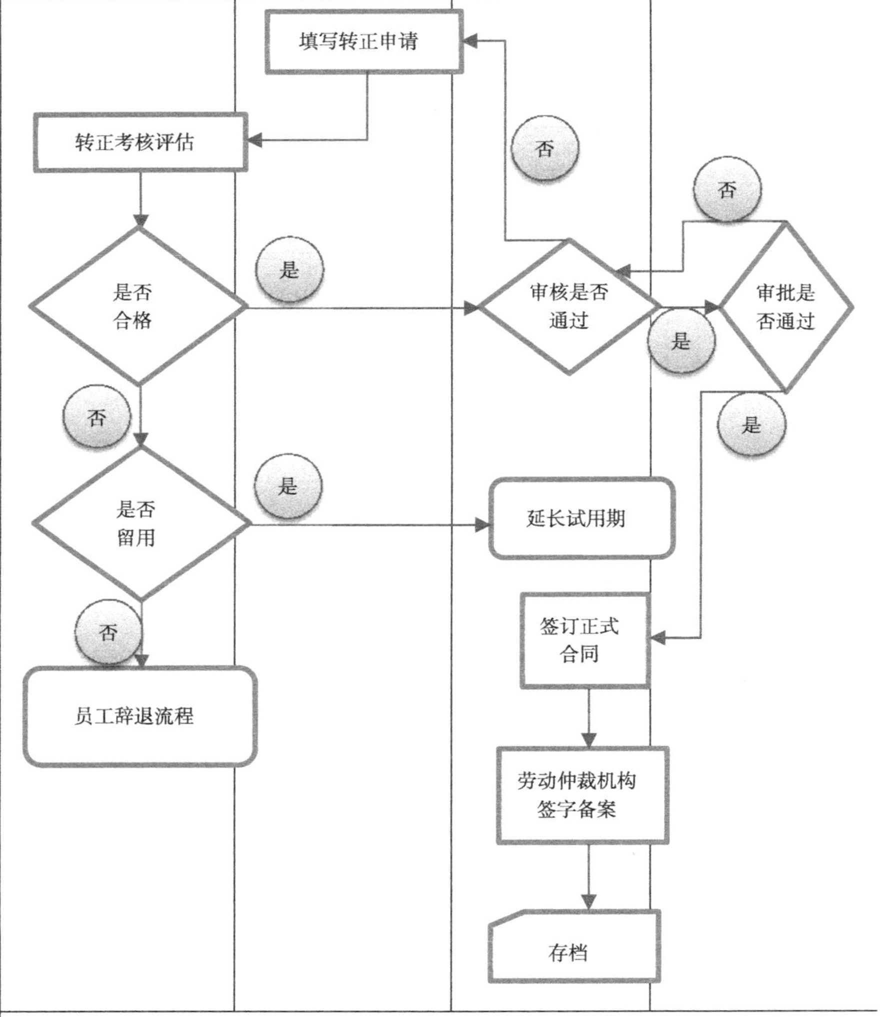

相关说明					
编制人员		审核人员		批准人员	
编制日期		审核日期		批准日期	

10.7　心理素质类测评范本

10.7.1　性格倾向测试（见表 10-24）

表 10-24　性格倾向测试

测试名称	性格倾向测试	编码		版本	
		测评对象		测评人员	
		页数		修改状态	

说明：

在公司里，不同岗位需要不同性格的人，如营销、公关岗位应该选择外向型人才，而科研开发应该选择偏内向型的人才。本测试正是为这种人才选择提供依据的。

测试题目：

以下是 60 个测试题目，每题都有“是”“不能确定”“不是”三种答案。

A 卷题，答“是”计 0 分，“不能确定”计 1 分，“不是”计 2 分。

B 卷题，答“是”计 2 分，“不能确定”计 1 分，“不是”计 0 分。

请以最快的速度回答，回答完毕，统计 A、B 卷合计总分。

A 卷

（1）当你站在大庭广众面前时，你会感到不好意思。

（2）你愿意一个人独处。

（3）与陌生人打交道，你感到不容易。

（4）当你遇到不快乐的事情时，你能抑制感情、不露声色。

（5）你不喜欢社交活动。

（6）你不会把自己的想法轻易告诉别人。

（7）对问题，你喜欢刨根问底。

（8）你凡事很有主见。

（9）会议休息时，你宁可一个人独坐也不愿同别人聊天。

（10）当遇到难题时，你非弄懂不可。

（11）你不善于和人辩论。

（12）你时常因为自己的无能而沮丧。

（13）你常常对自己面临的选择犹豫不决。

（14）你喜欢拿自己和别人做比较。

（15）你容易羡慕别人的成绩。

（16）你很在意别人对你的看法。

（17）在发现异常现象时，你容易产生丰富的联想。

（18）你总是把家里收拾得干干净净的。

（19）你做事很细心。

续表

（20）你十分注意维护自己的信用形象。
（21）你信奉“不干则已，干则必成”这一格言。
（22）拿到一本书，你可以反反复复看几遍。
（23）你做事情大多有计划。
（24）你在学习时，不容易受外界干扰。
（25）读书时，你的作业大多整洁、干净。
（26）一旦对人形成一种看法，你不会轻易改变这一看法。
（27）你不喜欢体育活动。
（28）在买东西前，你总要比较估量一番。
（29）遇到不愉快的事情，你会生气很长时间。
（30）你常常担心自己会遭遇失败。

B 卷

（1）你总是对人一见如故。
（2）你喜欢表现自己。
（3）开会时，你喜欢坐在显眼的地方，以便被人注意到。
（4）你在众人面前总是能爽快地回答问题。
（5）你愿意经常和朋友在一起。
（6）在逛商店时，你只要认为是好东西就会立即买下来。
（7）对别人的意见，你很容易接受。
（8）你喜欢高谈阔论。
（9）在决定问题时，你是一个爽快的人。
（10）常常不等别人把话讲完，你就觉得自己已经懂得了。
（11）当遇到挫折时，你不轻易丧气。
（12）在碰到高兴的事情时，你极容易喜形于色。
（13）对别人的事情你不太注意。
（14）你喜欢憧憬未来。
（15）你相信自己不比别人差。
（16）你不太注意外表。
（17）即使做了亏心事，你也会很快遗忘。
（18）你自己放的东西，却常常不知在哪里。
（19）对于别人的请求，你总是乐于帮助。
（20）你总是热情来得快，消退得也快。
（21）你做事情更注重速度而不是质量。
（22）你不习惯于长时间看书。

续表

（23）你的兴趣广泛，但经常变换。

（24）在开会时，你喜欢同人交头接耳。

（25）你答应别人的事情经常会忘记。

（26）你容易和人交朋友。

（27）对电视中的球赛节目，你非常感兴趣。

（28）你不看重经验，不惧怕从来没做过的事情。

（29）当你做错了事时，你很容易承认和改正。

（30）你容易原谅他人。

评价：

A、B 卷合计得分 90 分以上，是典型的外向性格；

A、B 卷合计得分 71~90 分，是稍外向性格；

A、B 卷合计得分 51~70 分，是外、内混合型性格；

A、B 卷合计得分 31~50 分，是稍内向性格；

A、B 卷合计得分 30 分以下，是典型的内向性格。

相关说明					
编制人员		审核人员		批准人员	
编制日期		审核日期		批准日期	

10.7.2　自信心测试（见表 10-25）

表 10-25　自信心测试

测试名称	自信心测试	编码		版本	
		测评对象		测评人员	
		页数		修改状态	

说明：

通常情况下，自信心强的人能够把工作做得更好，我们在招聘或选拔人才时，应该将自信心作为一个重要的考虑因素。自信心测试则可以为这一行为提供依据。

测试题：

下面是 24 个测试题目，请根据自己的实际情况，选择“是”或“否”。

（1）你总是觉得自己比别人差。　是　否

（2）你与别人总是合作得很好。　是　否

（3）并非故意的情况下伤了别人的心，你也会难过。　是　否

（4）你认为自己是个较完美的人。　是　否

（5）在商场，店员的服务态度不好，你会告诉他们的经理。　是　否

（6）为了不使他人难过，你会放弃自己喜欢做的事。　是　否

续表

（7）受到批评，你会觉得难过。	是	否
（8）你通常不对人说出自己真正的意见。	是	否
（9）对于自己下了决心的事，即使他人认为不可能，你也要试一试。	是	否
（10）在聚会上只有你穿得很随意时，你会感到不自在。	是	否
（11）你是个受欢迎的人。	是	否
（12）你认为自己很有魅力。	是	否
（13）你很有幽默感。	是	否
（14）你认为自己的能力比别人强。	是	否
（15）在重要聚会或晚宴上，你想上洗手间，但你通常是忍着直到聚会或晚宴结束。	是	否
（16）你认为自己只是个很平常的人。	是	否
（17）你经常希望自己长得像某个明星。	是	否
（18）你认为你的优点比缺点多。	是	否
（19）你很少欣赏自己的照片。	是	否
（20）你会为了讨好他人而打扮自己。	是	否
（21）你勉强自己做许多不愿意做的事。	是	否
（22）你经常羡慕别人的成就。	是	否
（23）即使你没错，你也经常跟人说抱歉。	是	否
（24）你通常以邮购的方式买性感内衣，而不亲自到内衣店里去买。	是	否

计分标准：

（1）是—0　否—1　（2）是—1　否—0　（3）是—0　否—1

（4）是—1　否—0　（5）是—1　否—0　（6）是—0　否—1

（7）是—0　否—1　（8）是—0　否—1　（9）是—0　否—1

（10）是—0　否—1　（11）是—0　否—1　（12）是—1　否—0

（13）是—1　否—0　（14）是—1　否—0　（15）是—1　否—0

（16）是—1　否—0　（17）是—0　否—1　（18）是—1　否—0

（19）是—0　否—1　（20）是—0　否—1　（21）是—0　否—1

（22）是—0　否—1　（23）是—0　否—1　（24）是—0　否—1

评价：

17~24 分，信心十足；

7~16 分，较为自信；

7 分以下，缺乏自信。

相关说明					
编制人员		审核人员		批准人员	
编制日期		审核日期		批准日期	

10.7.3 意志力测试（见表 10-26）

表 10-26　意志力测试

测试名称	意志力测试	编码		版本	
		测评对象		测评人员	
		页数		修改状态	

说明：

从事任何一项职业都会遇到工作上的困难。意志力强的人会想方设法克服困难，把工作做好，而意志力弱的人可能浅尝辄止。所以，意志力也是聘用和选拔人才的重要考虑因素之一，本测试为这一行为提供依据。

测试题：

下面 A、B 卷共 26 道测试题，请根据实际情况作答。

完全符合你的情况，则选 A；

比较符合你的情况，则选 B；

一时难以确定是否符合你的情况，则选 C；

不大符合你的情况，则选 D；

完全不符合你的情况，则选 E。

A 卷

1. 你喜爱体育运动，因为这些运动能够增强你的体质和毅力。 [A B C D E]
2. 你总是很早起床，从不睡懒觉。 [A B C D E]
3. 你信奉“不干则已，干则必成”的格言。 [A B C D E]
4. 你投入地做一件事，是因为其重要、应该做，而不是因为感兴趣。 [A B C D E]
5. 当工作和娱乐发生冲突时，你会放弃娱乐，虽然它很有吸引力。 [A B C D E]
6. 你下了决心要坚持做下去的事，不论遇到什么困难，你都能持之以恒。 [A B C D E]
7. 你能长时间做一件非常重要但无比枯燥的工作。 [A B C D E]
8. 一旦决定行动，你一定说干就干，决不拖延。 [A B C D E]
9. 你不喜欢盲从别人的意见和说法，而善于分析、鉴别。 [A B C D E]
10. 凡事你都喜欢自己拿主意，别人的建议只作为参考。 [A B C D E]
11. 你不怕做没做过的事情，不怕独自负责，你认为那是锻炼的机会。 [A B C D E]
12. 你在和同事、朋友、家人相处时，从不无缘无故地发脾气。 [A B C D E]
13. 你一直希望做一个坚强、有毅力的人。 [A B C D E]

B 卷

1. 你给自己制订了计划，但常常因为主观原因不能完成计划。 [A B C D E]
2. 你的作息时间没什么标准，完全靠一时的兴趣与情绪决定，而且常常变化。 [A B C D E]
3. 你认为凡事不能强求，做得成就做，做不成就算了。 [A B C D E]
4. 有时你临睡前发誓第二天要干一件重要的事情，但第二天就没兴趣干了。 [A B C D E]

续表

5. 你常因为读一本妙趣横生的小说或看一个精彩的电视节目而忘记时间。	[A B C D E]
6. 如果你在工作中遇到了什么困难，首先想到的是请教别人有什么办法。	[A B C D E]
7. 你的爱好广泛而善变，做事情常常是因为心血来潮。	[A B C D E]
8. 你喜欢先做容易的事情，困难的能拖就拖，不能拖时则马虎应付了事。	[A B C D E]
9. 凡是你认为比你能干的人，你都不会太怀疑他们的看法。	[A B C D E]
10. 遇到复杂莫测的情况，你常常拿不定主意。	[A B C D E]
11. 你生性胆小怕事，没有百分之百把握的事情，你从来不敢做。	[A B C D E]
12. 与人发生争执，有时明知自己不对，你却忍不住要刺伤甚至辱骂对方。	[A B C D E]
13. 你相信机会的作用大大超过个人的艰苦努力。	[A B C D E]

评价：

A 卷试题中，A、B、C、D、E 依次为 5、4、3、2、1 分。

B 卷试题中，A、B、C、D、E 依次为 1、2、3、4、5 分。

A、B 卷得分加起来为总得分。

总得分 100 分以上，意志力十分坚强；

总得分 91~100 分，意志力较坚强；

总得分 71~90 分，意志力一般；

总得分 51~70 分，意志力比较薄弱；

总得分 51 分以下，意志力十分薄弱。

相关说明					
编制人员		审核人员		批准人员	
编制日期		审核日期		批准日期	

10.7.4 自律能力测试（见表 10-27）

表 10-27 自律能力测试

测试名称	自律能力测试	编码		版本	
		测评对象		测评人员	
		页数		修改状态	

说明：

几乎每项工作都离不开自律能力，尤其是营销人员等岗位，他们的活动范围广而不确定，时间也是自己安排和支配的，如果缺乏自律能力，则必然做不出业绩来。

在招聘和选拔人才时，自律能力同样是重要的考虑因素。本测试为这一行为提供依据。

测试题：

下面是 20 道测试题，符合你的情况则回答“是”，反之回答“否”。

续表

<table>
<tr><td colspan="6">1. 当你因为娱乐耽误了计划好的重要工作时，你会不会后悔？
2. 当被人要求做一件事情，并且你知道这件事情有很大难度时，你是否会认为这是一项有趣的挑战？
3. 如果某项工作应当在当月 5 日完成，但你知道即使 6 日完成也没有人批评你，你会在 5 日完成吗？
4. 你经常仔细地核算你的资金吗？
5. 你通常能准时缴付各种账单吗？
6. 你是否善于记录、存放各种资料？
7. 如果你需要用某一证件，你能否在一两分钟内找到它？
8. 如果你需要赶一项任务，你能否一连数天每天工作 12 小时以上？
9. 你是否经常主动做一些分外的工作？
10. 你能长时间自动自发地工作吗？
11. 你是否在没有人要求的情况下，为自己设定工作目标及截止日期？
12. 你是否经常计划如何使用你的时间？
13. 你今天是否做了时间支配计划？
14. 如果某件事你不乐意做，但有上司要求你做，你会拒绝吗？
15. 你总是能专注地工作，而不会受外界干扰吗？
16. 如果某项工作很重要，即使没有人强迫你，你也会自发地做好它吗？
17. 有一项重要的工作需要加班，而这天晚上恰好有你非常喜爱的球赛，你会选择加班吗？
18. 在碰上棘手的难题时，你总是首先想办法自己解决吗？
19. 你需要一些资料却无法得到，你会立即找人提供帮助吗？
20. 你没经历过多次下决心做某件事却最终因为主观原因没有做成的情形，是吗？

评价：
回答“是”得 1 分，回答“否”得 0 分。
得分 15~20 分者，自律能力强；
得分 10~14 分者，自律能力一般；
得分 5~9 分，自律能力较差；
得分在 5 分以下，自律能力很差。</td></tr>
<tr><td>相关说明</td><td colspan="5"></td></tr>
<tr><td>编制人员</td><td></td><td>审核人员</td><td></td><td>批准人员</td><td></td></tr>
<tr><td>编制日期</td><td></td><td>审核日期</td><td></td><td>批准日期</td><td></td></tr>
</table>

10.7.5 成就欲望测试（见表 10-28）

表 10-28 成就欲望测试

测试名称	成就欲望测试	编码		版本	
		测评对象		测评人员	
		页数		修改状态	

说明：

成就欲望通常也称作“野心”“事业心”等。一个成就欲望强的人，在工作时会更投入，对于一些创造性的、具有挑战性的工作，交给成就欲望强的人会更好，而一些重要的领导岗位，更是需要担任者具备强烈的成就欲望。

本测试为人才招聘和选拔提供依据。

测试题（一）

下面是 15 道单项选择题，A 代表“非常赞同”，B 代表“比较赞同”，C 代表“不太赞同”，D 代表“不赞同”。

1. 如果要你在生活愉快和富有之间选择，你总是选择生活愉快，因为你认为它最重要。[A B C D]
2. 如果某项工作非完成不可，你会不管压力和困难有多大，都努力去完成它。 [A B C D]
3. 成败论英雄有时确实存在。 [A B C D]
4. 你容不得他人或自己犯错误，一旦犯了，你就会严厉批评或惩罚。 [A B C D]
5. 你非常看重名誉。 [A B C D]
6. 你的适应能力非常强。 [A B C D]
7. 只要是你决定做的事情，就会坚持到底。 [A B C D]
8. 如果别人把你看成身负重任的人，你会感到很高兴。 [A B C D]
9. 你有一些高消费的嗜好，并且你有能力承受和乐意承受这份消费。 [A B C D]
10. 如果你知道某个项目会有好的结果，你就很小心地将时间和精力花在这个项目上。 [A B C D]
11. 在一个团队里，你认为团队的成功比你个人的成功更重要。 [A B C D]
12. 你是一个认真的人，即使眼看赶不上进度了，你也不愿草率结束。 [A B C D]
13. 能够正确地表达你的意思，你会很高兴，但你必须确定别人是否能正确理解你。 [A B C D]
14. 你的工作热情总是很高，精力充沛。 [A B C D]
15. 你并不看重所谓的“金点子”，而更看重良好的判断和整体策划。 [A B C D]

评分标准：

题号	答案及分值			
	A	B	C	D
1	0	1	2	3
2	3	2	1	0
3	2	3	1	0

续表

题号	答案及分值			
	A	B	C	D
4	1	3	2	0
5	3	2	1	0
6	3	2	1	0
7	3	2	1	0
8	3	2	1	0
9	3	2	1	0
10	3	2	1	0
11	3	2	1	0
12	3	2	1	0
13	3	2	1	0
14	3	2	1	0
15	3	2	1	0

评价：

总分为 0~15 分，说明你成就欲望不强，你更看重家庭生活的美满与精神生活的充实；

总分为 16~30 分，说明你成就欲望较强，在事业与家庭之间，你会权衡利弊后做决定；

总分为 31~45 分，说明你成就欲望强烈，对名利、金钱、权力很看重，野心勃勃。

测试题（二）

下列题目所描述的，如果符合你的情况，请回答“是”；如果不符合你的情况，请回答“否”。

1. 在通常情况下，工作之余的时间，你是否都打发在和朋友喝茶、闲聊或其他消遣中？
2. 如果你一个人待在办公室里，你是否感到无聊？
3. 你认为有人羡慕你，比有人喜欢你更让你高兴，因为有人羡慕证明你很成功，是吗？
4. 通常在与人交谈时，你是否表现得很有耐心，等对方把话说完，而不打断对方？
5. 在亲友眼中，你是一个生活得很自在、休闲的人吗？
6. 如果你正忙着，你的同事来与你聊天，你会感到不耐烦吗？
7. 无论是在工作还是生活中，你不主张活得太累，因而你总是知难而退，是吗？
8. 你总是把工作带回家，晚上工作到很晚才睡，是吗？
9. 在赴约时，你是否能够很准时去？
10. 你无法容忍你的下属，或者其他与你关系密切的人工作效率低，是吗？
11. 你付出很大努力取得了成绩，却没有得到领导的肯定，你会感到失意吗？
12. 当一群人在一起谈论一些无关紧要的事情时，你总想着溜回工作岗位上去，是吗？

续表

评分标准：					
1. 是—0分 否—1分　2. 是—0分 否—1分 3. 是—1分 否—0分　4. 是—0分 否—1分 5. 是—0分 否—1分　6. 是—1分 否—0分 7. 是—0分 否—1分　8. 是—1分 否—0分 9. 是—1分 否—0分　10. 是—1分 否—0分 11. 是—1分 否—0分　12. 是—1分 否—0分 评价： 总分为8~12分，说明你是一个成就欲望很强的人； 总分为5~7分，说明你的成就欲望一般； 总分为5分以下，说明你成就欲望很低，对事业成功与否抱顺其自然的态度。					
相关说明					
编制人员		审核人员		批准人员	
编制日期		审核日期		批准日期	

10.8 智能素质类测评范本

10.8.1 问题处理能力测试（见表10-29）

表10-29 问题处理能力测试

测试名称	问题处理能力测试	编码		版本	
		测评对象		测评人员	
		页数		修改状态	
说明： 问题处理能力关系着一个人的工作质量。本测试为判别一个人问题处理能力的高低提供依据。 测试题： 下面是10道单项选择题，请在每道题目的备选答案中选择一个符合你的想法的答案。 1. 你书房的书被水管漏水浸坏了： （1）你非常不快，不停地抱怨。 （2）你想借此不交物管费，并且写了批评信。 （3）你自己擦洗、清理、烤晒图书，并且修理水管。 2. 在节假日里，你和爱人总会为去看望谁的父母发生争执： （1）你认为最好的办法就是谁的父母都不去看望，以减少麻烦。					

续表

（2）制订计划，这次看望爱人的父母，下次看望你的父母，轮流看望。

（3）决定在重要的节假日里和你的家人团聚，而在其他节假日里与爱人的家人共度。

3. 某个朋友要结婚了，如果你去参加婚礼，你当然得送红包，这时：

（1）事先对对方说你有事不能参加，事实上你并没有什么事情，你只是为了不送红包。

（2）对那些你认为重要的朋友，如可以给你带来生意上的帮助的人，你才愿意参加其婚礼并送红包。

（3）你不送红包，但经常收集一些小的或比较奇特的礼物来应付朋友结婚这类事情。

4. 当你感觉身体不舒服时：

（1）你会拖延着不去就诊，认为慢慢会好的。

（2）自己诊断一下，去药房买药。

（3）把这种情况及时告诉家人，然后去医院检查。

5. 生活中的各种压力使你和家人变得容易发怒时：

（1）你会想法向朋友倾诉。

（2）你设法避免和家人争吵。

（3）你和家人一起讨论，研究解决的办法。

6. 你的亲友在事故中受了重伤，你得知消息时：

（1）失声痛哭，不知该如何是好。

（2）叫来医生，要求服镇静剂来度过以后的几小时。

（3）抑制自己的感情，因为你还要告诉其他亲友。

7. 你的能力得到承认，并且得到了承担一份重要工作的机会：

（1）你会放弃这个机会，因为这项工作的要求太高。

（2）你怀疑自己能否承担起这项工作。

（3）你仔细分析这项工作的要求，并且设法把它做好。

8. 一位好朋友要结婚了，在你看来，他们的结合不会幸福：

（1）你会认真地规劝那位朋友，请他慎重考虑。

（2）努力说服你自己，让自己相信时间还允许朋友改变计划。

（3）你不着急，因为你相信一切都会好起来。

9. 当你和别人发生纠纷，不得不提起诉讼时：

（1）你会因为焦虑和不安而失眠。

（2）你不去想这件事，出庭时再设法应付。

（3）你把这件事看得很平常。

10. 当你和邻居发生争执，却没有争出结果时：

（1）你借酒浇愁，想把这件不快的事忘掉。

（2）请教律师如何与邻居打官司。

续表

（3）外出散步或消遣，以平息心中的愤怒。

评价：

以上题目计分方法是选择（1）计 1 分，（2）计 2 分，（3）计 3 分。

如果总得分在 15 分以下，则说明你解决问题的能力较差；

如果总得分在 15~25 分，则说明你解决问题能力一般，有时稍有迟疑；

如果总得分在 25 分以上，则说明你处理问题的能力很强。

相关说明					
编制人员		审核人员		批准人员	
编制日期		审核日期		批准日期	

10.8.2 创新能力测试（见表 10-30）

表 10-30 创新能力测试

测试名称	创新能力测试	编码		版本	
		测评对象		测评人员	
		页数		修改状态	

说明：

创造性人才在企业中越来越重要，这类人才能够创造性地完成工作，不会被困难吓倒，不会因为条件不具备而放弃努力。在寻找创新、开发、管理方面的人才时，必须考虑人才的创新能力。

测试题（一）：创新思维能力测试

下面是 10 道题目，如果符合你的情况，则回答“是”，不符合则回答“否”，拿不准则回答“不确定”。

1. 你认为那些使用古怪和生僻词语的作家，纯粹是为了炫耀。
2. 无论什么问题，要让你产生兴趣，总比让别人产生兴趣要困难得多。
3. 对那些经常做没把握事情的人，你不看好他们。
4. 你常常凭直觉来判断问题的正确与错误。
5. 你善于分析问题，但不擅长对分析结果进行综合、提炼。
6. 你审美能力较强。
7. 你的兴趣在于不断提出新的建议，而不在于说服别人去接受这些建议。
8. 你喜欢那些一门心思埋头苦干的人。
9. 你不喜欢提那些显得无知的问题。
10. 你做事总是有的放矢，不盲目行事。

评分标准：

续表

题号	答案及分值		
	是	不确定	否
1	–1	0	2
2	0	1	4
3	0	1	2
4	4	0	–2
5	–1	0	2
6	3	0	–1
7	2	1	0
8	0	1	2
9	0	1	3
10	0	1	2

评价：

得分在 22 分以上，则说明被测试者有较高的创新性思维能力，适合从事环境较为自由，没有太多约束，对创新性有较高要求的职位，如美编、装潢设计、工程设计、软件编程人员等；

得分为 21~11 分，则说明被测试者善于在创新性与习惯做法之间找出平衡，具有一定的创新意识，适合从事管理工作，也适合从事其他许多与人打交道的工作，如市场营销；

得分在 10 分以下，则说明被测试者缺乏创新思维能力，属于循规蹈矩的人，做人总是有板有眼、一丝不苟，适合从事对纪律性要求较高的职位，如会计、质量监督员等职位。

测试题（二）：创造力测试

下面是 20 道题目，要求求职者回答，如符合自身的情况，则在（　）里打“√”，不符合的则打“×”。

（1）在别人说话时，你总能专心倾听。（　）

（2）完成了上级布置的某项工作，你总有一种兴奋感。（　）

（3）观察事物向来很精细。（　）

（4）你在说话及写文章时经常采用类比的方法。（　）

（5）你总能全神贯注地读书、书写或绘画。（　）

（6）你从来不迷信权威。（　）

（7）对事物的各种原因喜欢寻根问底。（　）

（8）平时喜欢学习或琢磨问题。（　）

（9）经常思考事物的新答案和新结果。（　）

（10）能够经常从别人的谈话中发现问题。（　）

（11）在从事带有创造性的工作时，经常忘记时间的推移。（　）

续表

（12）能够主动发现问题，以及和问题有关的各种联系。（ ）

（13）总是对周围的事物保持好奇心。（ ）

（14）能够经常预测事情的结果，并且正确地验证这一结果。（ ）

（15）总是有些新设想在脑子里涌现。（ ）

（16）有很敏感的观察力和提出问题的能力。（ ）

（17）在遇到困难和挫折时从不气馁。（ ）

（18）在工作遇到困难时，常能采用自己独特的方法去解决。（ ）

（19）在解决问题的过程中有新发现时，你总会感到十分兴奋。（ ）

（20）遇到问题，能从多方面、多途径探索解决它的可能性。（ ）

评价：

如果20道题的答案都是"√"的，则证明创造力很强；

如果有16~19道题的答案是"√"的，则证明创造力良好；

如果有10~15题的答案是"√"的，则证明创造力一般；

如果低于10道题的答案是"√"的，则证明创造力较差。

测试题（三）：工作创意测试

下面是10道题目，请在括号中的备选答案中选择一个。

（1）你在接到任务时，是否会问一大堆关于如何完成任务的问题？（肯定0分，否定1分）

（2）你在完成任务的过程中，是否不善于思考，而习惯找他人帮忙，或者不断来问别人有关完成任务的问题？（肯定0分，否定1分）

（3）在任务完成得不好时，你是否会找出一大堆理由来证明任务太难？（肯定0分，否定1分）

（4）对待多数人认为很难的任务，你是否有勇气和信心主动承担？（肯定1分，否定0分）

（5）当别人说不可能时，你是否就放弃？（肯定0分，否定1分）

（6）你完成任务的方法是否与他人不一样？（肯定1分，否定0分）

（7）在你完成任务时，领导针对任务问一些相关的信息，你是否总能回答上来？（肯定1分，否定0分）

（8）你是否能够立即行动，并且工作质量总能让领导满意？（肯定1分，否定0分）

（9）对于工作完成得好与不好，你是否很在意？（肯定1分，否定0分）

（10）对于做好了的工作，你能否很有条理地分析成功的原因和不足？（肯定1分，否定0分）

评价：

如果被测试者能够得10分，就很棒了；能够得7分以上则说明过得去；如果低于7分，就不尽如人意了；如果低于5分，被测试者的工作创意就很低了。

续表

相关说明					
编制人员		审核人员		批准人员	
编制日期		审核日期		批准日期	

10.8.3　人际交往能力测试（见表 10-31）

表 10-31　人际交往能力测试

测试名称	人际交往能力测试	编码		版本	
		测评对象		测评人员	
		页数		修改状态	

说明：

在企业里，大多数工作都需要与人打交道，因此，交际能力高低也会影响工作质量，尤其是对于公关、营销等岗位，交际能力则显得更为重要。

本测试为判断一个人的人际交往能力提供参考依据。

测试题（一）

下面是 25 道测试题，如果为肯定回答，请选择“是”，反之请选择“否”。

1. 你在旅行途中，是否容易结识新朋友？
2. 你是否喜欢举行联欢会？
3. 你是否喜欢团体游戏？
4. 你曾经在飞机或火车上主动与陌生人攀谈吗？
5. 你乐于见到久别重逢的朋友吗？
6. 你会不会和一个你不喜欢的人来往？
7. 在度假时，你喜欢热闹的地方而不是人少的地方，对吗？
8. 你是否认识很多人？
9. 你晚上不喜欢独自在家，而喜欢到热闹的舞厅或其他类似的地方去，对吗？
10. 你是否喜欢蹦迪？
11. 路上遇见讨厌的人，你会装作视而不见吗？
12. 你很喜欢参加游戏，而不在乎输赢吗？
13. 你喜欢接触不同的人吗？
14. 你家经常有很多的朋友来吗？
15. 你喜欢用写信的方式联络他人，胜过打电话联络，对吗？
16. 即使某些人你并不欣赏，但你还是会寄圣诞卡、明信片给他们，对吗？
17. 你很在乎别人对你的看法吗？
18. 你喜欢认识陌生人吗？
19. 如果某个房间里全是陌生人，你进去会觉得很无聊吗？

续表

20. 你喜欢和小孩玩吗?
21. 到朋友家做客，有一道菜你觉得很难吃，但出于礼貌你还是会吃它吗?
22. 你很喜欢交朋友吗?
23. 你是否知道大部分邻居的名字?
24. 老实说你乐于助人吗?
25. 群体娱乐，你会成为活跃气氛的人吗?

评价:
以上题目，回答“是”每题 1 分，回答“否”不得分。
如果总分在 16~25 分，则说明你是个标准的“社交专家”;
如果总分在 8~15 分，则说明你的人际交往能力一般，你能够与人交往，而独处也不会感到寂寞;
如果总分在 7 分以下，则说明你的人际交往能力较差。

测试题（二）
下面是 19 道单选题，请做出选择。
1. 同事生病住医院了，你:
（1）有空就去探望，没有空就不去了。
（2）只探望与你关系密切者。
（3）主动探望。
2. 某个同事向你吐露了一件私事，你会:
（1）不假思索地就把它告诉别人。
（2）守口如瓶。
（3）根据情况决定是否告诉别人。
3. 你刚交了一个朋友，原因是:
（1）因为业务需要，或者其他不得不交的原因。
（2）他（她）乐于和你做朋友。
（3）你发现这个人能够使你感到愉快。
4. 如果有人依赖于你，你的感觉是:
（1）想办法摆脱这种人，避而远之。
（2）没什么感觉。
（3）并不介意，但希望你的朋友有一定的独立性。
5. 当你疲惫不堪不想动，却有一个约会时，你的做法是:
（1）失约，并且希望对方会谅解你。
（2）赴约，在见面时问对方你是否可以提前离开。

续表

（3）赴约，并且打起精神，假装很高兴。
6. 对于同事间的矛盾，你喜欢：
（1）打听、传播。
（2）绕道而行，不介入。
（3）设法缓和。
7. 对待同事的优缺点，你的做法是：
（1）指出其缺点。
（2）听之任之。
（3）赞美其优点，回避其缺点。
8. 上学时，你父亲给你寄钱来了，你会：
（1）把钱搁在一边。
（2）买一些东西，如油画、一盏漂亮的灯，装饰一下卧室。
（3）和朋友们小吃一顿。
9. 同事有困难时，他们：
（1）不愿来麻烦你。
（2）只有与你关系密切的个别人来向你求助。
（3）他们总是愿意来找你帮助。
10. 在选择朋友时，你的做法是：
（1）你只能同你趣味相投的人友好相处。
（2）你和与你兴趣、爱好不同的人偶尔也能谈谈。
（3）一般来说，你和任何人都能长时间交谈。
11. 遭遇同事们的恶作剧，你会：
（1）生气甚至发怒。
（2）看心情和环境而定，可能生气也可能不会。
（3）和他们一起大笑。
12. 有朋友邀请你参加生日派对，你事先就知道来宾中间没有你认识的客人，你会：
（1）借故拒绝参加。
（2）非常乐意借此去认识那些人。
（3）愿意早去一会儿帮助他（她）筹备派对。
13. 上班后，对于扫地、打开水一类的琐事，你是：
（1）想不做。
（2）认为该轮流做。
（3）你主动做。
14. 一位陌生人向你问路，由于路径复杂一时说不清，而且你急着去办事，你会：

续表

（1）让他去问远处的一位警察。

（2）把他引向他应该乘的公交车站。

（3）尽量简单地告诉他怎么走。

15. 久别的朋友来你家了，电视上恰好有一部非常精彩的节目：

（1）你让电视开着，与他交谈。

（2）你关上电视机，让他看你才照的照片。

（3）说服他与你一块看电视。

16. 你的邻居外出了，托你照看一下小孩，小孩闹时：

（1）你把小孩关在卧室里，不理他（她）。

（2）看看孩子是否需要什么东西。

（3）逗小孩睡觉。

17. 一个交往不是很深入的人请你去玩，你通常会：

（1）断然拒绝。

（2）找个借口推辞掉。

（3）欣然应邀。

18. 度假期间，你通常的做法是：

（1）独自一个人消磨时间。

（2）希望认识一些新朋友，但总是很难做到。

（3）四处结交新朋友，而且很容易做到。

19. 闲暇时，你喜欢：

（1）待在书房听音乐。

（2）到商店里买东西。

（3）与朋友在一起。

评价：

上述题目中，选（1）得 1 分，选（2）得 2 分，选（3）得 3 分。

如果总分为 45~57 分，则说明你非常善于交际；

如果总分为 35~45 分，则说明你具备一定的交际能力，不喜欢独自一个人待着；

如果总分为 35 分以下，则说明你的交际能力较差，显得不合群，人际关系需要改善。

相关说明					
编制人员		审核人员		批准人员	
编制日期		审核日期		批准日期	

10.8.4　压力应变能力测试（见表 10-32）

表 10-32　职业经理人压力应变能力测试

姓名：________测评日期：________

测试目标：

1. 了解你对压力的承受能力。
2. 了解你对压力的应变能力。
3. 给你面对外来压力时的应对方法。
4. 如何建立你作为一个职业经理人和生活成功人士所需要的压力应对能力。

测试说明：

有的人面对重压，意气消沉，觉得生活得很累，产生厌世情绪；而另一些人则谈笑风生，应付自如，十分潇洒。那么你呢！

人们生活在一个变幻不定的世界里，受到挤压和打击是经常的事。尤其是作为经理人，来自上司的压力，来自客户的投诉，来自同事的不理解……你怎样才能面对这些困难？

测试方法：

每题有 3 个选项，请根据你的第一判断做出你的选择。

测试题：

1. 面对至爱亲朋的生日和婚礼等喜庆大事，似乎不花钱是不可能的，这时，你该怎么办？（　）

A. 你告诉伙伴们，从送礼单上把你的名字去掉，这样就不必花钱购买礼物了；

B. 且不管花费多少钱，你在接到请帖后都要去精心选购礼物，想使对方满意；

C. 你只给那些对你来说是至关重要的人送礼。

2. 当你房子里的家具和地毯因自来水管漏水而受到损坏时，你发现保险的项目不包括这一类的损失，这时你会：（　）

A. 变得灰心丧气，拼命埋怨保险公司；

B. 想办法动手修理，尽量使遭受的损失得到挽回；

C. 考虑是否取消保险。

3. 你同邻居打了一架，但事情没有得到解决，这时你会：（　）

A. 回到家里，配一杯浓茶，但没法把神经放松，将此事忘掉；

B. 与你的律师通话讨论可能引起的诉讼案件；

C. 以散步的方式来消气。

4. 现代化的生活节奏所产生的压力使你和妻子（或丈夫）烦躁易怒，这时你会：（　）

A. 决定从容不迫地加以忍受，尽量避免争论；

B. 试图与家庭外的第三者谈论那些令人生气的事情，以便使自己的感情能被人所理解；

C. 坚持与妻子（或丈夫）心平气和地讨论这些烦心事，从而减轻各自心里的压力。

续表

5. 一位你很要好的朋友就要结婚了，但在你看来，这不是一桩美满的婚姻而是一场灾难，这时你会：（ ） A. 说服自己，认识到这种担心纯属多余，应该往好的方面去想； B. 认为这大可不必忧虑，因为时间还长，事情是会发生变化的； C. 决定向朋友开诚布公地陈述自己的看法。
6. 你担心物价上涨，但你会：（ ） A. 不管怎样涨，决定不改变饮食习惯； B. 每次看到东西涨价，心头的愤怒便要增添几分，可是还得无可奈何地去买这些东西； C. 你想方设法节省开支，调整饮食。
7. 你的能力得到上司的重视，将要被任命去做一项重要的工作，这时你会：（ ） A. 婉言谢绝，因为要求很严，怕吃不消； B. 怀疑自己是否能胜任这项新的任命； C. 首先认真地分析了这项工作对自己的要求，然后准备积极地去承担它。
8. 你的亲戚朋友中有人在意外事故中受了重伤，当你在电话里听到这个不幸消息时，你会：（ ） A. 暂时设法控制自己的感情，因为需要你去通知别的熟人； B. 挂断电话，痛哭流泪； C. 向医生要来一些镇静剂，以帮助自己度过这段痛苦的时间。
9. 每逢节假日，你和妻子（或丈夫）之间总有一场争论，到底是拜访自己的双亲还是她（或他）的父母，这时你会：（ ） A. 制订出一个严格的五年计划，要求自己统筹兼顾； B. 决定在重要的节假日与自己最喜欢的长辈在一起，而在次要的节假日里不与任何一方父母在一起； C. 认为最好的办法是不与任何一方父母在一起，这样可以减少不必要的麻烦。
10. 在你的身体感觉不适时，你会：（ ） A. 自己诊断病情； B. 鼓起勇气与家人谈自己的疾病，并及时去找医生看病； C. 认为自己的身体最终会好起来，所以迟迟不去看病。
评分方法： 第 1、2、3 题：选 A 计 3 分，选 B 计 1 分，选 C 计 2 分； 第 4、5、6、7 题：选 A 计 3 分，选 B 计 2 分，选 C 计 1 分； 第 8、9 题：选 A 计 1 分，选 B 计 2 分，选 C 计 3 分； 第 10 题：选 A 计 2 分，选 B 计 1 分，选 C 计 3 分。 你的总分是：______________

续表

测试结果分析：		
得分	应对压力能力	专业导师评语
10~15 分	在生活压力面前的强者。你的压力应变能力很强。	你凡事想得开，心胸比较开阔。同时比较成熟，懂事儿，很善于处理日常生活中一些棘手的事情，生活是一把任由你"弹拨的六弦琴"。
16~25 分	有苦恼但可以理顺。压力应变能力尚可。	对生活中的一般情况，你是较会处理的，不会为大大小小繁琐的事情所扰。但是当你碰到一些糟糕的事情时，你往往就会困扰，不知从何处下手了。有时会产生紧张、不安的情绪。希望你能够迎难而上，在烦恼中不断锻炼自己。
26~30 分	你好像被压力击垮了。压力应变能力很差。	做事无主见，容易被周围的环境所左右，而且疑心重，心事重重，就是你的特点。碰到生活中的诸多困难，你总不能顺利、圆满地解决，相反每每产生过多紧张、忧虑的情绪，有时甚至完全消沉下来。如此对你的身心是十分有害的，希望你对这 10 个问题再研究一下，对照计分表，看看每一个问题得分最少的那个选择是什么，其实这个选择也就是应付生活压力的最好的行之有效的办法。
专业沟通方法：		

10.9　招聘与录用管理总制度范例

10.9.1　招聘管理制度范例（见表 10-33）

表 10-33　招聘管理制度范例

制度	招聘管理制度			受控状态	
				编号	
执行部门		监督部门		考证部门	

第 1 章　总则

第 1 条 目的：为满足企业发展的用人需要，使招聘工作更加规范和有效，特制定本制度。

第 2 条 适用范围：本制度适用于企业所有的招聘工作。

第 3 条 招聘原则。

（1）企业招聘以提高企业效率、提高企业竞争力、促成企业持续发展为根本目标。

（2）企业招聘坚持计划性原则。在招聘前，人力资源部必须制订合理的招聘计划。

（3）企业招聘要贯彻任人唯贤、择优录用的原则。配合各部门的工作需要，为企业提供高质量的人力资源保障。

第 4 条 招聘职责划分。

续表

（1）在编制范围内，用人单位的招聘计划由人力资源总监审批。新增编制由企业总经理审批。

（2）本企业的招聘工作由人力资源部统一管理。

（3）在招聘工作具体的执行过程中，人力资源部负责考核求职者的综合素质，用人部门负责考核求职者的业务能力和专业技能。

第 2 章 招聘计划的制订

第 5 条 人力资源部根据企业总经理审批通过的各部门人员编制标准、企业当前的发展状况，以及各部门岗位的缺编状况制订招聘计划。

第 6 条 招聘计划的制订。

（1）定期招聘。

①人力资源部将在每年年底制订下一年度的整体招聘计划及费用预算。

②各用人部门于每季度末月的第一周向人力资源部提交下一季度的招聘计划。

③对应届毕业生的需求，要在定期招聘计划中注明。

（2）不定期招聘。

①在各部门因特殊原因急需招聘时，人力资源部可根据各部门的要求进行临时招聘。

②为保证临时招聘工作的顺利开展，各部门应提前几天向人力资源部提出申请。

第 7 条 在制订招聘计划时，属新增设招聘职位的，各部门应将职位概况、人员需求计划表等相关资料一并上交人力资源部。

第 3 章 招聘工作实施

第 8 条 招聘渠道的选择。

（1）内部招聘。

①通过提拔企业内部优秀人员来填补中高层管理职位的空缺。

②通过工作调换或工作轮换，为员工提供全面、广泛地了解企业的机会。

③重新聘用由于某种原因当前不在职的企业员工，如下岗人员、长期休假人员等。

（2）外部招聘。

①应届毕业生的招聘集中在每年的第一、四季度进行。

②非应届人员的招聘和临时招聘，可根据用人需要合理安排时间。

③外部招聘须遵循及时、高质量和节俭的原则，合理选用招聘渠道。

第 9 条 初步筛选：人力资源部负责对收到的简历进行收集、整理并初步筛选。

第 10 条 面试。

（1）面试分初试、复试及第三轮面试等多个环节，具体根据招聘岗位的实际需要而定。初试由人力资源部主持，复试由用人部门主持，第三轮面试一般需要有企业高层领导的参与。

（2）人力资源部按照各岗位选拔的需要，合理安排求职者的面试工作。

第 11 条 做出录用决策：人力资源部配合各用人部门，对求职者进行全面综合评价，并且按照择优录用的原则做出决策。

续表

第 12 条　背景调查。 （1）对于应届毕业生，在签订三方协议前，人力资源部应向其老师、同学等进行实地或电话调查。根据背景调查的情况，确定是否聘用。 （2）非应届人员，在试用期内，人力资源部向其原工作单位进行调查了解。根据背景调查的情况确定是否继续试用。 （3）背景调查可根据岗位工作的实际需要进行。 第 13 条　体检：人力资源部通知通过面试的求职者进行体检，体检合格后方可录用。 **第 4 章　聘用程序** 第 14 条　新员工上岗。 （1）新员工的上岗时间由用人部门确定，人力资源部负责及时通知。 （2）报到手续：新员工根据聘用通知单的要求，按时到人力资源部办理各项入职手续，之后由新员工所在的部门为其安排具体工作。新员工应在人力资源部办理以下手续。 ①填写《员工登记表》。 ②签订《劳动合同书》或《聘用协议书》。 ③调转人事档案及各类保险手续。 ④提供其他需要的资料。 （3）人力资源部提前___天通知相关部门新员工入职事宜，用人部门应及时准备新员工所需的相关办公设备。 第 15 条　试用期规定。 （1）新员工试用期一般为 1~6 个月不等，根据各岗位的实际需要及员工的工作表现而定。 （2）试用期期间，用人部门领导要安排好新员工的指导员，并且做好绩效记录工作。 （3）用人部门填写《试用期考核表》，经直接主管、部门经理、人力资源部和总经理审批合格后，正式录用。 **第 5 章　附则** 第 16 条　本制度解释权属企业人力资源部。 第 17 条　本制度自颁布之日起实施。					
编制日期		审核日期		批准日期	

10.9.2　竞聘管理制度（见表 10-34）

表 10-34　竞聘管理制度

制度	竞聘管理制度			受控状态	
				编号	
执行部门		监督部门		考证部门	

续表

第 1 章　总则

第 1 条　目的：为建立一套公开、公平的竞聘运作机制，更好地进行企业人力资源的优化配置，特制定本制度。

第 2 条　适用范围：适用于本企业管理职位的竞聘工作。

第 2 章　竞聘的程序

第 3 条　企业成立竞聘工作小组，负责全面开展竞聘工作。

第 4 条　竞聘工作小组将企业拟进行竞聘的具体岗位和职位数量进行整理和汇总，经报企业总经理审批同意后，在企业范围内予以公布。

第 5 条　参与竞聘的人员，要填写《竞聘申请表》一式两份，经本部门负责人签字同意后，在规定的时间内交到竞聘工作小组办公室。

第 6 条　参加竞聘的员工在提交竞聘申请的同时，要提交一份入职以来的个人工作总结。其内容包括以下几个方面。

（1）个人目前所在岗位、所承担的主要工作、在工作项目中所担任的角色及工作完成情况。

（2）平时的工作情况、取得的成绩、表现出的不足，以及工作中习得的经验和教训等。

（3）个人对竞聘岗位的认识，尤其是该项工作当前存在的问题、本人的改进建议等。

（4）其他需要说明的情况。

第 3 章　竞聘者评估

第 7 条　专业能力评估：竞聘工作小组成员在考查竞聘者的专业知识及相关工作经历后，填写《专业能力评估表》。专业能力评估得分占竞聘评估总分的 30%。

第 8 条　综合素质评估：竞聘工作小组通过面试的方法，对竞聘者的个人能力和综合素质进行评估。面试安排如下。

（1）竞聘者陈述。

时间：3~5 分钟。

内容：对竞聘岗位的工作思路、工作计划及预期达到的目标等。

（2）答辩。

时间：10 分钟。

面试官提问：人力资源部针对不同的岗位设置不同的问题，有针对性地考查竞聘者各个方面的能力。

（3）面试评分：面试完毕后，面试小组成员对竞聘者进行评分，填写《竞聘人员面试评估表》。综合素质得分占竞聘者评估总分的 50%。

第 9 条　综合评价：竞聘工作小组参考竞聘者往年的考评记录，考核竞聘者的工作成绩、能力、态度等，对竞聘者进行综合评分，综合评价得分占竞聘者评估总分的 20%。

第 10 条　在竞聘考评结束后，人力资源部汇总竞聘者的最后得分，然后根据竞聘者的实际得分择优选定上岗人员名单。经总经理批准后，人力资源部张榜公示名单。

第 11 条　竞聘录用人选经竞聘工作小组报总经理审批后，到人力资源部办理相关手续。

续表

第 12 条　所有通过竞聘到达新岗位的员工都要进行新岗位试岗期考查，试岗期为 1~3 个月不等。 第 13 条　试岗期满后，用人部门或上级领导应详细列出考核意见，并且报人力资源部审核。 第 14 条　人力资源部将试岗人员的《员工转正通知单》上报给企业总经理审批。 **第 4 章　附则** 第 15 条　竞聘工作必须在公平、公正、公开的原则下进行，任何单位和个人不得弄虚作假，严禁有违反竞聘工作规定的行为，一经发现将严格按照企业规定给予处分。 第 16 条 本规程解释权属企业人力资源部。 第 17 条 本制度自颁布之日起实施。					
编制日期		审核日期		批准日期	

10.10　招聘与录用管理子制度范例

10.10.1　招聘笔试管理制度（见表 10-35）

表 10-35　招聘笔试管理制度

制度	招聘笔试管理制度			受控状态	
				编号	
执行部门		监督部门		考证部门	

第 1 章　总则

第 1 条 目的：为满足企业对人才的需求，规范企业招聘的笔试工作，特制定本制度。

第 2 条 原则。

（1）公开、公平、竞争、择优原则。

（2）双向选择原则。

第 3 条 适用范围：适用于本企业各种招聘的笔试考核工作。

第 2 章 笔试实施管理规定

第 4 条 笔试准备。

（1）人力资源部及其他相关人员负责收集材料，根据招聘岗位的特征和考核需要，编制笔试试题。综合素质类测试题由人力资源部负责设计，专业技术类试题由用人部门负责设计。

（2）招聘笔试的负责人选及笔试的时间、地点均由人力资源部确定。

（3）人力资源部负责打印试卷和准备其他相关考试用具。

（4）人力资源部负责通知求职者前来参加笔试考核。

第 5 条 笔试内容。

（1）常识。

（2）推理判断。

续表

（3）分析问题。

（4）想象力。

（5）领导力。

（6）专业知识测试。

（7）人力资源部与用人部门根据拟招聘岗位的不同，共同协商确定笔试的内容。

第 6 条 笔试题型。

（1）单项、多项选择题。

（2）简答题。

（3）推理判断题。

（4）写作题。

第 7 条 考场纪律。

（1）监考人员应提前 10 分钟到达考场，做好考试的相关准备工作。

（2）监考人员负责在考前将相关考试纪律告知应试人员。

（3）应试人员进入考场，除了携带必要的文具，如钢笔、圆珠笔等，不得携带任何书籍、纸张等。

（4）应试人员迟到 30 分钟后，不得进入考场参加考试。

（5）应试人员不得向监考人员询问涉及试题内容的问题，若有试卷字迹模糊或试题错误等问题，可以举手询问。

（6）答题一律用蓝、黑色钢笔，中性笔或圆珠笔，字迹要工整、清晰。

（7）应试人员必须在规定的地方填写姓名，并且保持卷面清洁。

（8）应试人员进入考场即保持安静，并且关闭所有的通信工具。

（9）应试人员必须遵守考场纪律，服从监考人员的安排，不准交头接耳。

（10）笔试结束时间到后，应试人员不得继续答题，并且应将试卷整理好放于桌面，然后起立在监考人员的统一安排下有序离开考场。

第 8 条 试卷评判要求：考试结束后，阅卷人员应秉持公平、公正、客观的态度进行试卷评判的工作。

第 3 章 附则

第 9 条 招聘笔试工作组织成员在招聘监考中，发现有与自己存在亲属关系的，应当回避，不得担任本次本场考试的监考工作人员。

第 10 条 加强试题的安全保密措施，对在考试与招聘工作中泄题、漏题或有相关舞弊行为的人员应从严处罚。

第 11 条 对违反招聘纪律的工作人员，应视情节轻重，给予调离工作岗位或相应的处分；对违反考场纪律的应聘人员，应取消其聘用资格。

第 12 条 本制度自发布之日起执行。

编制日期		审核日期		批准日期	

10.10.2　招聘与面试制度范例（见表 10-36）

表 10-36　招聘与面试制度范例

第 1 条　总则。

（1）为了本公司的发展，招聘合格人才，特制定应聘面试管理制度。

（2）有关求职者的面试事项，均依本制度执行。

第 2 条　面试官应具备的条件。

（1）本公司人力资源部工作人员为面试官。面试官本身需要能够很快地与求职者交流意见，因此面试官在态度上、表情上必须表现得十分亲和，让求职者愿意将自己想说的话充分表达出来。

（2）面试官本身必须具有极为客观的个性，理智地去判断一些事务，绝不能因某些非评价因素而影响了对求职者的客观评价。

（3）不论求职者的出身、背景如何，面试官都应尊重求职者的人格、才能和品质。

（4）面试官必须对整个公司的组织情况、各部门的功能、部门与部门间的协调关系、人事政策、薪资制度、员工福利政策等有深入的了解，以应对求职者提出的问题。

（5）面试官必须非常了解求职者的工作职责和必须具备的学历、资格条件及才能。

第 3 条　从面试中应获得的资料。

（1）观察求职者的稳定性：求职者是否常无端更换工作，尤其注意求职者更换工作的理由。假如求职者刚从学校毕业，则要了解求职者在学校参加哪些社团，其稳定性与出勤率如何。

另外，从求职者的兴趣爱好中也可以看出求职者的稳定性。

（2）了解求职者以往的成就：了解求职者过去有哪些工作经验与特别成就。

（3）了解求职者应对困难的能力：求职者过去面对困难或障碍是否经常逃避，还是能够当机立断、挺身而出解决问题。

（4）观察求职者的自主能力：求职者的依赖心是否极强？如求职者刚从学校毕业，则可观察他在读书期间是否较多地依赖父母。

（5）了解求职者对事业的忠诚度：从求职者谈论以前的主管、部门、同事及以前从事的事业，就可判断出求职者对事业的忠诚度。

（6）了解求职者与同事相处的能力：求职者是否一直在抱怨过去的同事、朋友、公司及其他各种社团。

（7）了解求职者的领导能力：当公司需要招聘管理者时，要特别注意考查求职者的领导能力。

第 4 条 面试的种类。

根据本公司的实际状况，面试可分为下列两种。

（1）初试：初试通常由人力资源部实施，初试的作用是过滤那些学历、经历和资格条件不符合应聘条件的求职者，通常初试的时间为 15~30 分钟。

（2）评定式面试：经过初试，如果发现有多人适合这项工作，这时就要由部门主管或高级主管进行最后一次评定式面试，这种面试通常为自由发挥式的面谈，没有一定的题目，由一个问题延伸到另一个问题，让求职者有充分发挥的机会，这类面试通常为 30~60 分钟。

续表

第 5 条 面试的地点及记录。 （1）面试的地点最好在单独的房间，房间内只有面试官与求职者，最好不要安装电话，以免面试受到电话的干扰。 （2）在面试的时候，必须准备面试表格。通常初试表格最好是打钩方式的。在评定式面试中，最好用开放式的表格，把该求职者所说的要点记录下来。 第 6 条 面试的技巧。 （1）发问的技巧。好的面试官必须善于发问，所提问的问题必须恰当。 （2）善于倾听。面试官要想办法从与求职者的谈话里找出所需要的答案，因而面试官一定要善于倾听。 （3）适当沉默。当面试官问完一个问题时，应适当沉默，以观察求职者的反应，不要在求职者还没有开口或感觉不了解你的问题时，就急于解释你的问题。此时若保持适当沉默，就可以观察到求职者对所提问题的应对能力，因为求职者通常会补充几句，而那几句话通常是最重要的，也是他最想说的。 第 7 条 面试的内容。 （1）求职者的个人特征。包括求职者的体格、举止健康状况、穿着、语调、坐和走路的姿势。求职者是否积极主动、是否为人随和、举止是否得当及个性内向或外向，这些要依靠面试官对求职者的观察获得。 （2）求职者的家庭背景。家庭背景资料包括求职者小时候的家庭教育环境、父母的职业、兄弟姐妹的兴趣爱好、父母对他的期望及家庭的重大事件等。 （3）求职者所受的学校教育。求职者就读的学校、科系、成绩、参加的活动、与老师的关系、在校获得的奖励、参加的运动等。 （4）求职者的工作经验。除了了解求职者的工作经验，更应该从谈话中观察、了解求职者的责任心、收入状况、职位的升迁和变化的情况及变换工作的原因。从求职者的工作经验里，判断出求职者的责任心、思考力、理智状况等。 （5）求职者与人相处的特性。了解求职者与人相处的情况，包括求职者的兴趣爱好、喜欢的社团及所结交的朋友。 （6）求职者的个人抱负。求职者的抱负、人生目标及发展潜力、可塑性等。

10.10.3 人员甄选测试制度范例（见表 10-37）

表 10-37 人员甄选测试制度范例

第 1 章 初步选聘 第 1 条 制作求职表，以获取求职者的背景信息，对不符合要求者加以淘汰。 第 2 条 在求职者填写求职表时，进行初步筛选。

续表

第 2 章　面试

第 3 条　面试小组成员。

（1）用人部门专员。

（2）人力资源部专门人员。

（3）独立评选人。

第 4 条　面试方式。

（1）测验面试。

（2）组合式面试。

（3）阶段式面试。

第 5 条　面试内容。

（1）仪表风范、个人修养。

（2）人生观、价值观、职业观。

（3）求职动机与工作期望。

（4）工作经验与工作态度。

（5）相关的专业知识。

（6）语言表达能力。

（7）逻辑思维能力。

（8）社交能力。

（9）自我控制能力。

（10）协调指挥能力。

（11）责任心、时间观念与纪律观念。

（12）综合分析、判断和决策能力。

第 6 条　面试中的注意事项。

（1）面试环境应保持安静、舒适、封闭。

（2）面试官的位置应避免背光。

（3）被面试者的位置避免在房子中央。

（4）面试官要尽量使求职者感到亲切、自然、轻松。

（5）面试官要了解自己所要获知的答案及问题要点。

（6）面试官要了解自己向对方提出的问题。

（7）面试官要尊重对方的人格。

（8）面试官将面试结果随时记录于“面谈记录表”上。

（9）面试过程中相关人员不能随意走动。

（10）面试过程不要被打断。

如初次面谈不够周详，无法作为有效参考，可发出“复试通知单”。

续表

第 3 章　就业测试

第 7 条　就业测试包括以下内容。

（1）专业测验。

（2）定向测试。

（3）领导能力测试（适合管理能级）。

（4）智力测试。

第 4 章　背景调查

第 8 条　经面试合格初步选定的人员，视情况进行有效的背景调查。

第 9 条　在进行应聘资料的处理及背景调查时，应尊重求职者的个人隐私权，注意保密工作。

第 5 章　结果的评定与反馈

第 10 条　全部面试结束后，由面试小组成员根据面谈记录表对各求职者的情况进行讨论，得出最后的结论。

第 11 条　对于经评定未录取人员，先发出感谢函通知，并且将其资料归入储备人才档案。

第 12 条　对于经评定录取的人员，由人力资源部主管及用人部门主管商定到岗日期后发给“报到通知单”，并且安排职前培训的有关准备工作。

10.10.4　面试与录用管理制度（见表 10-38）

表 10-38　面试与录用管理制度

制度	面试与录用管理制度			受控状态	
				编号	
执行部门		监督部门		考证部门	

第 1 章　总则

第 1 条　目的：为规范本企业招聘面试与录用工作，提高面试质量，广纳贤才，特制定本制度。

第 2 条　原则。

（1）公平公正、平等竞争原则。

（2）择优录取原则。

第 3 条　适用范围：本制度适用于企业招聘的面试和录用工作。

第 2 章　面试实施管理规定

第 4 条　面试分工。

（1）普通员工面试。人力资源部负责普通员工的初试，用人部门经理负责普通员工的复试。人力资源部经理和用人部门经理共同做出录用决策。

（2）中层管理类岗位面试。人力资源部与用人部门经理负责中层管理类岗位的初试，总经理与人力资源部经理负责中层管理人员的复试，最终由总经理做出录用决策。

续表

（3）高级管理类岗位面试。人力资源部负责高层管理人员的初试，总经理负责高层管理人员的复试。

（4）如有必要，企业可请外部专家参与中层管理人员和高层管理人员的面试选拔。

第 5 条　面试程序。

（1）初试。初试一般由人力资源部负责，淘汰一部分学历、工作经验及工作能力等明显不符合岗位要求的求职者，测试的时间一般为 15~20 分钟。

（2）复试。复试一般由用人部门负责人与人力资源部工作人员一同对求职者进行考查，时间为 20~60 分钟。

第 6 条　面试官应具备的素质条件。

（1）掌握并灵活运用各种面试技巧。

（2）具备相关专业知识。

（3）态度良好，尊重每位求职者。

（4）客观、公平、公正地对每位求职者做出评估。

（5）了解企业的整体情况、各职能部门的主要职责、部门之间的协调关系和人事政策等。

（6）明确拟招聘岗位的工作职责和岗位任职资格要求。

第 7 条　面试规范。

（1）面试地点的环境应安静、舒适，最好安排在单独的房间内。

（2）在面试时，应尽量杜绝外界的干扰，包括电话、文件审批等事务。

第 3 章　录用管理规定

第 8 条　新员工上岗。

（1）人力资源部与用人部门对求职者进行综合评价，确定最终人选。

（2）人力资源部负责通知新员工上岗时间。

（3）新员工按时到人力资源部报到，并且根据企业相关规定办理各项入职手续。入职手续包括：

①填写《员工登记表》。

②签订《劳动合同书》。

③按要求提供学历证书、学位证书、身份证复印件及其他相关资料。

第 9 条　试用期规定。

（1）试用期期间，用人部门负责安排好新员工的工作，并且进行相应的工作指导，做好新员工考核记录工作。

（2）在试用期，新员工享有试用期工资。

（3）试用期计入员工工龄。

第 10 条　新员工一律享有相应的岗前培训，培训安排详见相应的培训管理规程。

第 11 条　正式录用。

续表

（1）试用期期满后，用人部门应对新员工的工作表现进行综合评价。试用期考核合格者，由人力资源部协同用人部门办理新员工转正手续。

（2）工资定级事宜参见企业相关的《薪酬管理规定》。

第 4 章　附则

第 12 条　本制度由人力资源部负责制定。

第 13 条　本制度自发布之日起执行。

编制日期		审核日期		批准日期	

参考文献

[1] 孙宗虎，刘娜. 招聘、面试与录用管理实务手册[M]. 北京：人民邮电出版社，2017.
[2] 彭剑锋. 人力资源管理概论[M]. 上海：复旦大学出版社，2018.
[3] 王丽娟. 招聘与录用[M]. 北京：中国人民大学出版社，2018.
[4] 万玺. 招聘管理[M]. 北京：科学出版社，2016.
[5] 廖泉文. 招聘与录用[M]. 北京：中国人民大学出版社，2015.
[6] 姚裕群，姚清. 招聘与配置[M]. 大连：东北财经大学出版社，2016.
[7] 王贵军. 招聘与录用[M]. 大连：东北财经大学出版社，2018.
[8] 孔凡柱，赵莉. 员工招聘与录用[M]. 北京：机械工业出版社，2018.
[9] 韩燕，李淑贞. 招聘甄选与录用[M]. 北京：人民邮电出版社，2014.
[10] 李丽娟，张骞. 员工招聘与录用实务[M]. 北京：中国人民大学出版社，2015.
[11] 王占强. HR 实务指引[M]. 北京：法律出版社，2015.

华信SPOC官方公众号

欢迎广大院校师生 **免费**注册应用

www.hxspoc.cn

华信SPOC在线学习平台

专注教学

数百门精品课
数万种教学资源

教学课件
师生实时同步

多种在线工具
轻松翻转课堂

电脑端和手机端（微信）使用

测试、讨论、
投票、弹幕……
互动手段多样

一键引用，快捷开课
自主上传，个性建课

教学数据全记录
专业分析，便捷导出

登录 www.hxspoc.cn 检索 华信SPOC 使用教程 获取更多

华信SPOC宣传片

教学服务QQ群： 1042940196

教学服务电话：010-88254578/010-88254481

教学服务邮箱：hxspoc@phei.com.cn

华信教育研究所